거룩한 삶, 사랑의 삶

세계복음화문제연구소
(The World Evangelization Research Center)는
한국 교회가 세계 복음화를 위하여
한 모퉁이를 담당해야 한다는 사명으로 사역하고 있습니다.

이 도서에 실린 모든 내용은
세계복음화문제연구소의 **도서출판 세 복**이 출판권자이므로,
학문적 논문의 인용을 제외하고는
본 연구소의 동의 없이 복제할 수 없습니다.

거룩한 삶, 사랑의 삶

지 은 이   홍 성 철
발 행 인   홍 성 철
초판 1쇄   2018년 07월 30일

발 행 처   **도서출판 세 복**
주   소   경기도 파주시 문발로 123
전   화   070-4069-5562
홈페이지   http://www.saebok.net
E-mail   werchelper@hanmail.net
등록번호   제1∼1800호 (1994년 10월 29일)

총 판 처   솔라피데출판유통
전   화   031-992-8691
팩   스   031-955-4433

ISBN 978-89-6334-031-9 03230
값 25,000원

ⓒ **도서출판 세 복**

국립중앙도서관 출판예정도서목록(CIP)

거룩한 삶, 사랑의 삶 = A holy life, a love life / 저자: 홍
성철. -- [서울] : 세복, 2018
   p. ;   cm

ISBN 978-89-6334-031-9 03230 : ₩25000

요한 1서[---一書]
성서 강해[聖書講解]

233.794-KDC6
227.94-DDC23   CIP2018021545

그리스도인은 어떤 삶을 살아야 하는가?

거룩한 삶, 사랑의 삶

A Holy Life, A Love Life

홍 성 철

John Sungchul Hong

A Holy Life, A Love Life
Exposition of 1 John

John Sungchul Hong

Published in Korea
Copyright@ 2018 Saebok Publishing House
All rights reserved.
Seoul, KOREA

홍성철(John Sungchul Hong) 목사의 저서

국어
- 『고난 중에도 기뻐하라』(빌립보서 강해)
- 『눈물로 빚어 낸 기쁨』(룻기 강해)
- 『복음을 전하세 복음전도의 성경적 근거』
- 『불타는 전도자 존 웨슬리』
- 『성령으로 난 사람』(요한복음 3장 1-16절 강해)
- 『십자가의 도』
- 『우리에게 일용할 양식을 주소서』(주기도문 강해)
- 『유대인의 절기와 예수 그리스도』
- 『이렇게 예수 그리스도의 제자가 되자』
- 『절하며 경배하세』
- 『주님의 지상명령 성경적 의미와 적용』
- 『하나님의 사람들』(마태복음 1장 1절 강해)
- 『현대인을 위한 복음전도의 성경적 모델』
- 『성령의 시대로! 오순절★복음★교제』(사도행전 2장 강해)
- 『전도학 개론』
- 『기독교의 8가지 핵심진리』
- 『진흙 속에서 피어난 백합화』(룻기 강해)
- 『회개하라! 천국이 가까이 왔느니라』
- 『다니엘의 역설적인 인생』
- 『더 북』
- 『기독교 신앙에 대한 질의응답 50』
- 『거룩한 삶, 사랑의 삶』

영어
- *Born of the Spirit* (Emeth Press)
- *John Wesley the Evangelist* (Emeth Press)
- *The Great Commission: Its Biblical Meaning and Application* (Evening Star Enterprise, Inc.)
- *The Genealogy of Jesus Christ: Evangelistic Sermon on the Covenant from Matthew 1:1* (Emeth Press)
- *The Jewish Festivals and Jesus Christ* (Emeth Press)

편저
- 『나는 어떻게 예수님을 만났는가?』
- 『회심 거듭남의 의미와 적용』
- 『복음주의 실천신학개론』
- 『전도학』
- 『선교세계』
- 『불교권의 선교신학과 방법』
- *How I Met Jesus*

번역서
- 『주님의 전도계획』 외 30권의 기독교 서적

Contents

깐깐하고 영성 있는 요한일서 강해!

유대인들에게 이런 이야기가 있습니다.

진리와 이야기가 누가 더 인기 있나 내기를 하였습니다. 진리와 이야기는 어느 유대인 마을로 갔습니다. 진리는 자신 있었습니다. 누구도 진리를 외면하지 못하리라 여겼기 때문입니다. 먼저 진리가 마을로 들어갔습니다. 사람들은 진리를 보더니 외면하였습니다. 그를 피했습니다. 열렸던 창문이 닫혔습니다. 마을 중앙에 도착할 즈음 주위를 둘러보니 길에는 아무도 없고 진리 혼자만 서 있었습니다. 진리는 혼자 쓸쓸히 마을을 통과했습니다.

이야기가 마을로 들어갔습니다. 사람들이 기웃거렸습니다. 창문이 열리고, 사람들은 무슨 말인가 들어보려고 귀를 쫑긋 세웠습니다. 마을 중앙에 도착해 뒤를 돌아보니 많은 사람이 따라오고 있었습니다. 이야기가 마을을 통과하는 동안 수많은 사람들이 그에게 몰려들었습니다. "이야기야 네가 이겼다. 내가 졌다." 이야기가 말했습니다. "진리야 그렇다면 네가 나를 옷으로 입으면 어떻겠니?" 진리는 이야기를 옷으로 입었습니다. 그리고 다시 마을로 갔습니다. 그랬더니 수많은 사람들이 진리에게 몰려들었습니다. 유대인

마을은 진리를 환영하였습니다. (고대 유대인 이야기 중에서, 최명덕 번역)

홍성철 교수의 저서는 요한일서의 진리를 그대로 드러냅니다. 책을 읽다보면 성경 한 구절 한 구절이 말하는 바를 철저하게 가려내어 요한일서의 진리를 습득하게 합니다. 학자로서의 교수님의 면모가 유감없이 발휘되고 있습니다. 오랜 세월 성경을 가르쳐 오신 교수님의 면모가 엿보입니다. 독자들은 이 책을 통하여 요한일서의 진리를 만나게 될 것입니다.

그러나 이 책이 빛나는 이유는 요한일서의 진리가 홍성철 교수를 통하여 이야기로 들려지기 때문입니다. 요한일서의 진리가 교수님의 삶과 영성을 거쳐 새로운 이야기로 거듭났습니다. 교수님을 통하여 성경의 진리를 배우고 은혜를 입은 많은 후학들은 무슨 이야기인지 금방 이해할 것입니다. 교수님이 아니면 나올 수 없는 홍성철 캐릭터의 요한일서 이야기를 듣게 될 것입니다.

홍성철 교수님의 요한일서 이야기는 말씀에 대하여 집요합니다. 한 구절도 놓치지 않고자 하는 깐깐함이 있습니다. 그러나 책을 읽다보면 깐깐하고 빈틈이 없어 보이는 말씀에 대한 교수님의 태도가 예수님의 사랑을 담은 큰 그릇임을 알게 합니다.

저는 이것을 '홍성철표 요한일서'라고 부르고 싶습니다. 홍성철이라는 옷을 입은 요한일서이지요. 요한일서가 홍성철의 학문, 삶, 영성이라는 옷을 입을 때 어떤 이야기가 되는지 듣고 싶다면 일독을 권합니다. 아니 이독 삼독을 권합니다. 그러다보면 독자들은 요한일서의 진면목과 마주치게 될 것입니다. 지성과 영성을 겸비한 학자의 요한일서 이야기, 들어보기 바랍니다.

　이 책을 읽은 후에 독자는 읽기 전의 당신과 이미 다른 사람이 되어 있다는 사실을 고백하지 않을 수 없을 것입니다. '홍성철표 요한일서'는 단순히 지식을 전달하는데 목적을 두지 않고 독자의 삶이 예수님처럼 변화되는데 목적을 두고 있기 때문입니다. 읽어보세요. 무슨 말인지 알게 될 것입니다.

최 명 덕 목사
건국대학교 문과대학 명예교수
조치원성결교회 담임목사

존경하는 홍성철 교수님의 영성^{靈性}과 지성적^{知性的} 통찰의 결실이 풍성한 열매가 되어 요한일서의 강해집이 탄생하게 되었다. 묵상과 세심한 읽기^{close reading}의 마디마디가 모여 "거룩한 삶, 사랑의 삶"이라는 제목으로 출판된 것은 모든 그리스도인에게 경사^{慶事}가 아닐 수 없다.

한국복음주의를 대표하는 신학교육기관으로서 107년의 역사와 전통을 자랑하는 서울신학대학교에서 일생^{一生}을 전도학교수로 후학들을 사랑과 정열을 쏟아 가르치고 은퇴^{隱退}하신 이후에도 이전과 다름없이 영혼구원과 말씀에 대한 진지한 태도를 유지하시면서 철저한 말씀묵상에 기초하여 신앙성숙과 영적고양을 위한 양서^{良書}들을 출판하시는 교수님의 모습은 후배교수들에게 가장 모범적인 모습으로 칭송을 받아 마땅할 것이다.

본서의 출판은 신약학자들도 부러워 할 만큼 다수의 강해집을 이미 출판하신 교수님의 열정에 또 하나의 부록으로 슬쩍 내미는 작업이 아닌 것이다. 본서는 말씀에 대한 불타는 열정에 근거하여 한국교회와 그리스도인들에게 내놓는 활화산^{活火山} 같은 뜨거운 함성^{喊聲}임에 틀림없다.

교수님은 요한일서의 맥락과 단락을 세밀하게 읽고 또 묵상하여 풍성한 소출을 놓치지 않는다. 성경읽기의 학문적 경도^{傾倒}의 정도가 위험수준을 향하고 있는 현대신학의 지점에서 교수님의 영적인 독서는 그리스도인들에게 성경읽기의 방향을 제시하는 향도嚮導로서 큰 역할을 감당하리라 확신한다.

본서의 풍성한 내용은 독자들의 식탁에 성찬盛饌으로 제공되는데, 이 음식을 받아먹으면 생명을 공급받을 것이라는 말씀이 기억날 정도로 꿀맛과 같은 해석에 큰 감동과 교훈을 얻게 될 것이다. 요한일서의 모든 내용을 읽고 삶에 적용하여 영적 견고함에 이르고자 한다면 본서의 독서는 필수과정이라는 사실을 인지해야만 한다. 이렇게 귀한 강해집을 출판하신데 대해 진심으로 축하드리며 필독을 정중히 권하는 바이다.

윤 철 원 목사
서울신학대학교 신학과 교수
서울신학대학교 교무처장

서 문

    사도 요한은 요한복음과 요한계시록 외에도 3통의 서신을 기록하였다. 그 서신 중에서 첫째 서신이 가장 무게가 있는데, 그 가르침이 말할 수 없이 깊기 때문이다. 특히 사도 요한은 요한일서에서 성도의 사랑을 강조하였다. "사랑"이 얼마나 강조되었는지, 4장은 사랑이란 단어로 도배를 했다고 해도 지나치지 않을 정도로 많이 나온다. 요한일서는 전체가 105절로 구성된 짧은 서신인데, "사랑"이란 단어가 자그마치 53번이나 나온다. 그러니까 대략 2절에 한 번씩 "사랑"이 나오는 셈이다.

    필자는 이처럼 무게 있는 요한일서와 매우 가깝게 지냈다. 필자가 가장 많이 읽은 성경은 요한복음이나, 많이 가르친 성경은 요한일서이다. 필자는 여러 번 목회자들에게 성경을 가르쳤는데 그때마다 요한일서를 포함시켰다. 그뿐 아니라, 서울신학대학교에서도 그리고 미국의 애스베리신학교Asbury Theological Seminary에서도 학생들에게 요한일서를 가르쳤다. 심지어는 서울신학대학교 대학원 생활관장 시절 새벽마다 학생들에게 요한일서를 1년간 설교했다.

    세 교회에서 목회를 하면서도 평신도 훈련을 위하여 요한일서를 선택했다. 그 책을 배운 성도들 중에는 그들의 삶이 파격적으로 변화된 사람들도 있었다. 심지어는 요한일서를 함께 공부하던 중 영생에 대한 확신을 갖게 된 사람도 한둘이 아니었다. 그리고 교회의 부교역자들을 위한 정기적인 모임에서도 역시 요한일서를 가르쳤다. 심지어는 부흥사경회에서도 요한일서를 강해하면서 인도한 적도 있었다.

한 마디로 말해서, 요한일서는 필자에게는 매우 가깝고도 친숙한 책이었다. 마침내 요한일서 강해를 저술하기로 작정하였다. 물론 지금까지 보관했던 자료들도 참고했다. 그러나 그것만으로 만족하지 않아서 저명한 학자들의 자료들도 참고하였다. 그렇게 하면서 발견한 놀라운 사실이 있는데, 그것은 필자가 요한일서를 참으로 천박하게 알고 또 가르쳤다는 사실이다. 하나님 앞에서 회개하는 심정으로 한 구절 한 구절을 다시 연구하였다.

그리고 밤낮으로 요한일서를 묵상하고 되씹어보는 동안, 필자의 우매한 사실을 아시는 주님이 도움의 손길을 주셨다. 얼마나 많은 순간 성령의 조명으로 새로운 사실을 깨달았는지 모른다. 자격 없는 필자를 도우신 이유는 한 가지밖에 없을 것이다. 그것은 그래도 필자가 요한일서를 사랑하고, 가르치고, 저술하려는 소박한 마음을 주님이 받아주신 것이라고 여겨진다. 실제로 저술하는 동안 주님의 도움을 기다리는 동안 겪은 고통도 적지 않았다.

이 저술의 구조는 너무나 간단하다. 우선, 사도 요한이 이 서신을 기록한 목적을 세 가지로 제시하였다. 그 다음, 장으로 구분한 후 각 장에 들어있는 구절들의 뜻을 심도 있게 파헤쳐보려고 했다. 많은 경우 그 구절에 들어있는 단어들이 이 서신 전체와 맺고 있는 관련도 찾아보려고 애를 썼다. 그런데 각 장마다 유사한 구조를 지니고 있다는 것을 발견한 것은 놀라운 주님의 도우심이랄 수밖에 없다.

그 결과 각 장은 똑같이 13장으로 구성되어 있다. 5장으로 이루어졌으니 65장이 된 셈이다. 거기다 목적을 위하여 3장을 다루었으니 모두 68장으로 구성된 강해이다. 물론 이런 접근은 절대로 강해의 기준이 될 수 없다. 강해자마다 다르게 접근한 것을 보아서도 그렇다. 한 가지 이 저술의 특징이라면 예화가 거의 없다는 것이다. 한국의 설교는 예화가 풍성하다. 그러나 자칫 잘못하면 예화에 본문이 가리어질 수 있다는 것도 부정할 수 없다.

조금만 요한일서의 본문에 관심을 갖는다면 독자는 이 강해에서 많은 진리를 찾을 수 있을 것이다. 그리고 그 진리들이 서로 어떻게 연관되어 있는지도 찾을 것이다. 많은 경우 단어들이 지니고 있는 깊은 뜻도 찾을 수 있을 것이다. 어떤 면에서는 다른 주석을 참고하지 않아도 될 정도라는 것도 발견하게 될 것이다. 여기에 약간의 예화만 첨가한다면 훌륭한 강해설교가 될 수 있을 것이다.

여러모로 부족한 저술을 위하여 추천의 글을 기쁨으로 보내주신 서울신학대학교의 신약학 교수인 윤철원 박사님과, 건국대학교 명예교수이며 조치원성결교회의 최명덕 박사님에게 감사를 표하고 싶다. 그리고 성경을 깊이 사랑하시는 ㈜진진進進의 대표이사 황찬홍 사장님 부부의 후원으로 이 저서가 출판된 것을 진심으로 감사한다. 마지막으로 필자의 참 스승이신 주님의 사랑과 도우심에 감사와 영광을 올린다. 그분의 도움이 아니었다면 이 저술은 불가능했을 것이다.

주후 2018년 6월
홍 성 철

A Holy Life, A Love Life
Exposition of 1 John

서론

요한일서의 목적

충만한 기쁨

**"우리가 이것을 씀은 우리의 기쁨이
충만하게 하려 함이라"**

요한일서 1:4

1. 머리

오늘날처럼 느낌을 중요하게 생각하는 시대도 그렇게 많지 않을 것이다. 남녀노소를 막론하고 느낌에 근거한 기쁨을 찾고 있으며, 찾으면 거기에 몰두한다.[1] 특히 젊은이들을 기쁘게 하기 위한 노력도 가지가지이다. 웃찾사를 비롯한 개그콘서트, 1박2일과 같은 텔레비전 프로그램, K-Pop 같은 율동을 겸한 음악, 젊은이들의 혼을 뽑아놓는 야구와 같은 운동! 젊은이들을 유혹하는 끊임없이 변화되는 옷들, 한 번 걸리면 헤어나기 어려운 게임들!

---

1) 이런 시대를 포스트모던(The Postmodern) 시대라고 한다. 이를 위하여 다음을 보라: Harry Lee Poe, *Christian Witness in a Postmodern World* (Nashville, TN: Abingdon Press, 2001), 30.

그러나 이런 것들이 주는 기쁨은 "충만한" 것이 아니다. 본문에서 사용된 "충만한 기쁨"은 지속적이면서도 넘쳐나는 기쁨"을 뜻한다.[2] 위의 것들도 잠시 기쁨을 주는 것도 사실이지만, 결코 지속적일 수도 없고 또 넘쳐나지도 않는다. 반면, 사도 요한이 요한일서에서 제시한 것은 "충만한 기쁨"이었다. 그런 기쁨이 얼마나 중요한지 요한일서를 기록한 몇 가지 목적 가운데 첫 번째 목적으로 제시하였다.

본문에서 "우리의 기쁨이 충만하게..."에서 "우리"는 물론 그리스도인들을 가리킨다. "우리"가 일차적으로 가리키는 그리스도인들은 사도 요한을 포함한 초대교회의 교인들과 그들을 통하여 예수 그리스도를 구주로 받아들인 사람들이다. 그러나 이차적으로는 사도들의 가르침과 복음을 전수 받은 모든 그리스도인들도 포함된다. 결국, 요한일서를 하나님의 말씀으로 받아들이는 그리스도인들은 지속적이며 충만한 기쁨을 누릴 수 있어야 한다는 말이다.

2. 몸통

그렇다면 그리스도인들은 어떻게 이처럼 충만한 기쁨을 누릴 수 있는가? 교회에서 직분을 받고 또 열심히 섬기면 되는가? 물론 직분과 봉사도 기쁨으로 할 수 있지만, 그것은 이미 기쁨이 있기 때문

----

2) Martyn Lloyd-Jones, *Life in Christ: Studies in 1 John* (Wheaton, IL: Crossway, 2002), 23.

에 받는 직분이고 행위이다. 결국, 지속적이고도 넘쳐나는 기쁨은 지위나 프로그램으로부터 생기는 것이 아니다. "충만한 기쁨"은 그리스도를 통하여 성령이 주시는 초자연적인 것이다. 그런 기쁨을 사도 요한은 제시하고 있는 것이다.

1) 하나님의 기쁨

세상이 주는 각종의 프로그램을 통하여 지속적이며 넘쳐나는 기쁨을 찾을 수 없다는 것을 경험한 사람들은 그런 기쁨을 줄 수 있는 분을 만날 수 있다. 그분이 바로 하나님 아버지이시다. 왜 그분을 통해서 지속적이며 넘쳐나는 기쁨을 찾을 수 있는가? 그 이유는 간단하다! 사람은 하나님이 만드신 작품이기 때문에 하나님 아버지와 올바른 관계를 맺고 있을 때 그런 기쁨을 누리며 살 수 있다.

그러나 하나님을 아버지로 알지 못한 사람은 하나님만이 주시는 기쁨을 누리지 못한다. 그들이 하나님의 품을 떠났기 때문이다. 하나님의 품을 떠나 하나님과 분리된 사람이 어떻게 하나님의 기쁨을 누릴 수 있단 말인가? 물론 누릴 수 없다! 그렇다고 그 기쁨을 찾을 수 있는 길이 전혀 없는 것은 아니다. 만일 그 사람이 인간적인 기쁨에 한계가 있다는 것을 경험하고 하나님에게로 오면 그 사람은 하나님이 주시는 하나님의 기쁨을 찾을 수 있다.

하나님 아버지의 기쁨을 생생하게 묘사한 이야기가 있는데, 곧 탕자의 이야기이다. 어느 아버지에게 두 아들이 있었는데, 둘째 아들은 "충만한 기쁨"을 찾기 위하여 유산을 미리 받아서 아버지를 떠나갔다. 마치 하나님의 그늘을 떠나서 "충만한 기쁨"을 찾으려는 많은 사람들처럼 말이다. 그 탕자는 기쁨을 찾은 것 같았고, 또 그 기쁨을 마음껏 누리는 것 같았다. 그러나 그가 찾았다고 여긴 기쁨은 일시적인 환락에 지나지 않았던 것이다.

아버지에게 물려받은 돈이 떨어지자 모든 기쁨은 사라졌다. 기쁨은커녕 홈리스의 신세로 전락해서 여기저기에서 구걸하다시피 하면서 끼니를 이어갔다. 신세를 한탄하면서 그는 체면불구하고 아버지의 집으로 돌아왔을 때, 아버지는 너무나 기쁜 나머지 잔치를 배설했다. 이웃을 불러서 그의 기쁨을 나누었다. 물론 아들에게는 좋은 옷과 좋은 음식을 주었는데, 무엇보다 큰 선물은 아버지의 "충만한 기쁨"이었다. 그의 기쁨을 직접 읽어보자:

"…아버지께로 돌아가니라. 아직도 거리가 먼데 아버지가…달려가 목을 안고 입을 맞추니, 아들이 이르되, '아버지, 내가 하늘과 아버지께 죄를 지었사오니 지금부터는 아버지의 아들이라 일컬음을 감당하지 못하겠나이다' 하나, 아버지는…'제일 좋은 옷을 내어다가 입히고 손에 가락지를 끼우고 발에 신을 신기라…살진 송아지를…잡으라. 우리가 먹고 즐기자. 이 내 아들은…잃었다가 다시 얻었노라' 하니, 그들이 즐거워하더라" (눅 15:20-24).

위의 말씀에서 "기쁨"을 뜻하는 단어가 두 번 나오는데, 곧 "즐기자"와 "즐거워하더라"이다. 한 번은 아버지가 즐기는 것이고, 또 한 번은 모두가 즐거워하는 것이다. 그렇다! 하나님 아버지도 똑같다. 하나님의 품을 떠났던 사람이 탕자처럼 돌아오면 하나님 아버지는 당신의 기쁨을 나누어주신다. 돌아온 사람에게만 나누어주시는 것이 아니라, 주변 사람에게도 나누어 주신다. 하나님 아버지가 주시는 기쁨은 "지속적이고도 넘쳐나는" 기쁨이다.

2) 성령의 기쁨

　이렇게 하나님 아버지의 품으로 돌아온 사람에게 주시는 선물이 기쁨이라고 말했는데, 그 기쁨은 외적外的이지만 동시에 내적內的이다. 실제로 내적으로 기쁘면 자연스럽게 밖으로 표출되기 마련이다. 그런 이유 때문에 "충만한 기쁨"의 시발점은 내적이며, 마음이다. 그러면, 어떻게 하나님 아버지는 그분의 품으로 돌아온 사람에게 내적인 기쁨을 주시는가? 사람이 하나님 아버지에게로 돌아오면 하나님은 그 사람에게 성령을 선물로 주신다.

　성령은 그 사람의 마음과 인생 안에 들어가신다. 바울 사도는 그 사실을 이렇게 표현했다, "우리가 세상의 영을 받지 아니하고 오직 하나님으로부터 온 영을 받았으니, 이는 우리로 하여금 하나님께서 우리에게 은혜로 주신 것들을 알게 하려 하심이라" (고전 2:12). 이렇게 사람의 마음에 들어오신 성령은 그 사람 안에 거하시면서, 그 사람과 동행하신다. 그 사람이 좋을 때도 기뻐하게 하시지만, 나쁠 때도 기뻐하게 하신다.

　어떻게 나쁠 때도 기뻐할 수 있단 말인가? 그 이유는 간단하다! 세상이 주는 기쁨은 환경과 정황에 지배를 받지만, 성령이 주시는 기쁨은 환경과 정황을 초월하기 때문이다. 바울 사도는 그런 현상을 이렇게 말했다, "…우리가 환난 중에도 즐거워하나니…" (롬 5:3). 어떻게 환난을 겪으면서 즐거워할 수 있단 말인가? 두말할 필요도 없이 그 사람 안에 거하시는 성령 때문이다. 성령은 어려움을 겪는 사람에게 어려움을 감당할 수 있는 기쁨을 주신다.

　성령은 그리스도인이 어려움을 피하게 하시는 것이 아니라, 어려움을 당할 때 함께 하시면서 도우신다. 그분의 도움을 느끼며 환난 중에도 기뻐할 수 있게 하신다. 그 결과는 무엇인가? 바울의 증언을 들어보자, "…이는 환난은 인내를, 인내는 연단을, 연단은 소망을 이루는 줄 앎이로다" (롬 5:3-4). 환난 때문에 인내를 배우다니! 얼마나 역설적이며 또 성령의 큰 역사인가! 인내가 부족한 이 시대에 인내하는 그리스도인들이 있다니, 얼마나 놀라운가!

인내는 연단으로 인도하는데, 연단은 고상한 인격을 뜻한다. 요즘처럼 존경할만한 인격자를 만나기 어려운 때 성령이 주시는 기쁨 때문에 고상한 인격자로 탈바꿈한다니, 얼마나 큰 역사이며 기적인가! 그렇게 고상한 인격을 소유한 사람은 현재와 미래를 아우르는 사람으로 변화된다. 왜냐하면 "연단은 소망을 이루기" 때문이다. 다른 말로 하면, 그런 사람의 인생관은 현재에만 국한되어 있지 않고, 죽음 너머의 인생을 준비한다.

이런 기쁨은 결코 인간이나 세상이 줄 수 있는 것이 아니다. 이런 기쁨은 성령이 그리스도인들의 삶에 부어주시는 은혜이자 열매이다. 그런 이유 때문에 바울 사도는 "기쁨"을 성령의 열매라고 분명히 선언했다 (갈 5:22). 하나님 아버지의 품으로 돌아왔을 때 주시는 "기쁨"도 큰데, 그 이후 매일 삶에서 성령이 주시는 "기쁨"은 사도 요한이 언급한 "지속적이며 넘치는 기쁨"이다. 좋은 때도 나쁜 때도 그런 기쁨을 누리게 하시다니, 얼마나 큰 은혜인가!

3) 그리스도의 기쁨

환난과 기쁨을 이야기할 때 예수 그리스도를 빼놓을 수 없다. 왜냐하면 그분만큼 큰 환난과 시련을 겪은 분이 없기 때문이며, 그 가운데서도 그분만큼 "기쁨"을 기대한 분도 없기 때문이다. 그에 관한 히브리서의 말씀을 인용해보자, "믿음의 주요 또 온전하게 하시는 이인 예수를 바라보자; 그는 그 앞에 있는 *기쁨*을 위하여 십자가를 참으사 부끄러움을 개의치 아니하시더니, 하나님 보좌 우편에 앉으셨느니라" (히 12:2).

위의 말씀에서 십자가의 죽음과 기쁨이 연루되어 있는 것을 알 수 있다. 도대체 어떤 기쁨 때문에 예수 그리스도는 십자가도 견디셨고, 부끄러움도 개의치 않으셨는가? 먼저는 그분이 하나님의 뜻을 완수하셨다는 기쁨이다. 그렇다! 그분이 십자가에서 죽으시는 것은 하나님의 뜻이었다. 그렇게 죽지 않으셨다면 어떻게 영광의 부활이 있었고, 또 어떻게 승천하셔서 하나님 우편에 앉으셨겠는가?

그 다음, 기쁨은 그리스도의 죽음 때문에 생성生成될 수많은 그리스도인들 때문이었다. 얼마나 많은 죄인들이 그분의 대속적인 죽음 때문에 죄를 용서받은 그리스도인들이 되었는가? 그뿐 아니라, 그들 중 얼마나 많은 사람들이 거룩한 그리스도인들로 성숙했는가? 그들은 예수 그리스도의 형상을 닮아가는, 그래서 하나님에게 영광이 되었던가? 이런 기쁨 때문에 예수 그리스도는 십자가의 죽음과 수치를 마다 않으셨던 것이다.

그리스도가 기쁨으로 십자가를 지신 이유가 또 있다. 그것은 그리스도인들이 그분과 함께 누리는 기쁨 때문이었다. 그분이 승천하시기 전에 하신 기도 가운데 이런 말씀이 포함되어 있었다, "지금 내가 아버지께로 가오니 내가 세상에서 이 말을 하옵는 것은 그들로 내 *기쁨*을 그들 안에 *충만히* 가지게 하려 함이니이다" (요 17:13).

이 기도에 포함된 "내 기쁨"은 두말할 필요도 없이 십자가의 죽음과 수치 중에도 누리는 충만한 기쁨이다.

　그리스도의 발자취를 따르는 그리스도인들도 십자가와 수치를 피할 수 없을 때가 있다. 그런 때 그들은 약속된 그리스도의 기쁨을 누릴 수 있다. 그것도 충만한 기쁨이다! 그런 기쁨이 없다면 어떻게 그처럼 수많은 그리스도인들이 그처럼 많은 박해와 투옥을 감당했겠는가? 심지어는 그렇게 많은 그리스도인들이 주저하지 않고 죽음도 받아들이지 않았던가! 그들에게 특별히 주어진 그리스도의 충만한 기쁨 때문이었다.

　많은 그리스도인들이 환난과 핍박 중에도 그리스도의 기쁨을 누리는 이유는 그들의 눈물을 씻어주기 위하여 그들을 데리러 오실 예수 그리스도에 대한 소망 때문이다. 그렇다! 그분은 다시 오셔서 그분을 기다리며 모든 어려움을 감내한 그리스도인들에게 기쁨의 면류관을 씌어주실 것이다.[3] 그때에 그분이 약속하신 "충만한 기쁨"이 100% 경험될 것이다. 결코 끊이지 않는 지속적이고도 넘쳐나는 기쁨을 만끽할 것이다.

3. 꼬리

　요한은 이렇게 기록하였다, "우리가 이것을 씀은 우리의 기쁨이

---

3) 존 웨슬리는 "기쁨"을 "믿음의 기쁨," "소망의 기쁨," "사랑의 기쁨"으로 설명하였다. G. Roger Schoenhals 편집, *John Wesley's Commentary on the Bible* (Grand Rapids, MI: Francis Asbury Press, 1990), 585.

충만하게 하려 함이라." 충만한 기쁨, 지속적이고도 넘치는 기쁨을 그리스도인들이 누리게 하기 위하여 요한일서가 기록되었다. 그렇다! 요한이 약속한 기쁨은 결코 인간이나 세상이 줄 수 있는 일시적인 얄팍한 것이 아니었다. 그 기쁨은 성부 하나님이 성자 하나님이신 예수 그리스도를 통하여 성령 하나님의 임재로 주어지는 기쁨이다. 그런 이유 때문에 그것은 충만한 기쁨이다!

바나바와 바울이 복음을 전했을 때 두 가지 기쁨이 있었다. 첫째의 기쁨은 이방인들이 복음을 받아들인 후 경험한 기쁨이었다. 이런 기쁨은 하나님을 알지 못하던 이방인들이 하나님에게 돌아와서 받은 하나님의 기쁨이었다. 둘째의 기쁨은 복음을 전한 바나바와 바울이 박해하고 그 지역에서 쫓겨났을 때 그들이 경험한 기쁨이었다. 이 기쁨은 핍박과 환난 중에서도 그들과 함께 하신 성령의 기쁨이었다 (행 13:47-52).

거룩한 삶

"나의 자녀들아! 내가 이것을 너희에게 씀은
너희로 죄를 범하지 않게 하려 함이라.
만일 누가 죄를 범하여도 아버지 앞에서 우리에게 대언자가 있으니,
곧 의로우신 예수 그리스도시라"

요한일서 2:1

1. 머리

사도 요한이 요한일서를 기록한 첫 번째 목적은 그리스도인들이 충만한 기쁨을 누리게 하기 위함이었다. 요한일서를 기록한 두 번째 목적은 그들이 거룩한 삶을 영위하게 하기 위함이었다. 물론 본문에서는 "거룩한 삶"이란 표현은 나오지 않지만, "내가 이것을 너희에게 씀은 너희로 죄를 범하지 않게 하려 함이라"는 말은 거룩한 삶을 살라는 뜻을 소극적으로 표현한 것이다. 죄를 범하지 않는 삶이 거룩한 삶이 아니면 무엇이 거룩한 삶이란 말인가?

왜 사도 요한은 두 번째 목적으로 거룩한 삶을 제시했는가? 첫 번째 목적인 기쁨과 연관시켜보자. 그리스도인의 표지標識 중 하나는 위에서 주시는 기쁨이다. 그런 기쁨은 그리스도인들로 하여금

한편 능력 있는 삶을 살 수 있게 하지만, 또 한편 세상을 이기는 삶을 살게도 한다. 그러나 기쁨을 잃어버리면, 그들은 두 날개를 잃은 새와 같이 무기력한 그리스도인들이 되거나, 아니면 웅덩이에 고여 있는 물처럼 부패한 그리스도인들이 될 것이다.

그러면 그리스도인들은 무엇 때문에 기쁨을 잃어버리는가? 물론 많은 이유가 있겠지만, 가장 중요한 이유는 그들의 죄이다. 기쁨은 성부, 성자, 성령 하나님이 주시는데, 그 하나님이 그처럼 싫어하시는 죄를 범하는 즉시 그들은 그 기쁨을 잃어버린다. 이처럼 기쁨과 죄가 서로 긴밀하게 주고받는 영향 때문에 사도 요한은 요한일서의 두 번째 목적으로 "죄를 범하지 않게 하기 위함"이라고 기록하였다.

2. 몸통

사도 요한은 요한일서의 두 번째 목적을 기록하면서 이렇게 시작한다, "나의 자녀들아!" 물론 그가 자녀들이라고 부른 사람들은 교회에 속한 성도들이다. 그러나 거의 100세나 된 요한은 친 자녀들처럼 애정을 가지고 그렇게 불렀다. 뿐만 아니라, 그의 자녀들이기에 그의 권면을 반드시 받아들여야 된다는 권위도 포함되어 있었다. 물로 그들 중에는 사도 요한의 전도로 예수 그리스도를 그들의 구주로 받아들인 영적 자녀들도 포함되어 있었을 것이다.

1) 죄를 범하지 않으려면

예수 그리스도가 십자가에서 죽으신 것은 죄인들이 범한 죄들만을 위한 희생이 아니었다. 죄들을 범했으나, 회개하고 믿음을 구사하여 그리스도인들이 된 *죄인*들을 위한 희생이기도 했다. 그리스도인이 된 후 그들로 하여금 죄를 범하지 않게 하기 위한 희생이었다. 그런 이유 때문에 간음 중에 잡힌 여인에게 "가서 다시는 죄를 범하지 말라"고 부탁하셨다 (요 8:11, 요 5:14 참고). 그런 부탁은 죄를 범하지 않을 수 있다는 전제로 주어졌다.

그렇다! 예수 그리스도가 십자가에서 그처럼 처참한 죽임을 감수하신 것은 그리스도인들이 경박하게 죄나 범하면서 살라고 한 것이 아니었다. 그들이 죄를 범하지 않고 거룩한 삶을 살라고 십자가에서 죽으셨던 것이다. 그러니까 그들이 죄를 범하지 않는 것은 그리스도 예수의 의도였다. 그리스도의 형상을 닮아가려는 그리스도인들은 그런 예수 그리스도의 의도를 그들의 목표로 받아들여야 하기 때문에 죄를 범해서는 안 된다.

"너희로 죄를 범하지 않게 하려 함이라"에서 죄는 그리스도인들 안에 남아있는 죄의 성품을 가리키는 것이 아니라, 구체적으로 범하는 죄의 행동을 가리킨다.[4] 그리스도인들의 삶에는 죄의 성품이 남아 있긴 해도, 그렇다고 반드시 죄를 범할 필요는 없다는 것이다. 그런 가능성이 전혀 없다면, 사도 요한은 그의 영적 자녀들에게 불

----

4) Stephen S. Smalley, *1, 2, 3 John of 51 Word Biblical Commentary* (Waco, TX: Word Books, Publisher, 1984), 36.

가능한 권면을 한 셈이 된다. 그렇게 되면 그 자신은 물론 편지를 받은 그리스도인들도 똑같이 위선자들이 될 수밖에 없다.

어떻게 그리스도인들이 죄를 범하지 않고 살 수 있는가? 물론 그들의 결심과 노력만으로는 불가능하다. 그러나 인간적으로 불가능한 것을 가능하게 하기 위하여 그들에게 성령을 선물로 주신 것이다. 다시 말해서, 그들 안에 있는 성령의 도움과 능력으로, 그리고 그들의 결단으로 그리스도인들은 "죄를 범하지 않을 수" 있다. 바울 사도도 그런 가능성을 이런 간증을 통하여 고백하였다, "내게 능력 주시는 자 안에서 내가 모든 것을 할 수 있느니라" (빌 4:13).

무엇보다도 그리스도인들은 "죄를 범하지 않기 위하여" 하나님의 말씀에 깊이 들어가야 한다. 시편 기자의 고백을 들어보자, "청년이 무엇으로 그의 행실을 깨끗하게 하리이까? 주의 말씀만 지킬 따름이니이다" (시 119:9). 그들의 마음에 새긴 하나님의 말씀은 그들의 생각과 행동에 절대적인 영향을 끼쳐서 죄의 유혹을 능히 대적하게 한다. 많은 그리스도인들이 죄를 이기지 못하는 가장 중요한 이유는 하나님의 말씀에 소홀하기 때문이다.

또한, 그리스도인들은 그들이 마음에 담은 말씀에 따라 뜨겁게 기도해야 한다. "나의 걸음이 주의 길을 굳게 지키고 실족하지 않게" 해달라고 기도해야 한다 (시 17:5). 이렇게도 기도해야 한다, "…나를 숨은 허물에서 벗어나게 하소서" (시 19:12). 그들의 주님이 가르치신 대로도 기도해야 한다, "우리를 시험에 들게 하지 마시옵고 다만 악에서 구하시옵소서…" (마 6:13). 이렇게 구체적으로 죄의 유혹에서 벗어나게 해달라는 기도를 열심히 해야 한다.

2) 죄를 범하면

사도 요한이 그의 영적 자녀들에게 "죄를 범하지 않게 하려고" 요한일서를 써서 보냈다. 그러나 그들이 죄를 범하면 어떤 일이 벌어지는가? 위에서 언급한 것처럼, 그들은 충만한 기쁨을 잃게 된다. 단순히 기쁨만 잃는 것이 아니라, 기쁨과 더불어 신앙생활의 활력도 잃는다. 다른 그리스도인들에게는 물론 그리스도인이 아닌 사람들에게도 끼칠 수 있는 영향력을 잃게 된다. 얼마나 불행한 일인가!

그뿐 아니라, 그들은 하나님과 친밀하게 나누었던 교제도 잃게 된다. 그렇다고 하나님이 그들과 맺은 아버지와 자녀의 관계가 끊어지는 것은 아니나, 그 교제가 서먹해진다. 그 이유는 간단하다! 하나님은 죄를 철두철미하게 미워하시는 거룩한 분이시기 때문이다. 그리스도인들이 범한 죄는 하나님의 거룩한 성품을 거슬리기에 당연히 교제가 손상될 수밖에 없다. 아버지와 자녀 간에 나누는 정겨운 교제는 사라지고 겨우 관계만 유지하게 된다.

그리스도인들이 죄를 범할 때, 무엇보다도 그들을 위하여 십자가에서 고난을 받으신 그들의 구주이신 예수 그리스도의 이름을 모독하는 꼴이 된다. 그분의 죽음이 그리스도인들로 하여금 죄도 극복하지 못하게 할 정도로 빈약했단 말인가? 그분의 죽음과 보혈이 "영원한 속죄"라고 했는데, 실제는 그렇지 않다는 말인가? (히 9:12). 어떻게 그리스도인들이 죄를 범함으로 그들의 구주를 그렇게까지 끌어내릴 수 있단 말인가?

주님은 그리스도인들에게 참으로 많은 것을 약속하셨다. 몇 가지만 열거해보자; 행복한 부부관계, 다른 사람들과 조화를 이루는 관계, 예수 그리스도를 닮아가는 삶, 불신자들에게 복음을 전할 수 있는 능력, 세상의 물결을 박차고 나갈 수 있는 용기, 영원에 초점을 맞춘 고상한 인생관 등. 주님의 약속은 거의 끝이 없다. 그러나 그리스도인들이 죄를 범할 때, 이런 모든 약속들은 신기루처럼 그들의 손에서 날아간다. 얼마나 큰 비극인가!

그리스도인들이 죄를 범할 때, 일어나는 또 다른 비극이 있다. 그것은 자신들을 엄습해오는 죄의식이다. 그리스도인들은 하나님 앞에서 사는 사람들이기 때문에, 잘못을 범할 때 하나님이 그 잘못을 아시며 따라서 기뻐하지 않으신다고 느끼게 된다. 그런 느낌을 죄의식이라고 하는데, 그리스도인들이 죄를 범하면 그런 죄의식에서 벗어나지 못한다. 그리고 그런 죄의식 아래 있는 동안 그들은 행복한 그리스도인으로 살아갈 수 없다.

그리스도인들이 죄를 범할 때, 한 번밖에 없는 인생을 낭비해버리는 꼴이 된다. 하나님은 그리스도인들이 인생을 최대한으로 개발하여 가장 가치 있는 인생을 영위하기를 원하신다. 그 목적을 위하여 하나님은 그들에게 성령을 선물로 주셨다. 그들의 삶 속에 거하시는 성령은 그들의 인격개발과 은사개발을 통하여 인생을 가장 멋있게, 그리고 가장 보람되게 살 수 있는 가능성을 주셨다. 그러나 그들이 죄를 범할 때, 그런 인생은 꿈에 지나지 않을 것이다.

3) 회복하려면

사도 요한이 그의 영적 자녀들에게 죄를 범하지 말라고 한 것은 진정으로 그들을 위한 사랑의 충고였다. 사랑의 사도인 요한은 그의 충고에도 불구하고 그들이 죄를 범할 수 있다는 사실을 알고 있었다. 왜냐하면 그 자신도 신앙적으로 어린아이였을 때 종종 죄를 범했기 때문이다. 자신을 포함시킨 그의 고백을 들어보자, "만일 누가 죄를 범하여도 아버지 앞에서 *우리에게* 대언자가 있으니….."

사도 요한은 이렇게 시작했다, "내가 너희에게 이것을 씀은….." 이 말에서 "나"는 사랑과 권위의 아버지인 자신을 가리키며, "너희"는 그의 영적 자녀들이었다. 그런데 그는 말을 바꾸어서 "만일 누가 죄를 범하여도…*우리에게* 대언자가 있으니…"라고 했다. "우리에게"는 자신을 포함한 표현으로, 그도 죄를 범했었고, 또 대언자인 예수 그리스도의 중보로 죄를 용서 받은 경험이 있었다는 신앙고백이었다.

"만일 누가 죄를 범하여도"는 죄를 범할 수밖에 없는 불가피한 상황을 뜻하지 않고, 의도적으로 범한 죄를 가리킨다. 왜냐하면 "죄"는 알고 있는 법――그것이 말씀의 법이든, 양심의 법이든, 사회의 법이든――을 깨뜨리는 행위를 가리키기 때문이다. 만일 그리스도인이 이렇게 의도적으로 죄를 범하면, 즉시 정도에서 벗어난다. 정도에서 벗어나면 영적으로 어두움 속으로 들어가게 되어 영적으로 방황하게 된다. 그는 한 걸음도 앞으로 나가지 못한다.

그처럼 허우적거리는 삶에 지쳐서 다시 그를 위하여 십자가에서 죽으신 예수 그리스도에게로 나올 수 있다. 그를 위하여 대언자의 역할을 맡으신 그분을 의지하면서 말이다. 대언자는 변호사의 뜻을 갖는다. 그분은 그의 입장을 가장 잘 변호하실 수 있는 분이시다. 그분은 일찍이 인간이 되셔서 인간의 모든 아픔과 슬픔을 몸소 겪었던 분이시기에, 그분보다 그를 위하여 더 잘 변호할 분은 어디에서도 찾을 수 없다.

그분은 하나님 우편에서 못자국난 손과 발, 그리고 창 자국이 선명한 허리를 보이면서 죄를 범한 그리스도인을 위하여 변호하신다. 하나님 아버지의 뜻에 따라 세상에 보내졌고, 죽었고, 그리고 지금은 하나님 앞에서 변호하시는 것이다. 그런 이유 때문에 하나님 아버지는 죄를 범한 그리스도인을 위한 변호를 기꺼이 들으시고 또 받아주신다. 그 결과 그 그리스도인은 죄를 용서받고, 기쁨도 되찾고, 하나님과의 교제도 회복한다.

하나님이 예수 그리스도의 변호를 받아들이시는 또 다른 이유가 있는데, 그것은 예수그리스도가 의로우시기 때문이다. 그분은 인간이 되신 적이 있었지만, 결코 죄를 범한 적은 없었다. 절대적으로 거룩하시며 의로우신 하나님에게 인정된 대언자는 똑같이 절대적으로 의로워야 된다. 그런데 죄를 범한 그리스도인을 위하여 변호하시는 대언자이신 예수 그리스도도 역시 의로우시기에 하나님은 그분이 변호하는 그리스도인을 기꺼이 받아주시고 회복시키신다.

3. 꼬리

사도 요한이 영적 자녀들에게 죄를 범하지 말라고 한 이유가 분명해졌다. 죄를 범하면 절대로 안 된다고 한 것은 그들을 정죄하기 위해서가 아니다. 그렇다고 죄를 범해도 대언자가 있기에 쉽게 용서받을 수 있다고 하면서 죄를 가볍게 여기라고 한 것도 아니다. 사도 요한은 그의 영적 자녀들이 죄로 인해 생기는 슬픔과 괴롬을 당하는 것을 원하지 않았다. 그러나 불행하게도 그렇게 되면, 그 슬픔과 괴로움의 구렁텅이에서 빨리 나오라는 사랑의 충고였다.

  구약성경의 다윗은 죄를 범하므로 기쁨과 하나님과의 교제를 잃었다가 회복한 실례이다. 그가 남의 아내를 범했을 때, 그의 마음은 "내가… 종일 신음하므로 내 뼈가 쇠하였도다…내 진액이 빠져서 여름 가뭄에 마름 같이 되었나이다"(시 32:3-4). 그러나 그가 죄를 자복하고 회개하자 그는 기쁨을 되찾았다. 그의 간증을 들어보자, "…여호와를 기뻐하며 즐거워할지어다"(시 32:11). 그는 죄를 용서받았고 그리고 다시 기쁨을 누렸던 것이다.

3

A Holy Life A Love Life

영생의 확신

"내가 하나님의 아들의 이름을 믿는 너희에게 이것을 쓰는 것은
너희로 하여금 너희에게 영생이 있음을 알게 하려 함이라"

요한일서 5:13

1. 머리

사도 요한이 요한일서를 기록한 세 번째 목적은 그의 영적 자녀들에게 영생의 확신을 알려주려는 것이었다. 다시 말해서, 예수 그리스도를 구주로 믿은 사람들은 이미 영원한 생명을 갖고 있다는 것을 분명히 알아야 된다는 것이다. 사도 요한에 의하면, 영생의 확신도 요한일서의 첫 번째 목적인 "충만한 기쁨"과, 두 번째 목적인 "거룩한 삶"처럼 중요하다는 것이다. 요한일서는 이 세 가지 목적을 기둥으로 삼아서 펼쳐진다.

비록 요한은 이 세 가지 목적을 한꺼번에 다루지 않고 여기저기에서 따로 다루었지만, 그래도 서로 깊은 연관이 있다. "충만한 기쁨"은 그리스도인의 삶에 매우 중요한 표지라고 언급된 바 있다. 그런

기쁨은 기독교가 단순히 머리로만 받아들이는 종교가 아니라, 그 기독교를 받아들인 사람들의 삶에 구체적으로 영향을 주는 체험의 종교라는 사실을 웅변적으로 알려준다. 그런 기쁨의 체험은 그들로 하여금 밝고 발랄한 삶을 영위하게 한다.

그리스도인들의 발랄한 삶은 동시에 주변에 있는 사람들에게도 영향을 끼친다. 주변의 사람들이 신자이든 불신자이든 그들에게 직접적이든 간접적이든 영향을 끼치는 삶을 영위한다. 그런데, 그처럼 중요한 기쁨을 유지시키는 것이 두 가지 있는데, 하나는 "거룩한 삶"이고, 또 하나는 "영생의 확신"이다. 만일 그리스도인들이 "영생의 확신"을 갖고 있지 못하면, 그들은 신앙생활의 방향감각을 잃은 것이며, 따라서 "충만한 기쁨"을 누리지 못할 것이다.

2. 몸통

요한일서의 세 가지 목적을 더 깊이 살펴보면, 가장 중요한 것은 "영생의 확신"이다. 왜냐하면 영생을 선물로 받아 그리스도인이 된 사람만이 기쁨도 즐기고, 또 범죄하지 않을 수 있기 때문이다. 비록 요한이 그리스도인이 체험한 기쁨을 먼저 다루지만, 그렇다고 그 기쁨 때문에 영생의 확신이 생긴다는 것은 아니다. 거꾸로 영생의 확신이 있기 때문에 기쁨도 생기는 것이다. 그런 이유 때문에 "영생의 확신"을 어떻게 갖게 되는지 알아보아야 할 것이다.

1) "하나님 아들의 이름"

하나님이 그 아들 예수 그리스도를 이 세상에 보내신 가장 중요한 이유는 죄인들이 그분을 통하여 영생을 갖게 하기 위해서였다. 사도 요한이 죄인들의 구원을 위하여 기록한 요한복음에 들어있는 말씀을 인용해보자, "오직 이것을 기록함은 너희로 예수께서 하나님의 아들 그리스도이심을 믿게 하려 함이요, 또 너희로 믿고 그 이름을 힘입어 생명을 얻게 하려 함이니라" (요 20:31). 이 말씀에서 사용된 "생명"은 요한일서의 "영생"과 같은 뜻이다.

그러면 "그 이름을 힘입어 영생을 얻게 한다"는 뜻을 심도 있게 살펴보자. 왜 사도 요한은 그냥 "아들을 힘입어"라고 기록하지 않고, "그 이름을 믿는 너희에게"라고 하면서 "그 이름을 힘입어"라고 기록했는가? 그분의 이름, 곧 주 예수 그리스도가 왜 중요한가? 그 이유는 간단하다! 요한복음과 요한일서를 기록한 요한은 유대인이었으며, 유대인들에게는 이름이 너무나 중요하기 때문이다. 그들에게 이름은 실존, 사역, 말씀 등을 함축한다.[5]

예수 그리스도의 *실존實存*은 무엇보다도 하나님의 아들이셨다. 유대인에게 아들과 아버지는 동등하기에 "아들"이라는 실존은 중요하다. 한 번은 예수님이 하나님을 아버지라고 부르셨다. 그 말이 떨어지자 즉시 유대인들은 벌떼 같이 일어나서 예수 그리스도를 죽이려 하였다. 왜냐하면 아버지와 아들이 동등하다는 사실을 알기 때문이

---

5) Robert W. Yarbrough, *1–3 John, Baker Exegetical Commentary on the New Testament* (Grand Rapids, MI: Baker Academic, 2008), 297.

었다 (요 5:17-23). 그러나, 동등하시기에 하나님이 주시는 영생을 그분도 주실 수 있다고 선언하신 것이다 (요 5:24).

예수 그리스도는 공생애의 짧은 기간에 엄청나게 많은 사역을 하셨다. 사도 요한은 그분의 *사역*이 얼마나 많은지 하나도 빠지지 않고 낱낱이 기록된다면 이 세상에 둘 수 없을 만큼 많은 책이 될 것이라고 하였다 (요 21:25). 그러나 그렇게 많은 사역 중에서도 죄인들이 구원 받고 영생을 얻게 하기 위한 사역은 하나뿐이었다. 그것은 십자가에서 몸이 찢기고 피를 쏟으면서 죽으신 대속의 사역이었다.

다른 사역들, 곧 병자를 고치며, 귀신을 쫓아내며, 굶주린 자들의 배를 채워주시며, 풍랑을 잠잠케 하시며, 죽은 자들을 다시 살리신 것들은 모두 십자가에서의 죽음을 보조하는 역할에 불과했다. 왜냐하면 그런 어떤 사역도 죄인들을 구원할 수 없기 때문이었다. 오로지 그분의 대속적 죽음과 부활만이 죄인들의 죄와 심판의 문제를 해결할 수 있었다. 그렇게 문제가 해결되면 그들은 영생을 소유할 수 있게 되었던 것이다.

예수 그리스도는 사역만 하신 것이 아니었다. 그 사역과 더불어 사역의 숨은 뜻을 설명하셨는데, 그것이 바로 그분의 말씀이었다. 그분의 말씀을 하나만 인용해보자, "내가 온 것은 양으로 생명을 얻게 하고 더 풍성히 얻게 하려는 것이라" (요 10:10). 그분이 이 세상에 오신 목적을 아무도 오해할 수 없도록 분명히 말씀하셨다. 그렇다! 죄인들이 "생명을 얻게 하기" 위하여 이 세상에 오셨던 것이다.

2) 믿는 사람들

　그렇다! 예수 그리스도의 실존과 사역과 말씀을 함축하는 그분의 이름을 듣고 적극적으로 반응하는 사람들은 영생을 얻는다. 적극적인 반응은 다름 아닌 믿음이다. 예수 그리스도가 죄인들의 구원을 위하여 다 이루어놓으셨기에 죄인들이 할 일은 아무 것도 없었다. 단지 그들은 마음을 열고 그분을 그들의 구주로 받아들이기만 하면 된다. 그렇게 마음으로 믿고 받아들이면 그들은 영생을 소유하게 되는 것이다 (롬 10:9-10).

　예수 그리스도의 사역 중 가장 중요한 것은 십자가의 죽음이었고, 그 죽음은 하나님 아버지에게 영광이 되었다. 다시 말해서, 하나님도 그분의 죽음을 기쁘게 받으셨다는 말이다. 만일 기쁘게 받지 않으셨다면 어떻게 죄인들이 하나님의 자녀가 될 수 있단 말인가? 어떻게 온갖 죄를 범했던 인간이 소극적으로는 죄를 용서 받고, 동시에 적극적으로는 영생을 누릴 수 있단 말인가? 그러니까 그분의 죽음은 위로 하나님에게 영광이 되었고, 아래로는 죄인들로부터 믿음을 일으켰던 것이다.

　사도 요한은 이렇게 말했다, "내가 하나님의 아들의 이름을 믿는 너희에게 이것을 쓰는 것은…" 이 말을 쉽게 풀이하면, 예수 그리스도의 이름을 믿어서 구원을 받은 그리스도인들을 위하여 요한일서를 기록하였다는 것이다. 그렇다! 사도 요한은 불신자들에게는 그 아들의 이름을 믿어 구원 받아 영생을 얻게 하기 위하여 요한복음을 기록하였으나, 요한일서는 그 아들의 이름을 이미 믿은 사람들에게 써서 보낸 편지였다.

그렇다면 이미 믿고 영생을 얻은 그리스도인들에게 왜 "영생이 있음을 알게" 하기 위하여 편지를 보냈는가? 그 이유는 간단하다! 많은 그리스도인들이 영생을 이미 가지고 있다는 사실을 모르거나 아니면 혼동하고 있었기 때문이었다. 어떤 사람들은 시시때때로 범하는 죄 때문에 확신이 없었다. 또 어떤 사람들은 항상 기쁨이 없기 때문에 확신이 없었다. 이런 사람들은 확신의 근거를 약속의 말씀에 두지 않고 감정에 두기 때문이다.

누구든지 그의 구원을 위하여 예수 그리스도의 이름을 믿고 받아들였으면 확실히 영생이 주어졌는데도 불구하고, 변화무쌍한 감정을 의지하기에 확신을 갖지 못한다 (마 13:20-21). 그러나 늘 변화되는 감정에 상관없이 약속의 말씀을 의지하면 영생을 확신할 수밖에 없다. 예수 그리스도가 하신 약속의 말씀을 한 곳만 인용해보자, "진실로 진실로 너희에게 이르노니, 믿는 자는 영생을 가졌노라" (요 6:47). 이처럼 분명한 약속을 어디서 찾겠는가?

어떤 사람들은 혼동된 믿음 때문에 확신이 없다. "그래도 열심히 노력해야 구원을 받지." "구원 받은 것을 죽은 후에나 알 수 있지 어떻게 알아." "나는 아무래도 너무 부족해." "나는 하나님이 선택하신 사람이 아닌가봐." "나는 다른 그리스도인들처럼 분명히 변화되는 체험을 하지 못했어." "나는 아무래도 믿음이 부족해." 이런 모든 의문은 하나님의 말씀을 있는 그대로 받아들이지 않는 태도이다. 그런 사람들은 영생의 확신을 갖지 못할 것이다.

3) 영생의 선물

　사도 요한이 요한일서를 기록한 목적은 분명하다: "믿는⋯너희에게 영생이 있음을 알게 하려 함이라." 영생이 주어졌다는 사실을 조금도 의심할 여지없이 확신하라고 이 편지를 기록했다. 예수 그리스도가 십자가에서 죽으신 사실을 받아들이고, 하나님이 허락하신 약속을 믿음으로 받아들인 사람들에게 주어지는 축복은 이루 말할 수 없이 많으나, 무엇보다도 가장 놀라운 축복은 다름 아닌 영생을 선물로 받은 사실이다.

　영생은 문자 그대로 영원한 생명을 뜻한다. 죄인들이 예수 그리스도의 이름을 믿는 순간 모든 죄를 용서받을 뿐 아니라, 그 시간부터 영생을 누리기 시작한다. 그분은 십자가에서 죽으셨으나 다시 부활하셔서 영원히 죽지 않는 몸으로 바뀌셨는데, 바로 그분이 믿는 사람들의 마음과 인생 안으로 들어오신 것이다. 그들은 그 시간부터 예수 그리스도와 더불어 영원한 삶, 곧 영생을 누리게 된 것이다.

　예수 그리스도는 영생에 대하여 기도 중 이렇게 말씀하신 적이 있었다, "영생은 곧 유일하신 참 하나님과 그가 보내신 자 예수 그리스도를 아는 것이니이다"(요 17:3). 왜 성부 하나님과 성자 하나님을 아는 것이 곧 영생인가? 그 이유는 간단하다! 하나님은 모든 생명의 근원이신데, 그분과 동등하신 예수님도 마찬가지이다. 생명이신 성부 하나님과 성자 하나님을 알았다면, 다시 말해서, 경험했다면 당연히 영생을 갖게 된다.

　그리스도인들은 그들 안에 내재內在하신 성부 하나님과 성자 하나님의 생명을 의지하여 영적 삶을 시작하게 된 것이다. 그렇다면 구체적으로 영적 삶은 어떤 것인가? 무엇보다도 죄를 범하지 않으려는 몸부림이다. 시시때때로 죄도 범하지만, 곧장 그것을 시인하고 죄에서 돌이킨다. 얼마나 고상한 갈등이며, 얼마나 놀라운 인생관의 변화인가? 그들은 어느 날 주님이 다시 오실 때 완전히 변화되어 더 이상 죄를 범하지 않는 삶을 기대하며 살아간다.

그리스도인들은 예수 그리스도의 재림을 기다리는 동안 어떻게 영생을 누릴 수 있는가? 그 방법은 그들 안에 계신 그분의 삶을 본받는 것이다. 왜냐하면 그리스도인들은 그분의 형상을 닮아가는 사람들이기 때문이다 (롬 8:29). 그러면 그분의 삶은 어떤 것이었나? 그분의 삶은 처음부터 마지막 순간까지 다른 사람들을 위한 섬김이요, 인내요, 희생이었다. 그분처럼 다른 사람들을 위하여 인내로 섬기며 희생을 아끼지 않으면 영생을 누리고 있다는 증거이다.

영생의 확신을 갖게 되면, 그 결과로 생기는 많은 열매를 누리게 될 것이다. 우선, 기쁨도 누릴 것이다. 구원을 받아 영생을 갖게 된 그리스도인들이 기쁨을 누리지 않는다면 누가 누릴 수 있단 말인가? 그뿐 아니라, 그들은 유혹과 싸우면서 죄를 범하지 않을 수 있다. 영생을 갖지 못한 사람들이 죄와 싸운다는 것은 거의 불가능한 일이다. 영생의 확신을 가진 그리스도인들만이 죄와 싸울 수 있고 또 이길 수 있는 것이다.

3. 꼬리

사도 요한은 그리스도인들의 특권을 세 가지로 표현했는데, 곧

"충만한 기쁨"과 "거룩한 삶"과 "영생의 확신"이다. 이 세 가지는 그리스도인들만 누릴 수 있는 하나님의 선물이기도 하다. 그러나 그들은 시시때때로 기쁨을 잃기도 하고, 죄를 범하기도 하며, 확신이 흔들리기도 한다. 그러나 항상 충만한 기쁨을 누리며, 절대로 죄를 범하지 않고, 또 영생을 시시각각 그리고 영원히 즐길 때가 있을 것이다. 언제? 주님이 다시 오실 때이다.

　그때를 기다리면서 현재에도 시시때때로 충만한 기쁨과 거룩한 삶과 영생의 확신을 누리면서 살아야 될 것이다. 그리할 때 주님의 재림과 더불어 그리스도인들이 그렇게 고대하던 "충만한 기쁨"과 "거룩한 삶"과 "영생의 확신"을 만끽할 수 있다. 왜냐하면 그런 기쁨과 거룩한 삶과 영생은 예수 그리스도를 그들의 구주로 받아들이는 순간부터 시작되는 놀라운 체험이기 때문이다.

1장

빛 가운데서 행하자

"생명의 말씀"

"태초부터 있는 생명의 말씀에 관하여는
우리가 들은 바요, 눈으로 본 바요, 자세히 보고,
우리의 손으로 만진 바라"

요한일서 1:1

1. 머리

요한일서를 기록한 세 가지 목적 중에서 "영생의 확신"이 가장 중요하다고 언급한 바 있다. 영생의 확신이 없다면 참된 인생의 목적도 없이 헛된 것들을 좇아가다가 일생을 마치게 된다. 태어나는 순간부터 죽음을 향하여 날개를 펄럭이다가 죽음을 맞는 하루살이와 같은 삶을 살아간다. 비록 하루살이보다는 몇 천 배 몇 만 배 더 오래 살지만, 그것도 역시 영원에 비하면 하루와 같은 점에 불과한 것이다. 얼마나 인생이 허무한가!

"영생의 확신"은 한 마디로 하나님의 아들이신 예수 그리스도를 통하여 주어지는 것이다. 그렇다면 왜 그분을 통해서만 영생을 소유할 수 있단 말인가? 불교나 무슬림을 통해서는 가능하지 않단 말인가? 물론 가능하지 않다! 그 이유는 너무나 간단하다! 그런 종교를 시작한 창시자는 모두 하루살이와 같은 인생을 살다가 허무하게 인생을 마친 인간에 불과하기 때문이다. 어떻게 하루살이와 같은 인간이 다른 사람에게 영생을 줄 수 있단 말인가?

기독교는 어떤가? 교회에 열심히 출석하면 영생이 주어지는가? 두말할 필요도 없이 기독교나 교회도 영생을 주지 못한다. 기독교나 교회는 기관이기에 그 자체는 생명을 가지고 있지 않기 때문이다. 그렇다면 도대체 어떻게 영생을 소유할 수 있으며 또 "영생의 확신"을 가질 수 있단 말인가? 그 방법은 생명의 근원이신 예수 그리스도를 만나는 것뿐이다. 왜냐하면 예수 그리스도만이 영원 전부터 존재하시는 생명의 근원이시기 때문이다.

2. 몸통

그런 이유 때문에 요한일서의 저자인 사도 요한은 그 편지를 쓰기 시작하면서 바로 예수 그리스도를 소개한다. 그런데 이상하게도 이 장의 본문을 보면 예수 그리스도라는 이름은 나오지도 않는다. 오히려 인간에게 영생을 주시는 분으로 소개되고 있다. 그런 이유 때문에 요한일서는 이렇게 시작된다, "태초부터 있는 생명의 말씀엔 관하여는…!" 앞에서도 언급한 것처럼, 여기에 나오는 "생명"은 "영생"과 같은 뜻이다.

1) "태초부터"

우선, "태초부터"라는 표현을 살펴보자. "태초부터"는 쉬운 말로 하면 "처음부터"이며, 영어로는 *from the beginning*이다.[6] 이 표현을 직역하면 "생명의 말씀"도 시작이 있다는 뜻이다. 그러나 "생명의 말씀"인 예수 그리스도는 시작이 없는 분이다. 왜냐하면 그분은 영원하신 분이기 때문이다. 그런 "생명의 말씀"을 시간이라는 한계 안에서 사는 인간은 영원을 표현할 수 있는 방법을 찾지 못해서 "태초부터"라고 한 것이다.[7]

"태초부터" 계신 예수 그리스도는 당연히 영원한 생명을 가진 분이시다. 그런 이유 때문에 누구든지 영원한 생명인 예수 그리스도를 믿고 영접하면, 그분을 소유하게 된다. 그분을 소유하면 자동적으로 영생을 소유하게 되는 것이다. 사도 요한의 증언을 들어보자, "…하나님이 우리에게 영생을 주신 것과 이 생명이 그의 아들 안에 있는 그것이니라. 아들이 있는 자에게는 생명이 있고, 하나님의 아들이 없는 자에게는 생명이 없느니라" (요일 5:11-12).

위의 말을 다른 말로 바꾸면, "영생의 확신"은 결코 종교에서 찾을 수 없다. 불교와 무슬림은 두말할 것도 없고, 기독교나 교회라는 기관에서도 찾을 수 없다. 오로지 "태초부터" 계신 예수 그리스도를 만난 사람들만이 영생을 소유한다. 영원한 생명이신 예수 그리스도를 받아들였기 때문이다. 그렇게 예수 그리스도를 통하여 "영생의

---

6) 헬라어는 *아프 아르케스*(ἀπ᾽ ἀρχῆς)로서 *아페*는 "…으로부터"이고, *아르케스*는 "처음"이다.
7) 이와 유사한 경우는 요한복음 1:1과 창세기 1:1에서 찾을 수 있다.

확신"을 갖게 된 그리스도인들은 한편 기쁨을 누릴 수 있으며, 또 한편 죄와 싸울 수 있게 된 것이다.

그런데, 이처럼 "태초부터" 계신 영원한 분을 시간과 세상이라는 한계 속에 사는 사람들이 어떻게 만날 수 있는가? 인간은 결코 시간과 세상을 뛰어넘어 "태초부터" 계신 분에게 접근할 수 없다. 노력으로도 불가능하고, 종교적인 행위로도 불가능하다. 결론적으로 인간의 방법으로는 결단코 "영생"을 쟁취할 수 없다! 방법이 있다면, 그것은 인간에게서 찾을 수 없고, 오로지 "태초부터" 계신 그분에게서 찾아야 한다.

여기에 복음이 있는데, 곧 "태초부터" 있는 생명의 말씀이 인간을 찾아서 인간에게 오신 것이다. 즐거운 크리스마스의 소식이 바로 놀라운 복음이다. 그 기쁨의 소식을 들어보자, "말씀이 육신이 되어 우리 가운데 거하시매, 우리가 그의 영광을 보니 아버지의 독생자의 영광이요 은혜와 진리가 충만하더라" (요 1:14). 그렇다! 요한복음 1장 1절에서 명시明示하듯, 태초부터 계신 말씀이 육신을 입고 인간에게 영생을 주고자 인간에게 내려오셨던 것이다.

저 크리스마스의 날, 곧 예수 그리스도가 이 세상에 태어나셨을 때, 거룩하신 하나님이 인간이 되신 것이다. 다른 말로 하면, 영원하신 분이 시간 속에 들어오신 것이었다. 시간과 세상을 초월하신 분이 자원하여 추잡하고 더러운 세상 속에 들어오셨다. 그 이유는 시간과 죽음의 굴레 속에 사는 죄인들을 구원하시기 위해서였다. 그들을 죄의 구렁텅이에서 구원만 하신 것이 아니라, 그들에게 당신의 영원한 생명을 나누어주시기 위해서였다.

2) "생명의 말씀"

영원 전부터 존재하시는 예수 그리스도를 사도 요한은 "생명의 말씀"이라고 하였다. 그 이유는 두 가지인데, 하나는 생명이신 그분이 모든 것을 창조하셨기 때문이다. 요한의 증언을 보자, "만물이 그로 말미암아 지은 바 되었으니, 지은 것이 하나도 그가 없이는 된 것이 없느니라" (요 1:3). 바울도 같은 말을 했다, "만물이 그에게서 창조되되 하늘과 땅에서 보이는 것들과 보이지 않는 것들과…만물이 다 그로 말미암고 그를 위하여 창조되었노라" (골 1:16).

그런데 이처럼 삼라만상森羅萬象에게 생명을 주어 창조하시면서 그분이 사용하신 매개는 "말씀"이었다. 천지창조를 묘사한 창세기 1장을 보면 모든 것이 "말씀"에 의하여 창조되었다. 빛도 말씀으로, 해와 달과 별들도 말씀으로, 물고기와 새와 짐승들도 말씀으로 창조되었다. 모든 창조물 중 가장 걸작품인 사람도 역시 "말씀"으로 창조되었다. "하나님이 이르시되, 우리의 형상을 따라 우리의 모양대로 우리가 사람을 만들고…" (창 1:26).

그렇다! "하나님이 이르시되"는 하나님이 사람을 말씀으로 창조하셨다는 뜻인데, 사람뿐 아니라 모든 것을 그렇게 창조하셨다. 그런데 위에서 말한 것처럼, 예수 그리스도도 모든 것을 창조하신 창조주셨다. 그 말은 하나님과 예수 그리스도는 동일한 분이라는 것이다. 이처럼 만물을 창조하신 생명의 주인이시기에 사도 요한은 예수 그리스도를 "생명의 말씀"이라고 그리스도인들에게 소개했던 것이다.

예수 그리스도를 "생명의 말씀"이라고 다른 이유는 그분이 선물로 주시는 영적 생명 때문이다. 아담과 하와 이후 하나님을 떠나간 사람에게는 영적 생명이 없다. 그 이유는 간단하다! 생명의 근원이신 하나님을 떠났기에 사람은 하나님이 주신 영적 생명을 잃어버렸다. 영적 생명이 없는 사람은 결국 영적으로 죽은 사람이다. 영적으로 죽은 사람은 인생을 갈팡질팡하며 살다가 끝을 맺는다. 그러나 죽음으로 끝나는 것이 아니다.

죽은 후에 인생을 어떻게 살았는가에 대하여 책임추궁을 당할 것이며, 그 결과 영원히 하나님과 분리되어 어두움 속에서 다시 갈팡질팡하며 삶을 이어갈 것이다. 그런 사람에게 가장 필요한 것은 영원한 생명, 곧 영생이다. 그런데 어떻게 영생을 얻을 수 있는가? 그 방법은 예수 그리스도를 믿고 영접하는 것이다. 그리할 때 "생명의 말씀"이신 예수 그리스도는 그 사람에게 영원한 생명, 곧 영생을 허락하신다.

야고보의 증언을 들어보자, "그가 그 피조물 중에 우리로 한 첫 열매가 되게 하시려고 자기의 뜻을 따라 진리의 말씀으로 우리를 낳으셨느니라"(약 1:18). 이 말씀에서 "낳으셨다"는 것은 영적으로 다시 태어나서 영생을 얻게 되었다는 뜻이다. 그런데 그 매개는 "진리의 말씀"이다. 만물을 "생명의 말씀"으로 창조하신 예수 그리스도는 다시 "진리의 말씀," 곧 "생명의 말씀"으로 그 사람에게 영적 생명을 주시는 것이다.

3) 만남의 과정

그런데 사도 요한에 의하면, "태초부터 있는 생명의 말씀"인 예수 그리스도를 믿고 받아들이는 행위도 과정이 있다는 것이다. 그 과정을 사도 요한은 이렇게 묘사했다. "우리가 들은 바요, 눈으로 본 바요, 자세히 보고, 우리의 손으로 만진 바라." 이 말씀에 의하면, 요한과 제자들은 적어도 네 가지 과정을 통하여 "생명의 말씀"이신 예수 그리스도를 받아들였다는 것이다. 그런데 그 네 가지 과정은 요한 뿐 아니라, 모든 사람들에게 적용된다.

첫째는 듣는 단계이다. 요한을 비롯한 제자들은 그분을 따라다니면서 그분의 입에서 나오는 가르침을 들었다. 그분의 가르침은 들으면 들을수록 제자들의 마음을 사로잡았다. 우리도 마찬가지이다! 그분의 가르침에 대하여 잘 알지 못하는 사람들도 그분의 가르침을 듣는다면 많은 편견은 사라질 것이다. 편견만 사라지는 것이 아니라, 그처럼 놀라운 가르침을 들려주시는 예수 그리스도에 대하여 그만큼 더 객관적으로 알게 될 것이다.

둘째는 보는 단계이다. 그분의 제자들은 그분을 따라다니면서 그분이 행하시는 것을 보게 되었다. 그분에 의하여 앉은뱅이가 벌떡 일어나는 것도 보았고, 장님이 눈을 뜨는 것도 보았다. 그들은 그들의 눈을 의심할 수밖에 없었다. 우리도 마찬가지이다! 지금까지 그분을 믿는 사람들을 통하여 이룬 업적을 보라. 고아와 과부를 돌보는 수많은 그리스도인들, 학교와 병원을 세운 수많은 선교사들-- 그들이 이룬 일들을 진솔하게 보면 그분에게 이끌리게 된다.

셋째 단계는 "자세히 보는" 것이다. 제자들은 그분의 일들을 보면서 그분이 도대체 어떤 분인지 알아보지 않으면 안 되었다. 그분은 거룩하실 뿐 아니라, 사랑의 화신化身이었다. 그들은 그분에게 매료되지 않을 수 없었다. 우리도 마찬가지이다! 그분을 자세히 보면,

그분은 죄인과 약자들을 위하여 삶을 영위하셨다. 그리고 마침내 그런 사람들을 위하여 대신 십자가에서 죽으신 분이라는 사실을 깨닫게 된다.

넷째 단계는 "손으로 만진" 것이다. 제자들은 그처럼 십자가에서 죽으셨다가 다시 사신 예수 그리스도를 붙잡지 않으면 안 된다는 것을 알게 되었다. 그들은 그분을 그들의 구주로 받아들였던 것이다. 우리도 마찬가지이다! 우리 같은 죄인들을 위하여 십자가에서 죽으신 그분을 받아들이지 않는다는 것은 불가능하다. 두 손으로 그분을 꼭 붙잡지 않으면 안 된다는 절박감에 사로잡히게 된다. 그렇게 그분을 받아들일 때 우리는 영생을 얻게 된다.

예수 그리스도를 믿고 영접한다는 것은 그분을 우리의 마음에 받아들인다는 것을 뜻한다. 부활하여 살아계신 그분을 인격적으로 만난다는 것을 뜻한다. 그렇다! 기독교는 근본적으로 교리를 믿거나, 인간의 생각을 받아들이는 것이 아니다. 그분을 받아들일 때 "태초부터 있는 생명의 말씀"이신 예수 그리스도는 우리에게 영원한 생명, 곧 영생을 주신다. 그렇다! 기독교는 살아계신 그리스도를 만나서 생명을 선물로 받는 종교이다.

3. 꼬리

사도 요한과 제자들은 예수 그리스도를 듣고, 보고, 관찰한 결과 그분을 그들의 구주로 받아들였다. 그분의 티 없는 삶, 남을 섬기는 삶, 사랑의 삶을 보았다. 그뿐 아니라, 그분이 죄인들을 위하여 목숨까지도 내놓는 삶을 보았다. 죽은 자 가운데서 다시 사셔서도 마찬가지였다. 그분은 의심하는 도마를 향하여 못 자국과 창 자국에 손을 넣어서 만져보라고 하셨다. 그 결과 도마는 그분을 그의 주님, 그의 하나님으로 받아들였던 것이다 (요 20:25-28).

우리도 마찬가지이다! 처음에는 다른 사람들이 믿는 예수 그리스도에 대하여 의심의 눈초리를 보냈다. 그러나 시간이 흐르면서 의심은 호기심으로 바뀌었다. 호기심 때문에 그분에 대하여 더 알기를 원하게 되었다. 그분에 대하여 서서히 알게 되면서 갈등을 갖게 되었다. 믿어야 되나 믿지 말아야 되나? 그런 진지한 갈등 끝에 예수 그리스도만이 우리의 죄와 죽음의 문제를 해결해주실 수 있다는 것을 알고 그분을 우리의 구주로 받아들였던 것이다.

2

A Holy Life, A Love Life

"나타내시다"

"이 생명이 나타내신 바 된지라;
이 영원한 생명을 우리가 보았고 증언하여 너희에게 전하노니,
이는 아버지와 함께 계시다가 우리에게 나타내신 바 된 이시니라"

요한일서 1:2

1. 머리

사도 요한은 예수 그리스도를 요한일서에서 이렇게 소개한다, "태초부터 있는 생명의 말씀에 관하여는 우리가 들은 바요, 눈으로 본 바요, 자세히 보고, 우리의 손으로 만진 바라." 이 소개에서 요한은 예수 그리스도에 대한 두 가지 특징을 드러내고 있다. 하나는 영원 전부터 있는 "태초부터 있는 생명의 말씀"이고, 또 하나는 제자들이 듣고, 보고, 그리고 만질 수 있는 분이다. 전자^{前者}는 인간의 범주를 넘는 초월의 분을 가리킨다.

반면, 후자^{後者}는 인간의 범주 속에 존재하는 분이기에 그분의 말을 귀로 들을 수 있고, 그분의 일을 눈으로 볼 수 있을 뿐 아니라, 그분 자체를 손으로 만질 수 있는 그런 분이다. 다른 말로 표현하

면, 전자는 영원에 속한 분이고, 후자는 시간이라는 제한에 속한 분이다. 전자는 하늘나라에 계신 분이나, 후자는 세상에 계신 분이다. 전자는 하나님과 함께 계신 분이나, 후자는 하나님을 떠나 인간이 되신 분이다.

그러니까 "태초부터 있는 생명의 말씀에 관하여는 우리가 들은 바요, 눈으로 본 바요, 자세히 보고, 우리의 손으로 만진 바라"는 소개는 예수 그리스도의 두 가지 성품을 제시한다. 전자는 그분의 신성神性, 곧 신의 성품이며, 후자는 그분의 인성人性, 곧 인간의 성품이다. 그렇다! 그분은 하나님이시자 동시에 인간이시다. 인류 역사상 이처럼 신성과 인성을 동시에 지닌 분은 예수 그리스도 외에는 어떤 사람도 없다.

2. 몸통

예수 그리스도가 십자가에서 처절한 죽음을 당하신 것은 두말할 필요도 없이 그분이 인간이라는 사실을 말해준다. 인성을 가진 인간이기에 아픔과 고통을 호소하셨고, 그리고 마침내 죽으셨던 것이다. 그러나 죽은 지 삼일 만에 다시 사신 것은 그분의 신성 때문에 무덤에 갇혀 있으실 수 없다는 사실을 만방에 알리신 것이다. 그렇다면 예수 그리스도는 그분의 신성과 인성을 어떻게 세상에 알리셨는가? 사도 요한은 2절에서 그 방법을 설명하였다.

1) "나타내심"--사실

그 방법은 "이 생명이 나타내신 바 된지라"이다. 이 간단한 말씀 속에도 예수 그리스도의 신성과 인성이 포함되어 있는데, "이 생명"은 영원 전부터 있는 신성을 뜻한다. 사도 요한은 이미 "이 생명"을 다른 말로 묘사했는데, 곧 "태초부터 있는 생명의 말씀"이다. 그분의 인성은 "나타내신 바 된지라"이다. 왜냐하면 "나타내셨다"는 사실은 사람들이 보고, 듣고, 만질 수 있도록 사람들 가운데 계시면서 교제하셨다는 것을 뜻하기 때문이다.

"나타내다"는 "밝혀내다," "드러내다," "계시하다" 등의 의미이다. 이 표현이 함축하고 있는 것은 사람들이 알지 못했다는 사실이다. 사람들은 어두움과 죄악에 살기에 "태초부터 있는 생명의 말씀"이 누구인지, 무엇인지 알 수 없었다. 그뿐 아니라, 그들은 세상의 물결에 휩쓸리면서 그리고 악령들의 속임수에 빠져서 "이 생명"을 결코 알지 못했다. 한 마디로 그들은 무지몽매無知蒙昧했다.

그런 사람들 중에는 미래와 영생에 대하여 안다고 자부하는 사람들도 없잖아 있었다. 우선 유대인들이 그 범주에 들었다. 그들은 구약성경에 제시된 말씀을 토대로 메시야, 곧 예수 그리스도를 기다리고 있었다. 그러나 그들의 지식은 너무나 한계가 있었는데, 그 이유는 이렇다. 그들은 그리스도를 직접 듣고, 보고, 만지면서 체험한 살아있는 지식이 아니라, 예언과 모형을 통해서 간접적으로 아는 지식에 지나지 않았다.

또 다른 사람들은 지식의 축적을 통하여 구원을 받을 수 있다는 무리들이었다. 이런 무리들을 영지주의자靈知主義者들이라고 하는데,

쉽게 말하면 영적 지식을 축적하면 마침내 구원에 이른다고 주장하는 사람들이다. 이런 주장을 하는 사람들은 예수 그리스도로부터 직접 듣고, 보고, 만진 체험이 없는 지적 신앙인들이다. 그들에게 중요한 것은 체험이 아니라, 교리와 성경 지식을 축적하는 것이다.

그러나 사도 요한의 체험담은 너무나 분명하다. "이 생명이 나타내신 바 된지라!" 이처럼 예수 그리스도가 인간이 되시어 사람들 가운데 계셨지만, 그들은 그분을 받아들였는가? 먼저 유대인들을 보라. 그들이 그처럼 오래 동안 기다리던 메시야가 나타나셨는데, 그들은 받아들이기는커녕 오히려 그분을 십자가에서 죽도록 조작하였다. 왜냐하면 그들이 기다리던 메시야는 그들을 로마의 학정으로부터 해방시켜야 된다는 잘못된 선입견 때문이었다.

영지주의자들의 반응은 어땠는가? 그들도 그들 나름대로의 선입견에 사로잡힌 사람들이었다. 그들이 지금까지 축적한 지식 때문에 많은 오류를 범했다. 먼저, 그들이 한계 있는 죄인이라는 사실을 보지 못했다. 그들이 필요한 것은 지식의 축적이 아니라, 그들의 한계와 죄로부터의 해방이었다. 그리고, 그들의 지식으로는 그런 해방을 결코 맞이할 수 없다는 사실이었다. 그들은 인간적인 지식 때문에 참 지식인 예수 그리스도를 알지 못하였다!

2) "나타내심"--영향력

사도 요한은 "이 생명이 나타내신 바 된지라"를 이렇게 덧붙였다; "이는 아버지와 함께 계시다가 *우리에게* 나타내신 바 된 이시니라." 이 말씀에서도 역시 예수 그리스도의 신성과 인성이 포함되어 있는데, "이는 아버지와 함께 계시다가"는 신성을 가리킨다. "영원한 생명"이요 "태초부터 있는 생명의 말씀"인 예수 그리스도는 영원 전부터 아버지와 함께 계신 분이셨다. 그분이 하나님과 동등한 분이 아니라면, 어떻게 아버지와 함께 계셨겠는가?

사도 요한은 하나님을 예수 그리스도의 *아버지*라고 부름으로 그분이 하나님 아버지와 동등한 분이시며, 동시에 그분이 하나님이시라는 사실을 간접적으로 언급했다. 요한복음의 저자이기도 한 사도 요한은 하나님과 예수님이 동등한 분이라는 사실을 분명히 알렸다 (요 5:18). 한발 더 나아가서, 예수님은 영생을 선물로 받은 사람들을 하나님의 손과 그분의 손에서 뺏을 수 없다고 하면서 이렇게 말씀하셨다, "나와 아버지는 하나이니라" (요 10:30).

반면, "우리에게 나타내신 바 된 이시니라"는 인성을 가리킨다. 이미 위에서 언급한 것처럼, 예수 그리스도는 살과 피를 가진 사람으로 태어나셨다. 구체적으로 유다 베들레헴 땅에서 육신의 어머니인 마리아를 매개로 태어나셨다. 그뿐 아니라, 그분이 태어난 시간도 분명했다. 그분의 탄생을 전후로 주전before Christ과 주후Anno Domini로 나뉘었다. 이처럼 역사의 중심에서 인간으로 나타내신 것이다.

예수 그리스도가 인간으로 오신 것은 두말할 필요도 없이 사람들을 위함이었다. 한 마디로 어두움과 죄악 가운데서 살아가며, 죽음과 심판을 향하여 끊임없이 나아가는 죄인들을 구원하여 자유를 주시기 위함이었다. 그리고 그런 구원과 자유는 십자가의 죽음을 통하지 않으면 안 되었다. 그런 이유 때문에 예수 그리스도가 이 세상에 나타내신 것은 처음부터 죽기 위해서였다. 그리고 그 죽음을 통하여 사람들은 구원 받고 죄에서 해방되었다.

그렇게 해방된 사람들 가운데 최초의 사람들이 바로 예수 그리스도의 제자들이었다. 제자들 중에는 무식했으나 생업에 충실한 어부들도 있었는데, 그 중 한 사람은 요한일서를 기록한 사도 요한이었다. 그는 감격하면서 이렇게 기록하였다, "이는 아버지와 함께 계시다가 *우리에게* 나타내신 바 된 이시니라!" 누구에게 나타내셨는가? 다른 사람이 아닌 바로 "우리에게" 나타나셨다는 것이다. 사도 요한을 비롯한 제자들에게 구원의 손길을 내밀었다는 것이다.

물론 "우리"는 바로 예수 그리스도의 나타내심을 통하여 변화된 최초의 사람들만을 가리키지 않는다. 왜냐하면 그분을 듣고, 보고, 만짐으로 변화된 사람들은 그처럼 그들의 생애를 변화시켜준 예수 그리스도를 그들만 소유할 수 없었기 때문이다. 그들은 그들이 만진 예수 그리스도를 주변의 사람들에게 소개하기 시작하였다. 그러면서 처음 네 사람으로 시작된 적은 무리가 열두 명으로 늘어났고, 또 그들을 통하여 다른 사람들도 이 "우리"에 들어왔다.

3) 소개하는 방법

그러면 처음 예수 그리스도를 만나서 변화된 사람들은 어떤 방법으로 그분을 다른 사람들에게 소개했나? 그들이 소개한 방법은 너무나도 간단했다. 최초의 사람 중 안드레가 있었는데, 그가 그의 형 베드로에게 예수님을 소개한 것을 보자, "우리가 메시야를 *만났다!*" (요 1:41). 빌립이 나다나엘에게 소개한 것도 마찬가지였다, "모세가 율법에 기록하였고 여러 선지자가 기록한 그이를 우리가 *만났으*

니 요셉의 아들 나사렛 예수니라" (요 1:45).

안드레나 빌립이 소개한 방법은 그들이 *만난* 예수 그리스도를 전한 것이었다. 그들은 어떤 이론이나 교리를 전하지 않고, 그들이 듣고, 보고, 만져서 *만난* 분을 소개했던 것이다. 다시 말해서, 그들이 체험한 사실을 있는 그대로 말했는데, 바로 간증이었다. 실제로 이것만큼 효과 있는 소개 방법은 달리 없다고 해도 지나친 말이 아니다. 그런 방법은 봉건사회에서도 역사했고, 현재 포스트모던시대에서도 역사한다.

사도 요한은 그런 방법을 다음과 같이 요약적으로 설명했다, "이 영원한 생명을 우리가 보았고 증언하여 너희에게 전하노라!" 이 설명에서 세 동사가 사용되었는데, 핵심적인 단어들이다. 첫째는 "보았고"라는 동사인데, 이것은 "듣고, 보고, 자세히 보고, 만졌다"는 체험을 요약해서 설명한 것이다. 다시 말해서, 예수 그리스도를 만났기 때문에 그런 만남의 간증을 통해서 다른 사람들에게 전하게 되었다는 것이다.

둘째 동사는 "증언하여"라는 동사이다. 본래 증언이라는 단어는 법적 용어로써, 법정에서 눈과 귀로 보고 들은 사실을 있는 그대로 서술하는 행위를 뜻한다. 법정에서 증언할 때 진실만을 말해야 한다. 왜냐하면 그 증언으로 인하여 법적에 선 사람들의 시시비비是是非非가 가려지기 때문이다. 하물며 죄인들의 구주이신 예수 그리스도를 소개할 때 거짓 증언은 있을 수 없다. 그런 까닭에 그분을 만난 사람들만이 증인이 될 수 있다.

증언하는 사람은 진실만을 말해야 하기에 어떤 때는 생명의 위협을 받을 수 있다. 그런 이유 때문에 증인의 원어는 순교자의 뜻도

가지고 있다.[8] 실제로 초대교회에서 많은 그리스도인들이 예수 그리스도를 증언하다 수없이 고초와 순교를 당했던 것도 사실이다. 그들은 어떤 협박과 핍박에도 그들이 듣고, 보고, 만진 예수 그리스도를 증언하지 않을 수 없었기 때문이다. 그들을 만나주신 구주를 증언한다는 것은 목숨을 걸만한 가치가 있기 때문이었다.

셋째 동사는 "전하노라"이다. 이 동사는 구체적으로 입을 열어서 그들이 체험한 사실을 전하는 행위이다. 그들이 보고, 증언하여, 전하는 내용은 물론 예수 그리스도이나, 사도 요한은 그렇게 말하지 않고 "이 생명"이라고 하였다. 그가 사용한 "생명"은 일반적인 생명이 아니라, 종류가 전혀 다른 생명을 뜻한다. 다시 말해서, 그 생명은 하나님에게서 나와서 그 아들을 통하여 사람들에게 전해진 결과, 그들이 하나님과 교제할 수 있는 생명을 가리킨다.[9]

3. 꼬리

예수 그리스도의 제자들이 복음을 증언하다 어떻게 순교를 당했는지 알아보자.

"베드로는 바벨론과 로마로 갔으며, 거기에서 거꾸로 십자가에 달려 죽었다…. 세베대의 아들인 야고보는 예루살렘에서 헤롯 아그립바에 의하여 죽임을 당했다…. 나다나엘로 알

---

8) 증인/순교자의 원어는 *마르튜스*(μάρτυς)이다.
9) 강병도 편, 『카리스종합주석』, 『요한일서~유다서』 (서울: 기독지혜사, 2003), 50.

려진 바돌로메는 소아시아로 갔다가 후에 동진^{東進}하여 아르메니아로 가서...거기서 산채로 피부를 벗긴 후 목이 잘려서 죽었다. 도마는 페르시아에서 복음을 전했고, 그 후 그는 그들과 함께 인도로 갔다…. 가나안 사람 시몬은 이집트로 갔다가, 카르타고, 스페인 및 영국으로 갔고, 거기서 아리마대 사람 요셉을 만났다. 그 후 시리아와 메소포타미아로 갔고 페르시아에서 순교를 당했다."[10]

---

10) G. Michael Cocoris, *Evangelism: A Biblical Approach* (Chicago: Moody Press, 1984), 30.

3

A Holy Life, A Love Life

"사귐"

"우리가 보고 들은 바를 너희에게도 전함은
너희로 우리와 사귐이 있게 하려 함이니,
우리의 사귐은 아버지와 그의 아들 예수 그리스도와 더불어 누림이라"

요한일서 1:3

1. 머리

사도 요한은 자신을 포함하여 제자들이 "태초부터 있는 영원한 생명"이신 예수 그리스도를 직접 만났다고 1절과 2절에서 반복적으로 강조하였다. 1절에서는 "우리가 들은 바요 눈으로 본 바요 자세히 보고 우리의 손으로 만진 바라"고 했고, 2절에서는 "이 영원한 생명을 우리가 보았다"고 했다. 사도 요한은 이렇게 두 번씩 강조한 것도 부족한지 3절에서 다시 반복해서 언급했다, "우리가 보고 들은 바를… ."

이렇게 세 번씩 반복해서 그들의 체험을 강조한 이유는 도대체 무엇인가? 그 이유는 단순했다! 그들이 예수 그리스도를 만난 것은 너무나 확실한 체험이었다는 것이다. 그분을 만나자 그들의 인생은 송두리째 바꾸어졌기에 그 사실을 반복적으로 묘사한 것이다. 그들의 인생관도 바뀌었고, 인생의 목적도 바뀌었다. 자연히 그들이 인생을 살아가는 방법도 바뀌었다. 그들은 더 이상 자신들의 유익만을 위하여 사는 이기적인 사람들이 아니었다.

그들은 그들의 놀라운 체험을 다른 사람들과 나누기를 원했다. 그런 마음 때문에 그들은 그들이 만난 예수 그리스도를 전하지 않으면 안 된다는 사명감에 불타있었다. 그런 불타는 사명감을 사도 요한은 2절과 3절에서 이렇게 각각 표현했다, "우리가 보았고 증언하여 너희에게 전하노니…," "우리가 보고 들은 바를 너희에게도 전함은…." 그들은 입만 벌려서 전한 것이 아니라, 그들의 몸과 마음을 바쳐서 전했던 것이다. 생명까지 걸면서 말이다!

2. 몸통

사도 요한을 비롯한 제자들이 그처럼 생명을 걸면서 전한 이유는 놀라운 결과 때문이었다. 그 결과를 크게 두 가지로 말할 수 있는데, 하나는 소극적이고 또 하나는 적극적이다. 소극적인 결과는 죄의 용서이다! 불꽃같은 눈으로 보시기에 하나님은 인간의 모든 죄를 낱낱이 아신다. 그리고 그 죄들에 대하여 책임을 져야하는데, 제자들이 전한 예수 그리스도를 만나면 죄의 용서는 물론 그에 대한 책임도 질 필요가 없게 되었다. 얼마나 놀라운 결과인가!

우리가 만든 주일학교 교재는 성경적 세계관의 틀과 문화를 도구로 합니다.

왜 '성경적 세계관의 틀'인가?

진리가 하나의 견해로 전락한 시대에, 진리의 관점에서 세상의 견해를 분별하기 위해서

◇ 성경적 세계관의 틀은 성경적 시각으로 우리의 삶을 보게 만드는 원리입니다.
◇ 이 교재는 성경적 세계관의 틀로 현상을 보는 시각을 길러줍니다.

왜 '문화를 도구'로 하는가?

어린이, 청소년, 청년들의 삶에 가장 큰 영향을 끼치는 것이 문화이기 때문에

◇ 문화를 도구로 하는 이유는 우리의 자녀들이 문화 현상 속에 젖어 살고, 그 문화의 기초가 되는 사상(이론)을 자신도 모르게 이미 받아들이고 있기 때문입니다.
◇ 공부하는 학생들의 삶의 현장으로 들어갑니다(이원론 극복).

✦ **다른 세대가 아닌 다음 세대 양육**

자기 생각에 옳은 대로 하는 포스트모던적인 사고의 틀을 벗어나, 하나님의 말씀에 기초해서 생각하고 행동하는 성경적 세계관(창조, 타락, 구속)의 틀로 시대를 읽고 살아가는 "믿음의 다음 세대"를 세울 구체적인 지침서!

✦ **가정에서 실질적인 쉐마 교육 가능**

각 부서별(유년, 초등, 중등, 고등)의 눈높이에 맞게 집필하면서 모든 부서가 "동일한 주제의 다른 본문"으로 공부하도록 함으로써, 가정에서 부모와 자녀가 함께 성경에 대한 유대인들의 학습법인 하브루타식의 토론이 가능!

✦ **원하는 주제에 따라서 권별로 주제별 성경공부 가능**

성경말씀, 조직신학, 예수님의 생애, 제자도 등등

✦ **3년 교육 주기로 성경과 교리에 대한 기본적 이해가 가능하도록 구성(삶이 있는 신앙)**

– 1년차 : 성경말씀의 관점으로 본 창조 / 타락 / 구속
– 2년차 : 구속사의 관점으로 본 창조 / 타락 / 구속
– 3년차 : 하나님 나라의 관점으로 본 창조 / 타락 / 구속

"토론식 공과는 교사용과 학생용이 동일합니다!" (교사 자료는 "삶이있는신앙" 홈페이지에 있습니다)

---

1 목적

부지불식간(不知不識間)에 대중문화와 또래문화에 오염된 어린이들의 생각을 공과교육을 통해서 성경적 세계관으로 전환시킨다. 이를 위해 현실 세계를 분명하게 직시함과 동시에 그 현실을 믿음(성경적 세계관)으로 바라보며, 말씀의 빛을 따라 살아가도록 지도한다(이원론 극복).

2 구성

쉐 마 분명한 성경적 원리의 전달을 위해서 본문 주해를 비롯한 성경의 핵심 원리를 제공한다(씨앗심기, 열매맺기, 외울말씀).

문 화 지금까지 단순하게 성경적 지식 제공을 중심으로 한 주일학교 교육의 결과 중 하나가 신앙과 삶의 분리, 즉 주일의 삶과 월요일에서 토요일의 삶이 다른 이원론(二元論)이다. 우리 교재는 학생들의 삶 속에서 일어나는 문화를 토론의 주제로 삼아서 신앙과 삶의 하나 됨(일상성의 영성)을 적극적으로 시도한다(터다지기, 꽃피우기, HOT 토론).

세계관 오늘날 자기중심적인 시대정신에 노출된 학생들의 생각과 삶의 방식을 성경적 세계관을 토대로 바라보게 함으로써, 자신을 돌아보고 삶에 적용하는 것을 돕는다.

3 설교

학생들이 공과의 내용을 잘 이해하고, 공과 공부 시간을 풍성하게 하기 위해서, 부서 사역자가 매주 '동일한 주제의 다른 본문'으로 설교를 한 후에 공과를 진행한다.

권별	부서별	공과 제목	비고
시리즈 1권 (입문서)	유·초등부 공용	성경적으로 세계관을 세우기	신간 교재 발행!
	중·고등부 공용	성경적 세계관 세우기	
시리즈 2권	유년부	예수님 손잡고 말씀나라 여행	주기별 기존 공과 1년차-1/2분기
	초등부	예수님 걸음따라 말씀대로 살기	
	중등부	말씀과 톡(Talk)	
	고등부	말씀 팔로우	
시리즈 3권	유년부	예수님과 함께하는 제자나라 여행	주기별 기존 공과 1년차-3/4분기
	초등부	제자 STORY	
	중등부	나는 예수님 라인(Line)	
	고등부	Follow Me	
시리즈 4권	유년부	구속 어드벤처	주기별 기존 공과 2년차-1/2분기
	초등부	응답하라 9191	
	중등부	성경 속 구속 Lineup	
	고등부	하나님의 Saving Road	
시리즈 5권	유년부	하나님 백성 만들기	주기별 기존 공과 2년차-3/4분기
	초등부	신나고 놀라운 구원의 약속	
	중등부	THE BIG CHOICE	
	고등부	희망 로드 Road for Hope	
시리즈 6권	유년부		2024년 12월 발행 예정!
	초등부		
	중등부		
	고등부		

✓ 『삶이있는신앙시리즈』는 "입문서"인 1권을 먼저 공부하고 "성경적 세계관"을 정립합니다.
✓ 토론식 공과는 순서와 상관없이 관심있는 교재를 선택하여 6개월씩 성경공부를 할 수 있습니다.

성경적 세계관의 틀과 문화를 도구로 다음 세대를 세우고,
스토리story가 있는, 하브루타chavruta 학습법의 토론식 성경공부 교재

성경적 세계관의 틀과 문화를 도구로
다음 세대를 세우는 토론식 성경공부 교재

성경적 시각으로 포스트모던시대를 살아갈 힘을 주는
새로운 교회/주일학교 교재!

삶이 있는 신앙 ^{시리즈}

국민일보◎
CHRISTIAN EDU BRAND AWARD
기독교 교육 브랜드 대상

삶이 있는 신앙 시리즈

토론식 공과(12년간 커리큘럼) 전22종 발행!

기독교 세계관적 성경공부 교재 고신대학교 전 총장 **전광식**

신앙과 삶의 일치를 추구하는 토론식 공과 성산교회 담임목사 **이재섭**

다음세대가 하나님 말씀의 진리에 풍성히 거할 수 있게 될 것을 확신 총신대학교 명예교수 **신국원**

한국교회 주일학교 상황에 꼭 필요한 교재 브리지임팩트사역원 이사장 **홍민기**

소비 문화에 물든 십대들의 세속적 세계관을
바로잡는 눈높이 토론이 시작된다!

국민일보◎
CHRISTIAN EDU BRAND AWARD
기독교 교육 브랜드 대상

추천 **전광식** 고신대학교 전 총장
신국원 총신대학교 명예교수
홍민기 브리지임팩트사역원 이사장

발행처 : 도서출판 **삶이 있는 신앙**
공급처 : 솔라피데출판유통 / 주소 : 경기도 파주시 문발로 123 솔라피데하우스
주문 및 문의 / 전화 : 031-992-8691 팩스 : 031-955-4433
홈페이지 : www.faithwithlife.com

1) 조건 없는 사귐

제자들이 생명을 걸면서 전한 두 번째 결과는 사귐이다. 사도 요한이 언급한 사귐은 일반적으로 이해되는 사귐과는 다르다. 그런 사귐에는 같은 학교 출신들이 나누는 사귐이 있는가 하면, 직장 동료들이 나누는 사귐도 있다. 그뿐 아니라, 같은 취미활동을 하는 사람들의 사귐도 있다. 예를 들면, 등산 동호회, 자전거 동호회, 그림 동호회, 음악 동호회 등 그 수는 헤아릴 수 없을 만큼 많다. 그 외에도 연령에 따른 사귐, 빈부에 따른 사귐도 있다.

그러나 사도 요한이 언급한 사귐은 그런 것과는 본질적으로 다르다. 배경과 취미와 연령 등과 상관없이 서로 어울리며 나누는 사귐이다. 이런 사귐을 누리는 사람들에게 한 가지 공통점이 있는데, 그것은 바로 예수 그리스도이다. 그분을 구주로 모신 사람들이 자연스럽게 나누는 사귐이다. 이런 사귐은 언어가 다르고, 민족이 달라도 나눌 수 있는 놀라운 사귐이다. 그 이유는 간단하다! 예수 그리스도를 그들의 구주로 받아들인 체험이 같기 때문이다.

비록 그리스도인들이 그분을 받아들이게 된 동기와 방법은 다를지라도, 예수 그리스도를 통하여 죄를 용서 받은 체험은 똑같다. 비록 그들이 개인적으로 체험했을지라도, 그 체험의 대상은 똑같다. 비록 그 체험이 주관적이어서 표출되는 모습은 달라도, 모든 사람의 구주이신 객관적인 예수 그리스도를 받아들인 것이다. 예를 들면, 어떤 사람은 통곡하면서 받아들이는가 하면, 어떤 사람은 웃으면서 받아들이기도 한다.

비록 어떤 사람은 바울처럼 한 순간에 받아들이나, 어떤 사람은 열두 제자들처럼 점진적으로 받아들인다. 그러나 그들은 모두 예수 그리스도를 그들의 구주로 받아들인 것이다. 그런 이유 때문에 유다는 "우리가 일반으로 받은 구원"이라고 하였다 (유 1:3). "일반으로"라는 표현은 구원 받은 모든 사람이 똑같이 체험한 것을 강조하는 것이다. 결국, 같은 예수 그리스도를 구주로 받아들인 사람들은 조건 없는 사귐에 들어갈 수 있는 것이다.

사도 요한은 이와 같은 사귐을 일구기 위하여 생명을 걸고 전했다. 그런데 그렇게 전하면서 전한 자와 듣는 자를 "우리"와 "너희"로 각각 표현하였다. 본문을 다시 보자, "우리가 보았고 증언하여 너희에게 전하노니…." 여기에서 "우리"는 누구를 뜻하는가? 일차적인 뜻은 예수 그리스도를 3년씩이나 따르면서 직접 듣고, 보고, 만진 제자들이다. 후에 그들은 교회의 초석을 든든하게 세운 교회의 기둥들이요 사도들이었다.

반면, "너희"는 누구를 뜻하는가? "너희"가 누구인지 사도 요한은 전혀 밝히지 않았다. 왜 밝히지 않았는가? "너희"가 누구든 조건 없는 사귐을 나눌 수 있기 때문이었다. 그들이 귀족이든 노예이든 부유하든 가난하든, 조건 없이 사귐을 나눌 수 있기 때문이다. 하나님의 형상을 따라 지음을 받았을 뿐 아니라, 예수 그리스도가 "너희"를 위해서도 십자가에서 죽으실 만큼 존귀한 인간이기 때문이다.

2) 가족적인 사귐

인간적으로 볼 때 사도들이 이름도 없는 "너희"와 사귐을 갖는다는 것은 불가능하다. 이것은 마치 로마의 귀족들이 다른 나라에서 잡혀온 노예들과 사귐을 갖는 것에 비교할 수 있다. 귀족들은 노예들과 어울리면서 함께 담소도하고, 함께 식사도 하며, 함께 웃고 떠들면서 여행을 하면서 사귐을 나누지 않는다. 그러나 사도들은 귀족들과도 사귐을 나눌 수 있으며, 노예들과도 사귐을 나눌 수 있었다.

어떻게 그런 사귐이 가능한가? "우리"인 사도들도 예수 그리스도를 통하여 하나님을 아버지로 모시게 되었기 때문이다. "너희"도 마찬가지로 사도들의 증언을 통하여 예수 그리스도를 그들의 구주로 받아들였고, 그 결과 하나님을 그들의 아버지로 모시게 되었다. 결국, "우리"나 "너희"는 똑같이 하나님을 아버지로 모시게 된 것이다. 그들은 "우리"가 됐든 "너희"가 됐든 같은 하나님을 아버지로 모셨기에 그리스도 안에서 형제자매가 된 것이다.

그러니까 그리스도인들의 사귐은 가족의 사귐에 비유될 수 있다. 같은 부모를 모신 자녀들은 무엇보다도 서로를 잘 안다. 마찬가지로, 그리스도 때문에 형제자매된 그리스도인들이 사귐을 갖기 위하여 서로를 알아야 한다. 비록 다른 배경과 성격을 가졌지만, 그래도 서로를 알아가야 한다. 서로를 잘 알지 못하는데 어떻게 깊은 사귐이 일어날 수 있겠는가? 서로를 알기 위하여 그리스도인들은 서로에게 의도적으로 다가가야 한다.

서로에게 다가가기 위해서는 먼저 관심을 가져야 한다. 관심을 갖게 되면 자연스럽게 상대방의 행동도 읽게 된다. 그 사람이 예배에 결석하면 그를 위하여 기도할 수 있을 뿐 아니라, 다음에 만났을 때 조심스럽게 물어볼 수도 있다. 친 형제가 집에 들어오지 않고 외박을 했다면, 그 이유를 묻지 않을 형제가 있겠는가? 그렇게 관심을 표현하면 대화가 일어나면서 서로에 대하여 좀 더 알게 된다. 그만큼 사귐이 깊어진 것이다.

사귐이 깊어지는 만큼 그리스도인들은 서로의 느낌을 그만큼 이해하게 된다. 가정에서 친 자매들이 함께 웃고 함께 우는 것과 같은 것이다. 그리스도인들이 서로를 위하여 함께 웃고 함께 울 수 있다면 진정으로 그리스도 안에 있는 사귐을 경험하고 있는 사람들이다. 하나님의 말씀도 그런 사귐을 이렇게 표현하고 있다, "즐거워하는 자들과 함께 즐거워하고 우는 자들과 함께 울라" (롬 12:15).

사귐이 이 정도로 깊어지면 그리스도인들은 서로의 필요에 대해서도 민감해진다. 어떤 그리스도인이 외로워한다든지, 아니면 어떤 어려움에 시달리든지 하면, 함께 사귐을 나누는 형제자매들은 그들을 구체적으로 돕기를 원하게 된다. 친 형제자매들이 서로를 돕기 원하는 것과 같은 것이다. 왜냐하면 비록 배경과 성격이 다르지만, 하나님을 아버지로 모신 형제자매가 되었기 때문이다. 서로 도운 초대교회의 성도들처럼 되는 것이다 (행 2:44).

3) 성령 안에서의 사귐

배경과 성격이 다른 사람들이 어떻게 가족만이 경험할 수 있는 그런 사귐을 누릴 수 있는가? 인간적으로 가능한 일인가? 물론 인간적으로는 절대로 가능하지 않다. 인간적으로 가능해 보이는 그룹도 없잖아 있지만, 그들은 목적이 같은 사람들이거나 아니면 동질의 사람들이다. 그러나 사도 요한이 언급한 사귐은 인간적인 목적도 다를 뿐 아니라, 모든 면에서 이질적인 사람들이 나누는 사귐이다.

그럼에도 불구하고 그런 사귐이 가능한 것은 두말할 필요도 없이 그들이 성령 안에서 하나가 되었기 때문이다. 구약시대의 이스라엘 백성과 비교해보면 쉽게 이해할 수 있을 것이다. 이스라엘은 하나님과 성전을 중심으로 똘똘 뭉쳐진 집단이었다. 그들에게는 서로를 사랑하라는 명령도 있었다 (레 19:18). 그들에게는 재정적인 필요를 서로 채워주고, 또 객과 과부와 고아를 도와주어야 된다는 율법도 있었다 (신 15:7-8, 24:19-21).

그러나 그런 법들은 계급사회에서 상류층이 하류층을 도우라는 명령이었다. 그들에게 동등한 사귐은 없었다. 그들은 위로는 왕, 제사장, 레위인 및 귀족이 있었고, 아래로는 평민과 외국인과 노예들이 있었다. 그런 계급사회에서 위의 사람이 아래 사람을 도우라는 율법이었다. 위의 사람들은 그 율법의 명령을 지킬 때도 있었고, 심지어는 그 명령보다 더 많이 돕는 사람들도 시시때때로 나타났다. 그러나 그런 도움은 율법적이고 인간적이었다.[11]

신약시대의 그리스도인들은 전혀 달랐다. 그들은 예수 그리스도를 통하여 죄를 용서 받았다. 그때 하나님은 그들의 아버지가 되셨다. 그리고 예수 그리스도는 그들을 하나님의 기업을 함께 물려받을 상속자로 만들어주셨다 (롬 8:17). 그들 안에 성령도 들어오셨다. 성령은 다른 배경과 성격의 소유자들을 하나로 묶어주셨던 것이다. 하나님의 말씀은 이렇게 묘사하신다, "평안의 매는 줄로 성령이 하나 되게 하신 것을 힘써 지키라" (엡 4:3).

그러니까 모든 그리스도인들은 배경과 성격에 상관없이 한 하나

---

11) 이것을 자세히 보기 위하여 다음을 보라: 홍성철, 『성령의 시대로! 오순절 · 복음 · 교제』 (서울: 도서출판 세복, 2013), 265.

님을 아버지로 모시게 되었고, 예수 그리스도와 동등한 상속자가 되었으며, 성령도 똑같이 내주內住하시게 되었다. 한 마디로 말해서, 모든 그리스도인들은 같은 신분을 누린다. 로마의 귀족들과 노예들도 예수 그리스도를 구주로 받아들였다면, 그들의 신분은 하나님의 자녀이며, 상속자이며, 성령이 내주하시는 성전이다 (고전 6:19).

그런 까닭에 그리스도인들은 다른 배경과 성격과 상관없이, 사회적인 계급과 빈부와 상관없이 동등한 입장에서 사귐을 누리게 된 것이다. 인류 역사상 이처럼 위대한 사귐은 일찍이 없었다. 아니 불가능했다! 그러므로 여러분과 나는 이런 사귐을 허락하신 성부·성자·성령 하나님에게 감사해야 한다. 감사할 뿐 아니라, 누려야 한다. 누리지 않는 그리스도인들은 엄청난 특권과 축복을 놓치고 있는 것이다.

3. 꼬리

사도 요한이 체험한 사귐을 생각해보자. 그는 다른 11명의 제자들과 배경과 직업이 다른 사람이었다. 그뿐 아니라 그는 다른 제자들보다 더 높아지기를 원했었다 (막 10:35-37). 그러던 요한은 예수 그리스도 안에서 변화된 후, 다른 제자들과 깊은 사귐을 나누었다. 한 번은 베드로가 물고기를 잡으러 간다고 했는데, 그것은 부활하신 예수 그리스도를 만난 후였다. 요한은 베드로를 꾸짖지 않고 동행해주었던 것이다 (요 21:2-3).

사도 요한은 부활하신 예수 그리스도를 다시 만날 준비를 하면서,

기도를 하든지 아니면 성경을 읽든지 하자고 제안하면서 베드로를 꾸짖을 수 있었다. 그러나 그에게는 그런 형식보다는 사귐이 더 중요했다. 그는 주저하지 않고 베드로의 제안을 받아들였다. 그런데 예수 그리스도도 그 사귐을 축복해주셨다. 그분은 그들을 찾아오셔서 불도 피워주시고, 조찬도 마련해주시면서 (요 21:9), 그 사귐을 풍성하게 만들어주셨던 것이다.

"우리"와 "너희"

> "우리가 보고 들은 바를 너희에게도 전함은
> 너희로 우리와 사귐이 있게 하려 함이니,
> 우리의 사귐은 아버지와 그의 아들 예수 그리스도와 더불어 누림이라"
>
> 요한일서 1:3

1. 머리

요한일서 1장에서 가장 많이 나오는 단어는 "우리"인데, 자그마치 17번이나 나온다. 그 가운데 처음 3절에서도 7번이나 나올 만큼 "우리"는 빈번하게 나오는 것을 보면 그만큼 중요함에 틀림없다. 왜 "우리"가 사도 요한에게 그처럼 중요한가? 그 이유는 그가 "우리"의 핵심을 이루는 제자였기 때문이다. 예수 그리스도가 갈릴리 바다 가에서 베드로와 안드레를 제자로 삼으면서 "우리"가 시작되었다. 그때는 그들 두 사람뿐이었다.

그러나 "우리"는 세배대의 두 아들, 곧 요한과 야고보가 가세함으로 네 명으로 불어났다. 그때부터 요한은 네 명 중 한명인 핵심 멤버가 되었다. 네 명으로 구성된 "우리"는 얼마 지나지 않아서 12명으로 불어났다. 두말할 필요도 없이 이들 12명은 예수 그리스도의 제자로서 그분의 수족과 같이 되어 사도 요한이 본문에서 밝힌 "사귐"의 실제가 되었다. 그들은 예수 그리스도와 3년이나 동행하면서 긴밀하고도 끈끈한 사귐을 일구며 경험했다.

이 사귐은 생명력 때문에 성장에 성장을 거듭했다. 12명으로 이루어진 사귐은 70명으로 불어났는데, 그 숫자는 세상에 퍼진 노아의 후손들을 연상시키고도 남는다 (창 10). 70명은 그들 안에 내재한 생명력 때문에 거기에서 멈추지 않고 120명으로 불어났다. 오순절에 성령이 강림하신 후에는 폭발적으로 불어나서, 어떤 때는 한 번에 3,000명이나 더해졌고, 또 어떤 때는 5,000명이나 더해졌다 (행 2:41, 4:4).

2. 몸통

그러나 "우리"라는 사귐은 거기에서 멈추지 않았다. 왜냐하면 "우리"는 끊임없이 "너희"에게 "태초부터 있는 생명"을 증언하여 전했기 때문이다. 그들의 전도를 듣고 예수 그리스도를 그들의 구주로 받아들인 사람들은 즉시 "우리"의 일부가 되었다. 그리고 그렇게 커진 사귐의 공동체인 "우리"는 다시 새로운 "너희"에게 "영원한 생명"을 전하였다. 사도 바울도 "우리"와 "너희"를 언급하면서 사귐의 공동체가 확대되는 과정을 설명한 바 있었다.

1) "너희"

바울 사도는 에베소에 있는 교회에게 보낸 편지에서 그들이 바로 "너희"였었다고 아무도 오해할 수 없게 분명히 묘사했다. 에베소의 교회 구성원들은 본래 이방인이었는데, 하나님의 은혜로 예수 그리스도를 구주로 믿고 받아들임으로 그리스도인들이 된 사람들이었다. 다시 말해서, 에베소에 사는 이방인들, 곧 "너희"가 예수 그리스도를 통하여 하나님의 자녀가 되었고, 따라서 "우리" 안으로 들어와서 "우리"의 일부가 되었던 것이다.

에베소서의 일부를 인용해보자: "그는 허물과 죄로 죽었던 *너희*를 살리셨도다. 그 때에 *너희*는 그 가운데서 행하여 이 세상 풍조를 따르고 공중의 권세 잡은 자를 따랐으니 곧 지금 불순종의 아들들 가운데서 역사하는 영이라. 전에는…다 그 가운데서…육체의 욕심을 따라 지내며…다른 이들과 같이 본질상 진노의 자녀이었더니,… *너희*는 그 은혜에 의하여 믿음으로 말미암아 구원을 받았으니 이것은 *너희*에게서 난 것이 아니요 하나님의 선물이라. 행위에서 난 것이 아니니 이는 누구든지 자랑하지 못하게 함이라" (엡 2:1-2, 8-9).

바울 사도는 이방인이었던 에베소 사람들, 곧 "너희"가 구원을 받기 전에는 영적으로 죽어있었다고 진단했다. 어떻게 영적으로 죽었는지를 알 수 있는가? 바울 사도에 의하면, 영적으로 죽은 자들에게는 적어도 세 가지 특징이 있었는데, 첫 번째는 "이 세상 풍조를 따랐다"는 것이다. 그들은 강물에 떨어진 낙엽처럼 물결치는 대로 흔들리며 물 흐르는 대로 흘러가는 것처럼, 이 세상의 유행과 흐름에 따라 맥없이 따라가는 존재였었다.

영적으로 죽은 "너희"의 두 번째 특징은 "공중의 권세 잡은 자를 따르는" 것이었다. 공중의 권세 잡은 자는 두말할 필요도 없이 악령과 귀신을 가리키는데, 그들은 사람들의 마음을 어지럽혀서 정도를 벗어나게 할 뿐 아니라, 예수 그리스도를 알지 못하도록 온갖 수단 방법을 동원하는 작자들이다. 이들은 개인과 가정을 어지럽힐 뿐 아니라, 사회나 국가도 어지럽힌다. 얼마나 많은 사람들이 그들에게 홀려서 자신들은 물론 주변의 사람들을 괴롭히는가?

영적으로 죽은 "너희"의 세 번째 특징은 "육체의 욕심을 따라 지내는" 것이다. 그들은 끊임없는 욕망과 욕심에 종이 되어 그것들이 이끄는 대로 끌려 다닌다. 그렇게 끌려 다니는 사람들은 절제와는 상관없는 삶을 영위한다. 어떤 사람들은 물욕에 사로잡혀서, 어떤 사람들은 권력의 욕구에 눈이 멀어서, 또 어떤 사람들은 명예욕이라는 함정에 빠져버린다. 그러나 그런 모든 것들은 손에 잡힐 듯하지만, 잡히지 않는 신기루처럼 헛된 것이라는 것을 모른다.

이처럼 영적으로 죽은 "너희"에게 하나님의 은혜가 전해진 것이다. 그들 가운데는 그런 인생의 허무를 느끼고 믿음으로 예수 그리스도 앞으로 나아온 사람들도 있었다. 그들이 그렇게 믿는 순간 그들은 구원을 체험하게 된 것이다. 에베소에 있던 많은 사람들 중 그렇게 믿고 구원 받은 사람들은 그때부터 더 이상 "너희"가 아니었다. 그들은 "너희"와 "우리" 사이에 있는 장벽을 넘어서 "우리"의 일부가 되어, 사귐의 공동체에 들어오게 되었던 것이다.

2) "너희"와 "우리" 사이의 장벽

그러나 "너희"가 "우리" 안에 들어온다는 것은 결코 쉽지 않은데, 그 사이에 인간이 절대로 뛰어넘을 수 없는 장벽이 가로막고 있기 때문이다. 물론 이 장벽은 남한과 북한을 가로막고 있는 가시적인 DMZ와는 다르다. 이 장벽은 비록 눈에는 보이지 않을지라도 정신적이며 종교적이기 때문에 뛰어넘기가 그만큼 더 어렵다. 아니 인간적으로는 불가능하다! 다시 바울 사도의 묘사를 빌려서 그 장벽의 높이와 넓이와 깊이를 알아보자.

"그러므로 생각하라; *너희*는 그 때에 육체로는 이방인이요, 손으로 육체에 행한 할례를 받은 무리라 칭하는 자들로부터 할례를 받지 않은 무리라 칭함을 받는 자들이라. 그 때에 *너희*는 그리스도 밖에 있었고, 이스라엘 나라 밖의 사람이라. 약속의 언약들에 대하여는 외인이요, 세상에서 소망이 없고, 하나님도 없는 자였더라" (엡 2:11-12). 바울 사도의 묘사에 의하면, 에베소에 살던 "너희"와 "우리" 사이에는 적어도 일곱 가지 장벽이 있었다.

첫째는 "육체로는 이방인"이라는 장벽이었다. "이방인"이라는 칭호는 "너희"가 창조주요 구속자이신 하나님을 알지 못했다는 뜻을 포함한다. 당연히 하나님을 알지 못하는 사람들은 대개 우상을 섬기며 살아간다. 눈에 보이는 우상을 섬기든지, 아니면 눈에 보이지 않는 우상을 섬긴다. 눈에 보이지 않는 우상이란 금전숭배와 사람숭배 같은 것들이 있다. 그런 사람들은 공허한 마음을 달래기 위하여 그런 것들을 추구하면서 살아갔다.

둘째 장벽은 "할례 받지 않은 무리"라고 불리었다. 유대인들은 아브라함의 후손이라는 증표로 할례를 받았고, 그 할례에 대한 엄청난 긍지를 가지고 있었다. 그 할례는 기독교의 세례와 같은 것으로, 하나님의 자녀가 된 표징이었다. 그렇다! "너희"와 "우리" 사이에는 하나님을 인격적으로 아느냐 모르느냐의 차이가 있었다. 쉽게 말하자면, 매일의 삶에서 주님만이 주시는 평안을 누리고 있느냐 없느냐의 차이가 있었다. "너희"는 그런 평안을 알지 못했다.

셋째 장벽은 "그리스도 밖에 있었다"는 것이다. 이 세상에는 예수 그리스도를 구주로 믿어 그리스도 안에 있는 사람들이 누리는 많은 축복을 "너희"는 누리지 못했다는 것이다. 넷째 장벽은 "이스라엘 나라 밖의 사람"이라는 것이다. 이스라엘 나라에는 공의와 지혜가 있었으며, 그들의 기도를 들어주시는 하나님이 있었다. 그러나 그 나라 밖의 사람들에게는 하나님의 공의와 지혜도 없고, 그들의 기도를 들어주는 신도 없었다 (신 4:6-8).

다섯째 장벽은 "약속의 언약들"이 없는 사람들이었다. 믿는 자들은 하나님의 엄청난 약속들을 가지고 사는 사람들이다. 그러나 그런 약속들도 없고, 따라서 여섯째 장벽인 소망--현재는 물론 내세에 대한 소망--도 갖지 못했다. 결국, "너희"는 일곱째 장벽으로 "하나님도 없었다." 하나님이 없다는 표현은 그들이 무신론자로서 자신의 머리와 주먹을 믿는다고 하지만, 결국 그들을 창조하신 창조주조차 알지 못하는 고아와 같다는 뜻이다.

3) 큰 "우리"

사도 요한은 이렇게 선언했다, "우리가 보고 들은 바를 너희에게도 전함은 너희로 우리와 사귐이 있게 하려 함이니….” 비록 “너희”
는 인간적으로 결코 뛰어넘을 수 없는 장벽 밖에 살고 있었지만, 그
들이 예수 그리스도라는 디딤돌을 딛고 그처럼 높은 장벽을 넘는다
면 그들은 “우리” 안에 들어오는 것이다. 그러니까 “우리”가 복음을
전한 결과 “너희”도 “우리” 안에 들어오면 “우리”가 그만큼 커진 것
이다.

문제는 그렇게 높고도 넓은 장벽을 넘을 수 있느냐 하는 것이다.
그런데 불행하게도 어떤 인간도 스스로 그 장벽을 넘을 수 없다. 그
러나 하나님은 “너희”가 그렇게 허무한 인생을 살다가 죽어서 그렇
게 비참하게 하나님과 영원히 분리되어 지옥으로 가는 것을 원하지
않으셨다. 하나님의 사랑이 그분의 마음을 움직였던 것이다. 하나
님은 그 아들 예수 그리스도를 이 세상에 보내셨는데, 그 목적은 “너
희”와 “우리” 사이의 장벽을 무너뜨리는 것이었다.

바울 사도의 선언을 들어보자; “이제는 전에 멀리 있던 너희가 그
리스도 예수 안에서 그리스도의 피로 가까워졌느니라. 그는 우리의
화평이신지라! 둘로 하나를 만드사 원수 된 것 곧 중간에 막힌 담을
자기 육체로 허시고…이는 이 둘로 자기 안에서 한 새 사람을 지어
화평하게 하시고, 또 십자가로 이 둘을 한 몸으로 하나님과 화목하
게 하려 하심이라…” (엡 2:13-16). 이 선언에서 “둘”이라는 표현이
세 번 나오는데, 그것은 “너희”와 “우리”를 뜻한다.

그러니까 “너희”로 “우리” 안에 들어와서 큰 “우리”를 만들도록
“중간에 막힌 담”을 헐어버리신 분은 다른 분이 아닌 예수 그리스도
였다. 어떻게 헐어버리셨는가? 그 방법을 바울 사도는 세 가지로 묘
사했는데, 곧 “그리스도의 피로 가까워졌느니라”와 “중간에 막힌 담

을 자기 육체로 허시고"와 "십자가로 이 둘을 한 몸으로 하나님과 화목하게 하려 하심이라"이다. 이 세 가지 방법을 종합하면 결국 한 가지를 뜻하는데, 곧 십자가의 죽음이다.

예수 그리스도는 그 고귀한 육체를 "너희"와 "우리" 사이에 있는 장벽을 헐기 위하여 십자가에 내놓으셨다. 그분은 십자가 위에서 피를 흘리셨는데, 발에 못을 박혀 피를 흘리셨고, 옆구리에 창으로 찔려서 피를 흘리셨고, 양손에 못이 박혀 피를 흘리셨다. 그뿐 아니라, 가시로 만든 관을 썼기에 머리에서도 피를 흘리셨다. 등과 배에서도 피를 흘리셨는데, 무자비하게 채찍을 맞으셨기 때문이었다. 그분은 온 몸이 피투성이가 되어 십자가에 달리셨다.

그렇게 그분은 "너희"와 "우리" 중간에 막힌 담을 헐어버리셨다. 그 결과 "멀리 있던 너희가…그리스도 예수 안에서 가까워졌을" 뿐 아니라. 이 둘이, 다시 말해서 "너희"와 "우리"가 "한 몸"이 되었고, 그리고 "한 새 사람"이 되었다. 쉽게 말해서 큰 "우리"가 된 것이었다. 하나님을 알지 못하던 사람들, 곧 우상과 죄악에 찌든 사람들이 "우리"라는 사귐의 공동체에 들어온 것이다. 그들은 "우리" 안에서 한 하나님 아버지를 모신 형제자매가 된 것이다.

3. 꼬리

바울 사도는 하나님에게 당당히 나아갈 수 있는 큰 "우리"를 하나님의 가족이라고 불렀다. "이는 그로 말미암아 우리 둘이 한 성령 안에서 아버지께 나아감을 얻게 하려 하심이라. 그러므로 이제부터

*너희*는 외인도 아니요 나그네도 아니요, 오직 성도들과 동일한 시민이요 하나님의 권속이라" (엡 2:18-19). 이 말씀에서 "하나님의 권속"은 쉬운 말로 하나님의 가족이라는 뜻이다. "너희"도 한 가족이 되었으니 가족적인 사귐을 누리라는 것이다.

그렇다! 예수 그리스도의 피로 큰 "우리"를 이룬 우리는 한 아버지를 모신 가족이다. 그런 까닭에 서로에게 다가가서 사귐을 나누어야 한다. 그뿐 아니라, 아직도 그 아버지를 알지 못하고 우상을 섬기며 암흑 가운데 사는 "너희"에게 그 아버지를 소개해야 된다. 그리할 때 그들도 큰 "우리" 안에 들어올 수 있으며, 사랑의 사귐을 나눌 수 있기 때문이다. 얼마나 놀라운 특권이 "우리"에게 주어졌는가!

"우리"

"우리가 보고 들은 바를 너희에게도 전함은
너희로 우리와 사귐이 있게 하려 함이니,
우리의 사귐은 아버지와 그의 아들 예수 그리스도와 더불어 누림이라"

요한일서 1:3

1. 머리

사도 요한은 "우리"가 "너희"에게 복음을 전하면 당연히 그들 사이에 "사귐"이 일어난다고 했다. 이들이 갖는 "사귐"은 개인의 차이, 사회적인 계급, 인종의 구분을 초월하여 나눌 수 있는 것이다. 이 세상에서 이처럼 강력하고도 끈끈한 "사귐"은 일찍이 없었을 뿐 아니라, 앞으로도 없을 것이다. 그런데, 이런 "사귐"은 생명력이 있기 때문에 끊임없이 성장한다. 성장하면서도 이처럼 끈끈한 "사귐"은 희석되지 않고 지속된다.

바울 사도는 이처럼 끈끈한 사귐을 이렇게 묘사했다, "그[그리스도]는 우리의 화평이신지라; 둘로 *하나*를 만드사 원수 된 것 곧 중간에 막힌 담을 자기 육체로 허시고…이는 이 둘로 자기 안에서 한

*새 사람*을 지어 화평하게 하시고, 또 십자가로 이 둘을 한 몸으로 하나님과 화목하게 하려 하심이라" (엡 2:14-16). 이 말씀에 의하면, "우리"와 "너희"가 *하나*가 되었다는 것이다. *하나*가 되었다면 떨어질 수 없을 만큼 가까워졌다는 것이다.

바울 사도는 그 *하나*를 다른 말로 묘사했는데, 곧 한 *새 사람*과 한 *몸*이다. *새 사람*과 *몸*은 두말할 필요도 없이 교회를 뜻한다. 그러니까 교회는 복음을 전한 "우리"와 그 복음을 받아들인 "너희"가 하나로 묶여진 "사귐"의 공동체이다. 그 "사귐"이 얼마나 긴밀하고 끈끈한지 몸으로 설명하였다. 그런데 몸은 많은 지체들, 곧 손, 발, 눈, 입, 귀 등으로 이루어진다. 마찬가지로, 교회도 각양각색의 사람들로 이루어진다.

2. 몸통

교회를 이루고 있는 사람들을 보면 얼마나 다양한가! 서로 다른 남녀노소가 어울려서 이처럼 교회를 이루고 있는 것이다. 예전에는 알지도 듣지도 못한 사람들이 모여서 한 교회, 곧 한 몸을 이루다니 기적 중의 기적이다. 그렇다면 어떤 사람이든지 교회의 일원이 될 수 있단 말인가? 물론이다! 그러나 한 가지 조건이 있는데, 그것은 "우리"와 "너희" 사이에 있는 장벽을 헐어버리신 예수 그리스도를 통해야 된다.

1) 예수 그리스도를 통하여

"우리" 안에 들어오기 위하여 왜 예수 그리스도를 통해야 하는가? 그 이유는 간단하다! 그분을 통하지 않고서는 어떤 사람도 한 몸에 붙어있는 지체가 될 수 없기 때문이다. 두말할 필요도 없이 한 몸인 교회는 예수 그리스도를 믿은 사람들이 모인 공동체이다. 그러므로 한 몸에 소속되기 위해서는 예수 그리스도를 믿고 받아들여야 한다. 그렇지 않으면 비록 육신은 교회에 있지만, 실제로는 서로 공통점이 없는 이질집단의 일부일 뿐이다.

그런데 여기에 심각한 문제가 있을 수 있다. 교인들이 입으로는 예수 그리스도를 그들의 구주로 믿는다고 하지만, 실제로는 거듭난 경험이 없을 수 있다는 것이다. 어떻게 믿는다고 하면서 거듭나지 못했단 말인가? 그 이유를 찾아보는 것도 중요하다. 우선, 부모의 신앙을 따라서 의무적으로 교회에 출석한 사람들인데, 소위 "모태교인"이다. 물론 부모의 신앙을 옳게 물려받아서 거듭난 사람들도 있지만, 그렇지 않은 사람들도 꽤 많다.

또한, 친구 따라 교회를 다닌 사람들도 이 범주에 속한다. 그들은 예수 그리스도를 믿는다고 하지만, 실제로는 그분이 중요한 것이 아니라 친구가 중요하다. 그뿐 아니라, 다른 동기로 교회에 출석하는 사람들도 있다. 예를 들면, 정치적인 목적을 가지고 교회에 얼굴을 내미는 사람들이다. 어떤 사람들은 사업적인 목적으로 교회를 찾아다니기도 한다. 그런 사람들은 교회를 이용해서 그들의 이득을 취하려는 사람들이다.

"우리" 안에 들어오기 위하여 예수 그리스도를 통해야 하는 진짜 이유는 그들이 한 몸에 붙은 지체가 되어야 하기 때문이다. 바울 사도는 이처럼 중요한 사실을 다음과 같이 분명히 언급했다, "몸은 하나인데 많은 지체가 있고, 몸의 지체가 많으나 한 몸임과 같이 그리스도도 그러하니라. 우리가 유대인이나 헬라인이나 종이나 자유인이나 다 한 성령으로 세례를 받아 한 몸이 되었고 또 다 한 성령을 마시게 하셨느니라" (고전 12:12-13).

이 말씀에 의하면, 몸에 많은 지체가 있듯, 교회인 몸에도 각종의 사람들, 곧 유대인, 헬라인, 종, 자유인 등 각양각색의 사람들이 있다. 그런데 그들처럼 민족의 차이, 종교의 차이, 신분의 차이를 초월하여 한 몸을 이루게 한 주요한 원인이 있다. 그것은 그들이 한 성령으로 세례를 받아서 한 몸에 붙은 지체가 되었다는 것이다. 바울 사도는 "한 성령으로 세례를 받았다"는 것을 "한 성령을 마셨다"고 부연 설명했다.

그렇다! 어떤 사람이 예수 그리스도를 구주로 믿고 영접할 때 성령이 그 사람 안으로 들어가실 뿐 아니라, 그를 교회인 몸에 붙은 지체가 되게 했다는 것이다. 그 사실 때문에 성령으로 거듭난 사람들은 모두 한 몸에 붙은 지체들이다. 그들은 한 몸에 붙은 지체가 되어 손의 필요를 발이 채워주고, 눈의 필요를 귀가 채워주듯, 서로의 필요를 채워주게 된다. 손과 발을 분리할 수 없듯, 그들은 한 성령으로 꽁꽁 묶여진 그런 "사귐"을 나누는 성도들이다.

2) 신앙고백을 통하여

이렇게 예수 그리스도를 통하여 거듭나서 "우리"의 일부가 된 사람들이 거쳐야 할 또 하나의 과정이 있는데, 바로 신앙고백이다. 새롭게 "우리" 안에 들어온 사람들이 신앙고백을 해야 하는 이유는 도대체 무엇인가? 그 이유는 간단하다! 그들도 이미 "우리" 안에 있는 신앙인들에게 똑같은 믿음을 가졌기에, 똑같이 성령으로 맺어졌다는 사실을 알려야 하기 때문이다. 다시 말해서, 그들도 한 몸에 붙은 지체가 되었다는 사실을 고백해야 하기 때문이다.

예수 그리스도도 이런 고백의 중요성을 다음과 같이 말씀하셨다, "누구든지 사람 앞에서 나를 시인하면 나도 하늘에 계신 내 아버지 앞에서 그를 시인할 것이요, 누구든지 사람 앞에서 나를 부인하면 나도 하늘에 계신 내 아버지 앞에서 그를 부인하리라" (마 10:32-33). "우리"는 모두 하나님을 한 아버지로 모신 하나님의 자녀들이다. 그런 까닭에 "우리"가 하나님에 의하여 자녀들이라는 인정을 받는 것은 말할 수 없이 중요하다.

그런데 그렇게 인정받는 방법이 바로 예수 그리스도를 사람들에게, 특히 "우리"에 속한 그리스도인들에게 고백해야 한다고 말씀하셨던 것이다. 그들의 이런 신앙고백을 통하여 "우리" 안에 있던 그리스도인들도 그들을 형제자매로 받아들이게 된다. 그들은 양팔을 벌리고, 그리고 마음을 열어서 그런 신앙고백을 한 사람들을 받아들일 뿐 아니라, 그들과 끈끈한 "사귐"을 나누게 되는 것이다.

그렇다면 그들의 신앙고백은 구체적으로 무엇을 말해야 하는가? 바울 사도는 그 고백을 다음과 같이 자상하게 언급했다, "네가 만일 네 입으로 예수를 주로 시인하며 또 하나님께서 그를 죽은 자 가운데서 살리신 것을 네 마음에 믿으면 구원을 받으리라. 사람이 마음으로 믿어 의에 이르고 입으로 시인하여 구원에 이르느니라" (롬 10:9-10).

이 말씀에 의하면, 신앙고백의 방법은 마음과 입을 통해야 한다.

왜 마음의 고백이 필요한가? 그 이유는 중심에서, 다시 말해서, 진정으로 예수 그리스도를 믿어야 하기 때문이다. 그분의 무엇을 믿어야 하는가? 예수 그리스도가 죽으셨다가 다시 살아나신 사실을 믿어야 한다. 왜 그분의 죽음과 부활을 믿어야 하는가? 그 이유는 너무나 분명하다! 그분의 죽음 때문에 죄인들이 용서 받을 수 있기 때문이며, 그분의 부활 때문에 그 죄인들이 의인(義人)이 되기 때문이다 (롬 4:25).

그렇게 믿으면 "우리" 안에 들어올 수 있다고 생각하면 오해다. 그 믿음의 사실을 입으로 고백해야 한다. 공개적으로 고백하지 않으면, 그들이 무엇을 믿고 또 어떻게 구원 받았는지 누가 알겠는가? 그리스도인들이 그런 것들을 알지 못한다면, 어떻게 그들을 형제자매로 받아들일 수 있으며, 또 어떻게 끈끈한 "사귐"을 나눌 수 있단 말인가? 그런 이유 때문에 "우리" 안에 들어오기 위해서는 반드시 신앙고백을 통해야 한다.

3) 유기체를 통하여

그렇다! "우리"는 신앙고백의 공동체이다. 그리고 "우리"는 성령의 역사로 인하여 하나로 묶여진 지체들이다. 그 지체들이 모여서 한 몸을 이루었는데, 그 몸이 바로 교회이다. 그러니까 진정한 의미에서 교회는 인간이 만든 조직이 아니다. 조직체를 만들기 위해서는 같은 종류의 사람들, 곧 취미가 같거나 연령이 비슷하거나, 정치색깔이 유사한 사람들이 모이면 된다. 그러나 "우리," 곧 한 몸은 그런 인간적이고도 인위적人爲的인 조직체가 아니다.

　성령이 하나로 묶어주신 "우리," 곧 한 몸은 조직체organization가 아니라 유기체organism이다. 유기체를 구태여 묘사하자면 이렇게 할 수 있을 것이다, "많은 부분이 한 곳에 붙어서 서로 뗄 수 없는 관계에 놓여있는 전체."[12] 그렇다! 이 정의를 교회에 적용하면 다음과 같다: "전체"는 한 몸, 곧 교회를 가리키며, "많은 부분"은 그 몸을 이루고 있는 지체들을 가리킨다. "서로 뗄 수 없는 관계"는 몸과 지체들의 필연적인 관계를 가리킨다.

　한 몸에 붙은 지체들은 하나같이 중요하다. 중요해보이지 않는 지체라도 실제로는 말할 수 없이 중요하다. 바울 사도의 설명을 들어보자, "눈이 손더러 내가 너를 쓸 데가 없다 하거나 또한 머리가 발더러 내가 너를 쓸 데가 없다 하지 못하리라. 그뿐 아니라 더 약하게 보이는 몸의 지체가 도리어 요긴하고, 우리가 몸의 덜 귀히 여기는 그것들을 더욱 귀한 것들로 입혀 주며 우리의 아름답지 못한 지체는 더욱 아름다운 것을 얻느니라" (고전 12:21-23).

　교회인 몸은 유기체이기에 어떤 지체가 연약하면 온 몸이 연약해진다. 예를 들면, 새끼발가락이 아프다고 하자. 그러면 그 새끼발가락만 아픈가? 아니다! 한 몸에 있는 온 신경이 그 아픈 곳을 향하게 된다. 실제로 온 몸이 불편하기에 다는 지체들이 힘을 합하여 그 새끼발가락을 치료하게 된다. 그렇다! "몸의 덜 귀히 여기는 그것들을 더욱 귀한 것들로 입혀주는 꼴이다. 그렇게 할 때 온 몸은 다시 건강하게 된다.

----

12) 국어사전편찬회편, 『국어대사전』 (서울: 민중서원, 1993), 1,250.

바울 사도의 설명을 더 들어보자, "몸 가운데서 분쟁이 없고 오직 여러 지체가 서로 같이 돌보게 하셨느니라. 만일 한 지체가 고통을 받으면 모든 지체가 함께 고통을 받고 한 지체가 영광을 얻으면 모든 지체가 함께 즐거워하느니라" (고전 12:25-26). 얼마나 놀라운 유기체인가! "한 지체가 고통을 받으면 모든 지체가 함께 고통을 받는" 그런 몸이 바로 "우리"인 것이다. 이런 유기체인 "우리" 안에 있는 그리스도인들은 진정으로 행복한 사람들이다.

물론 "우리"가 성장하면 자연스럽게 조직이 필요해진다. 그때 유기체인 교회는 조직을 할 필요가 있게 된다. 그러나 먼저 조직하고, 그 후에 "우리"를 만들려는 것은 성경적이 아니다. 성경적이 아닐 뿐 아니라, 그런 조직에는 성령의 역사도 있을 수 없다. 반드시 예수 그리스도를 통하여 그리고 신앙고백을 통하여 유기체인 "우리"가 생겨야 한다. 그 유기체가 성장하면서 자연스럽게 조직체를 구성해야 한다.

3. 꼬리

바울 사도가 예수 그리스도를 만나서 변화되는 체험을 한 후, 제일 먼저 사귐을 나눈 사람은 아나니아였다. 아나니아는 그리스도인들을 포획하려던 바울에게 쉽게 접근할 수 없었으나, 주님이 직접 그에게 바울의 회심과 소명에 대하여 알려주셨다. 그 결과 그는 바울을 "형제 사울아!"라고 부르면서 그를 형제로 인정했다 (행 9:17). 바울은 예수 그리스도를 통하여 변화되었고, 주님을 통한 신앙고백을 통하여 "우리"라는 유기체에 들어왔던 것이다.

그렇다! 어떤 사람이든지 예수 그리스도를 통하여 거듭나서 분명한 신앙고백을 한다면, 그 사람은 "우리," 곧 한 몸에 붙어있는 지체이다. 그는 어떤 기독교의 조직체에 들어온 것이 아니라, 유기체의 일부가 된 것이다. 그 사람은 다른 그리스도인들과 끈적끈적한 사귐을 나눌 수 있는 자격이 주어진 것이다. 배경과 교육 정도에 상관없이, 그리고 빈부와 연령에 상관없이 진정한 사귐을 나눌 수 있는 "우리" 안에 들어온 것이다.

종적 사귐

> "우리가 보고 들은 바를 너희에게도 전함은
> 너희로 우리와 사귐이 있게 하려 함이니,
> 우리의 사귐은 아버지와 그의 아들 예수 그리스도와 더불어 누림이라"
>
> 요한일서 1:3

1. 머리

지금까지 사도 요한이 강조한 "우리"와 "너희" 사이에 일어난 횡적橫的 사귐을 살펴보았다. 그러나 사도 요한은 비록 그리스도인들이 서로 나누는 사귐이 놀랍고 귀하지만 그것으로 끝내지 않았다. 그는 한발 더 나아가서 위로 하나님과 나누는 종적縱的 사귐, 곧 영적 사귐에 대해서도 서술했다, "우리의 사귐은 아버지와 그의 아들 예수 그리스도와 더불어 누림이라." "우리"의 사귐이 중요한 것은 그 사귐이 횡적일 뿐 아니라 종적이기 때문이다.

인류역사에서 횡적인 사람들의 사귐에 이처럼 성부 하나님과 성자 하나님이 함께 하신다는 약속은 어떤 종교에서도 없었다. 이것을 더 설명하자면, 그리스도인들의 사귐은 사람들 사이에 일어나는 횡적인 사귐이지만, 동시에 성부 하나님과 성자 하나님이신 예수 그리스도와 함께 하는 종적 사귐이라는 것이다. 다시 사도 요한이 전한 간증을 들어보자, "우리의 사귐은 아버지와 그의 아들 예수 그리스도와 더불어 누림이라."

만일 이런 인간적이면서도 영적인 사귐이 사실이라면, 우리 주님이 그리스도인들에게 주신 특권은 이루 말할 수 없이 큰 것이다. 실제로 많은 그리스도인들이 "우리" 안에서 사귐을 깊이 나눌 때, 성부 하나님과 성자 하나님이 함께 하시는 것을 경험하였다. 이런 경험은 말과 글로 쉽게 묘사하기란 쉽지 않은 신비한 것이다. 주님과 사귐을 나누는 그런 신비적인 경험을 어떤 그리스도인은 진솔하게 기술하기도 했다.[13]

2. 몸통

사도 요한이 서술한 성부 하나님과 성자 하나님과의 사귐은 개인적인 경험이 아니다. 왜냐하면 "우리의 사귐은 아버지와 그의 아들 예수 그리스도와 더불어 누림이라"고 하였기 때문이다. 다시 말해서, 우리 그리스도인들이 소그룹으로 사귐을 나눌 때, 사람들끼리만 누리는 것이 아니라 아버지와 그의 아들과 더불어 누리는 사귐이다. 물론 그리스도인들을 "우리"로 묶어주신 분이 성령이시기에 "우리"의 사귐은 성부·성자·성령과 함께 누리는 사귐이다.

----
13) 로렌스 형제 지음, 류명욱 역 『하나님의 임재를 연습하라』, 제3쇄 (서울: 도서출판 세복, 2011).

1) 성령과 더불어

"우리," 곧 그리스도인들이 소그룹에서 사귐을 나눌 때 이미 성령
은 그들과 함께 계시면서 그들의 사귐에 동참하신다. 그분이 동참
하시는 것을 그리스도인들은 어떻게 알 수 있는가? 먼저, 성령은 그
들의 사귐을 깨끗하게 하신다. 왜냐하면 그들 가운데 죄악이나 미
움이 있으면 그 사귐은 형식적이며 피상적으로 흘러갈 것이기 때문
이다. 성령의 임재하시는 긴밀한 사귐이 되기 위해서는 무엇보다도
죄악이나 미움이 제거되어야 한다.[14]

실례를 들어보자! 초대교회에 속했던 아나니아와 삽비라가 거짓
말을 했을 때 성령은 즉시 그들의 죄악을 지적하셨다 (행 5:3, 9). 그
부부의 죄악이 사귐에서 제거되었을 때, 그 사귐에서 적어도 세 가
지 역사가 일어났다. 사귐에 속한 사람들이 하나님을 보다 깊이 경
외하게 되었고, 그들 가운데 기사와 기적이 일어났으며, 동시에 많
은 사람들이 구원을 얻었다 (행 5:11-14). 그렇다! 성령의 사귐은
"우리"로 하여금 깨끗한 사귐을 가능하게 한다.

그러나 성령은 소극적으로 잘못만을 드러내지 않으신다. "우리"
가 그렇게 깨끗해지면 성령은 그 사귐에 필요한 적절한 말씀을 주시
는데, 이것은 사귐을 위한 성령의 적극적인 역사이다. "우리"의 사
귐이 갈수록 깊어지는 모임이 되기 위해서는 반드시 하나님의 말씀
이 공급되어야 한다. 그렇지 않다면 그 사귐은 궁극적으로 사람들

----

14) 이처럼 죄악과 미움 등 잘못을 드러내는 성령의 역사를 "책망"이라고 하는데 (요 16:8), 헬라어로는
엘렝코(ελέγχω)이다.

의 사귐으로 전락할 것이기 때문이다. 하나님의 말씀은 그 사귐을 풍요롭게 만드는 영적 자양분이다.

물론 성령이 사귐을 위하여 직접 말씀하시는 것은 아니다. 그 사귐 안에 있는 사람들을 통하여 말씀을 주신다. 그 사귐을 위하여 성령은 준비된 사람에게 조명의 역사를 통하여 말씀을 주시면, 그 말씀은 사귐을 위한 하나님의 말씀이다. 성령은 어떤 특정한 사람을 통해서만 말씀을 주시지 않는다. 준비된 사람들이라면 어린 그리스도인이라 할지라도 그 사귐을 위하여 하나님의 말씀을 전하는 매개가 될 수 있다 (고전 14:29-31).

한발 더 나아가서, 성령은 그렇게 깨끗해졌을 뿐 아니라 하나님의 말씀에 귀를 기울이며 순종하는 사귐을 통하여 특별한 사역을 시키실 수 있다. 예를 들면, 안디옥에 다섯 사람으로 이루어진 사귐이 있었다 (행 13:1). 그들이 금식하며 기도할 때 성령이 그들에게 특별한 지시를 하였다. 그 지시는 그 사귐, 곧 "우리" 가운데 두 사람을 전도자로 보내라는 것이었다. 마침내 "우리" 가운데서 바나바와 사울이 선택되어 파송되었다 (행 13:2).

비록 다섯 사람으로 이루어진 작은 사귐의 공동체였으나, 그들이 성령의 지시를 받아서 순종할 준비가 된 "우리"였다. 그처럼 작은 사귐에서 그처럼 위대한 전도자들이 나왔던 것이다. 그렇다! 사귐이 성령의 역사로 깨끗해져서 하나님의 말씀을 받아 순종할 준비만 되어있으면, 성령은 그들을 통해서 얼마든지 큰 역사를 이루실 수 있다. 바나바와 바울이 그처럼 작은 사귐에서 출발했다는 역사적인 사실은 성령과 더불어 하는 사귐의 중요성을 알려준다.

2) "아버지"와 더불어

사도 요한은 이렇게 외쳤다, "우리의 사귐은 아버지와 그의 아들 예수 그리스도와 더불어 누림이라." "우리"는 예수 그리스도를 통하여 하나님 아버지의 자녀들이 된 그리스도인들이라고 누누이 언급한 바 있다. 그런데 "우리"가 하나님 아버지의 자녀가 되었다는 것은 그분의 성품을 물려받았다는 것을 뜻한다. 마치 자녀들이 아버지의 DNA를 물려받은 것처럼 말이다. 그러니까 하나님 아버지의 자녀들은 하나님과 같은 거룩한 성품을 받았다는 것이다.

베드로 사도는 그 사실을 이렇게 선포했다, "이로써 그 보배롭고 지극히 큰 약속을 우리에게 주사 이 약속으로 말미암아…신성한 성품에 참여하는 자가 되게 하려 하셨느니라"(벧후 1:4). 이 선포에서 "신성한 성품"은 하나님의 성품을 뜻한다.[15] 그렇다! "우리"가 예수 그리스도를 구주로 받아들일 때 하나님은 "우리"를 자녀로 삼으시면서 그분의 성품을 주셨다. 그렇게 주어진 성품 때문에 "우리"는 아버지와 사귐을 나눌 수 있게 된 것이다.

베드로는 "참여하는 자가 되게" 했다고 말했는데, "참여하는"은 헬라어에 의하면 "사귐을 갖는"과 같은 단어이다.[16] 그러므로 아버지와 자녀간의 사귐은 같은 성품 때문에 자연스럽게 일어나는 현상이다. 그토록 광대하시고 그토록 무한하신 하나님이 "우리"의 아버지가 되셔서, "우리"와 사귐을 나누시다니! 얼마나 놀라운 소식이

----

15) "신성한"으로 번역된 헬라어는 하나님을 뜻하는 *데오스*(θεός)의 파생어인 *데이아스*(θείας)이다.
16) 여기에서 사용된 "참여하다"와 본문에서 사용된 "사귐"은 헬라어로는 같은 *코이노니아*(κοινωνία)이다.

며, 얼마나 놀라운 경험인가! 그분은 어딘가 저 멀리 있는 분도 아니고, 그렇다고 비인격적인 어떤 능력도 아니시다.

"우리"는 하나님 아버지의 자녀가 되어 그분과 사귐을 나눈다. 어떤 때는 기도라는 대화를 통하여, 어떤 때는 그분을 찬양하면서, 어떤 때는 그분을 묵상하면서 사귐을 나눈다. 어떤 자녀들은 금식하면서 또는 그분의 말씀에 몰입하면서 그분과 사귐을 나눈다. 그런데 놀라운 사실은 하나님 아버지의 자녀인 "우리"가 그렇게 사귐을 가질 때 그분이 찾아오신다는 것이다. 이렇게 아버지의 임재를 느끼며 사귐을 갖는 자녀들은 얼마나 행복한가!

바울 사도는 아버지와 자녀들 간에 교차하는 상호적인 사귐을 이렇게 간략하게 묘사한 바 있다. "이제는 너희가 하나님을 알 뿐 아니라, 더욱이 하나님이 아신 바 되었거늘…" (갈 4:9). 하나님과 자녀들이 서로를 안다는 것이다. 서로 알지 못하면 어떻게 대화할 수 있고, 어떻게 사귐을 나눌 수 있는가? 그런데 흥미롭게도 여기에서 "안다"는 동사는 단순히 머리로만 아는 것이 아니라, 깊은 관계를 맺어서 친밀하게 안다는 동사이다.[17]

이처럼 아버지와 사귐을 나누는 자녀들은 아버지의 일에도 관심을 갖게 된다. 다시 말해서, 아버지의 목적이 그들의 목적이 된다. 그런 이유 때문에 아버지와 깊은 사귐을 나누는 자녀들은 아버지의 일에 뛰어들어서 아버지 대신 그 일에 매진한다. 물론 아버지도 기뻐하시면서 그런 자녀들에게 필요한 능력과 자료를 공급해주신다.

----

17) 이 인용문에서 "안다"는 부부의 관계를 맺어서 서로를 깊이 아는 것과 같은 동사, 곧 *기노스코* (γινώσκω)이다.

이처럼 하나님 아버지와 사귐을 나누면서 짧은 인생을 보람되게 사는 자녀들은 진정으로 행복한 사람들이다.

3) "아들"과 더불어

사도 요한은 외쳤다, "우리의 사귐은 아버지와 그의 아들 예수 그리스도와 더불어 누림이라!" "우리"는 아버지와 더불어 사귐을 누릴 뿐 아니라, 그의 아들 예수 그리스도와도 더불어 사귐을 누린다는 것이다. 이미 언급한 대로, 아버지와 아들이 동등한 분이라면 아버지와 사귐을 갖는 사람은 아들과도 사귐을 갖게 된다. 그처럼 무한하신 하나님 아버지와 사귐을 누리게 된 "우리"가 인간 속에 찾아오신 그분의 아들과 사귐을 누리는 것은 당연하지 않은가!

그런데 사도 요한은 요한일서에서 지금까지 예수 그리스도라는 칭호를 사용한 적이 없었다. 그는 처음으로 그분을 예수 그리스도라고 불렀다. 그렇다고 사도 요한은 그분을 제쳐놓고 요한일서를 기록하지도 않았다. 단지 그분을 다르게 불렀을 뿐이다. 처음에는 "태초부터 있는 생명의 말씀"이라고 소개했다. 그 다음엔 "이 생명"으로 불렀고, 그 다음에는 "영원한 생명"으로, 그리고 마지막으로 "아버지와 함께 계셨던 분"으로 불렀다.

그런데 처음으로 그분이 바로 예수 그리스도라고 부르면서 그분과 사귐을 나누게 되었다는 것이다. 사귐과 연관해서 그분의 이름을 거론한 특별한 이유라도 있는가? 우리가 아는 대로 "예수"는 인간의 "죄를 구원하신다"는 뜻을 가지고 있다 (마 1:21). 인간이 하나님 아버지와 그의 아들과 사귐을 갖지 못하는 이유는 죄라는 장벽 때문이다 (사 59:2). 그러나 그 장벽을 허물고 사귐을 회복하게 하기 위하여 그분은 십자가에서 죽으셨다.

그리고 "그리스도"는 "기름부음을 받은 자라는 뜻"을 가지고 있다는 것도 우리는 안다. 비록 그분이 하나님과 인간 사이의 장벽인 죄의 문제를 해결하기 위하여 십자가에서 죽으셨으나, 그렇다고 사귐이 회복된 것은 아니다. 사귐이 회복되기 위해서는 인간에게도 하나님의 영, 곧 하나님의 성품이 주어져야 하기 때문이다. 그분은 죽은 지 삼일 만에 다시 살아나심으로 부활의 생명을 인간에게 주셨다. 그렇게 해서 종적 사귐이 가능해졌던 것이다.

"우리"가 예수 그리스도와 사귐을 나눈다는 것은 그분의 삶을 우리의 삶으로 삼는 것이다. 그분의 삶은 "너희"의 구원을 위하여 십자가의 고난을 감수한 것이었다. "우리"도 "너희"에게 구원의 예수님을 소개해야 하며, 그 결과 "우리" 안에서 구원의 역사가 일어나야 한다. 그렇게 구원의 역사를 일으키면서 오해와 박해를 받는다면 그분과 깊이 사귐을 나누는 것이 아니면 무엇이겠는가!

"예수"라는 이름이 소개된 것은 "우리"도 구원의 역사를 위하여 고난도 각오하게 하기 위해서이다. 그러나, 십자가에서 죽으신 후 예수 그리스도에게 부활의 영광이 따른 것처럼, "우리"도 그분의 영광에 동참하는 특권을 갖는다. "우리"가 소개한 예수 그리스도를 "너희"가 받아들일 때 우리에게 주어지는 기쁨과 영광은 대단하다. 바울 사도의 말과 같다, "자녀이면…우리가 그와 함께 영광을 받기 위하여 고난도 함께 받아야 할 것이니라" (롬 8:17).

3. 꼬리

"우리"도 한때는 "너희"에게 속하여 하나님을 알지도 못했고, 오히려 죄악과 어두움 속에서 하루하루를 보내고 있었다. 그런데 하나님 아버지의 아들 예수 그리스도를 통하여 죄악과 어두움에서 나와 하나님을 아버지로 모시게 되었다. 단순히 모신 것만이 아니라, 그분과 단절 없는 사귐을 누리게 되었다. 그런 사귐을 가능하게 하기 위하여 성령 하나님이 "우리" 안에 상주하시면서 사귐을 나누어 주시고 있다.

"우리"가 성부·성자·성령과 사귐을 나누다니 얼마나 큰 축복이며 행복인가! *알라*를 섬기는 무슬림에게 이런 사귐이 있는가? 물론 없다! *엘* 하나님을 섬기는 유대인에게 이런 사귐이 있는가? 물론 없다! 비록 "우리"의 사귐에 "너희"를 인도하기 위하여 시시때때로 고난도 감수하지만, 동시에 "우리"에게 열매를 통하여 기쁨과 영광도 얻게 된다. 이런 고난과 영광이 교차하는 삶이 바로 예수 그리스도와 나누는 사귐이 아닌가!

충만한 기쁨

"우리가 이것을 씀은 우리의 기쁨이 충만하게 하려 함이라"

요한일서 1:4

1. 머리

그리스도인이 충만한 기쁨을 누릴 때 많은 유익이 따르는 것은 너무나 당연하다. 주님을 섬기는 일에 말할 수 없는 힘이 된다. 하나님의 말씀을 보자, "여호와로 인하여 *기뻐하는 것이 너희의 힘이니라*"(느 8:10). 비록 많은 그리스도인들이 주님의 일을 할 때 억지로 하지만, "충만한 기쁨"을 누리는 사람들은 억지로 하지 않는다. 그들은 주님이 주시는 힘으로 기쁨에 넘쳐서 주님의 일을, 어떤 때는 힘든 일조차 활력 있게 감당한다.

그뿐 아니라, "충만한 기쁨"을 누리는 그리스도인은 여러 가지 갈등에도 능동적으로 대처한다. 그리스도인도 온전히 성숙하지 못했기에 시시때때로 자신의 문제 뿐 아니라, 다른 사람들과 부딪친다.

그러나 "충만한 기쁨"을 누리는 그리스도인은 그런 갈등과 부딪침에 머물러 있지 않는다. 그는 자신의 문제도 곧 해결하며, 다른 사람들과의 부딪침도 극복한다. 한 발 더 나아가서 그는 다른 사람들을 위하여 기도하고 사랑한다.

그리스도인이 누리는 기쁨은 영향력도 대단하다. 특히 주변의 그리스도인들에게 끼치는 영향력은 짐작하기 어려울 정도이다. 왜냐하면 많은 그리스도인들이 "충만한 기쁨"을 누리고 있지 못하기 때문이다. 그러나 그들이 기쁨에 넘쳐 주님의 일을 감당하며, 여러 가지 갈등에 대처하는 그리스도인을 보면서, 한편 도전을 받는다. 그러나 무엇보다도 그 기쁨이 그들에게도 전염되어 그들도 자연스럽게 주의 일을 감당하며, 또 어려움을 이겨내게 된다.

2. 몸통

그런데 왜 많은 그리스도인들이 이처럼 약속된 "충만한 기쁨"을 누리지 못하는가? 그 이유는 간단한데, 기쁨을 가로막거나 아니면 저해하는 방해물이 있기 때문이다. 방해물 중에는 그리스도인에게 처음부터 기쁨을 갖지 못하게 하는 것도 있다. 또 다른 방해물도 있는데, 그것은 그리스도인이 이미 누리고 있는 기쁨을 빼앗아가는 방해물이다. 그런 방해물을 정확히 알 때 그리스도인은 적절하게 대처해서 기쁨을 누릴 수 있을 것이다.

1) 성령의 부재

　첫 번째 방해물은 성령의 부재^{不在}이다. 달리 말한다면, 그리스도인의 마음에 성령이 존재하지 않는다는 뜻이다. 이런 사람들은 그리스도인이라기보다는 교인이라고 해야 할 것이다. 왜냐하면 교회는 다니는데 "물과 성령으로 거듭난" 경험이 없기 때문이다 (요 3:5). 사실 "그리스도인"이라는 표현은 그리스도를 마음에 모신 사람들을 가리킨다 (행 11:26). 그러나 교인들 중에는 머리로는 그리스도를 알지만, 경험적으로는 모르는 사람들도 있다.

　그렇다면 성령으로 거듭나지 않은 교인들은 어떤 사람들인가? 왜 거듭나지 못했는데도 교회에 출석하는가? 그 이유를 크게 두 가지로 요약할 수 있을 것이다. 첫째 이유는 그들이 "모태교인"이기 때문이다. 그들은 신앙적인 부모로 인하여 교회에 다니기 시작했고, 이제는 습관적으로 교회에 출석한다. 비록 그들이 "모태교인"이지만, 언젠가 성령으로 거듭나는 경험을 하지 못했다면, 그들에게 성령이 내주^{內住}하실 리가 없다.

　그런 교인들이 하나님의 기쁨을 알 수 없는 것은 너무나 당연하다. 그들은 기쁨이 없는데도 불구하고 시간이 지남에 따라 직분도 얻게 된다. 그 직분 때문에 그들은 제법 열심히 봉사도 하지만, 그것은 성령의 도움이 없는 인간적인 행위에 불과한 것이다. 만일 그들이 정말 열심히 봉사한다면, 머지않아 지쳐버릴 것이다. 그들은 교회에 대하여 불만을 품고, 다른 교인들에 대하여 불평하는 부정적인 존재가 될 것이다.

　기쁨도 없이 교회에 출석하는 둘째 이유는 그들이 교회에 대하여 잘못 이해하고 있기 때문이다. 본래 교회의 헬라어는 *에클레시아*로서, 그 뜻은 "세상에서 불러냄을 받은 사람들"이다.[18] 어떻게 불러냄을 받았단 말인가? 비록 그들이 세상에서 세상의 방법대로 살아가는 죄인들이었지만, 그들의 죄와 심판을 위하여 예수 그리스도가 십자가에서 죽으셨다 다시 사신 사실을 듣고, 믿어서, 용서받았다. 그때 성령이 그들의 삶에 내주하기 시작하셨다.

그러니까 교회는 한 마디로 거듭난 사람들의 모임이다. 그러나 많은 교인들은 교회를 건물과 조직, 목사와 성도, 헌금과 봉사, 수고와 칭찬으로 간주하고 있다. 왜 그들은 이렇게 교회에 대하여 오해하고 있는가? 그 이유는 간단하다! 그들을 교회에 소개한 사람들이 복음을 정확하게 전해주지 않았기 때문이다. 그뿐 아니라, 그 교회의 영적 지도자들, 곧 목사나 전도사나 직분자들이 구주이신 예수 그리스도를 분명히 전해주지 않았기 때문이다.

이렇게 비뚤어진 교회관을 갖은 사람들이 "충만한 기쁨"을 알 수도 없고, 또 경험할 수도 없다. 그들은 그들이 생각하는 "교회"라는 조직체의 일원이라고 생각한다. 그리고 그에게 맡겨진 역할에 충성하는 것이 신앙생활이라고 믿는다. 이런 교인들이 성부·성자·성령의 기쁨을 알 턱이 없다. 그들은 기쁨을 경험하게 하기 위하여 먼저 예수 그리스도의 복음을 분명히 들어야 하고, 그리고 그 복음의 주인이신 예수 그리스도를 구주로 모셔야한다.

----

18) 이를 더 알려면 다음을 보라. 홍성철, 『기독교의 8가지 핵심진리』, 제2쇄 (서울: 도서출판 세복, 2015), 153.

2) 성령의 근심

첫 번째 방해물과 달리, 그리스도인으로 하여금 "충만한 기쁨"을 누리지 못하게 하는 두 번째 방해물은 거듭난 그리스도인이 만드는 것이다. 우선 바울 사도의 경고를 들어보자, "하나님의 성령을 근심하게 하지 말라; 그 안에서 너희가 구원의 날까지 인치심을 받았느니라" (엡 4:30). 이 말씀에서 "너희가 구원의 날까지 인치심을 받았다"는 것은 이미 영적으로 거듭나서 성령의 내주를 경험한 그리스도인들을 가리킨다 (엡 1:13).

그런데 "너희의 구원의 날"은 무슨 말인가? 이미 영적으로 구원받은 그리스도인들이 주님이 재림하실 때 받을 육체의 구원을 뜻한다. 그러니까 그리스도인들은 영적으로 거듭난 과거와 육체적으로 변화되는 미래 사이에서 현재의 삶을 영위하는 사람들이다.[19] 그렇다면 현재를 살아가는 그리스도인들의 확실한 특징은 무엇인가? 그것은 바로 "충만한 기쁨"이다. 그런 이유 때문에 사도 요한도 기쁨을 첫 번째 목적으로 제시하는 것이다.

그러나 그리스도인들은 성령을 근심하게 하여 기쁨을 잃는다는 것이다. "근심하다"는 표현은 사랑 때문에 나오는 것이다.[20] 왜냐하면 사랑하지 않는 사람의 짓거리에 대하여 사람들은 혀를 차거나 욕을 하나 근심하지는 않는다. 반면, 사랑하는 사람이 잘 못된 언행을 하면, 근심하게 마련이다. 성령도 마찬가지이다! 성령은 사랑의

----

19) 구원의 과거와 현재와 미래의 상관관계를 보기 위하여 다음을 보라. 홍성철, 『전도학 개론』, 재판 1쇄 (서울:도서출판 세복, 2015), 237 이하.
20) Billy Graham, *The Holy Spirit* (Waco, TX: Word Books, Publisher, 1978), 126.

성령이시다: "형제들아 내가 우리 주 예수 그리스도와 *성령의 사랑*으로 말미암아 너희를 권하노니…" (롬 15:30).

그렇다! 그리스도인들의 마음에 계시는 성령은 사랑이시기에 그리스도인들이 잘못하면 *근심하신다*. 그렇게 되면 그들은 기쁨을 잃게 된다. 기쁨을 잃은 그리스도인들의 반응은 크게 두 가지인데, 하나는 그들도 성령처럼 슬퍼하면서 기쁨을 잃은 원인을 찾아서 그 문제를 해결하려고 한다. 사도 요한의 충고를 따르는 행위이다, "그러므로 어디서 떨어졌는지를 생각하고 회개하여 처음 행위를 가지라" (계 2:5). 그러면 그들은 다시 기쁨을 되찾게 된다.

또 한 가지 반응은 무관심이다. 그들은 기쁨을 잃은 사실을 대수롭지 않게 여기면서 그들의 잘못된 행위를 반성하거나, 버리거나, 회개하지 않는다. 그런 그리스도인들은 다른 그리스도인들에게도 직접적이든 간접적이든 영향을 끼치게 된다. 그런 사람들이 교회에서 직분도 맡고 봉사도 하면서 교회는 점차적으로 기쁨과 상관없는 인간적인 집단으로 전락한다. 그런 그리스도인들은 교회 밖의 사람들에게 아무런 영향을 끼치지 못하는 것은 당연하다.

그렇다면 성령을 근심하게 하는 행위는 어떤 것인가? 성령은 "진리의 영"이시기에 거짓이나 위선은 성령을 근심하게 한다 (요 14:17). 성령은 "은혜의 영"이시기에, 용서하지 못하거나 사랑하지 않는 마음은 성령을 근심하게 한다 (히 10:29). 성령은 "성결의 영"이시기에 깨끗하지 못한 생각, 언어, 행위 등은 성령을 근심하게 한다 (롬 1:4). 성령을 근심하게 한 그리스도인들은 비록 하나님의 자녀이나, 기쁨과 능력을 상실한 불행한 그리스도인들이다.

3) 성령의 소멸

거듭난 그리스도인들이 "충만한 기쁨"을 잃는 두 번째 방해물은 성령의 소멸이다. 성령의 근심은 그리스도인들이 잘못된 언행으로 성령의 마음에 상처를 받거나 슬프게 하는 것이나, 성령의 소멸은 근심과는 전혀 다른 잘못된 행위 때문에 일어나는 현상이다. 두말할 필요도 없이 그리스도인들이 성령을 소멸할 때 그들은 기쁨과 능력을 잃은 사람들이 된다. 마치 물기가 없어 시들어가는 화초와 같은 그리스도인들이다.

그러면 성령의 소멸은 무엇인가? 그 의미를 알아보기 전에 바울 사도의 경고를 들어보자, "성령을 소멸하지 말라"(살전 5:19). "소멸하다"는 "불을 끄다"는 뜻이다. 그렇다면 성령이 불이란 말인가? 성경은 종종 성령을 불에 비유한다 (마 3:11, 눅 3:16, 행 2:3). 그러니까 그리스도인들이 성령을 소멸하면, 성령의 불이 꺼진다는 말이다. 그러나 그 말은 성령이 그들에게서 쫓겨난다는 뜻이 아니라, 그들에게 있는 기쁨을 잃게 된다는 뜻이다.

그리스도인들이 이렇게 성령의 불을 끄면, 기쁨만 잃는 것이 아니다. 그들을 통하여 하나님의 목적을 이루기 위하여 그들에게 주신 능력도 사라진다. 마치 머리털이 잘린 후 능력을 잃은 삼손과 같이 된다는 말이다. 삼손이 능력을 잃자, 두 눈도 잃었고 사사의 지위라는 명예도 잃었다. 그리고 원수의 조롱거리가 되어 맷돌이나 돌리는 종으로 전락했다. 그리고 마침내는 하나밖에 없는 소중한 목숨까지도 잃었다 (삿 16:20-30).

그리스도인들은 도대체 어떻게 성령을 소멸하여 "충만한 기쁨"을 잃는가? 크게 두 가지 이유를 들 수 있을 것이다. 지금 활활 타고 있는 캠프장의 장작불을 생각해보라. 그 불이 계속 타오르기 위해서는 계속해서 장작을 더해주어야 한다. 그렇지 않으면 그 불은 조만간 꺼질 것이다. 그리스도인들 속에 계신 성령을 소멸시키지 않기 위하여도 마찬가지이다. 계속해서 불을 지피는 것들을 제공해야 한다.

예를 들면, 그리스도인들이 하루라도 성경을 읽지 않는다면 그것은 성령을 소멸하는 행위이다. 그뿐 아니라, 하루라도 기도를 하지 않는다면 마찬가지로 성령을 소멸하는 부작위不作爲의 죄sins of omission이다. 성령은 그리스도인들에게 은사를 주셨는데, 그 은사를 사용하지 않거나 아니면 잘못 사용하면, 역시 성령을 소멸하게 된다. 그러므로 그리스도인들은 한편 경건의 시간을 지속적으로 가질 뿐 아니라, 그에게 맡겨진 은사에도 충성해야 한다.

그리스도인들이 성령을 소멸하는 두 번째 이유도 비유로 설명해보자. 캠프장의 장작불을 끄기 위하여 그 불에 물을 붓거나 아니면 흙을 뿌리면 된다. 마찬가지로, 그리스도인들이 다른 그리스도인들을 이유 없이 비난하거나, 아니면 다른 그리스도인들의 수고를 비하卑下하는 언행을 하면, 그들은 성령을 소멸하게 된다. 말을 바꾸어보면, 비난을 받는 사람들이 아니라, 비난한 사람들이 "충만한 기쁨"을 잃는다.

3. 꼬리

그리스도인들이 "충만한 기쁨"을 누릴 때 일어나는 유익은 한두 가지가 아니다. 반면에 그들이 성령을 근심하게 하거나 아니면 성령을 소멸함으로 "충만한 기쁨"을 잃게 되면, 그 결과도 적지 않다. 그들은 주님의 일도 직분이나 조직에 억매여 억지로 하게 된다. 또한 갈등이 일어나면 그것에 잘 대처하지 못하고, 짜증부터 낸다. 그런 그리스도인들이 다른 사람들에게 끼치는 부정적인 영향도 일일이 거론할 필요가 없을 정도로 많다.

구약시대의 고라를 보라. 그는 하나님의 법궤의 운반이라는 엄청난 임무를 부여받은 고핫의 손자였다. 고라는 한 때 기쁨으로 그 임무를 맡았으나, 어느 날부터 그렇게 중요한 임무에 만족하지 않게 되었다 (민 16:9-10). 그는 결국 기쁨을 잃고 지도자인 모세를 거역하였다. 그 결과 그는 그처럼 존귀한 직분도 잃었을 뿐 아니라, 그의 생명도 잃는 비극을 맞이했다 (민 16:31-32). "충만한 기쁨"을 잃으면 모든 것도 잃을 수 있다는 무서운 실례이다.

8

A Holy Life, A Love Life

"하나님은 빛이시라"

"우리가 그에게서 듣고 너희에게 전하는 소식은
이것이니 곧 하나님은 빛이시라.
그에게는 어둠이 조금도 없으시다는 것이라"

요한일서 1:5

1. 머리

사도 요한은 예수 그리스도를 특이한 방법으로 소개하였다. 요한에 의하면, 그분은 "태초부터 있는 생명의 말씀"이었다. 영원 전부터 하나님 아버지와 함께 하시던 "생명의 말씀"이었다. 그런데 놀랍게도 그 "말씀"이 세상을 찾아오셨다. 사도 요한은 그렇게 세상에 오신 예수 그리스도를 성육신이나 성탄과 연루된 표현을 사용하지 않고, 간단히 "나타나셨다"고 묘사했다. 누구에게 "나타나셨는가?" "우리," 곧 제자들에게 나타내셨다.

제자들은 그분의 말씀도 듣고 삶과 일도 보면서, 마침내 예수 그리스도를 그들의 구주요 주님으로 받아들였다. 그들의 인생관과 세계관을 완전히 바꾸신 그분을 그들만 누릴 수가 없었다. 그들은 생명을 걸고 그분을 다른 사람들에게 전했으며, 그 결과 "우리"와 "너희" 사이의 장벽이 무너지고 한 몸을 이루는 지체가 되었다. 그 지체들은 서로 삶을 나누면서 희로애락喜怒哀樂을 나누는 신앙의 공동체 곧 사귐을 일구게 되었다.

이 사귐의 특징은 인간이 누리지만, 그들 가운데 성부 하나님과 성자 하나님과 더불어 누리는 영적 사귐이라는 것이다. 그것이 영적 사귐이기에 거기에는 인간이 줄 수 없는 말로 표현할 수 없는 기쁨도 있다. 물론 시시때때로 그 기쁨이 방해를 받기도 하지만, 언젠가는 지속적이면서도 충만한 기쁨을 누리게 될 것이다. 영원한 하나님의 나라가 도래하면 말이다. 결국, 영원 전부터 있던 말씀으로 인하여 영원 후까지 지속될 기쁨을 누리게 될 것이다.

2. 몸통

그리스도인들이 누리는 사귐은 영원 전과 영원 후 사이에서 일어나는, 다시 말해서 현재에 경험되는 삶이다. 물론 완성된 하나님의 나라에서 그들은 서로 사귐을 나누면서, 그리고 성부 · 성자 · 성령 하나님과 더불어 사귐을 나누면서 충만한 기쁨을 누리게 될 것이다. 그러나 그만큼 지속적인 충만한 기쁨에는 미치지 못할지라도, 현재에도 거기에 버금가는 충만한 기쁨을 누릴 수 있는 것이다. 만일 그리스도인들이 올바르게 사귐을 갖는다면 말이다.

1) "우리"가 전한 소식

　그리스도인들이 충만한 기쁨을 누리는 사귐을 가지려면 당연히 성령이 기뻐하시는 대로 사귐을 나누어야 한다. 만일 그리스도인들이 예수 그리스도의 이름으로 모였지만 성령을 슬프게 하거나 성령을 소멸하는 사람들이 그 사귐 안에 들어와 있다면, 두말할 필요도 없이 그 사귐에는 충만한 기쁨은커녕 깊은 나눔도 없을 것이다. 그런 사귐은 머지않아 인위적이며, 인간적인 것으로 전락되고 말 것이며, 따라서 형식적인 사귐이 될 것이다.

　그런데 사도 요한은 그처럼 충만한 기쁨을 맛보는 사귐을 갖기 위해서 "하나님은 빛이시라"는 사실을 무엇보다 먼저 자각해야 한다는 것이다. "하나님은 빛이시라"는 표현은 그분의 인격^{character}을 가리킨다.[21] 다른 말로 하면, 그분의 전지, 전능, 전재(全在)와 같은 속성을 가리키지 않고, 그분 자신을 가리킨다. 그런 이유 때문에 그리스도인들이 사귐을 나눌 때 빛 되신 하나님 "아버지와…더불어 누리게" 된다.

　그런데, 사도 요한이 "하나님은 빛이시라"고 말했지만, 그것은 요한의 말은 아니었다. 물론 사도 요한이 그렇게 가르쳤을지라도 그리스도인들은 그의 가르침을 무겁게 받아들였을 것이다. 하물며 그 가르침이 예수 그리스도에게서 왔다면 그들은 얼마나 더 심각하게 받아들였어야 하는가? 사도 요한은 "하나님은 빛이시라"는 가르침

----

21) "하나님은 영이시라"와 "하나님은 사랑이시라"는 하나님의 인격을 가리킨다 (요 4:24, 요일 4:8). Christopher D. Bass, *That You may Know: Assurance of Salvation in 1 John* (Nashvillle, TN: B & H Publishing Group, 2008), 63.

이 예수 그리스도에게서 온 것이라는 사실을 이렇게 말했다. "우리가 그에게서 듣고 너희에게 전하는 소식은 이것이니…."

이것은 사도 요한을 포함한 12제자들이 그들을 불러내시고, 가르치신 예수 그리스도로부터 직접 들은 메시지였다는 것이다. 그들은 그들의 주님으로부터 많은 것들을 배웠지만, 그리스도인들의 사귐을 위해서는 무엇보다도 한 가지 메시지를 염두에 두어야 한다는 것이었다. 그것은 그들이 그분과 사귐을 3년이나 나누면서 누누이 들었을 뿐만 아니라 강조해서 들은 가장 중요한 메시지였는데, 바로 "하나님이 빛이시라"는 소식이었다.

"하나님이 빛이시라"는 하나님 아버지와 함께 있다가 인간 속에 들어오신 예수 그리스도가 직접 가르치신 소식이었다. 그분이 세상에 오신 이유는 하나님을 스스로 알 수 없는 사람들에게 그분이 어떤 분인지 알려주므로 그들이 그 하나님 앞으로 나아올 수 있는 길을 열어주기 위해서였다. 그런 까닭에 예수 그리스도가 하나님에 대해 전해주신 소식은 최고의 권위를 가질 수밖에 없다. 바로 그분으로부터 받은 제자들이 그 소식을 전했던 것이다.

다시 반복하거니와, 그 소식은 "하나님은 빛이시라"였다. 짤막한 표현이지만, 그 표현은 진정한 사귐을 경험하려는 그리스도인들에게는 없어서는 안 될 너무나 중요한 소식이었다. 그렇다면 왜 "우리"의 사귐이 진정으로 영적 사귐이 되기 위하여 "하나님은 빛이시라"는 사실을 알아야 하는가? 그 이유를 두 가지로 요약해서 말할 수 있는데, 하나는 그 소식이 함축하고 있는 경고 때문이고, 또 하나는 그 소식이 함축하고 있는 약속 때문이다.

2) 경고

"빛"은 그 자체가 경고의 메시지를 지니는데, 그 이유는 간단하다. "빛"이 비추면 모든 것이 있는 그대로 드러나기 때문이다. 깜깜한 방에 "빛"이 들어오는 순간 모든 것이 알알이 드러난다. 사도 요한이 다른 곳에서 한 말을 인용해보자, "악을 행하는 자마다 빛을 미워하여 빛으로 오지 아니하나니 이는 그 행위가 드러날까 함이요, 진리를 따르는 자는 빛으로 오나니 이는 그 행위가 하나님 안에서 행한 것임을 나타내려 함이라 하시니라"(요 3:20-21).

이 말씀에 의하면, 그리스도인들이 소그룹에서 사귐을 나눌 때 약속대로 빛이신 하나님이 임하시면 드러나는 것이 있다. 그것은 그리스도인들이 저지른 불의의 행위이다. 그러니까 이 빛은 불신자들의 행위를 드러내지만, 그렇다고 신자들의 행위를 숨겨주지 않는다. 왜냐하면 신자들 속에는 불신자 때 갖고 있던 죄의 속성^{屬性}이 여전히 남아있기 때문이다. 그 속성 때문에 신자들도 시시때때로 불의를 생각하기도 하고 또 행하기도 한다.

다시 말하면 그리스도인들도 불의를 저지를 수 있고, 그리고 불의의 행위를 가지고 사귐에 참여할 수 있다. 그러나 그 사귐에 참여한 사람들은 충만한 기쁨을 맛볼 수 없다. 기쁨을 저해^{沮害}하는 불의가 있기 때문이다. 그 불의는 성령을 근심하게 하든지 아니면 성령을 소멸하든지 하면서 성부, 성자, 성령이 주시는 기쁨을 누리지 못하게 한다. 그런 이유 때문에 그리스도인들이 사귐에서 충만한 기쁨을 맛보기 위해서는 깨끗한 삶을 영위해야 한다.

그리스도인들이 사귐을 위하여 모일 때 거기에는 어김없이 성부 하나님과 성자 하나님이 참여하신다. 만일 그들이 깨끗한 삶을 살면서 모였다면 말이다. 그러나 불의를 품고 있는 그리스도인들이 있다면 거룩한 분은 임하실 수 없을 것이다. 불의와 거룩이 공존할 수 없기 때문이다. 그런 이유 때문에 사도 요한은 이렇게 부연해서 설명했다, "그에게는 어둠이 조금도 없으시다는 것이니라."

"하나님은 빛이시라"는 표현에는 엄청난 경고가 들어있다. 충만한 기쁨을 맛보는 사귐을 위하여 그리스도인들은 깨끗한 삶을 영위해야 한다. 혹시 불의를 행했거나 마음에 품었다면, 두렵고 떨리는 마음으로 그 문제를 해결해야 한다. 그렇게 해결하고서 사귐에 참여하면, 어떤 인간이나 그룹이 줄 수 없는 신적神的 기쁨을 나누게 된다. 그러면서 그들은 진정으로 한 몸에 붙어있는 지체처럼 유기체 안에 있다는 느낌을 갖게 된다.

깨끗한 삶을 구태여 다른 말로 묘사하자면 거룩한 삶이다. 왜 그리스도인들은 거룩한 삶을 영위해야 하는가? "하나님이 빛이시기" 때문이다. 이것을 다른 말로 묘사하면 "하나님은 거룩하시기" 때문이다. 베드로 사도의 말을 빌려보자, "오직 너희를 부르신 거룩한 이처럼 너희도 모든 행실에 거룩한 자가 되라. 기록되었으되, '내가 거룩하니 너희도 거룩할지어다' 하셨느니라" (벧전 1:15-16). 그렇다! 거룩하신 하나님이 그 자녀들에게 거룩하라고 명령하셨다.

3) 약속

"빛"은 어둠을 몰아내는 특징을 가질 뿐 아니라, 몸과 마음을 따사하게 하는 기능도 가지고 있다. 바로 그 이유 때문에 "하나님은 빛이시라"는 표현에는 약속도 내포되어 있는 것이다. 어두움과 추위에 떨고 있던 사람에게 환한 해가 떠올라서 그 빛을 온 몸에 쏟아주면 언제 그랬냐는 듯 온 몸이 따사해진다. 다시 얼굴에 웃음을 되찾고 몸은 활기로 가득하게 된다. "하나님은 빛이시라"는 표현도 그와 같다.

그리스도인들이 사귐에 참여할 때 빛이신 하나님이 임하시면서 그들의 마음을 따사하게 하신다. 그들이 행했거나 마음에 품은 불의와 어두움이 드러난다고 이미 언급한 바 있다. 그런 것이 드러난다는 것 자체가 벌써 빛이신 하나님이 임하셨다는 뜻이다. 그렇게 드러날 때 애써 숨기려하면 거룩하신 하나님은 더 이상 그 사귐에 머무르실 수 없게 된다. 그러면 그 사귐에 참여한 그리스도인들은 충만한 기쁨을 누릴 수 없게 된다.

"하나님은 빛이시라"는 표현은 참으로 따사하다. 그리스도인들의 사귐을 육적이고 세상적인 모습에서 영적이고 신적인 모습으로 바꾸어놓기 때문이다. 사귐 가운데 빛이신 하나님이 임하시면, 그리스도인들은 그들의 불의의 행위와 생각을 털어놓기 시작한다. 그 사귐에 참여한 사람들이 그리스도 안에서 형제자매이기 때문에 그들의 허물을 숨길 필요가 없다. 서로의 약함을 드러내고 고백하면서, 서로를 깊이 알아가게 된다.

서로를 알아갈 뿐 아니라, 서로를 감싸주는 사랑의 사귐이 일어난다. 어떤 사람도 다른 사람을 정죄하거나 비난하지 않는다. 왜냐하면 어떤 사람도 빛이신 하나님 앞에서 완전할 수 없기 때문이다. 뿐만 아니라, 한 몸에 붙은 지체들이기 때문이다. 건강한 손이 아픈 발가락을 치료해주면서 건강한 몸이 되기 때문이다. 한 지체가 연약하면 다른 지체도 그렇게 연약해지기 때문이며, 한 지체가 강해지면 다른 지체도 강해지기 때문이다.

사귐 안에서 이렇게 서로에게 고백하고 서로를 감쌀 때, 그들의 아버지이신 하나님은 따사한 빛을 던져주신다. 그 빛 안에서 그리스도인들은 서로를 깊이 받아들이며 사랑하게 된다. 참으로 깨끗해진 사귐이며, 진정으로 사랑이 넘치는 사귐이며, 충만한 기쁨을 누리는 사귐이 되는 것이다. 그렇다! 완전한 그리스도인은 이 세상에서는 없다! 그런 이유 때문에 그들은 서로를 필요로 하며, 서로의 사랑을 먹고 사는 것이다.

"하나님은 빛이시라"는 표현은 엄청난 약속을 지닌다. 사귐 안에 그런 거룩과 정결의 역사가 일어날 때, 그들에게 주어지는 것은 참으로 많다. 무엇보다도 그들은 천국의 맛을 조금씩 맛보는 것이다. 그러면서 그 사귐에 참여하는 그리스도인들에게 능력이 주어지기 시작한다. 서로를 사랑하는 능력! 여러 가지의 약점과 허물이 가득한데도 조건 없이 사랑하는 능력! 원수까지도 사랑하는 능력을 가지고 이 험난한 세상을 헤쳐 나갈 수 있게 된다.

3. 꼬리

사도 요한은 다른 제자들과 더불어 빛이신 하나님 안에서 3년이나 사귐을 나누었다. 그들의 사귐은 진정으로 "아버지와 그 아들 예수 그리스도와 더불어 누린" 사귐이었다. 그런 경험을 바탕으로, 그리고 그들의 주님으로부터 직접 배우고 본 것을 바탕으로, 그는 선포했다, "우리가 그에게 듣고 너희에게 전하는 소식은 이것이니⋯." 그러니까 이 소식은 확실한 것이며, 경험적일 뿐 아니라, 절대적인 권위를 지닌 메시지라는 것이다.

그 소식은 너무나 간단하고 명료했다, "하나님은 빛이시라!" 먼저 어두움을 알리는 빛! 그리고 어두움을 쫓아내는 빛! 이 "빛"은 정말로 두려운 것이다. 왜냐하면 우리의 생각과 언행을 다 드러내기 때문이다. 그러나 그 "빛"은 두렵게 하지만 않는다. 그 "빛"은 사귐 안에 있는 형제자매들로 하여금 서로를 향하여 따사한 마음을 갖게 한다. 그리고 그런 마음을 가지고 세상을 대할 때 사랑의 능력을 주시는 놀라운 "빛"이시다.

"만일"

"만일 우리가 하나님과 사귐이 있다 하고 어둠에 행하면,
거짓말을 하고 진리를 행하지 아니함이거니와"

요한일서 1:6

1. 머리

사도 요한은 "하나님은 빛이시라"는 엄청나게 중요한 주제를 발표했다. 물론 그 주제는 이중적인 사귐--횡적 사귐과 종적 사귐--을 위한 메시지였다. 빛이신 하나님은 그리스도인들의 사귐은 물론 그들의 생각과 삶을 모두 아신다. 그럼에도 불구하고 어떤 그리스도인들은 하나님이 아무 것도 모르시는 것처럼 생각하고 행동한다. 사도 요한은 그들의 잘못된 생각과 행동을 "만일"이라는 표현으로 지적할 뿐 아니라, "만일"이라는 표현으로 해결책도 제시한다.

요한일서 1장 6절에서 2장 1절까지의 여섯 절에서 "만일"이라는 접속사를 여섯 번이나 사용했는데, 그 여섯 번을 모두 인용해보자: (1) "만일 우리가 하나님과 사귐이 있다 하고" (1:6), (2) "[만일] 우리도 빛

가운데 행하면" (1:7), (3) "만일 우리가 죄가 없다고 말하면" (1:8), (4) "만일 우리가 우리 죄를 자백하면" (1:9), (5) "만일 우리가 범죄하지 아니하였다 하면" (1:10), (6) "만일 누가 죄를 범하여도" (2:1).

왜 사도 요한은 "만일"을 이렇게 여섯 번씩이나 사용했는가? 그 이유는 간단하다! 그리스도인들은 항상 빛 가운데서 생각하고 행동하면서 사귐을 즐겨야하는데, 그렇지 못할 때가 종종 있기 때문이다. 달리 표현하자면, 빛 가운데서 생각하고 행동하지 못할 때가 있다는 것이다. 그것은 정상적인 그리스도인의 삶이 아니라 비정상적인 것이다. 그런 비정상적인 삶에 빠지는 것을 사도 요한은 "만일"로 표현했다: "만일 우리가 사귐이 있다 하고."

2. 몸통

그러나 사도 요한은 그리스도인들이 빛에서 벗어났을 때 다시 빛 가운데로 돌아와야 한다고 힘주어 말했는데, 그것도 역시 "만일"로 표현했다. 이 여섯 가지 "만일"을 세분하면, 세 가지는 빛을 떠나는 것으로, 그리고 나머지 세 가지는 빛으로 돌아오는 것을 묘사했다. 그것을 도표에 표시하면 다음과 같다:

빛을 떠남	빛으로 돌아옴
"만일 우리가 하나님과 사귐이 있다 하고"	"[만일] 우리도 빛 가운데 행하면"
"만일 우리가 죄가 없다고 말하면"	"만일 우리가 우리 죄를 자백하면"
"만일 우리가 범죄하지 아니하였다 하면"	"만일 누가 죄를 범하여도"

1) "어둠에 행하면"

위의 여섯 가지 "만일"에서 이 장의 본문은 그 첫째 "만일"인데, 다시 전반부를 인용해보자; "만일 우리가 하나님과 사귐이 있다 하고 어둠에 행하면…" 그런데 6절에 있는 이 말씀은 빛을 떠난 그리스도인들의 첫 번째 "만일"을 가리킨다고 했다. 어떻게 빛이신 하나님을 떠났단 말인가? 입술로는 "하나님과 사귐이 있다"고 고백하지만, 행동으로는 "어둠에 행함으로" 하나님을 떠난 것이다. 그들의 말과 행동이 전혀 다른 위선자인 것이다.

"하나님과 사귐이 있다면" 당연히 어둠 가운데서 행하지 않아야 하는데, 그 이유는 간단하다: 하나님이 빛이시기 때문이다. 빛 가운데 있는 그리스도인들은 겉과 속이 똑같은 투명한 삶을 살아간다. 실제로 "하나님과 사귐"을 갖는 그리스도인들은 거듭난 하나님의 자녀들이다. 그들은 하나님을 아버지로 모셨기에 그 아버지의 영광과 기쁨을 추구하는 자녀들이다. 다시 말해서, 그들의 삶의 목적은 빛이신 하나님 아버지에게 맞춰져 있다는 것이다.

그뿐 아니다! "하나님과 사귐"을 지속적으로 갖는 그리스도인들은 저절로 하나님을 닮아간다. 하나님을 닮는다는 것은 구체적으로 무엇을 뜻하는가? 하나님은 거룩하신 분이기에 그 자녀들도 거룩해진다는 것을 뜻한다. 그들은 깨끗한 삶을 유지하기 위하여 부단히 하나님의 말씀을 읽고 순종한다. 그뿐 아니라, 그들은 하나님과의 사귐을 깊게 하기 위하여 부단히 기도한다. 그렇게 하면서 그들은 서서히 그러나 확실히 하나님을 닮아가는 것이다.

하나님을 닮는다는 것의 다른 뜻도 있다. 그것은 무조건적인 사랑이다! 왜냐하면 하나님은 사랑이시기 때문이다 (요일 4:4, 8). 하나님은 그리스도인들을 사랑하실 때 무조건적으로 사랑하셨다. 아니 조건이 하나 있다! 그것은 그들이 죄인이기 때문에 사랑하신 것이다. 그리스도인들도 마찬가지이다! 하나님을 닮아가는 그리스도인들은 다른 사람들을 조건 없이 사랑하게 된다. 아니, 그들의 사랑을 받을 자격 없기 때문에 사랑한다.

그런데, "만일 우리가 하나님과 사귐이 있다 하고 어둠에 행하는" 그리스도인들은 빛을 떠난 사람들이다. "어둠"은 하나님이 그리스도인들에게 나타내신 인격과 상반되는 생각과 행동이다. 하나님의 인격은 빛이요, 영이요, 사랑이다. 그런데 "어둠"은 하나님의 인격에 반대되는 삶이다. 그들은 성령의 지시를 거부하며, 다른 사람들을 사랑하는 대신에 원망과 미움을 품고 있는 그리스도인들이다. 이런 그리스도인들은 확실히 빛을 떠난 사람들이다.

"어둠에 행하면"에서 "행하다"는 단어는 일상생활을 가리키는 중요한 동사이다. 그러니까 "어둠에 행한다"는 것은 매일의 생활방식과 행동양식을 가리킨다. 그들은 한 번만 빛을 떠나 어둠에 행하는 것이 아니라, 줄곧 어둠 속에서 지내는 그리스도인들이다. 그들은 지속적으로, 그리고 의도적으로 어둠에서 생각하며 행동한다.[22] 그들의 마음이 깨끗하지 못하기 때문에 그렇게 깨끗하지 못한 생각과 행동이 드러난다. 그들은 불신자와 크게 다를 것이 없다.

----

22) Arthur W. Pink, *Exposition of First John 1 & 2* (IN, Lafayette: Sovereign Grace Publishers, Inc., 2001, 42.

2) "거짓말을 하고"

"만일 우리가 하나님과 사귐이 있다하고 어둠에 행하면"이란 묘사 자체가 거짓말이다. 왜냐하면 빛이신 하나님과 어둠은 공존할 수 없기 때문이다. 빛이 있는 곳에는 어둠이 없고, 반대로 어둠이 있는 곳에는 빛이 없다. 그러므로 "어둠에 행하는" 그리스도인들은 삶 자체가 거짓말이다. 삶 자체가 거짓말이라면 거기에서 나오는 모두 것이 거짓말일 수밖에 없다. 그들의 생각과 행동도 물론 거짓말이다.

하나님 아버지를 닮아가야 하는 그리스도인들이 잠깐만이라도 한눈을 팔면 육신적으로 생각하든지, 아니면 세상의 기준으로 판단하게 된다. 두말할 필요도 없이 그런 생각과 판단은 사탄이 좋아하는 것이다. 그러므로 그리스도인들도 "어둠에 행하면" 결국엔 하나님을 기쁘시게 하기보다는 사탄을 기쁘게 하는 꼴이 되고 만다. 그런 그리스도인들이 하나님의 영광을 가릴 뿐 아니라, 하나님의 일을 방해한다.

사도 요한이 사용한 "거짓말"은 엄청난 단죄斷罪이다. 왜냐하면 거짓말의 근원은 사탄이기 때문이다. 사탄은 옛 뱀의 모습으로 하와에게 나타나서 거짓말을 했는데, 곧 "결코 죽지 아니하리라"였다 (창 3:4). 선악을 알게 하는 열매를 먹으면 죽는다는 하나님의 말씀을 정면으로 도전한 거짓말이었다 (창 2;17). 실제로 이 거짓말은 성경에 기록된 최초의 거짓말이며, 따라서 거짓말이라고 단죄하는 것은 마귀적이라는 단죄이기도 하다.

예수님도 한 가지 사실을 가지고 이말 했다 다른 말로 바꾼 유대인들을 향하여 마귀의 자녀라고 단죄하셨다. 그분의 말씀을 직접 들어보자; "너희는 너희 아비 마귀에게서 났으니 너희 아비의 욕심 대로 너희도 행하고자 하느니라. 그는 처음부터 살인한 자요 진리 가 그 속에 없으므로 진리에 서지 못하고 거짓을 말할 때마다 제 것 으로 말하나니 이는 그가 거짓말쟁이요 거짓의 아비가 되었음이라" (요 8:44).

"하나님과 사귐이 있다 하고 어둠에 행하면" 거짓말을 한 자이다. 비록 입술로는 정통적인 신앙고백을 했으나 언행이 빛과 상반된 것이라면, 그런 그리스도인은 거짓말쟁이이다. 그런 그리스도인은 하나님에게 영광과 기쁨이 되기는커녕 사탄에게 기쁨이 되고 만다. 겉과 속이 같아야 하는 그리스도인이 이중인격자가 되다니! 그런 그 리스도인은 필연적으로 하나님의 영광을 가리며, 불신자들로부터 도 조소의 대상이 될 수밖에 없다.

3) "진리를 행하지 아니하거니와"

"만일 우리가 하나님과 사귐이 있다하고 어둠에 행하면," 소극적 으로 거짓말을 하지만, 적극적으로는 "진리를 행하지 않게 된다." 하나님과 사귐을 갖는 그리스도인들은 하나님을 닮아가면서 정직 해지기 때문에 거짓말을 하지 않는다. 그뿐 아니라, 그들은 적극적 으로 진리를 행하면서 하나님과 사귐을 누리고 있다는 사실을 드러 낸다. 다른 말로 표현하면, 하나님과 사귐을 갖는 그리스도인들은 한편 투명한 삶을 살고, 또 한편 진리를 행한다.

그렇다면 "진리"는 도대체 무엇인가? 진리에는 절대적 진리와 상대적 진리가 있다. 절대적 진리란 인간의 사고와 행동에 대한 최종적인 기준이나, 상대적 진리란 상황에 따라 변화될 수 있는 기준이다. 필요하면 거짓말을 해도 괜찮다는 것이 상대적 진리이다. 예를 들면, 늦잠을 잤기에 회사에 늦게 출근 했는데, 아파서 늦었다고 했다면 그것은 거짓말이다. 그런데도 그 거짓말을 정당화하는 것은 상대적 진리이다.

반면, 절대적 진리란 거짓말은 어떤 이유에서든지 거짓말이라는 가르침이다. 그리스도인들이 따르는 진리는 성경에서 제시되는 것이기에 절대적 진리이다. 그런데 성경에 제시되는 절대적 진리는 머리에만 머무르지 않는다. 그 진리는 반드시 행동으로 옮겨지는 능력의 진리이다. 예를 들면, "도적질하지 말라"는 계명은 하나님이 신앙인들에게 주신 절대적인 진리이다. 그 진리를 이해하지만 행동으로 옮겨지지 않는다면 그것은 절대적인 진리가 아니다.

사도 요한이 "진리를 행하지 아니하거니와"라고 묘사한 것은 두 말할 필요도 없이 절대적인 진리, 곧 하나님의 말씀을 가리킨다. "하나님과 사귐이 있다 하고 어둠에 행하는" 그리스도인들은 절대적인 진리를 상대적인 진리로 바꾸는 경향이 있다. 그들에게는 자신의 생각과 판단이 하나님의 말씀보다 더 중요하다. 물론 말은 그렇게 하지 않지만, 실제로는 그렇게 행동한다. 그들은 마음에 안 드는 사람들을 주저하지 않고 뒤에서 헐뜯고 미워한다.

미움에 대한 절대적 진리를 들어보자, "그 형제를 미워하는 자마다 살인하는 자니, 살인하는 자마다 영생이 그 속에 거하지 아니하는 것을 너희가 아는 바라" (요일 3:15). 얼마나 분명한 진리인가! 이처럼 분명한 진리에도 불구하고 그토록 많은 한국 그리스도인들이 서로를 주저하지 않고 비난하며 헐뜯는다. 그들은 우선 영적으로, 그 다음 정신적으로 무너지고 있는 것이다. 말씀대로이다, "만일 서로 물고 먹으면 피차 멸망할까 조심하라" (갈 5:15).

그렇다! 하나님이 그리스도인들에게 주신 진리는 한편 머리로 이해해야 하나, 또 한편 그 진리를 삶에 나타내야한다. 그런 이유 때문에 "진리를 행하지 않거니와"에서 진리는 절대적 진리이기에 머리로 받아들일 뿐 아니라 행동에 옮겨야 한다. 그렇지 않으면 "진리를 행한" 것이 아니다. "진리를 행하지 않는" 그리스도인들은 어둠에 행하는 그리스도인들이다. 그들은 진리에서 멀어질 뿐 아니라, 진정한 사귐에서도 멀어진 그리스도인들이다.

3. 꼬리

이 장의 본문에는 행한다는 동사가 세 번 나오는데, 곧 "어둠에 *행하면*," "*거짓말을 하고*," "*진리를 행하지* 아니하고"이다. 이 동사들은 그리스도인의 높은 윤리를 간접적으로 강조한다. 그 이유는 간단하다! "만일 우리가 하나님과 사귐이 있다"는 신앙고백을 했다면, 거기에 걸맞는 삶이 따라야 된다. 신앙고백과 일치하는 언행이 따르지 않는다면, 기독교를 윤리 없는 종교로 전락시킨 꼴이다. 기독교는 신앙고백과 삶을 일치하게 하는 유일한 종교이다.

그런데 이 말씀에서 놀라운 사실이 또 있다. 첫 번째 "만일"을 다시 인용하면서 그 사실을 알바보자, "만일 우리가 하나님과 사귐이 있다 하고 어둠에 행하면, 거짓말을 하고 진리를 행하지 아니함이거니와." 그것은 "만일 우기가 하나님과 사귐이 있다 하고 어둠에 행하면"이라는 말에서 사도 요한은 자신도 포함시켰다는 사실이다. 여기에서 *우리*는 사도 요한은 물론 모든 사도들도 포함한 표현이다. 사도들조차도 "어둠에 행할 수" 있다는 것이다.

   얼마나 솔직한 고백이며 또 얼마나 엄중한 경고인가! 사도들도 "어둠에 행할 수" 있다면, 우리들은 더 말할 나위도 없지 않은가? 빛이신 하나님을 떠나가지 않기 위하여 우리는 정신을 차리고 근신하면서 기도해야 한다. 베드로의 충고대로이다, "만물의 마지막이 가까이 왔으니 그러므로 너희는 정신을 차리고 근신하여 기도하라" (벧전 4:7). 그리고 횡적 사귐과 종적 사귐에 더욱 열심을 내야 한다.

"회복된 사귐"

"그가 빛 가운데 계신 것 같이 [만일] 우리도 빛 가운데 행하면,
우리가 서로 사귐이 있고,
그 아들 예수의 피가 우리를 모든 죄에서 깨끗하게 하실 것이요"

요한일서 1:7

1. 머리

이 장의 본문인 7절에는 "만일"이라는 단어가 들어있지 않지만, 그 내용에서는 "만일"이 들어있다. "우리도 빛 가운데 행하면"이라는 표현에는 "만일"이 함축된 것이다. 실제로 헬라어 성경에는 "만일"이라는 단어가 들어 있다.[23] 그러니까 헬라어 성경을 문자 그대로 번역하면 다음과 같이 된다: "그러나 그가 빛 가운데 계신 것 같이 [만일] 우리도 빛 가운데 행하면 , 우리가 서로 사귐이 있고…"

국어 성경에서는 "만일"이 생략되었을 뿐 아니라, "그러나"도 생략되었다. 어쩌면 헬라어로 "그러나"가 너무 작은 단어이기에 무시

---

23) 헬라어로 "만일"은 *에안*(ἐάν)으로, 헬라어 성경에서 이 단어가 본문의 서두에 들어가 있다.

된 것 같다.[24] 그렇지만 "그러나"라는 접속사는 6절과 연결해주는 매우 중요한 단어이다. 6절에서는 하나님과 사귐을 갖는다고 하면서도 어둠에 행할 뿐 아니라, 진리를 행하지 않는 그리스도인들을 염두에 둔 말씀이다. 그들은 진리와 도덕을 별개로 취급하는 거짓 말쟁이들인 것이다.

사도 요한은 그런 위선자들에 대하여 언급했지만, 그렇게 진단하고 끝내지 않았다. 비록 그들이 빛이신 하나님과 사귐을 누렸었지만, 잠깐 한 눈을 파는 사이에 어둠에 빠져들었다. 당연히 그들은 진리대로 살지 못하는, 그래서 속과 겉이 다른 위선자 내지 이중인격자로 전락한 것이다. 그들이 하나님과 사귐을 갖는다는 고백은 입술에서 맴도는 헛된 것이 되고 말았다. 왜냐하면 빛이신 하나님은 그런 자들과 사귐을 나누지 않으시기 때문이다.

2. 몸통

그런데 사도 요한은 그런 그리스도인들을 분석하고, 정죄하고, 비난한 것으로 끝을 맺지 않았다. 그는 그들도 다시 하나님과의 사귐을 회복할 수 있다는 사실을 힘주어서 언급하는데, 그것이 바로 "그러나"이다. "그러나"는 반전反轉을 가리킨다. 비록 그런 그리스도인들이 어둠에 행했고 진리를 행하지 않았지만, 그래도 다시 하나님과는 물론 다른 그리스도인들과의 사귐을 회복할 수 있다는 것이다.

----

24) 헬라어로 "그러나"는 *데(δὲ)*인데, 그것도 "만일"이라는 이안 뒤에 나오기에 그 중요성이 간과된 것 같다.

1) "빛 가운데 행하면"

그렇다면 어떻게 다시 사귐을 회복할 수 있단 말인가? 사도 요한
이 제시한 방법은 "그가 빛 가운데 계신 것 같이 우리도 빛 가운데
행하면"이다. "하나님은 빛이시라"고 이미 소개한 바 있다. 그 빛은
한편 어둠을 드러내지만, 또 한편 따사하게 한다. 빛을 떠나 어둠에
행하는 그리스도인들에게 빛이신 하나님은 그들의 잘못된 생각과
언행을 지적하면서 드러내신다. 그리고 동시에 그들을 따사하게 부
르신다.

어둠에 빠져 들어간 그리스도인들은 둘 중 하나를 선택할 수 있
다. 하나는 그렇게 드러난 어둠을 가리기 위하여 더 깊은 어둠 속으
로 들어가는 것이다. 마치 작은 거짓말을 가리기 위하여 더 큰 거짓
말을 하는 것과 마찬가지로, 그들은 보다 깊은 어둠 속으로 빠져 들
어갈 수 있다. 두말할 필요도 없이 그들은 진리를 행하지 않는 사람
들이다. 그들은 여러 가지 이유를 나열하면서 그들이 행하는 어둠
을 정당화하는 것이다.

만일 그들이 계속해서 어둠에 행하면, 그들의 양심도 마침내 죄
의식을 갖지 않게 된다. 마치 그들의 잘못된 삶이 하나님의 허락 아
래에서 이루어진 것처럼 떳떳해진다. 그들은 바울 사도가 정죄한
것처럼 되고 만다: "자기 양심이 화인을 맞아서 외식함으로 거짓말
하는 자들이라" (딤전 4:2). 이 표현은 그들의 양심이 마치 불로 짖어
진 것처럼 되어, 조금도 양심의 가책을 느끼지 못하면서도 진리를
다른 사람들에게 가르친다는 것이다.

반면, 어둠에 행하며 진리를 행하지 않는 행위 때문에 양심의 가

책을 받아 괴로워하다가, 하나님에게로 돌아오기로 작정할 수도 있다. 그들에게 비추어진 하나님의 빛 때문에 그들의 어둠이 환히 드러났을 뿐 아니라, 따사하게 맞아주시는 하나님의 빛을 더 이상 거부할 수 없어서 돌아오기로 작정할 수도 있다. 이렇게 돌아오는 결단을 사도 요한은 "그러나"와 "만일"로 간결하게 묘사한 것이다.

그렇다면 하나님은 구체적으로 어둠에 행하는 그리스도인들에게 어떻게 빛을 비추시는가? 물론 하나님이 말씀이나 환경을 통해서 직접 비추실 수도 있다. 그러나 보다 실제적인 것은 그들이 빛 가운데서 행하는 정상적인 그리스도인들의 삶과 간증을 통해서이다. 그런 그리스도인들의 사귐 가운데 나타난 그들의 거룩한 삶과 사랑 때문에 한편 도전을 받고 또 한편 끌리게 된다. 왜냐하면 그들 가운데 성령의 역사와 임재가 있기 때문이다.

사도 요한은 이런 과정을 이렇게 간단명료하게 표현하였다, "만일 우리가 빛 가운데 행하면." 여기에서 "우리"는 모든 그리스도인들, 곧 빛 가운데 행하는 그리스도인들과 어둠에 행하는 그리스도인들을 가리킨다. 빛 가운데 행하는 그리스도인들이 사귐 가운데서 거룩과 사랑을 드러낼 때, 어둠에 행하는 그리스도인들은 한편 찔림을 받고, 또 한편 그들의 잘못을 시인하며 돌이키게 된다. 이런 행위들을 한 마디로 "빛 가운데 행하면"이라고 요한은 표현했다.

2) "회복된 사귐"

그리스도인들이 이렇게 빛 가운데로 들어올 때, 그들은 빛이신 하나님 안에 있게 된다. 사도 요한은 그런 사실을 이렇게 간단하게 묘사했다, "우리가 서로 사귐이 있고." 빛 가운데서 행한 결과를 왜 사도 요한은 이렇게 묘사했는가? 그는 왜 "우리가 하나님과 그 아들 예수 그리스도와 더불어 사귐을 누리게 되었다"라고 묘사하지 않았는가? 물론 그렇게 묘사해도 틀린 것은 아니다. 왜냐하면 사도 요한은 이미 다음과 같이 표현한 바 있기 때문이다.

"우리가 보고 들은 바를 너희에게도 전함은 너희로 우리와 사귐이 있게 하려 함이니, 우리의 사귐은 아버지와 그의 아들 예수 그리스도와 더불어 누림이라" (요일 1:3). 두말할 필요도 없이 그리스도인들이 어둠에서 돌이키어 빛이신 하나님에게로 돌아오면 하나님과 그의 아들 예수 그리스도와 사귐을 누리게 된다. 어둠에서 행할 때 끊어졌던 사귐이 회복되었기 때문이다. 이런 사귐은 은혜의 산물이다.

그런데도 사도 요한은 그렇게 묘사하지 않고 이렇게 했다, "우리가 서로 사귐이 있고!" 그 이유를 다음과 같이 몇 가지로 찾을 수 있을 것이다. 첫째 이유는 어둠에 행하던 그리스도인들이 거룩하며 사랑의 삶을 영위하는 그리스도인들 때문에 그들의 잘못을 뉘우쳤기 때문이다. 뉘우쳤을 뿐 아니라, 다시 그 사귐 속으로 들어왔기 때문이다. 그렇다! 올바른 사귐은 이처럼 회복의 기능을 가지고 있게 마련이다.

사도 요한이 "우리가 서로 사귐이 있고!"라고 묘사한 둘째 이유는 이렇다. 어둠에 행하던 그리스도인들은 그때에도 하나님과 사귐을 나눈다고 주장했었다. 그러나 그런 주장은 행동이 결여된 입술의 주장일 뿐이었다. 그렇다면 그들이 진정으로 하나님과 사귐을 누린다는 것을 어떻게 알 수 있는가? 그것은 다른 그리스도인들과의 사귐을 통해서이다. 하나님과의 사귐을 나눈다는 말은 눈에 보이지 않는 형이상학적形而上學的인 것으로 끝날 수 있다.

그러나 하나님과의 사귐이 사실이라면 필연적으로 다른 그리스도인들과의 사귐으로 연결되어야 한다. 그 이유는 간단하다! 하나님은 그리스도인들의 사귐 속에 임재하시기 때문이다. 예수 그리스도도 그런 사실을 분명히 언급하신 바 있었다, "두세 사람이 내 이름으로 모인 곳에는 나도 그들 중에 있느니라" (마 18:20). 실제로 그리스도인들이 빛 가운데서 행하므로 서로 사귐을 나눌 때 주님도 크게 기뻐하신다.

사도 요한이 "우리가 서로 사귐이 있고!"라고 묘사한 셋째 이유는 주님의 분명한 목적을 의식했기 때문이었다. 예수 그리스도가 이 세상에 오신 중요한 목적 중 하나가 바로 "우리"의 사귐을 일으키기 위함이었다. 그런데 불행하게도 그 사귐이 일부 어둠에 행하는 그리스도인들 때문에 일그러졌었다. 그러나 그들이 그들의 어두움을 시인하고, 버리고, 돌아왔을 때 다시 그 사귐이 회복된 것이다. 사도 요한은 기쁨으로 표시했다, "우리가 서로 사귐이 있고!"

3) "예수의 피"

어둠에 행하며 진리를 행하지 않던 그리스도인들이 다시 빛 가운데로 돌아와서 사귐을 회복하게 된 중요한 요인要因이 있다. 그것은 예수 그리스도가 십자가에서 쏟으신 피 때문이다. 사도 요한의 말을 다시 들어보자, "그 아들 예수의 피가 우리를 모든 죄에서 깨끗하게 하실 것이요." 예수님이 피를 흘리고 죽으신 것은 죄인들이 용서받아 그리스도인들로 변화시키기 위한 것이 아니었던가? 그런데 왜 그리스도인들에게 피가 또 필요하단 말인가?

예수님이 십자가에서 쏟으신 피는 물론 죄인들을 성도로 변화시키기 위한 큰 역사였지만, 그것만이 아니다. 그 피는 그리스도인들이 신앙생활을 깨끗하고 능력 있게 살아가기 위한 방편이기도 하다. 그 이유는 간단하다! 그리스도인들도 시시때때로 죄를 범하기 때문이다. 그들이 죄를 범할 때마다 그들이 용서 받을 수 있는 유일한 길은 예수 그리스도의 보배로운 피를 통해서이다. 그 피는 그들의 죄를 끊임없이 씻어주기 때문이다.

어둠에 행하던 그리스도인들이 그들의 잘못을 깨닫고, 고백하고, 돌이킬 때, 예수 그리스도는 당신이 십자가에서 흘리신 그 소중한 피로 그들의 잘못을 씻어주신다. 그리고 그들로 하여금 다시 서로 사귐을 나누게 하신다. 얼마나 놀라운 피의 역할인가! 그분의 피가 없다면 어떤 그리스도인들도 깨끗한 삶을 누릴 수 없다! 그뿐 아니라, 어떤 그리스도인들도 능력의 삶을 영위할 수 없다!

이렇게 어둠에 행하던 그리스도인들이 그분의 피로 깨끗해져서 다시 사귐을 나누게 될 때, 그 피의 역사는 거기에 그치지 않는다. 그 피는 지금까지 올바르게 생활하던 그리스도인들에게도 깨끗하게 하는 역사를 이룬다. 그들은 지금까지 이미 깨끗한 삶을 누렸는데, 왜 또 피가 필요하단 말인가? 그 이유도 분명하다! 그들이 아무리 깨끗한 삶을 영위했다손 치더라도 그들에게 여전히 남아있는 죄의 불씨가 있기 때문이다.

그 죄의 불씨를 원죄原罪라고도 하며, 또는 죄의 성품이라고도 한다. 죄의 성품을 갖지 않은 그리스도인들은 없다. 다른 말로 하면, 모든 그리스도인들 안에는 죄의 속성屬性이 남아있다는 말이다. 그들도 잠깐 한눈을 팔면 죄의 굴레에 묶일 수 있다. 그런 이유 때문에 그들도 예수 그리스도의 피를 의지하지 않으면 안 되는 것이다. 그 피를 의지해서 죄의 성품을 끊임없이 이겨야 하는 것이다.

그런데 어둠에 행하던 그리스도인들이 예수님의 피를 의지하여 깨끗해지고 사귐 속에 들어올 때, 놀랍게도 지금까지 깨끗한 삶을 유지한 그리스도인들도 그들의 죄성(罪性)을 깨닫고 다시 그분의 보혈을 의지하게 된다. 그런 이유 때문에 사도 요한은 이렇게 묘사했다, "그 아들 예수의 피가 우리를 모든 죄에서 깨끗하게 하실 것이요!" 그렇다! 여기에서 "우리"는 두 종류의 그리스도인들--어둠에 행하던 그리스도인들과 정상적인 그리스도인들--을 가리킨다.

3. 꼬리

요한일서에서 피라는 단어가 세 번 나온다. 그런데 우리의 죄 문제와 연관시켜서는 이 장의 본문에 나오는 피뿐이다. 요한일서 5장 6~8절에 나오는 피도 같은 피이지만, 그 적용은 다르다. 결국 그리스도인들의 죄 문제를 해결하기 위한 피는 요한일서 1장 7절뿐이다. 비록 죄를 해결하기 위한 피가 한 번밖에 나오지 않지만, 그것이 뜻하는 바는 너무나 중요하다. 왜냐하면 그리스도인들의 신앙생활을 깨끗하게 그리고 능력 있게 하는 요인이기 때문이다.

로마서 3장 25절에 나오는 피--"이 예수를 하나님이 그의 피로써 믿음으로 말미암는화목제물로 세우셨으니, 이는 하나님께서 길이 참으시는 중에 전에 지은 죄를 간과하심으로 자기의 의로우심을 나타내려 하심이라"--는 죄인sinner이 성도saint가 되기 위한 방편이

다. 그러나 요한일서에 나오는 피는 성도의 신앙생활을 위한 것이
다. 그리스도인들은 밤낮으로 예수님의 피를 의지해서 깨끗한 삶,
사귐의 삶을 영위해야 할 것이다.

죄의 성품

"만일 우리가 죄가 없다고 말하면,
스스로 속이고 또 진리가 우리 속에 있지 아니할 것이요"

요한일서 1:8

1. 머리

이 장의 본문 서두에 나오는 "만일"은 요한일서 1장에서 세 번째 사용된 표현이다. 그런데 이미 언급한 대로, 1장 6절에서 2장 1절의 여섯 절에 "만일"이 여섯 번 나온다. 그 중에서 세 번은 소극적으로 사용되었고, 나머지 세 번은 적극적으로 사용되었다. 구체적으로 말하면, 6절, 8절 및 10절에서는 소극적으로, 그리고 7절, 9절 및 2장 1절에서는 적극적으로 각각 사용되었다. 그러니까 이 장의 본문에 나오는 "만일"은 소극적으로 사용된 것이다.

그런데 소극적으로 사용된 세 절 모두에 나오는 또 다른 공통어가 있는데, 곧 "말하면"이다. 물론 국어성경에는 "말하면"이 구체적으로 명시된 곳은 이 장의 본문인 8절에서 뿐이다. 6절의 "만일 우리가 하나님과 사귐이 있다 *하고*"에서 "하고"는 "말하면"의 준 말이다. 10절의 "만일 우리가 범죄하지 아니하였다 *하면*"에서 "하면"도 역시 "말하면"의 준 말이다. 헬라어 성경에는 "우리가 말하면"이라고 분명히 기술하고 있다.[25)]

반면, 7절, 9절 및 2장 1절에서는 "우리가 말하면"이라는 표현이 없다. 도대체 이 세 구절에는 왜 "말하면"이라는 표현이 나오지 않는가? 그 이유를 찾기란 그리 어렵지 않다. 신앙생활의 진수^{眞髓}는 "말"에 있지 않고, "행동"에 있다는 사실을 함축한 것이다. 아무리 번지르르한 말로 신앙고백을 한다손 치더라도, 삶이 따르지 않으면 안 된다는 것을 가르친다. 이 세 절에서는 "말"로가 아니라, 행동으로 나타난 "삶"으로 문제를 해결하는 것을 보여준다.

2. 몸통

반면에 소극적인 표현, 곧 6절, 8절 및 10절에서는 그렇게 말하는 사람들의 주장일 뿐이라는 것이다. 비록 그들이 "하나님과 사귐이 있다"고 주장하지만 (6절), 비록 그들이 "죄가 없다고" 주장하지만 (8절), 비록 그들이 "범죄하지 아니했다"고 주장하지만 (10절), 그들의 주장은 사실이 아니라는 것이다. 그들의 주장은 삶이 따르지 않는 헛소리에 지나지 않는다는 것이다. 이렇게 잘못된 신앙의 두 번째 진단을 이 장의 본문은 제시한다.

----
25) 헬라어에서 "우리가 말하다"는 *에이포멘*(εἴπωμεν)이다.

1) "죄가 없다면"

"만일 우리가 죄가 없다고 하면"에서 인용된 "죄"는 죄의 성품, 곧 원죄를 가리킨다. 물론 죄의 성품을 갖지 않은 신앙인은 있을 수 없다. 그런데 왜 그런 주장을 하는가? 그 이유를 몇 가지로 생각해 볼 수 있다. 첫째, 매우 도덕적이거나 종교적인 사람들의 주장일 수 있다. 둘째, 이단의 가르침일 수 있다. 어떤 이단은 영적으로 구원 받으면 육체의 범죄와 상관없이 죄가 없다고 가르친다. 구원파의 가르침은 이 범주에 속한다.

셋째, 예수 그리스도의 피가 과거와 현재와 미래의 모든 죄를 씻어주었기에 죄가 없다는 주장이다. 이들은 히브리서 9장 12절, "오직 자기의 피로 영원한 속죄를 이루사 단번에 성소에 들어가셨느니라"를 인용하면서 모든 죄의 값이 치루어졌기에 죄가 없다는 주장이다. 이런 자들은 정통적 신앙고백orthodoxy은 있으나, 정통적 실천 orthopraxy이 없는 이중인격자요, 위선자에 지나지 않는다.

예수님도 요한복음에서 죄가 없다고 주장한 사람들을 네 번씩이나 정죄하셨다 (요 9:41, 15:22, 24, 19:11). 그 중 한 곳만 인용해 보자, "…위에서 주지 아니하셨더라면 나를 해할 권한이 없었으리니, 그러므로 나를 네게 넘겨 준 자의 *죄*는 더 크다 하시니라" (요 19:11). 이 말씀은 죄가 없다고 주장한 빌라도의 말에 대한 반박이었다. 이 말씀에서 두 종류의 사람들이 죄가 없다고 주장했는데, 하나는 빌라도이고 또 하나는 유대 지도자들이다.

빌라도는 정치가요 행정가였다. 역사와 현재가 웅변적으로 말해주듯, 많은 정치가들은 죄가 없다고 공언하지만 뒤에서는 항상 어둠에 행한다. 그런 작자들 때문에 얼마나 많은 사람들이 속임을 당하며 그 결과 고통을 받는가? 정치가들은 끝까지 죄가 없다고 공언하면서 사람들을 속인다. 예수님이 빌라도를 정죄하셨듯이, 이렇게 정직하지 못하고 도덕적으로 타락한 정치가들은 언젠가 반드시 심판을 받을 것이다. 빌라도가 심판을 받았듯이 말이다.

예나 지금이나 종교지도자들도 마찬가지이다. 물론 개중에는 언행이 일치하는 신뢰할만한 지도자들이 없는 것은 아니나, 거개는 죄가 없는 것처럼 말하고 행동한다. 바리새인과 서기관들이 돈을 탐한 것처럼, 현금의 많은 종교지도자들도 돈을 탐한다. 그들이 성욕性慾에 이끌리어 여자들을 농락한 것처럼, 현재도 많은 종교지도자들이 여자들을 농락한다. 그들이 권력에 눈이 먼 것처럼, 지금도 많은 종교지도자들이 권력에 눈이 멀어있다.

정치지도자들과 종교지도자들이 죄가 없다고 공언하면서, 뒤에서 온갖 추태를 주저하지 않고 행하는 모습을 지켜본 사람들은 어떤가? 그들도 지도자들로부터 물이 들어 죄의식이 없는 듯, 온갖 거짓과 폭행과 폭력을 휘두르고 있다. 그런데 불행하게도 그런 사람들 대부분은 "죄가 없다고"하면서 오히려 큰 소리를 치고 있는 것이다. "죄가 없다고" 말하는 사람들은 위선자들이다. 왜냐하면 죄의 성품을 초월한 사람은 없기 때문이다.

2) "스스로 속이고"

"죄가 없다"고 공언하는 이중인격자들은 "스스로 속이는" 신앙인들이다. 만일 그들에게 아주 작은 양심이라도 남아있다면, 그들은

"죄가 없다고" 하지 못할 것이다. 그럼에도 불구하고 그들이 "죄가 없다"고 공언하는 것은 "스스로를 속이는" 짓거리에 불과하다. 그들은 갖가지 핑계를 대면서 "스스로를 속인다." 예를 들면, "나보다 더 큰 죄를 범한 사람도 많은데…!" "체면이 있지 어떻게 죄를 고백해!"

그래도 이렇게 스스로를 속이는 그리스도인들은 나은 편이다. 많은 그리스도인들은 어둠에 너무나 깊이 휩싸인 나머지, 양심이 완전히 무디어져 버렸다. 그들은 "스스로 속이고" 있다는 생각조차 하지 못한다. 이런 작자들은 세상의 바람이 부는 대로 좇아가는 사람들이다. 마침 바람에 나부끼는 낙엽과 같이 된 것이다. 그들은 지적으로도 방향감각을 잃었을 뿐 아니라, 도덕적으로도 해이해질 대로 해이해진 사람들이다.[26]

이런 그리스도인들은 비록 입술로는 신앙고백을 하지만, 실제로는 하나님을 거부하는 사람들이다. 왜냐하면 하나님을 믿는다고 하면서도 빛 가운데 행하지 않기 때문이다. 이들은 하나님이 일찍이 보여주신 진리의 말씀을 가볍게 여긴다. 그뿐 아니라 이들은 하나님이 보여주신 그 뜻을 우습게 여기든지 아니면 잊어버린 지 오래되었다. 이런 자들이 예배를 드리고 봉사를 하고 심지어는 설교까지 하다니, 확실히 "스스로 속이는" 작자들이다.

이런 그리스도인들은 하나님의 이름을 팔아서 자신들의 육신의 욕구를 채우는 자들이다. 한 마디로 말해서, 그들은 하나님의 자리에 자신들을 올려놓은 것이다. 성경 말씀대로이다: "하나님을 알되 하나님을 영화롭게도 아니하며 감사하지도 아니하고 오히려 그 생

---

26) Yarbrough, *1-3 John*, 61.

각이 허망하여지며 미련한 마음이 어두워졌나니, 스스로 지혜 있다 하나 어리석게 되어, 썩어지지 아니하는 하나님의 영광을 썩어질 사람…의 우상으로 바꾸었느니라"(롬 1:21-23).

결국, 그들은 스스로를 섬기는 우상숭배자가 되어버린 것이다. 얼마나 많은 그리스도인들이, 특히 지도자들이 그들 자신을 섬기고 있는가? 우상숭배는 사람이 만든 동상만이 아니다. 그 동상에 절하는 것도 우상숭배이나, 그것은 차원이 낮은 우상숭배이다. 우상숭배의 절정은 자신을 섬기는 것이다. 하나님과 사귐을 누린다고 하면서 하나님의 뜻을 저버린 그리스도인들! 그들은 "스스로 속이는" 자들이다.

"만일 우리가 죄가 없다고 말하면 스스로 속이고…." 사도 요한과 사도들을 포함해서 그리스도인들이 죄가 없다고 말하는 순간 그들은 스스로를 속이고 있는 것이다. 왜냐하면 그들이 신앙적으로 그리고 영적으로 아무리 깊이 들어갔다손 치더라도, 그들에게는 여전히 죄의 불씨가 남아있기 때문이다. 그러나 불행하게도 너무나 많은 그리스도인들이 죄가 없는 것처럼 고백하나, 그들은 끊임없이 어둠에 행하는 "스스로 속이는" 자들이다.

3) "진리가 있지 않다"

죄가 없다고 공언하는 자들은 두말할 필요도 없이 진리를 모른다: "만일 우리가 죄가 없다고 말하면…진리가 우리 속에 있지 아니할 것이요." 그런 자들에게 진리가 있지 않다는 이유는 너무나 분명하다. 아담과 하와가 하나님의 진리의 말씀을 무시하고 불순종한 이래 모든 사람은 죄인이 되었다. 만일 어떤 그리스도인들이라도 죄가 없다고 말하면 하나님의 진리의 말씀을 전면 부인하는 꼴이 된다.

하나님의 마음에 합한 자로 인정받은 다윗을 보라! 바울은 다윗을 이렇게 평가한 바 있다, "…내 마음에 맞는 사람이라; 내 뜻을 다 이루리라" (행 13:22). 그렇게 고결하게 인정된 다윗은 과연 완전했는가? 아니다! 그의 고백을 보자, "나의 죄악을 말갛게 씻으시며 나의 죄를 깨끗이 제하소서!" (시 51:2). 이 고백은 그에게 죄가 있다는 것이며, 따라서 주님의 용서의 은총을 필요로 한다는 것이다.

그렇게 고백한 이유도 간단하다. 그의 고백을 더 들어보자, "내가 죄악 중에서 출생하였음이여! 어머니가 죄 중에서 나를 잉태하였나이다" (시 51:5). 이것은 그가 간음과 살인의 죄를 범하기 전부터 있었던 죄의 성품을 고백한 것이다. 실제로 그와 같은 죄의 성품 때문에 성자聖子로 알려진 다윗조차도 십계명 가운데 두 가지――6계명과 7계명――나 깨뜨리는 범행을 저질렀다. 그리고 그는 그의 죄를 씻어서 깨끗하게 해달라는 절규를 했던 것이다.

죄가 없다고 말하는 자들은 진리를 가지고 있지 않을 뿐 아니라, 계속해서 죄 가운데서 산다. 반면, 죄성과 범행을 고백하는 그리스도인들은 진정으로 용서를 받을 뿐 아니라, 깨끗해진다. 한 발 더 나아가서, 거룩한 성도가 될 수 있는 것이다. 왜냐하면 진리의 말씀을 받아들였고, 또 그 진리 때문에 거룩하게 될 수 있기 때문이다. 예수 그리스도의 기도 중 일부를 인용해보자, "그들을 진리로 거룩하게 하옵소서! 아버지의 말씀은 진리니이다!" (요 17:17).

죄인이 성도가 되는 방편도 하나님의 말씀인 진리를 통해서이다. 야고보의 확신에 찬 말을 인용하면 다음과 같다: "그가 그 피조물 중에 우리로 한 첫 열매가 되게 하시려고 자기의 뜻을 따라 진리의 말씀으로 우리를 낳으셨느니라"(약 1:18). 그렇다! 하나님은 죄인들을 구원하실 때도 *진리*의 말씀으로 하신다. 그뿐 아니라, 하나님은 같은 진리의 말씀으로 구원 받은 그리스도인들을 거룩하게 하신다.

그러나 "죄가 없다고 말하는" 그리스도인들은 진리가 그 속에 있지 않은 것이다. 애초부터 구원을 받지 못한 명목상의 신자들이었든지, 아니면 구원은 경험했으나 하나님과 상관없는 삶을 사는 사람들이다. 그와 반대로, 그리고 역설적으로 들릴지는 몰라도, 죄를 고백하는 그리스도인들은 거기에 머무르지 않고 거룩한 경지에 이를 수 있는 것이다. 왜냐하면 성결의 시발점은 그들의 죄성과 연약함을 고백하고 주님을 의지하는 것이기 때문이다.

3. 꼬리

"죄가 없다고 말하는" 자들은 두 가지 측면에서 오류를 범하는 것이다. 하나는 모든 인간에 내재해 있는 인간의 타락성과 부패성을 거부하는 오류를 범한다. 이런 인간의 모습은 창세기 3장 이후 성경 전체에 도도히 흐르는 엄연한 진리이다. 아브라함, 욥, 모세, 다윗 등 구약의 영웅들이 죄를 고백한 진리이다. 신약의 영웅들인 요한, 베드로, 바울, 디모데 등도 고백한 진리이다. 그러나 이런 모든 성경의 영웅들보다 더 훌륭하다는 거짓된 증언일 뿐이다.

또 한 가지 오류는 그처럼 타락한 인간의 해방을 위한 하나님의 뜻을 거부하는 오류이다. 인간이 범한 죄들과 죄의 성품을 해결하기 위하여 십자가에서 그처럼 처절한 죽음을 마다하지 않으신 예수 그리스도의 사역을 거부하는 꼴이다. 인간의 모든 죄를 대신하여 죽으신 예수님, 그리고 그렇게 구원받은 그리스도인들을 죄의 성품으로부터 해방시키기 위하여 십자가에서 죽으신 예수님을 거부하는 크나큰 오류이다.

12

A Holy Life, A Love Life

죄의 자백

"만일 우리가 우리 죄를 자백하면,
그는 미쁘시고 의로우사,
우리 죄를 사하시며
우리를 모든 불의에서 깨끗하게 하실 것이요"

요한일서 1:9

1. 머리

이 본문의 "만일"은 네 번째 나오는 단어인데, 적극적인 의미에서는 두 번째이다. 그리고 이 "만일"의 핵심은 자백이다: "만일 우리가 우리 죄를 *자백하면!*" "자백하는" 행위는 지금까지 살펴본 입술의 주장과는 전혀 다른 것이다. 물론 그리스도인이 진정한 신앙을 가졌다면, 그는 반드시 입술로도 고백하게 되어있다. 그러나 그 고백은 필연적으로 행위를 동반해야 한다. 만일 행위가 결여된 것이라면, 그 고백은 입술에서 나오는 주장에 지나지 않는다.

"자백하다"는 헬라어로 "같은 말을 하다," "동의하다"의 뜻을 지닌다.[27] 그런데 누구의 말에 동의하라는 말인가? 두말할 필요도 없이 빛이신 하나님의 말씀에 동의해야 한다. 왜냐하면 하나님과 사귐을 누리기를 원하는 그리스도인이라면 반드시 하나님과 같은 마음을 가져야 한다. 만일 그가 하나님이 원하시는 길을 가지 않는다면, 그는 결코 하나님과 사귐을 나눌 수 없다. 그때부터 그가 하나님과 사귐을 갖는다는 것은 입술의 주장일 뿐이다.

그렇다면 하나님의 어떤 말씀에 동의해야 하는가? 빛이신 하나님이 드러내는 죄에 대하여 동의해야 한다. 하나님은 죄를 지적하시고, 인간은 그 죄를 자백할 때 진정한 사귐이 일어나며 또 지속된다. 이런 공식은 성경 전체에서 찾아볼 수 있는 큰 원리이다. 한 구절을 인용해보자, "자기의 죄를 숨기는 자는 형통하지 못하나, 죄를 자복하고 버리는 자는 불쌍히 여김을 받으리라" (잠 28:13).

2. 몸통

구약성경의 큰 인물들도 죄를 자백하므로 하나님과 사귐을 유지했다. 그 대표적인 실례가 지난 장에서 언급된 다윗이다. 그의 자백을 직접 인용해보자, "내가 이르기를 내 허물을 여호와께 자복하리라 하고, 주께 내 죄를 아뢰고 내 죄악을 숨기지 아니하였더니 곧 주께서 내 죄악을 사하셨나이다" (시 32:5). 다윗은 하나님이 그의 은밀한 죄를 선지자인 나단을 통해 드러내시자, 죄를 자백하고 용서를 받았다.

----

27) 헬라어로는 "같은"의 뜻인 "호모"(ὁμο)와 "말하다"의 뜻인 *레고*(λέγω)가 합쳐진 "호모로게오"(ὁμολογέω), 곧 "같은 말을 하다." 내지 "동의하다"이다.

1) 자백

그렇다면 자백과 용서의 공식은 구약성경에만 제시된 율법이 아닌가? 물론 그렇지 않다! 신약성경의 세례 요한을 보라! 그도 많은 유대인들에게 하나님과 올바른 관계를 갖고 또 유지하기 위하여 죄를 자복하고 회개하라고 외쳤다. 그의 외침에 호응한 사람들의 반응을 성경은 이렇게 묘사한다, "이 때에 예루살렘과 온 유대와 요단강 사방에서 다 그에게 나아와, 자기들의 죄를 자복하고 요단강에서 그에게 세례를 받더라" (마 3:5-6).

그렇다! 하나님과 사귐을 누리기 위해서는 죄를 자백해야 한다. 그렇지 않다면 야고보도 죄를 서로 고백하라고 권면하지 않았을 것이다 (약 5:16). 이처럼 성경의 중심 메시지 중 하나인 자백과 용서를 사도 요한은 그의 서신에서 제시했는데, 그것이 바로 이 장의 본문이다. 그러나 하나님과 사귐을 원하면서도 그리고 죄를 범했는데도, 자백하지 않으면 어떻게 되는가? 그런 그리스도인은 하나님만이 주시는 기쁨과 사랑과 능력을 누리지 못하게 된다.

그러나 그도 자백을 통해서 하나님의 긍휼과 용서를 경험할 수 있다. 그리스도인이 비록 예수 그리스도를 통하여 용서를 받았지만, 그에게는 여전히 죄성이 남아있다. 시시때때로 그가 원하든 원하지 않든 죄를 범할 수밖에 없다. 만일 그가 하나님이 지적해주신 죄를 숨기면, 그는 하나님과 교제가 단절된 신앙인으로 전락한다. 그러나 비록 마음도 아프고 체면도 구겼지만, 하나님이 지적해주신 죄를 자백하면 그는 하나님의 사람들로 변해간다.

하나님은 그런 그리스도인을 귀하게 여기시면서 사귐을 허락하실 뿐 아니라, 그에게 "…모든 지각에 뛰어난 하나님의 평강이 그리스도 예수 안에서 너희 마음과 생각을 지켜주신다" (빌 4:7). 그러니까 자백은 하나님이 그의 자녀들에게 허락하신 크고도 넓은 긍휼과 사랑을 경험하게 하는 도구이다. 하나님 앞에서 진정으로 낮아져서 하나님이 지적해주신 죄를 자백한다는 것은 그가 하나님을 의지할 수밖에 없는 참으로 연약한 그릇이라는 고백이다.

여기에 자백의 비밀이 숨겨져 있다. 참으로 낮아져서 하나님의 용서를 구하는 정직한 자백을 통하여 그리스도인은 하나님이 존귀하게 사용하실 수 있는 귀한 그릇이 되어간다. 그릇에는 금그릇, 은그릇, 나무그릇, 질그릇 등이 있으나, 하나님이 사용하시는 그릇은 자백을 통해 깨끗해진 그릇이다. "그러므로 누구든지 이런 것에서 자기를 깨끗하게 하면, 귀히 쓰는 그릇이 되어 거룩하고 주인의 쓰심에 합당하며 모든 선한 일에 준비함이 되리라" (딤후 2;21).

2) 재판관

하나님은 오만방자한 그리스도인들을 내려다보신다. 비록 그들이 교회에서 높은 위치에 있다고 하더라도 상관없다. 왜냐하면 하나님은 사람을 외모에 따라 판단하지 않으시기 때문이다. 하나님은 죄를 지적하시지만, 그들은 죄가 없다고 주장한다. 적어도 행동으로 그렇게 주장한다. 왜냐하면 하나님이 지적해주신 죄를 자백하지도 않고, 버리지도 않기 때문이다. 그들은 "스스로 속이는 자요, 진리가 그 속에 있지 않은" 불쌍한 그리스도인들이다.

그러나 불꽃같은 눈으로 그리스도인들의 속과 겉을 꿰뚫어보시는 하나님은 그런 사람들에게도 긍휼과 용서를 베푸시기 위하여 자백의 문을 열어놓으셨다. 그리스도인들은 그렇게 활짝 열려진 자백의 문을 통과해서 낮아지든지, 아니면 뻣뻣하게 굴면서 그 자백의 문에 들어오기를 거부하든지 둘 중 하나를 선택할 수 있다. 만일 거부하면, 그는 명목상의 그리스도인으로 전락할 것이다. 평강과 능력이 없는 허울뿐인 그리스도인이 된다는 말이다.

그러나 어떤 그리스도인이라도 하나님이 당신의 말씀을 통하여 죄를 드러내셨을 때, 그 죄에 대하여 마음 아파하면서 자백한다면 그는 하나님이 귀하게 여기시는 신앙인이 된다. 왜냐하면 하나님이 이렇게 약속하셨기 때문이다, "그는 미쁘시고 의로우사!" "그는 미쁘시고"는 하나님이 신실하시다faithful는 말이다. 그러니까 "미쁘시다"는 일단 약속하시면 그 약속을 깨지 않고 반드시 그리고 신실하게 지키신다는 뜻이다.

유다가 많은 악행을 범하고도 죄를 자백하지도 않고 돌아서지도 않아서 나라를 잃은 적이 있었다. 유대인들이 나라를 잃고 그렇게 낮아졌을 때 하나님은 그들에게 새 언약을 주셨는데, 그 언약의 핵심은 죄를 자백하면 용서하시겠다는 약속이다. 그 약속을 인용해보자, "…내가 그들의 악행을 사하고 다시는 그 죄를 기억하지 아니하리라…" (렘 31:34). 실제로 유대인들이 죄를 자백하자 하나님은 그들을 용서하시고 본토로 돌아오게 하셨다 (단 9:3-6).

하나님은 그리스도인들이 자백한 죄를 약속에 따라 용서하실 뿐 아니라, "의로우시기" 때문에 용서하신다. "의롭다"는 말은 공의롭다는 뜻이다. 하나님이 참으로 공의로우시면, 죄를 범하여 하나님의 법을 깨뜨리고 하나님의 마음을 아프게 한 자들을 심판하셔야 되는 것이 아닌가? 그런데 어떻게 공의로우신 분이 자백만 하면 용서하시겠다는 것인가? 자백이라는 조건을 통해서 용서하시겠다는 것인가? 물론 자백은 중요하지만, 용서의 조건은 아니다.

자백은 하나님의 낮아진 마음으로 긍휼을 의지하라는 마음이지, 결코 그것을 근거로 용서하신다는 것은 아니다. 하나님의 의로우시다는 것은 하나님이 그리스도인들의 죄의 대가를 이미 지불했다는 것을 전제로 한다. 그렇지 않다면 공의로울 수가 없기 때문이다. 그러면 누가 어떻게 죄의 대가를 지불했단 말인가? 예수 그리스도가 십자가에서 죽으면서 쏟으신 피가 바로 그들의 죄의 대가였다. 그 피를 근거로 하나님은 그들이 자백한 죄를 용서하신다.

3) 용서

그리스도인들이 하나님이 지적해주신 죄를 인정하고 고백할 때, 재판관이신 하나님은 엄청난 선포를 하신다. 그 선포는 다음과 같다: "우리 죄를 사하시며, 우리를 모든 불의에서 깨끗하게 하실 것이요!" 이 선포에서 "우리 죄를 사하시며"는 그리스도인들이 자백한 죄를 가리킨다. 그런 이유 때문에 그들이 죄를 자백할 때 그들이 범한 죄를 구체적으로 그리고 조목조목 자백할 필요가 있다.

그리스도인들은 "우리의 죄를 용서해주세요!"라고 기도하는 경향이 있다. 이것은 엄밀하게 말하면 자백이 아니다. 왜냐하면 그들이 죄인이 아니라면 예수 그리스도의 대속적 죽음을 의지해서 구원받을 필요가 없었기 때문이다. 그렇다! 모든 인간은 죄인이다 (롬 3:23). 그러므로 모든 사람은 죄의 대가를 받고 죽은 후 심판을 거쳐 영원한 지옥으로 던져질 것이다. 그 이유 때문에 십자가 앞에 나와서 죄를 용서받았다.

그렇게 그리스도인들이 된 후에 "우리의 죄를 용서해주세요!"라고 기도하는 것은 하나님이 지적해주신 죄를 인정하지 않겠다는 반발이요 반항이다. 그리스도인들이 범한 죄를 구체적으로 자백할 때 비로소 하나님이 지적해주신 죄를 시인하는 것이다. 다시 말해서, 하나님의 말씀을 가감 없이 받아들인다는 것이다. 뿐만 아니라, 그렇게 자백할 때 그들의 치부를 솔직하게 인정하는 것이다. 그렇게 낮아질 때 하나님의 약속은 효력을 발휘한다.

하나님은 그리스도인들이 자백한 죄들을 일일이 용서해주신다. 위에선 언급한 것처럼, 하나님의 변치 않는 영원한 약속 대로이다. 뿐만 아니라, 예수 그리스도의 죽음과 부활이라는 역사적인 구속의 역사의 결과이다. 그와 같은 하나님의 두 가지 속성--약속과 대속-- 때문에 그리스도인들은 몇 번이고 죄를 자백하면 용서받는다. 아니 몇 번만 아니라, 하루에 "일곱 번을 일흔 번까지라도" 용서받을 수 있다 (마 18:22).

그뿐 아니라, 똑같은 죄라도 자백하면 몇 번이고 용서받는다. 실제로 그리스도인들이 그들의 죄를 구체적으로 자백할 때마다, 그들이 의식하든 못하든 그들은 십자가 앞에 나오는 것이다. 왜냐하면 거기에 용서가 있기 때문이다. 그렇게 자백하기를 반복하다보면, 그들이 참으로 연약하고 죄뿐인 그릇이라는 사실을 경험적으로 깨닫게 된다. 그러면서 그들은 보다 높은 차원의 신앙으로 들어가는 것이다.

　그렇다! 그리스도인들이 그들의 죄를 자백할 때 하나님은 그 죄를 용서하실 뿐 아니라, 그들이 기억하지 못한 죄조차도 용서하신다. 그것을 사도 요한은 이렇게 표현했다, "그들의 모든 불의에서 깨끗하게 하실 것이요!" 그들이 진솔하게 죄를 자백하면, 하나님은 한 발 더 나아가서 두 가지 죄――자백한 죄와 기억나지 않는 죄――를 용서하신다. 하나님은 진정으로 긍휼의 하나님이시요, 용서의 하나님이시다!

3. 꼬리

　사도 요한은 하나님의 마음으로 그리스도인들을 사랑했다. 그렇지 않았다면 이 장의 말씀을 주지 않았을 것이다. 그의 자녀들과 같은 그리스도인들이 죄를 자백할 때마다, 그는 그들의 손목을 잡고 십자가 앞으로 데리고 오는 것과 같다. 왜냐하면 오직 거기에서만 죄를 용서받을 수 있기 때문이다. 그들이 그처럼 끊임없이 죄를 자백하고, 계속해서 십자가 앞에 나오는 것이 바로 신앙의 핵심인 것이다.

　그들이 이처럼 죄의 자백을 통하여 십자가 앞에 나올 때, 두 가지를 경험적으로 깨닫게 된다. 하나는 죄를 지을 수밖에 없는 죄성을 가진 자라는 사실과, 또 하나는 그 죄성마저도 십자가에서 처리되어야 한다는 사실이다. 그런 이유 때문에 사도 요한의 "죄를 자백하라"는 권면은 사랑의 권면이며 동시에 다른 차원으로 인도하는 권

면이다. 우리 모든 그리스도인들도 사도 요한의 권면을 깊이 받아
들여서 "죄를 자백하자!"

죄의 행위

"만일 우리가 범죄하지 아니하였다 하면
하나님을 거짓말하는 이로 만드는 것이니
또한 그의 말씀이 우리 속에 있지 아니하니라"

요한일서 1:10

1. 머리

이 장의 본문에서 "만일 우리가 범죄하지 아니하였다 하면"은 세 가지 잘못된 주장 가운데 하나이다. 사도 요한이 지적한 세 가지 잘 못된 주장을 보면 갈수록 그 정도가 심각한 것을 알 수 있다. 첫 번째 잘못된 주장은 "만일 우리가 하나님과 사귐이 있다 하고 어둠에 행하면"이다 (6절). 이 말씀은 하나님을 빛으로 소개한 직후에 나온 잘못된 주장이다. 왜냐하면 빛과 어두움은 함께 존재할 수 없기 때문이다.

두 번째 잘못된 주장은 "만일 우리가 죄가 없다고 말하면"이다 (8 절). 이런 주장은 두말할 필요도 없이 성경의 가르침과는 동떨어진 것이다. 왜냐하면 성경 전체는 모든 인간에게 불순종의 불씨가 상존存하고 있다고 가르치기 때문이다. 세 번째 잘못된 주장은 이 장의 본문에 나오는 것인데, 다시 인용하면 "만일 우리가 범죄하지 아니하였다 하면"이다. 이 주장은 생각으로나, 느낌으로나, 말로나, 행위로 전혀 죄를 짓지 않았다는 것이다.

이 세 가지 잘못된 주장은 처음에는 하나님과 어둠을 거론하면서 빛이신 하나님을 거부한다. 그 다음에는 원죄를 거부한다. 마지막으로 매일 그리고 매순간 조금도 범죄하지 않는다는 주장이다. 이 세 가지 주장을 면밀히 살펴보면, 처음에는 객관적으로 잘못된 주장으로 시작하다가, 점차적으로 주관적으로 잘못된 주장으로 옮겨간다. 그렇게 옮겨가면서 마침내 그 주장은 삶의 현상과 경험을 거부하는 것이 된다. 잘못된 주장의 극치이다!

2. 몸통

사도 요한은 빛 가운데서 사귐이 이루어지기 위해서는 거짓된 주장을 철저히 배제해야 하는 사실을 강조하였다. 그런 거짓된 신앙고백이 제거되지 않는다면, 진정한 그리스도인들의 사귐은 있을 수 없다는 것이다. 물론 그처럼 잘못된 고백을 하는 그리스도인들이 그리스도의 이름으로 모일 수 있다. 그러나 그런 "사귐"은 더 이상 주님이 함께 하시는 모임이 아니라, "그리스도의 이름"으로 모였지만 주님 없는 인간의 모임이라는 것이다.

1) "범죄"

이미 살펴본 대로, 8절에 제시된 이런 잘못된 주장은 "만일 우리가 죄가 없다고 말하면"이다. 그러나 10절에 제시된 잘못된 주장은 "만일 우리가 범죄하지 아니하였다 하면"이다. 이 두 가지 잘못된 주장을 서로 비교해보는 것도 흥미롭다. 전자前者는 원죄가 없다는 주장으로, 죄의 원리the principle of sin를 부정한다. 후자後者는 실제로 삶의 현장에서 범하는 구체적인 죄의 실제the practice of sin를 부정한다.

이런 잘못된 주장들을 하는 사람들은 같은 부류의 사람들이다. 왜냐하면 원죄가 없다면 당연히 아무런 죄도 짓지 않기 때문이다. 그러나 이미 살펴본 것처럼, 죄의 불씨를 갖지 않은 그리스도인은 있을 수 없다. 따라서 죄를 짓지 않는 그리스도인도 있을 수 없다. 진정한 그리스도인이라면, 의도적으로 죄를 짓기를 원하겠는가? 그런 그리스도인은 없을 것이다. 물론 어둠에 행하는 타락한 그리스도인은 의도적으로도 죄를 범할 수 있지만 말이다.

그러나 진정한 그리스도인은 그렇게 의도적으로 죄를 짓기 원하지 않는다. 원하기는커녕 죄와 싸우면서 죄를 범하지 않으려고 안간힘을 쓴다. 왜냐하면 죄를 짓는 즉시 그가 누리던 하나님과의 사귐이 끊어진다는 사실을 알기 때문이다. 그뿐 아니라, 다른 그리스도인들과의 사귐도 방해를 받는다는 사실도 알기 때문이다. 그런 앎과 안간힘에도 불구하고 그는 시시때때로 죄를 짓는다. 도대체 그 이유가 무엇인가?

그리스도인 안에 남아있는 죄성 때문이다. 그는 마음에서, 느낌에서, 말에서, 그리고 행동에서 시시때때로 죄를 범한다. 만일 그가 진정한 그리스도인이어서 하나님은 물론 다른 그리스도인들과의 사귐을 회복하기를 원한다면, 즉각적으로 그가 지은 죄를 자백해야 한다 (9절). 그리할 때 사귐도 회복될 뿐 아니라, 예수 그리스도의 피가 그를 깨끗하게 한다 (7절). 그렇다! 자백을 통하여 신적이고 인간적인 사귐을 회복할 수 있는 것이다.

자백은 그리스도인이 범행했을 때 택해야 할 너무나 중요한 신앙행위이다. 그렇게 중요하기 때문에 자백이 원죄 (8절)와 범죄 (10절) 사이의 9절에 자리했는지도 모른다. 실제로 원죄와 범죄는 서로 분리시켜서 말할 수 없다. 왜냐하면 원죄 때문에 범행하고, 또 범죄 때문에 원죄를 자각自覺하기 때문이다. 달리 표현하면, 많은 그리스도인들은 그들의 의도와 상관없이 행하는 범죄 때문에 원죄의 심각성을 깨닫는다.

범죄로 인하여 원죄를 깊이 깨달은 사람 중에 바울 사도도 있다. 그는 "탐심"이라는 범행 때문에 괴로워하다가 마침내 원죄의 심각성을 깨달았다. 그는 그렇게 원죄를 깨닫고 끝내지 않았다. 그는 마침내 그의 범행 뿐 아니라 그의 원죄를 위해서도 십자가에서 죽으셨다가 부활하신 예수 그리스도 안에서 해결책을 찾게 되었던 것이다. 그리고 마침내 그 죄의 구렁텅이에서 해방된 사실을 경험했던 것이다 (롬 7:8 이하).

2) "거짓말"

그리스도인이 범죄하지 아니했다고 주장하는 것은 스스로 신적이고 인간적인 사귐에서 떠났다는 것을 공포한 셈이다. 그는 더 이상 하나님과의 사귐을 통하여 주어지는 평강과 사랑과 능력을 누리지 못한다. 그뿐 아니라, 다른 그리스도인들과 사귐을 나누면서 얻는 풍성한 삶을 누릴 수 없게 되었다. 이런 결과는 스스로 자초_{自招}한 불행이다. 그러나 그런 사귐만을 잃은 것이 아니다. 그는 다음과 같은 이중적인 결과도 떠안게 되었다.

먼저, 적극적인 결과는 "하나님을 거짓말하는 이로 만드는 것이다." 8절에서 "만일 우리가 죄가 없다고 말하면, 스스로 속이는" 자라고 정죄하였다. 그러나 삶의 현장에서 일어나는 범행을 부인하는 것은 자신만을 속이는 것이 아니라, "하나님을 거짓말쟁이"로 만드는 것이다. 그 이유는 간단하다! 하나님은 반복적으로 그것도 강조해서 모든 인간이 죄를 범한다고 선언하셨기 때문이다 (시 14:3, 롬 3:23). 하나님의 선언이 잘못되었다는 엄청난 오류이다.

그뿐 아니다! 하나님은 죄를 범한 죄인들이 하나님의 긍휼을 바라고 나올 때, 그들을 용서하실 뿐 아니라 사귐을 회복시켜주시겠다고 반복적으로 말씀하셨다. 그런데 그런 엄청난 하나님의 자비와 용서의 사랑을 송두리째 거부한 셈이다. 달리 표현하면, 범행의 사실을 드러내시는 하나님의 거룩한 속성도 거부한 셈이고, 그렇게 드러난 죄 때문에 회개하고 돌아오면 용서하신다는 하나님의 용서의 속성도 거부한 셈이다.

"하나님을 거짓말하는 이로 만들다니!" 있을 수 없는 짓거리이다. 실제로 하나님이 제일 싫어하는 죄악이 바로 거짓말인데, 그런 하나님을 거짓말쟁이라고 치부하다니, 있을 수 없는 짓거리이다. 하나님이 거짓말을 싫어하시는 이유는 간단하다! 하나님의 말씀에 의

하면, 거짓말의 시작은 사탄이 한 짓거리이기 때문이다. 사탄은 거짓말로 하와를 속였고, 그리고 그들이 누렸던 하나님과의 친밀한 사귐을 앗아가 버렸다.

하나님이 거짓말을 그처럼 싫어하실 뿐 아니라 반드시 심판하신다고 반복해서 말씀하셨다. 둘째 사망, 곧 지옥으로 떨어질 죄악들을 열거하는 가운데 거짓말을 맨 마지막에 둔 사실은 그것을 알려주고도 남는다. "그러나 두려워하는 자들과 믿지 아니하는 자들과 흉악한 자들과 살인자들과 음행하는 자들과 점술가들과 우상 숭배자들과 *거짓말하는* 모든 자들은 불과 유황으로 타는 못에 던져지리니 이것이 둘째 사망이라"(계 21:8).

실제로 성경에서 마지막으로 지명된 죄악도 역시 거짓말이다. "개들과 점술가들과 음행하는 자들과 살인자들과 우상 숭배자들과 및 *거짓말을* 좋아하며 지어내는 자는 다 성 밖에 있으리라"(계 22:15). 그런데 "범죄하지 아니하였다"는 거짓말은 궁극적으로 하나님을 거짓말쟁이라고 만드는 것이다. 달리 표현하자면, 어떤 그리스도인이라도 범죄하지 아니했다고 말하면, 하나님을 대적하여 범행하는 무섭고도 엄중한 죄악이라는 것이다.

3) "말씀"

"범죄하지 아니했다"는 주장은 적극적으로는 하나님에 대한 범죄이다. 그러나 소극적으로는 그렇게 주장한 자신에 대한 범죄이다. 왜냐하면 "만일 우리가 범죄하지 아니하였다 하면…또한 그의 말씀이 우리 속에 있지 아니하기" 때문이다. 그렇게 주장한 그리스도인은 그 속에 하나님의 말씀이 있지 않다는 사실을 만천하에 공포한 셈이다. 두말할 필요도 없이 하나님의 말씀을 알지도 못하고, 또 안다 해도 그 말씀대로 살지 않았기 때문이다.

그런데 사도 요한은 8절에서 죄가 없다는 사람은 *진리*가 그 속에 있지 않다고 한 반면, 10절에서 범죄하지 않았다고 하는 사람은 하나님의 *말씀*이 그 속에 없다고 하였다. 하나님의 진리와 하나님의 말씀은 궁극적으로는 같은 뜻이지만, 구태여 구분한다면 *진리*는 보다 객관적인 사실을 가리키나, 말씀은 보다 주관적인 사실을 가리킨다.[28] 다시 말해서, 하나님의 말씀은 보다 더 개인에 적용된 것이다. 그렇게 설명하는 이유를 알아보자.

여기에 나오는 *말씀*은 요한일서 1장 1절에 나오는 "생명의 말씀," 곧 로고스(λόγος)이다. 이 로고스는 세 가지를 가리킨다: 첫째는 그리스도를 가리키고, 둘째는 그분의 메시지를 가리키고, 셋째는 사도들이 전하는 선포를 가리킨다. 결국, 범죄하지 아니했다고 주장하는 사람들 속에 말씀이 없다는 가르침에 위의 세 가지를 적용하면 이렇다: 첫째, 그들 속에 그리스도가 없다. 만일 그들에게 그리스도가 없다면, 먼저 그분을 그들의 구주로 영접해야 한다.

둘째, 그들에게 그리스도의 메시지가 없다. 이런 표현은 그리스도가 없다는 말과 거의 같지만, 강조점이 다르다. 그들은 예수 그리스도의 메시지, 곧 복음이 없다는 것이다. 복음이 없는데, 어떻게 그 복음의 주인공이신 그리스도가 있겠는가? 그러니까 그리스도의 메시지를 소유하지 못했다면 그들은 그리스도를 믿고 영접할 수 없

28) Smalley, *1, 2, 3 John*, 34.

다. 그런 이유 때문에 그 둘은 다르지만 하나이고, 하나이지만 강조점이 다르다.

셋째, 그들에게는 사도들이 선포하는 메시지가 없다. 만일 그들이 예수 그리스도를 믿지 않았다면, 당연히 그들은 사도들이 선포하는 메시지를 거부했을 것이며, 따라서 그들 속에는 로고스가 없다. 만일 그들이 예수 그리스도를 믿고 영접했다면, 그들은 이미 그리스도인이 되었다. 그러나 불행하게도 그들은 더 이상 사도들을 통하여 선포되는 로고스를 듣고 받아들이지 않는 상태로 타락한 것이다.

결국, "만일 우리가 범죄하지 아니하였다 하면…그의 말씀이 우리 속에 있지 아니하니라"는 사도 요한의 진단은 이중적인 성격을 가지고 있다. 만일 그들에게 그리스도가 없다면, 그들은 그리스도인이 아니다. 그런 이유 때문에 그들은 반드시 구원받아야 된다는 마음을 표현한 것이다. 만일 그들이 구원받았다면, 그들이 어디에서 떨어졌는지 회개하고 돌이키라는 것이다. 그런 간절한 마음을 담아서 사도 요한은 그들 속에 "말씀"이 없다고 선포했다.

3. 꼬리

기독교의 역사에서 말로나 행동으로 범죄하지 아니했다고 주장하는 사람들은 과거에도 있었고, 그리고 현재에도 있다. 말로 그렇게 주장하는 사람들은 대부분 기독교를 곡해한 이단들이다. 예를 들면, 영지靈知주의자들이나 교황이다. 영지주의자들은 영적인 지식을 통하여 구원받았기 때문에 평범한 사람들처럼 죄를 짓지 않는다는 것이다. 가톨릭의 교황은 죄를 범하지 않는 경지에 도달했다는 주장이다.

반면, 기독교에서 죄를 범하지 않았다는 것을 말로가 아니라 행동으로 주장하는 그리스도인들도 있다. 그들은 숨어서 각가지 범행을 저지르면서도 사람들 앞에서 떳떳하게 생활하며 또 기독교의 진리를 가르친다. 이런 사람들은 하나님을 거짓말쟁이로 만들며, 로고스를 갖지 못한 사람들이다. 다시 말해서, 구원받지 않았든지, 구원받았다면 하나님으로부터 상당히 멀리 떨어져나간 사람들이다. 양팔을 벌리고 기다리시는 로고스 앞으로 나와야 할 것이다.

2장

세상을
사랑하지 말자

"대언자"

> "나의 자녀들아!
> 내가 이것을 너희에게 씀은 너희로 죄를 범하지 않게 하려 함이라.
> 만일 누가 죄를 범하여도 아버지 앞에서 우리에게 대언자가 있으니,
> 곧 의로우신 예수 그리스도시라.
>
> 요한일서 2:1

1. 머리

이 장의 본문에 포함된 "만일 누가 죄를 범하여도"는 요한일서 1장 6절에서 2장 1절까지에서 나오는 여섯 번째 "만일"이며, 동시에 마지막으로 나오는 "만일"이다. 그리고 이미 누차에 걸쳐 언급한 것처럼, 본문에 나오는 "만일"은 죄 문제 해결이라는 적극적인 세 번째 "만일"이기도 하다. 시시때때로 죄를 범할 수밖에 없는 연약한 그리스도인들을 위하여 사랑의 사도인 요한은 세 번씩이나 "만일"로 시작하는 표현에서 문제의 해결을 제시했다.

그런데 세 번씩이나 사용된 "만일"을 한꺼번에 살펴본다면, 죄의 문제를 해결할 수 있는 방법을 일목요연一目瞭然하게 제시한 것을 알 수 있다. 첫 번째는 "[만일] 우리도 빛 가운데 행하면"이고 (요일

1:7), 두 번째는 "만일 우리가 우리 죄를 자백하면"이며 (요일 1:9), 그리고 세 번째는 이 장의 본문으로, "만일 누가 죄를 범하여도"이다. 그런데 이 세 가지 죄 문제의 해결은 그리스도인이 해야 할 것과 그리스도가 하셔야 할 일이 있다.

"[만일] 우리도 빛 가운데 행하면"은 그리스도인이 죄를 범한 후취해야 할 행동을 가리킨다. 그는 빛 가운데로 들어와야 하며, 또 빛 가운데 있어야 한다. 반면, "만일 우리가 우리 죄를 자백하면"은 그리스도인이 취해야 할 고백을 가리킨다. 그렇다! 진정으로 죄의 문제를 해결하려는 그리스도인은 그의 행동과 언어가 일치해야 한다. 행동은 죄를 인정하나 말로 자백하지 않거나, 반대로 말로는 죄를 자백하나 행동이 따르지 않으면 안 되는 것이다.

2. 몸통

그리스도인이 이처럼 그의 죄를 언행으로 자백하면 저절로 죄의 문제가 해결되는가? 물론 아니다! 하나님의 용서가 있어야 한다. 그 이유는 하나님이 죄를 심판하시는 재판관이시기에 그분만이 죄를 정죄하실 수 있고, 또 그분만이 죄를 용서하실 수도 있다. 그런데 그리스도의 죄를 하나님은 간과看過하지 않으시고 반드시 심판하셔야만 한다. 그렇지 않다면, 하나님은 더 이상 공의의 하나님이 아니시기 때문이다.

1) 예수 그리스도

　그리스도인이 죄를 범한 후 어떻게 거룩하신 하나님으로부터 그 죄를 용서받을 수 있단 말인가? 비록 그리스도인이 빛 가운데서 행하고 또 그 죄를 자백했다손 치더라도, 하나님은 그런 것들 때문에 죄를 용서하는 분이 아니시다. 구약시대의 이스라엘 백성은 죄를 범한 후 그 죄 값으로 소나 양을 제물로 바쳤다 (레 4:3, 32). 그뿐 아니라, 그렇게 제물을 바치기 위하여 그들은 멀리 성전에 있는 곳까지 애통한 마음으로 가야 했다 (신 12:11).

　인간적으로 볼 때 이스라엘 백성의 행동과 고백은 그리스도인의 행동과 고백보다 훨씬 더 진지했고, 또 희생적이었다. 만일 인간의 언행을 근거로 하나님이 용서하신다면 두말할 필요도 없이 이스라엘 백성의 죄일 것이다. 그러나 하나님은 인간이 그의 죄에 대하여 아무리 애통하고 또 희생한다손 치더라도, 그런 것을 조건으로 용서하는 분이 아니시다. 그런 행위는 인간의 노력이며, 인간이 진지하다는 것을 보여주는 것에 불과하다.

　만일 하나님이 인간의 노력과 진지함을 근거로 용서하신다면, 진지한 불교신자와 무슬림을 따라갈 사람이 별로 없을 것이다. 세상의 쾌락과 결혼을 포기하고 승려가 된 사람만큼 진지할 수 있겠는가? 이 세상 어느 구석에 있든지 메카를 향하여 절하면서 하루에 다섯 번씩 기도하는 무슬림의 진지함을 따라갈 사람이 얼마나 되겠는가? 그러나 용서의 근거는 그런 인간의 노력과 진지함에 있지 않다. 용서의 열쇠는 재판관이신 하나님에게 있기 때문이다.

　다시 말해서 하나님이 용서하시면 용서받는 것이고, 하나님이 용서하지 않으시면 용서받지 못한다. 그런데 왜 사도 요한은 그리스도인에게 "빛 가운데 행하고" 또 "죄를 자백하라"고 권면했는가? 그 이유는 바로 예수 그리스도 때문이다. 그리스도인은 그들의 구주이신 예수 그리스도의 피를 의지하면서 죄를 그분에게 자백해야 한다. 그러니까 그리스도인이 지은 죄의 문제를 해결하기 위해서는 그들의 구주이신 예수 그리스도에게 나와야 한다.

그렇다! 예수 그리스도 때문에 죄를 용서받아 그리스도인이 된 사람은 그의 삶에서도 예수 그리스도를 의지해야 한다. 삶의 현장에서 죄를 범했을 때도 그를 용서하시고 또 구원해주신 바로 그 예수 그리스도를 통해서 해결할 수 있기 때문이다. 그리스도인의 죄 값도 그분이 십자가에서 흘리신 피로 지불하셨기 때문이다. 그 피 때문에 구원받았고, 그리고 또 그 피 때문에 그리스도인으로서 지은 죄도 용서받아야 한다.

바로 이런 이유 때문에 사도 요한은 "만일 우리가 빛 가운데서 행하고 그리고 죄를 자백하면," 우리의 죄 문제를 해결해주실 분이 있다는 사실을 말해준다. 그분은 바로 "하나님의 아들 예수 그리스도이시다." 요한은 요한일서 1장에서 예수 그리스도를 "태초부터 있는 생명의 말씀," "영원한 생명," "하나님과 함께 계신 분" 등으로 소개했는데, 2장에서 그리스도인의 죄 문제를 해결하시는 "대언자" 代言者로 소개하고 있다.

2) "대언자"

왜 사도 요한은 죄를 짓고 자백한 그리스도인에게 "대언자"이신 예수 그리스도를 소개하는가? 대언자라는 단어를 보다 보편적인 표현으로 번역하면 변호사라는 뜻이다. 그리고 변호사라는 직책은 재판소를 연상시키는데, 같이 그 재판소로 가보자. 재판소 상좌上座에는 재판관이 앉으셨는데, 그분은 다름 아닌 하나님이시다. 그 하나님은 죄에 대하여 엄격하실 뿐 아니라, 죄를 반드시 심판하셔야만 하는 지극히 공의로운 분이시다.

그런 재판관 앞에 머리를 숙이고 판결을 기다리는 죄인이 서있다. 그는 너무나 두려운 나머지 떨고 있을지 모른다. 그 죄인에게 한 가닥 희망이 있다면, 그것은 그를 대신하여 변론을 해주실 대언자, 곧 예수 그리스도이시다. 그 대언자는 그 죄인에 대하여 측은한 마음을 금할 수 없으셨다. 왜냐하면 그 죄인을 위하여 이미 십자가에서 죽으셨기 때문이다. 그분이 그처럼 희생을 감수하면서 구원해주셨는데, 법정에서 다시 만나다니!

한편 괘씸하게 여기실 수도 있지만 예수 그리스도가 치른 대가가 너무나 엄청났기에, 그분은 그 죄인이 지은 죄와 거기에 따른 심판에서 구원하기를 원하셨다. 그분이 재판관이신 하나님 앞에서 변론을 시작하시자, 그 변론은 그렇게 엄격한 하나님의 마음을 움직이기 시작했다. 그분의 변론이 끝나자, 죄인을 바라보던 재판관의 눈빛이 긍휼의 눈빛으로 바뀌기 시작하더니, 마침내 "무죄를 선고하노라!"는 판결을 내리셨다.

예수 그리스도의 변론은 정말로 설득력이 있고도 남았다. 그 이유는 그분의 신분 때문이었다. 본래 그리스도는 "기름부음을 받은 자"라는 뜻이다. 구약성경에서 하나님 앞에서 기름부음을 받은 직분은 크게 세 종류였는데, 왕과 제사장과 선지자였다. 왕은 하나님을 대신해서 백성을 다스리는 직분이었고, 제사장은 하나님을 대신해서 백성의 신앙문제를 다루는 직분이었다. 그리고 선지자는 하나님을 대신하여 백성의 죄악을 드러내는 직분이었다.

그런데 하나님에 의하여 기름부음을 받으신 예수 그리스도는 이 세 가지 직분을 모두 갖춘 분이시었다. 그분은 하나님을 대신해서 선지자처럼 그 그리스도인의 죄악을 드러내셨다. 동시에, 그분은 제사장처럼 하나님 앞에서 그 그리스도인의 죄 문제를 해결했다고 변론하셨다. 왜냐하면 제사장은 백성의 죄를 대신해서 제물을 드렸기 때문이다. 그리고 그분은 왕처럼 하나님을 대신하여 그 그리스도인의 죄가 용서된 사실을 선고해달라고 하셨다.

"만일 누가 죄를 범하여도 아버지 앞에 우리에게 대언자가 있으니"라고 말한 사도 요한의 음성에는 관용과 사랑이 넘쳐났을 것이다. 왜냐하면 그 자신도 예수 그리스도의 제자요 사도였지만, 수없이 많은 죄를 지었기 때문이다. 그때마다 그도 그분의 변론을 통하여 용서받고, 하나님과의 사귐을 회복했기 때문이다. 만일 그가 죄를 범한 적이 없었다면, 그는 "너희에게 대언자가 있으니"라고 하면서 자신을 포함시키지 않았을 것이다.

3) '의로우신 대언자"

이제 한 가지 질문이 남았는데, 그것은 공의의 하나님이 무엇 때문에 예수 그리스도의 변론을 조건 없이 받아들이셨는가이다. 얼른 보기에는 조건이 없는 것 같지만 실제로는 조건이 있었는데, 그것도 굉장히 까다로운 조건이었다. 우선, 하나님 앞에 나와서 변론의 역할을 하는 대언자는 조금도 허물이나 죄가 없어야 했다. 만일 그 대언자에게 조금이라도 죄가 발견된다면, 어떤 죄라도 용납하실 수 없는 하나님 앞으로 나아올 수 없기 때문이다.

그런 이유 때문에 사도 요한은 그분을 "의로우신" 대언자라고 소개하였다. "의롭다"는 단어는 생각으로나, 말로나, 행동으로나 전혀 죄를 짓지 않는 상태를 묘사할 때 사용된다. 그렇게 죄와 전혀 상관없는 삶을 살았다는 것은 다른 말로 표현하면 원죄도 없다는 말이다. 그런데 그리스도인의 죄를 위하여 변론하시는 예수 그리스도는 그렇게 의로우신 분이라는 것이 사도 요한의 소개였다. 그분을 오랫동안 지켜본 요한의 증언이었다.

예수 그리스도는 죄를 짓기는커녕 오히려 죄인들을 용서하신 분이었다. 죄를 용서하셨다는 것은 그분이 죄와 상관이 없는 분이라는 뜻이다 (막 2:5). 그분 때문에 죄의 문제를 해결 받은 사람에게 그분은 다시는 가서 죄를 범하지 말라고 하셨다 (요 8:11). 뿐만 아니라, 중병을 고쳐주신 그분은 환자였던 사람에게 "죄를 범하지 말라"고 말씀하셨다 (요 5:14). 그분이 의로운 분이라는 사실을 웅변적으로 증명하신 말씀이었다.

그 다음, 그 대언자가 의로운 이유는 그분의 대속의 사역 때문이었다. 예수 그리스도는 죄인을 위하여 십자가에서 처참하게 죽으셨다. 그러나 그분은 죽음으로 끝나지 않으시고, 죽은 지 삼일 만에 다시 살아나셨다. 그런데 믿기 어려운 현상이 생겼다. 그것은 부활하신 그리스도의 몸에는 못자국과 창 자국이 그대로 남아있었다는 사실이다 (요 20:27). 이런 현상은 불가능한 것이었는데, 그 이유는 부활의 몸은 완전하기 때문이다 (고전 15:52-53).

부활의 은총을 경험한 모든 그리스도인은 완전한 몸으로 변화된다. 그러나 예수 그리스도는 완전하지 않은 몸으로 부활하셨는데, 그 이유는 "의로우신 대언자"에서 찾을 수 있다. 그리스도인이 죄를 짓고 자백할 적마다, 예수 그리스도는 변호사로서 당신의 역할을 시작하신다. 물론 그 역할은 대언자로서 그 그리스도인의 죄를 위하여 변호하는 것이다. 그런데 이 대언자는 두 가지 사실을 근거로 변호하기 시작한다.

첫 번째 사실은 위에서 언급한 것처럼, 그분은 죄를 지은 적이 없는 의로우신 삶을 근거로 변호하신다. 두 번째는 그분이 십자가에서 받으신 고난을 근거로 대언하신다. 그분은 재판관이신 하나님에게 손과 옆구리를 보여주시면서, 이렇게 변론하신다, "재판관님, 바로 저 죄를 위해서 이렇게 십자가의 고난을 받았습니다!" 그 죄가이미 용서받았다는 증언이다. 그리고 이런 증거를 근거로 한 증언은 결코 거부될 수 없는 강력한 것이다.

3. 꼬리

본문에서 사용된 "대언자"는 헬라어로 *파라클레이토스*(παράκλητος)인데, 그 뜻은 크게 세 가지이다. 첫 번째 뜻은 본문에서 번역된 것처럼 "대언자" 또는 "변호사"이다. 두 번째 뜻은 "위로자, 보혜사"의 뜻이다. 세 번째의 뜻은 "돕는 자"이다. 사도 요한이 이 단어를 의도적으로 사용한 이유가 분명해진다. 그리스도인이 죄를 짓고 연약해질 때, 그를 돕고, 위로하며, 동시에 변호하는 분이야말로 바로 진정한 대언자이시기 때문이다.

얼마나 큰 은혜인가? 거룩하신 하나님은 그의 자녀들이 죄를 범할 적마다 징계의 회초리를 휘두르지 않으신다. 오히려 다독거리시면서 그의 손목을 꼭 잡으시고 그를 십자가 앞으로 데리고 가신다. 그리고 십자가에서 흘리신 피를 의지하게 하신다. 그곳에서 도우시는 주님, 거기에서 위로하시는 주님, 그리고 그곳에서 변호해주시는 주님--그분을 의지하여 죄의 문제를 해결할 뿐 아니라, 회복과 사랑을 동시에 경험하게 하시는 대언자가 그리스도인에게 계신다.

"화목제물"

"그는 우리 죄를 위한 화목제물이니,
우리만 위할 뿐 아니요 온 세상의 죄를 위하심이라"

요한일서 2:2

1. 머리

그리스도인이 죄를 범하면 안 되는데도 어쩔 수 없이 죄를 범한다. 하나님의 자녀가 된 후에도 그에게 남아있는 죄의 성품 때문이다. 그가 죄를 짓는 순간 하나님과의 긴밀한 사귐에 금이 가며, 따라서 그는 더 이상 하나님의 임재를 누릴 수 없게 된다. 그뿐 아니라, 하나님의 자녀에게 주어진 많은 특권을 누리지 못하게 된다. 이를테면 그에게 약속된 평안과 기쁨, 능력과 섬김, 변화된 삶과 증거 등을 누릴 수 없게 된다.

그러나 예수 그리스도는 그리스도인이 그런 방황하는 상태에 머물러있기를 원하지 않으신다. 다시 하나님과의 사귐을 회복하여 하나님의 뜻대로 살기를 원하신다. 그런 고귀한 목적 때문에 그리스도는 변호사, 곧 "대언자"의 역할을 자처하시고 재판관 앞에 나타나신다. 그분의 변론은 설득력이 대단한데, 그 이유는 그분의 의로운 삶과 대속적인 죽음을 근거로 변론하시기 때문이다. 피고인 그리스도인은 마침내 재판관으로부터 용서를 받는다.

사도 요한은 죄를 지은 그리스도인을 위한 예수 그리스도의 역할을 대언자로 소개하지만, 그것이 전부가 아니다. 한 발 더 나아가서 다른 역할도 소개하는데, 그분이 다름이 아닌 "화목제물"이라는 것이다. "대언자"의 역할이 법정에서 변호하는 것이라면, "화목제물"은 대제사장이 성소에 계신 하나님에게 가지고 들어가는 제물이다. 지극히 거룩하신 하나님은 성소 중에서도 지극히 거룩한 곳, 곧 지성소에 좌정坐定하시기 때문이다.

2. 몸통

그러니까 사랑의 사도인 요한은 그리스도인이 죄를 범할 때, 그 죄를 해결하기 위하여 그 죄인을 하나님 앞으로 데리고 가신다. 그리스도인의 죄와 연관해서 하나님이 계신 곳은 두 곳인데, 한 곳은 법정이고 또 한 곳은 지성소이다. "대언자"는 법정에서 공의의 재판관이신 하나님 앞에서 그 죄인을 위하여 변호하는 것이며, "화복제물"은 지성소에 계신 거룩하신 하나님에게 죄를 위하여 드리는 제물이다. 여기에서 그리스도를 제물로 소개하는 것이다.

1) "화목제물"의 의미

그리스도인이 죄를 범할 때 예수 그리스도가 "화목제물"이 되신 의미를 찾아보기 위하여 그 제물이 어떻게 시작되었는지를 살펴보아야 할 것이다. 아담과 하와가 불순종한 결과 모든 사람은 죄인이 되었다. 그 결과 하나님과 사람의 관계는 깨어졌고, 그 사이에는 아무도 넘나들 수 없는 넓은 구렁텅이가 생겼다 (사 59:2). 그러나 사랑의 하나님은 그런 죄인들과 사귐을 회복하기를 원하셨는데, 그런 마음의 표현 가운데 "화목제물"이 있다.

하나님은 이스라엘 백성을 애굽에서 건져내신 후, 그들 가운데 들어오셔서 그들을 만나면서 사귐을 갖겠다고 약속하셨다. 어디에서 죄 많은 이스라엘 백성이 그처럼 거룩한 하나님을 만나서 사귐을 가질 수 있는가? 그곳이 바로 지성소였다. 하나님은 이렇게 약속하셨다, "거기서 내가 너와 만나고 속죄소 위 곧 증거궤 위에 있는 두 그룹 사이에서 내가 이스라엘 자손을 위하여 네게 명령할 모든 일을 네게 이르리라" (출 25:22).

이 약속에 의하면, 하나님은 지성소 안의 증거궤 위에 있는 두 그룹 사이에 계시는데, 거기에서 이스라엘 백성을 대표해서 들어온 대제사장을 만나시겠다는 것이다. 그냥 만나서 사귐만 가지시는 것이 아니라, 그 백성이 할 일을 지시하시겠다는 것이다. 물론 이 증거궤 안에는 두 증거판, 곧 십계명이 기록된 돌로 된 판이 두 개가 들어있었다 (출 25:21). 불행하게도 십계명을 온전히 지키는 이스라엘 백성은 하나도 없었다.

그런 까닭에 이스라엘 백성이 하나님 앞에 나오면 언제나 죄인이었는데, 통상적인 의미의 죄인이 아니라 구체적으로 십계명을 깨뜨린 죄인이었다. 그런 죄인이 어떻게 거룩하신 하나님 앞으로 나올 수 있단 말인가? 하나님은 그들이 대제사장을 통하여 하나님 앞으로 나올 수 있는 은총을 베풀어주셨는데, 그 은총은 십계명이 들어 있는 언약궤를 뚜껑으로 덮어두라는 지시였다. 뚜껑을 덮어서 십계명이 그 백성을 직접 정죄하지 못하게 하셨던 것이다.[1]

그 뚜껑을 어려운 말로 "속죄소"라고 하였다. "속죄소"贖罪所의 뜻은 문자 그대로 번역하면 "죄를 덮는 곳"이다. 뚜껑을 덮어놓지 않으면, 이스라엘 백성이 깨뜨린 계명을 그 십계명이 적나라하게 드러낼 것이다. 드러내기만 하는 것이 아니라, 그들이 깨뜨린 대로 정죄定罪하고 그리고 그에 따라 심판을 받게 될 것이다. 그렇게 무서운 곳이 하나님이 좌정하신 지성소이다.

그러나, 위에서 언급한 것처럼 하나님은 이스라엘 백성을 그렇게 정죄하기를 원하지 않으셨다. 정죄 대신에 그들을 만나주시고, 그리고 그들이 할 일을 일일이 지시하시겠다는 것이다. 얼굴과 얼굴을 맞댄 긴밀한 사귐을 나누어주시겠다는 것이다. 그런 사귐이 가능하도록 은총을 베풀어주셨는데, 그것이 바로 속죄소였던 것이다. 그 은총의 뜻을 살려서 영어성경에서는 속죄소를 "시은좌"mercy seat, 곧 은혜를 베푸는 곳으로 번역되기도 한다.

구약에서 "속죄소"라는 표현은 신약성경에서 헬라어로 번역될 때, "화목제물"로 번역되었다.[2] 그것은 "속죄소"를 보다 구체적으

----

1) 히브리어로 뚜껑은 *카포렛*(תרפכ)인데, 덮는다는 동사 *키포르*(תרפ)에서 유래된 것이다.
2) 헬라어서 "화목제물"은 힐라스테리오스(ἱλαστήριος)이다.

로 설명하기 위한 표현이다. 왜냐하면 정죄될 수밖에 없는 죄인을 위하여 예수 그리스도가 제물로 바쳐졌기 때문이다. 그분이 십자가 위에서 피의 제물로 드려졌기 때문에 죄인이 다시 하나님과 화목하게 되었기 때문이다. 마치 이스라엘의 죄가 속죄소로 덮여진 것처럼, 그리스도인의 죄도 예수님의 피로 덮여진 것이다.

2) "화목제물"의 필요

"화목제물," 곧 "속죄소"가 필요한 이유가 분명해졌다. 이스라엘 백성이 모두 죄인이었기 때문이다. 그렇다면 왜 죄인은 하나님 앞으로 나올 수 없었는가? 그 이유도 분명해졌다. 그들이 하나님의 법인 십계명을 어겼기 때문이다. 그것도 한두 번 어긴 것이 아니라 항상 어겼기 때문이다. 그렇게 죄를 범한 죄인이 하나님 앞에 나오면, 그는 그 자리에서 죽음을 당할 것이다. 왜냐하면 하나님은 어떤 죄악도 용납하실 수 없는 거룩한 분이시기 때문이다.

"화목제물"은 이스라엘 백성에게만 필요하지 않았다. 모든 그리스도인에게도 없어서는 아니 될 중요한 제물이다. 그 이유는 분명하다! 그리스도인도 항상 하나님 앞에서 죄를 범할 수밖에 없는 죄인이기 때문이다. 구약의 이스라엘 백성이나 신약의 그리스도인이나 누구든지 죄를 범하면, 그는 하나님과의 사귐을 상실한다고 언급한 바 있다. 그 이유도 분명한데, 하나님이 그 죄인을 향하여 진노하시기 때문이다.

진노는 죄에 대한 하나님의 성품을 가장 잘 표현한 단어일 것이다. 하나님의 진노는 하나님의 거룩한 성품을 소극적으로 표현한 단어이다. 하나님은 그리스도인이 죄를 범하는 즉시 진노하시며, 따라서 그리스도인은 하나님 앞으로 다가갈 수 없게 되었다. 비록 그리스도인이 그의 죄를 자백한손 치더라도 안 되는데, 하나님의 진노 때문이다. 만일 하나님이 진노를 풀지 않으신다면 죄를 범한 그리스도인에게는 아무런 소망이 없는 것이다.

이렇게 아무런 소망도 없을 때 예수 그리스도가 다시 그 그리스도인을 위해서 하나님의 진노를 풀어드리기로 작정하셨다. 어떻게 거룩하신 하나님의 진노를 풀어드릴 수 있단 말인가? 방법은 예수님이 몸소 지성소의 "속죄소"가 되셔서 그리스도인의 허물을 덮어주시는 것이다. 아니면, 하나님의 진노를 풀어드리기 위하여 몸소 "화목제물"이 되어 피를 흘리며 죽으시는 것이다. 피로 범벅이 된 "화목제물" 때문에 하나님은 진노를 거두시기 때문이다.

바울 사도의 설명을 들어보자, "이 예수를 하나님이 그의 피로써 믿음으로 말미암는 *화목제물*로 세우셨으니, 이는 하나님께서 길이 참으시는 중에 전에 지은 죄를 간과하심으로 자기의 의로우심을 나타내려 하심이라" (롬 3:25). 그렇다! 하나님은 오래 참으실 뿐 아니라, 마침내 당신의 아들을 화목제물로 희생시키셨다. 그 결과 하나님의 진노는 풀어졌으며, 그리스도인도 용서를 받게 되어 하나님과의 사귐을 회복하게 된 것이다.

3) "화목제물"의 효과

"화목제물"의 효과는 참으로 놀랍다! 그리스도인의 죄가 용서될 뿐 아니라, 하나님과의 사귐도 회복하게 된다. 그런 효과를 강조하

기 위하여 "속죄소," 또는 "화목제물"은 죄를 없애준다는 "속죄"로
도 번역되기도 하고 (레 16:20, 신 32:43), "죄가 용서되며"로 번역
되기도 하며 (단 9:24), "속전"으로 번역되기도 했다 (민 35:31-32).
이런 표현들이 강조하는 것은 그 죄가 씻기어졌기 때문에 더 이상
죄가 없다는 것이다.

　그리스도인이 죄를 범하여 그 죄를 자백하면서 애통해할 때에 예
수 그리스도는 그의 손을 잡으시고 그를 하나님이 계신 지성소로 데
리고 가신다. 왜냐하면 그의 죄가 이미 "속죄소" 위에 뿌려진 피로
덮어졌기 때문이다. 그의 죄는 더 이상 찾아볼 수 없게 되었다. 그
런 기쁨을 히브리서 저자는 이렇게 표현하였다, "또 그들의 죄와 그
들의 불법을 내가 다시 기억하지 아니하리라" (히 10:17).

　예수 그리스도가 그 죄인을 지성소로 데리고 가실 때, 하나님은
진노의 눈빛을 그에게 던지실 것이나, 예수 그리스도는 "화목제물"
이란 제물로 죽으셨다가 다시 사신 당신의 몸을 던지셔서 하나님의
진노를 바꾸어놓으신다. 하나님의 눈빛은 그 "화목제물" 때문에 긍
휼과 자비의 눈빛으로 바뀌면서 그 죄인을 용서하신다. 그리고 그
와의 사귐을 다시 나누신다! 얼마나 놀라운 은혜인가! 얼마나 놀라
운 사귐인가!

　그런데 그 "화목제물"의 효력을 사도 요한은 이렇게 묘사했다,
"우리만 위할 뿐 아니요 온 세상의 죄를 위하심이라." 이 말을 좀 더
직설적으로 풀면 다음과 같다. 하나님의 아들이신 예수 그리스도가
하나님의 진노를 풀어드리고 또한 그리스도인의 죄를 용서하시기
위하여 제물이 되셨다. 그 결과 그리스도인의 죄는 두말할 필요도
없고, 온 세상의 죄도 용서받을 수 있는 문을 활짝 열어놓으신 것이

다. 얼마나 큰 결과이며 효과인가!

예수 그리스도가 십자가 위에서 화목제물로 피를 흘리면서 제물이 되신 효과는 이처럼 엄청난 것이다. 시대를 초월하고 장소를 초월해서 사는 모든 사람들을 위하여 하나님의 진노를 풀어드리셨던 것이다. 그 결과 그들이 어떤 죄를 범했어도, 그 죄에 대하여 애통해하면서 자백하기만 하면 용서받을 수 있는 길을 활짝 열어놓으신 것이다. 그런 예수 그리스도의 사역 때문에 그들은 하나님과 사귐을 즐길 수 있게 된 것이다.

"화목제물"이 되신 그리스도가 "온 세상의 죄"를 위함이라는 표현은 은혜롭다. 왜냐하면 "온 세상의 죄"는 온갖 더러운 죄도 포함되며, 온갖 추악한 사람들도 포함된다. 그런 죄와 사람들을 위하여 "화목제물"이 되신 그리스도가 그리스도인이 범한 죄를 해결할 수 없으시겠는가? 물론 있으시다! 그 죄에 대하여 아픈 마음을 가지고 다시 "빛 가운데로" 들어와서 진솔하게 자백하면, "화목제물"이신 예수 그리스도 때문에 하나님은 그를 다시 받아주신다.

3. 꼬리

사도 요한은 그리스도인들이 죄를 범하지 말아야 된다고 힘주어 말한다. 그러나 그들 속에 남아있는 죄의 성품으로 말미암아 시시때때로 죄를 범한다. 그들은 아픈 마음을 가지고 자백하며, 주님에게 부르짖는다. 그렇게 괴로워할 때 사도 요한은 그들을 위하여 놀라운 진리를 가르쳤다. 그것은 예수 그리스도가 그들을 위하여 두 가지 사역을 감당하셨다는 것인데, 곧 "대언자"의 사역과 "화목제물"의 사역이다.

  "대언자"로서 주님은 그리스도인들을 위하여 법정에서 가장 설득력 있는 변호를 하신다. 그뿐 아니라, 주님은 대제사장으로 그들을 데리고 하나님의 면전, 곧 지성소로 데리고 가신다. 한편 하나님의 진노를 풀기 위하여, 그리고 또 한편 그리스도인들의 죄를 용서하기 위하여 "화목제물"이 되신 당신의 몸을 하나님에게 보여주신다. 비록 하나님이 거룩하시고 공의로우시더라도, 그 제물 때문에 그들의 죄를 용서하실 뿐 아니라 사귐을 회복시켜 주신다.

3

A Holy Life, A Love Life

앎과 삶

"우리가 그의 계명을 지키면 이로써 우리가 그를 아는 줄로 알 것이요,
그를 아노라 하고 그의 계명을 지키지 아니하는 자는 거짓말하는 자요
진리가 그 속에 있지 아니 하니라"

요한일서 2:3-4

1. 머리

요한일서 1장에 의하면, 거짓된 주장을 하는 "그리스도인들"이
있었는데, 그들의 주장은 세 가지였다. 첫째, 하나님과 사귐이 있
다고 하면서 어둠에 행하는 자들이다 (1:6). 둘째, 그들에게는 어떤
죄의 불씨도 남아있지 않다는 주장이다. 다른 말로 하면 그들에게
는 원죄가 없다는 것이다 (1:8). 세 번째의 거짓된 주장은 그들이 아
무 죄도 짓지 않았다는 것이다 (1:10). 사도 요한은 이런 잘못된 주
장을 반박할 뿐 아니라, 옳은 길로 오라고 권면하였다.

요한일서 2장에 의하면, 거짓된 주장을 하는 "그리스도인들"이
있었다. 그들의 주장도 세 가지였는데, 첫 번째는 주님을 안다고 하
면서도 계명을 지키지 않는 작자들이었다. 요한의 말을 직접 들어

보자: "그를 아노라 하고 그의 계명을 지키지 아니하는 자는 거짓말하는 자요 진리가 그 속에 있지 아니하되"(요일 2:4). 주님을 진정으로 안다면 필연적으로 그분의 계명을 지켜야 하는데도, 입술로는 안다고 하면서 행동이 일치하지 않는 위선자들이다.

두 번째 거짓된 주장을 하는 "그리스도인들"의 말은 한 발 더 나아갔다. 그들은 그리스도 안에 산다고 하면서 그리스도의 인격과 삶을 전혀 드러내지 못하는 위선자들이다. 요한의 말을 보자, "그의 안에 산다고 하는 자는 그가 행하시는 대로 자기도 행할지니라" (2:6). 그렇다! 그분 안에 사는 그리스도인이라면, 자연스럽게 그분의 삶을 투영投影해야 한다. 이들도 입술의 말과 행동이 전혀 일치하지 않는 위선자들이다.

2. 몸통

세 번째 거짓된 주장을 하는 "그리스도인들"은 빛 가운데서 신앙생활을 하고 있다고 하지만, 실제로는 어둠 가운데서 행하는 위선자들이다. 특히 그리스도 예수 안에서 형제자매된 다른 그리스도인들을 사랑하는 것이 당연한데도 그들은 그렇게 하지 않았다. 오히려 그들은 다른 형제자매들을 미워하고 있었다. 다시 요한의 말을 들어보자, "빛 가운데 있다 하면서 그 형제를 미워하는 자는 지금까지 어둠에 있는 자요" (2:9).

1) "안다"

이 장의 본문에서 "안다"는 동사가 세 번이나 나온다. 그런데 이 동사는 단순히 머리로만 아는 앎이 아니다. 예를 들면, 2x3=6은 머리로만 알면 된다. 그리고 이런 앎은 한 번 알면 더 이상 알 것도 없고, 또 그 앎을 유지하기 위하여 노력할 필요도 없다. 한 번 알게 되면 치매에 걸리지 않는 한 일생동안 같이 가는 앎이다.[3] 그러나 이 장에서 나오는 "안다"는 동사는 다르다. 이 동사는 관계를 맺음으로 알게 된 사실을 뜻하는 단어이기 때문이다.

이 동사의 헬라어는 기노스코(γινώσκω)인데, 한 번 알고 나면 끝나는 그런 동사가 아니다. 이 동사는 갈수록 더 깊이 알아서 보다 더 깊은 관계를 가질 수 있다는 뜻을 갖는다.[4] 이런 관계는 인간적으로는 부부관계를 가리키며, 또 영적으로는 예수 그리스도와 그리스도인 사이의 관계를 가리킨다. 그런데 이 장의 본문에서 세 번씩이나 사용된 "안다"는 모두 관계를 중요시하는 기노스코이다.

예수 그리스도와 이처럼 인격적 관계를 맺은 사람을 그리스도인이라고 한다. 그리고 그가 진정으로 그분을 알았다면, 그는 필연적으로 그분을 닮아가야 한다. 어떻게 하면 그분을 닮아갈 수 있는가? 이 장의 본문에서 사도 요한이 제시한 방법은 그리스도인이 그분의 계명을 지켜야 한다는 것이다. 그 이유는 간단하다! 예수 그리스도를 그의 구주로 받아들여서 그분을 인격적으로 알게 된 그리스도인

---

3) 이런 동사는 헬라어로 오이다(οιδα)이다.
4) 이 동사는 요한일서에서 25회나 나온다.

에게 주어진 말할 수 없이 큰 특권 때문이다.

죄인이었는데도 하나님의 자녀가 되었다는 것 자체가 얼마나 큰 특권인가! 거기다가 하나님의 자녀에게만 주어지는 특권은 얼마나 많은가! 하나님 아버지의 사랑을 듬뿍 받으면서 하루하루를 지낼 수 있다니 얼마나 큰 특권인가! 그런데 그런 신분의 변화는 필연적으로 삶의 방식도 변화되어야 하는데, 곧 하나님의 자녀답게 살아야 한다. 그런 이유 때문에 그리스도인이 되었을 때, 그는 가장 큰 특권도 부여받았지만 동시에 가장 큰 책임도 갖게 되었다.[5]

한 마디로 말해서, 앎과 삶이 일치해야 된다는 말이다. 물론 처음부터 그렇게 앎과 삶이 일치하지는 않지만, 그러나 시간이 흐를수록 앎과 삶 사이의 괴리를 좁혀가야 한다. 그렇게 좁혀가지 못하는 그리스도인은 그의 구주이신 예수 그리스도를 깊이 알아가는 것도 아니고, 그렇다고 그의 삶이 갈수록 그리스도를 드러내는 것도 아니다. 그리스도를 알았다는 입술의 주장은 그분의 삶을 닮아가는 삶이 따르지 않으면 안 된다는 말이다.

2) 계명

그리스도인이 그의 구주를 닮아가는 방법은 여러 가지이다. 하나님의 말씀도 읽어야 하고, 기도도 해야 하며, 예배도 드려야 하고, 다른 그리스도인들과 사귐도 나누어야 한다. 그러나 이 장에서 사도 요한이 강력하게 제시한 방법은 그분의 계명을 지켜야 한다는 것

----

5) William Barclay, *The Letters of John and Jude* (Philadelphia, PN: The Westminster Press, 1976), 43.

이다. 다시 말해서, 그의 신앙고백은 필연적으로 그분에 대한 순종으로 연결되어야 한다는 것이다. 그렇지 않으면 그가 진정으로 그의 구주를 인격적으로 만난 사실을 어떻게 알 수 있겠는가?

그러면 요한이 제시한 계명은 실제로 어떤 명령인가? 두 가지 명령인데, 하나는 일반적인 명령이고 또 하나는 구체적인 명령이다.[6] 먼저, 일반적인 명령을 보자. 거듭나서 그리스도와 인격적인 관계를 맺은 그리스도인은 그분의 명령이라면 어떤 명령이든지 조건 없이 순종해야 한다. 비록 완벽하게 순종하지 못한다손 치더라도, 명령에 순종하고자 하는 마음을 가져야 한다. 그런 마음 때문에 순종할 수 있게 된다.

예수 그리스도가 그리스도인에게 주신 명령의 종류는 참으로 다양하다. 그는 그 모든 명령을 받들어 조건 없이 따르고자 하는 마음을 가져야 한다. 그런 마음이 없다면 그가 그분을 구주로 받아들였다는 고백은 입술의 주장에 지나지 않는다. 그의 고백이 진실이라는 사실을 삶으로 증명해야 한다. 그렇게 할 때 성령도 그를 도와서 주님의 명령을 받들 수 있게 힘을 주실 뿐 아니라, 다른 사람들에게 삶으로 증언할 수 있도록 능력도 부어주신다.

두 번째 명령은 구체적인 것이다. 주님은 그리스도인이 처해 있는 상황에서 구체적으로 명령을 주기도 하신다. 예를 들면, 그가 다른 그리스도인을 마음속으로 미워하고 있을 때, 주님은 그에게 형제를 용서하고 사랑하라는 명령을 주실 수 있다. 이런 구체적인 명령을 주실 수도 있다, "그의 계명은 이것이니, 곧 그 아들 예수 그

---

6) Yarbrough는 구체적인 명령은 "사랑"이고, 일반적인 명령은 하나님의 말씀에 제시된 명령이라고 구분한다. 이를 위하여 그의 저서, *1–3 John*, 83을 보라.

리스도의 이름을 믿고 그가 우리에게 주신 계명대로 서로 사랑할 것이니라"(요일 3:23).

그의 신앙고백이 성령에 의해서 이루어진 진실된 것이라면, 그는 이처럼 구체적인 명령에 순종해야 한다. 그렇지 않으면 그가 하나님의 자녀가 된 사실을 무엇으로 증명하겠는가? 그뿐 아니라, 그가 이처럼 구체적으로 주어진 명령에 순종할 때 그는 그의 구주를 좀 더 깊이 알아가며, 그만큼 관계도 깊어지는 것이다. 그 결과 내적으로는 그만큼 더 충만하게 되며, 외적으로는 다른 사람들에게 더욱 영향을 끼치는 그리스도인이 된다.

그런데 이런 구체적인 명령은 그리스도인들마다 다르게 주어진다. 그들이 처해 있는 입장이 다르기 때문이다. 어떤 그리스도인에게는 전도하라는 명령을 주시나, 또 어떤 그리스도인에게는 기도를 더 하라는 명령을 주신다. 뿐만 아니라, 그리스도인들의 신앙 깊이에 따라 명령도 다르게 주어진다. 어떤 그리스도인에게는 친구의 회심을 위하여 기도하라고 하시는 반면, 어떤 그리스도인에게는 다른 나라에 가서 전도하라는 명령을 주신다.

3) 거짓말쟁이

그렇다! "우리가 그의 계명을 지키면…우리가 그를 아는 줄로 안다." 그러나 우리가 그의 계명을 지키지 않으면, 우리의 신앙고백은 헛될 뿐 아니라, 거짓이라고 사도 요한은 강하게 말한다. 그의 말을 다시 인용해보자, "그를 아노라 하고 그의 계명을 지키지 아니하는 자는 거짓말하는 자요, 진리가 그 속에 있지 아니하되." 그러니까 그의 고백, 곧 주님을 확실히 안다는 말은 거짓말일 뿐 아니라, 그렇게 거짓말을 하는 것을 보니 진리도 없다는 말이다.

이런 표현은 요한일서 1장 6절의 내용과 비슷하다, "만일 우리가 하나님과 사귐이 있다 하고 어둠에 행하면 거짓말을 하고 진리를 행하지 아니함이거니와." 하나님과 사귐을 나눈다는 사람이 어떻게 어둠에서 살 수 있는가? 하나님은 빛이신데, 어떻게 빛 가운데 있다고 주장하는 사람이 어둠에 있겠는가? 그런 주장이 거짓말인 것처럼, 예수 그리스도의 계명을 지키지 않으면서 그분과 인격적 관계를 맺었다는 고백도 똑같이 거짓말이라는 것이다.

빛이신 하나님과 사귐을 갖는다고 말하면서 어둠에 행한다는 말 자체가 거짓말일 수밖에 없다. 빛과 어둠은 공존하지 못하기 때문이다. 예수 그리스도와 떼어 놓래야 떼어놓을 수 없는 관계를 맺었다고 하는 사람이 어떻게 그분의 명령을 거스릴 수 있겠는가? 위에서 이미 본 것처럼, 올바른 앎은 올바른 삶을 지배하기 때문이다. 삶을 지배하지 못하는 앎이란 지적인 것이요, 그 지식은 피상적인 것에 지나지 않는다.

그러나 위에서 이미 지적한 것처럼, 기노스코란 앎은 관계로 맺었을 뿐 아니라, 갈수록 깊어지는 앎이다. 사도 요한은 이런 관계를 요한복음에서 예수님의 말씀을 인용하면서 이렇게 묘사했다, "그 날에는 내가 아버지 안에, 너희가 내 안에, 내가 너희 안에 있는 것을 너희가 알리라" (요 14:20). 이런 관계는 한 마디로 말해서 한 몸이 되었다는 말이다. 한 몸이라면 어떻게 입술로 하는 말과 몸으로 하는 행동과 다를 수 있겠는가?

말과 행동이 다르다는 것은 관계가 이루어지지 않았든지, 아니면 관계가 이루어졌다면 그 관계에 금이 갔기 때문이다. 주님은 사랑과 순종의 상관관계를 이렇게 분명히 말씀하셨다, "나를 사랑하지 아니하는 자는 내 말을 지키지 아니하나니…" (요 14:24a). 그렇다! 예수 그리스도를 아는데도 불구하고 계명을 지키지 않는다면, 사랑이 식었기 때문이다. 사랑이 식었다는 말은 관계가 흔들렸다는 말이다.

사도 요한은 주님을 안다고 하면서 그분의 계명을 지키지 않는 사람들 속에는 진리도 없다고 했다. 빛이신 하나님과 사귐이 있다고 하면서 어둠에 행하는 사람 속에 진리가 없는 것처럼, 예수 그리스도를 통하여 하나님을 알게 되었다고 고백하면서도 그분의 계명을 지키지 않는 사람 속에도 진리가 없다는 말이다. 진리가 있다면 어둠에서 행하지 않을 것이며, 또 말과 행동이 그렇게 다를 리가 없을 것이다.

3. 꼬리

주님은 그리스도인에게 시시때때로 계명을 주시는데, 대개의 경우 그 계명은 구체적인 것이다. 주님은 이런 계명을 주실 수 있다, "네가 나를 사랑하느냐? 그러면 내 양을 돌보라!" (요 21:15). 어떤 성도가 실족했거나, 아니면 시험에 들었을 때, 그를 돌보아서 회복시키라는 구체적인 부탁이다. 또 이런 계명도 주실 수 있다, "네 친구에게 복음을 전해야 되지 않겠니?" 이런 계명은 주변의 불신자들에게 기회가 주어질 때 복음을 전해야 된다는 부탁이다.

주님이 그리스도인에게 어떤 구체적인 계명을 주시든, 그 계명에 순종해야 한다. 순종하지 않으면 그의 신앙고백은 허공을 치는 메아리에 지나지 않는다. 신앙고백과 행동이 일치하지 않는다면, 거짓말쟁이며 동시에 진리가 그의 안에 있지 않은 것이다. 이처럼 고백과 행동이 일치하는 그리스도인들이 늘어날 때, 불신자들도 그리스도 앞으로 돌아올 것이다. 무엇보다도 그들 때문에 사회가 좀 더 정화될 것이다.

4
A Holy Life, A Love Life

"하나님의 사랑"

"누구든지 그의 말씀을 지키는 자는 하나님의 사랑이 참으로 그 속에서 온전하게 되었나니, 이로써 우리가 그의 안에 있는 줄을 아노라.
그의 안에 산다고 하는 자는 그가 행하시는 대로 자기도 행할지니라"

요한일서 2:5-6

1. 머리

사도 요한은 2장 3절에서 이렇게 말했다, "우리가 그의 계명을 지키면 이로써 우리가 그를 아는 줄로 알 것이요." 지난 장에서 본 대로, 주님의 계명과 주님에 대한 지식은 별개의 것이 아니라 하나이다. 주님을 안다면 그분의 계명을 당연히 지키게 된다는 것이다. 그 반대는 있을 수 없다는 말이다. 진정으로 그분을 알았다면, 다른 말로 말해서, 그분과 불가분不可分의 관계를 맺었다면, 그분이 그리스도인들에게 주시는 명령을 지킨다는 것이다.

그렇다면 그리스도를 알게 된 그리스도인은 왜 그분의 계명을 지켜야 하는가? 그것은 부부관계의 실례를 통해서 쉽게 설명할 수 있다. 일단 부부가 되면 남편과 아내는 많은 것들을 지켜야 하는 관계가 된다. 예를 들면, 남편은 다른 여자에게 곁눈질을 할 수 없다. 만일 그가 다른 여자에게 눈을 돌린다면 그들의 부부관계는 파탄이 날 것이다. 역도 마찬가지이다! 아내도 일생동안 남편만을 사랑하면서 살아야 한다.

그뿐 아니라, 남편은 아내를 기쁘게 하기 위하여 많은 것을 행하며 또 행하지 않아야 할 것도 많다. 아내도 마찬가지이다! 그녀도 남편의 기쁨을 위하여 많은 것을 해야 하며, 동시에 하지 말아야 할 것도 많다. 그리고 부부가 그렇게 하는 이유가 있는데, 그것은 서로를 사랑하기 때문이다. 사랑 때문은 남편과 아내는 많은 것을 하기도 하고, 또 하지 않기도 한다. 한 마디로 말해서, 진정한 앎은 진정한 삶을 수반한다.

2. 몸통

그리스도와 끊으려고 해도 끊을 수 없는 관계를 맺은 그리스도인들도 똑같다. 그들은 그들을 조건 없이 사랑해주신 주님에게 그들의 충성과 사랑을 바치기 원한다. 그런 이유 때문에 그리스도인들은 주님의 많은 계명을 지키게 된다. 그런데 놀라운 것은 억지로 계명들을 지키는 것이 아니라, 기쁜 마음으로 지키게 된다. 왜냐하면 주님을 진정으로 사랑하게 되었기 때문이다. 그런 사랑 때문에 그들은 주님의 명령을 주저하지 않고 받아들이는 것이다.

1) 하나님의 말씀

사도 요한은 3절에서 "그의 계명을 지키면"이라고 하면서 "계명"을 소개하였다. 이미 지난 장에서 언급한 것처럼, 계명은 하나님의 명령 전체를 가리킬 수도 있고, 또 구체적인 명령을 가리킬 수도 있다. 물론 어떤 그리스도인도 하나님의 모든 명령을 지킬 수 없다. 아니, 지키기는커녕 다 알지도 못한다. 알지도 못하는 계명들을 지킨다는 것은 불가능하다. 그런 이유 때문에 사도 요한이 뜻한 "계명"은 하나님이 주시는 구체적인 명령일 것이다.

하나님이 말씀을 통하여 구체적인 명령을 주실 때 그리스도인은 그 명령에 순종해야 한다. 순종하지 않으면 하나님은 그에게 더 이상 말씀을 주지 않으시기 때문이다. 뿐만 아니라, 순종하지 않으면 그에게 능력도 주지 않으신다. 그가 순종하기로 작정하고 행동에 옮길 때 하나님은 그를 구체적으로 도우시는데, 그 도움이 바로 성령의 능력이다. 그 능력은 약속대로 주어진다, "하나님이 자기에게 순종하는 사람들에게 주신 성령도 그러하니라" (행 5:32).

그런데 사도 요한은 5절에서 "계명" 대신에 다른 표현을 사용했는데, 곧 "말씀"이다. 다시 그의 말을 인용해보자, "누구든지 그의 말씀을 지키는 자는…." 왜 사도 요한은 똑같이 "계명"을 사용하지 않고 말씀으로 바꾸어서 사용했는가? 반복을 피하기 위해서인가? 아니면 그 내용을 명령에 국한시키지 않고 모든 말씀으로 확대하기를 원해서인가? 그리스도인은 계명도 다 지킬 수 없을 지경인데, 말씀을 어떻게 지킨단 말인가?

하나님이 그리스도인에게 말씀하실 때 크게 두 가지로 하시는데,

하나는 명령이고 또 하나는 약속이다. 그에게 주어진 구체적인 명령이 계명이라고 이미 언급한 바 있다. 하나님이 그렇게 계명을 주시면 그리스도인은 지체 없이 그 명령에 순종해야 한다. 그 명령이 타당치 않아 보여도 순종해야 한다. 하나님은 종종 아무런 설명도 없이 간단히 명령하실 때가 있다. 그 명령에 순종하면 하나님은 동행하시면서 차원이 다른 세계로 인도하신다.

그런데 말씀에는 약속도 포함되어 있다. 왜 그런가? 하나님은 명령만 하시는 분이 아니시다. 하나님은 그리스도인에게 그 못지않게 많은 약속도 주기를 원하신다. 왜냐하면 하나님은 그 자녀에게 복을 안겨주기 원하시기 때문이다. 그러니까 그리스도인은 한 손에 약속을, 그리고 다른 손에 명령을 가지고 살아가는 하나님의 자녀이다. 한 손에 쥐어진 명령은 순종하면 되고, 또 다른 손에 쥐어진 약속은 믿음으로 받아들이면 된다.

그런데 사도 요한이 "누구든 그의 말씀을 지키는 자는…"이라고 한 이 구절에서 "말씀"은 하나님의 약속을 뜻하기도 한다.[7] 그러면 약속을 어떻게 지킬 수 있는가? 약속을 지키는 방법은 믿음을 통해서이다. 하나님이 어떤 약속을 주셨든 상관없이 그것을 그리스도인이 믿음으로 받아들이면, 하나님은 기쁜 마음으로 그 약속을 이루시는 것이다. 물론 하나님이 그렇게 하시는 근본적인 이유는 하나님이 그 그리스도인을 사랑하시기 때문이다.

---

7) I. Howard Marshall, *The Epistles of John* (Grand Rapids, MI: William B. Eerdmans Publishing Co., 1978), 124.

2) 하나님의 사랑

이 시점에서 사도 요한이 하나님의 사랑을 언급한 것은 너무나 자연스럽다. 왜냐하면 그리스도인이 하나님의 말씀을 지키게 된 근본적인 이유가 하나님의 사랑이기 때문이다. 하나님이 죄인이었던 그를 먼저 사랑하시어서 그 아들 예수 그리스도를 희생시키셨다. 그리고 그처럼 엄청난 희생의 대가로 그 죄인이 그리스도인이 되었던 것이다. 그런 하나님의 사랑을 알려준 것이 바로 하나님의 말씀이다.

요한일서의 2장 5절에서 처음 나오는 "사랑"은 말할 수 없이 중요하다. 왜냐하면 사도 요한은 이 서신에서 하나님의 사랑을 깊이 그리고 집중적으로 제시할 예정이기 때문이다. 사도 요한에 의하면, 사랑은 하나님으로부터 시작되었다. 왜냐하면 "하나님은 사랑이시기" 때문이다 (요일 4:48, 16). 그 사랑에 흠뻑 젖은 그리스도인은 자기를 그렇게 조건 없이 사랑해주신 하나님을 사랑하지 않을 수 없게 되었다.

하나님은 그리스도인에 대한 사랑을 그 아들의 희생으로 보여주셨는데, 어떻게 그 사랑에 그리스도인이 보답할 수 있는가? 두 가지로 보답할 수 있는데, 하나는 하나님을 사랑하는 것이며, 또 하나는 하나님의 사랑을 똑같이 경험한 다른 그리스도인들을 사랑하는 것이다. 그런데, 하나님을 사랑한다는 것은 구체적으로 어떻게 하는 것인가? 사도 요한이 제시한 방법은 한 가지인데, 곧 하나님의 말씀을 지키는 것이다.

그분의 말씀을 지키지 않으면서 하나님을 사랑한다는 주장은 허구虛構에 지나지 않는다. 그 이유는 간단하다! 마음속에 사랑이 있다면, 그 사랑은 반드시 밖으로 표출되기 때문이다. 하나님의 사랑을 경험한 그리스도인은 하나님을 사랑하게 되며, 자연히 그 사랑을 드러내기 마련이다. 어떻게 그 사랑을 드러낼 수 있는가? 하나님을 사랑한다고 큰 소리로 고백하면 될까? 아니다! 그런 고백도 중요하지만, 그 고백은 반드시 행위로 드러내야 한다.

행위로 드러낸 신앙고백은 하나님의 말씀을 지키는 것이다. 그 말씀이 명령이건 아니면 약속이건 상관없이, 그 말씀을 하나님의 뜻으로 받아들여야 한다. 그리고 그렇게 주어진 하나님의 뜻은 행위로 드러내야 한다. 그렇게 드러낼 때 하나님의 사랑은 그 그리스도인을 통하여 온전히 실행되는 것이다. 하나님의 사랑이 마침내 그리스도인을 통하여 이루어졌기에, 사도 요한은 그런 사실을 "하나님의 사랑이 참으로 그 속에서 온전하게 되었다"고 했다.

다시 부부관계의 실례를 들어서 설명해보자. 배우자에 대한 깊은 사랑을 마음속에 가지고 있는 사람은 당연히 그 배우자를 기쁘게 하고 싶다. 그 사람은 배우자의 뜻을 어떻게 해서든 알아내어, 그 뜻을 이루어주고 싶은 마음이 간절하다. 마침내 그 뜻을 이루어주었다면, 배우자에 대한 그 사람의 사랑은 이루어진 것이다. 성경적으로 말해서, 그 사랑은 먼저 "그 속에서 이루어졌고," 그리고 후에는 행동으로 온전히 이루어진 것이다.

3) 그리스도인의 행함

주님을 경험적으로 안다는 사실을 어떻게 실증할 수 있는가? 사도 요한은 세 가지로 실증해야 한다고 강조한다. 첫째는 주님의 계명을 지켜야 된다는 것이다. 그분이 매일의 삶에서 주시는 부탁을 지켜야 한다는 것이다. 둘째는 주님의 말씀을 지켜야 된다는 것이다. 주님의 명령 뿐 아니라, 그 밖의 다른 말씀도 지켜야 한다는 것이다. 특히 주님이 주시는 약속을 믿음으로 받아들일 수 있어야 한다는 것이다.

셋째는 예수 그리스도처럼 행해야 한다는 것이다. 사도 요한의 말을 다시 들어보자, "그의 안에 산다고 하는 자는 그가 행하시는 대로 자기도 행할지니라." 그분이 이 세상에 사신 모습대로 살아야 한다는 것이다. 도대체 하나님의 아들이신 주님을 인간인 그리스도인들이 어떻게 모방할 수 있단 말인가? 이것은 불가능한 요구가 아닌가? 그런데 조금만 더 그 뜻을 이해한다면, 전혀 불가능한 것도 아니다.

주님의 계명과 말씀을 지킨다는 것은 그분의 삶을 모방하는 것이다. 왜냐하면 그분은 계명과 말씀대로 인간이 되셨기 때문이다. 사도 요한의 선언을 들어보자, "말씀이 육신이 되어 우리 가운데 거하시매, 우리가 그의 영광을 보니 아버지의 독생자의 영광이요 은혜와 진리가 충만하더라" (요 1:14). 이런 선언을 조금만 눈여겨보면, 사도 요한의 요구가 무리한 것이 아니라는 사실을 발견할 수 있다. 왜냐하면 그분은 육신을 입은 말씀이시기 때문이다.

그런 이유 때문에 예수 그리스도는 "살아있는 말씀"the Living Word이라고도 불린다. 그분을 경험적으로 알게 되어 인격적인 관계를 맺은 그리스도인은 그런 관계를 계명과 말씀을 지킴으로 나타내야 한다. 그런데 그 계명과 말씀이 육신이 되심으로 그분은 계명과 말씀을 지키는 삶을 사셨다. 그렇다면 그리스도인이 계명과 말씀을 지킬 때 그분이 사신대로 사는 셈이 되는 것이다.

결국, 사도 요한이 "…그가 행하시는 대로 자기도 행할지니라"는 권면은 3절과 5절에서 "계명"과 "말씀"을 지키라는 것과 같다고 볼 수 있다. 그러면 왜 요한은 이렇게 세 가지 다른 표현으로 같은 것을 반복했는가? 그리스도인이 계명과 말씀을 지킨다는 것은 그에게 구체적으로 주어진 내용이다. 그런데 그 내용을 실천에 옮긴 분이 이미 계셨다는 것이다. 그러니까 그리스도인에게는 말씀의 내용과 본보기가 주어진 것이다.

그런데 이 말씀에 나오는 "행하다"는 동작의 과정을 그리는 동사이다. 다시 말해서, 한 번에 한 발씩 움직이는 모습을 강조한다. 어떤 그리스도인도 한 번에 주님이 사신대로 똑같이 살 수 있지 않다는 뜻이다. 그는 한 번에 한 걸음씩 순종의 걸음을 띄어놓을 수 있다. 그렇게 한 걸음씩 순종하며 따라갈 때, 그도 주님처럼 순종의 길을 가게 될 것이다. 마침내 그는 주님의 계명과 말씀을 그의 주님처럼 지키면서 믿음과 순종의 길을 가게 될 것이다.

3. 꼬리

사도 요한은 그리스도인이 주님과의 관계가 점진적으로 깊어지는 과정을 이렇게 묘사했다: 첫 번째, 그리스도를 알게 되었다 ("그를 아는 줄로 알 것이요"). 두 번째, 주님을 사랑하게 되었다 ("하나님의 사랑이 참으로 그 속에서 온전하게 되었나니"). 세 번째, 주님 안에 있게 되었다 ("우리가 그의 안에 있는 줄을 아노라"). 네 번째, 주님 안에 살게 되었다 ("그의 안에 산다고 하는 자"). 네 번째이자 마지막 과정은 지속적으로 주님을 누리는 관계이다.

우리 그리스도인들도 이렇게 갈수록 주님과 깊은 관계를 가져야한다. 그렇게 하기 위하여 두 가지를 명심해야 한다. 첫째는 깨끗하고 거룩한 삶을 영위하면서, 죄를 멀리하는 삶을 살아야 한다. 그런 삶을 위하여 요한일서 1장 5절에서 2장 2절까지의 내용이 주어졌다. 둘째는 주님의 계명과 말씀을 지켜야 한다. 늘 하나님의 말씀을 가까이 하면서, 그분이 허락하시는 계명과 말씀에 귀를 기울이고 그리고 믿음과 순종으로 받아들여야 한다.

5

A Holy Life, A Love Life

"옛 계명과 새 계명"

"사랑하는 자들아, 내가 새 계명을 너희에게 쓰는 것이 아니라;
너희가 처음부터 가진 옛 계명이니 이 옛 계명은 너희가 들은 바 말씀이거니와,
다시 내가 너희에게 새 계명을 쓰노니 그에게와 너희에게도 참된 것이라.
이는 어둠이 지나가고 참빛이 벌써 비침이니라"

요한일서 2:7-8

1. 머리

사도 요한은 그리스도인들이 이중적인 사귐, 곧 위로 하나님과
예수 그리스도, 그리고 아래로 성도들 간에 나누는 사귐을 일으키
기 위하여 예수 그리스도가 희생을 감수하셨다고 말했다. 이처럼
사귐을 일으킨 것도 중요하지만, 그 못지않게 중요한 것이 있다. 그
것은 그 사귐이 빛이신 하나님 안에서 유지되는 것이다. 그렇게 사
귐이 유지되기 위해서 사도 요한이 제시한 조건은 두 가지였는데,
하나는 소극적인 조건이고 또 하나는 적극적인 조건이었다.

소극적인 조건은 그리스도인들이 어둠에 있든지, 아니면 어둠속
에서 행하면 안 된다는 것이다. 하나님이 빛이시기에 그리고 그 사
귐은 하나님이 함께 하시는 것이기에, 어둠에 행하는 그리스도인은

결코 그런 사귐을 누릴 수 없다는 것이다. 만일 어떤 사람이 하나님과 사귐이 있다고 하면서 어둠에 있으면, 그는 거짓말하는 자요 그리고 하나님의 진리가 그 속에 있지 않은 것이다. 그런 사람이 어떻게 이런 사귐을 누릴 수 있단 말인가?

적극적인 조건은 그리스도인들이 주님의 계명을 지켜야 한다는 것이다. 그들에게 구체적으로 주어진 계명뿐 아니라, 하나님의 말씀도 지켜야 한다. 주님의 계명과 말씀을 지킨다는 것은 인간적으로는 불가능한 일이다. 그러나 그렇게 불가능한 것을 가능하게 한 분이 두 분이나 계시는데, 한 분은 예수 그리스도이시고 한 분은 성령이시다. 예수님은 계명과 말씀을 어떻게 지켜야할지 본을 보이셨고, 성령은 그들 안에서 말씀을 지킬 수 있는 힘을 주신다.

2. 몸통

사도 요한은 적극적인 조건을 언급할 때 처음부터 구체적으로 말하지 않았다. 처음에는 계명과 말씀이라고 하면서 상당히 일반적인 것으로 시작했다. 다시 말해서, 그는 그리스도인들이 어떤 계명과 말씀을 지켜야 할지 언급하지 않았다. 그런데 이 장의 본문에서부터 계명과 말씀이 무엇인지 상당히 구체적으로 제시했다. 한 마디로 말하면, 그 조건은 사랑이었다. 그리스도인들이 서로를 사랑하라는 구체적인 계명을 언급하기 시작했던 것이다.

1) "사랑하는 자들아"

사도 요한이 그리스도인들을 즐겨 부르는 표현은 "사랑하는 자들아"이다. 이 장도 "사랑하는 자들아"라고 부르면서 옛 계명과 새 계명에 대하여 언급하고 있다. 요한은 그리스도인들을 이렇게 부르기를 얼마나 좋아하는지, 다섯 장밖에 되지 않은 이 짧은 서신에서 자그마치 여섯 번이나 사용했다 (2:7, 3:2, 3:21, 4:1, 4:7, 4:11). 그렇다면 그리스도인들은 왜 이처럼 사랑을 받는 사람들인가?

먼저, 그리스도인들은 하나님 아버지로부터 사랑을 받는 사람들이기 때문이다. 하나님은 그들을 어느 정도로 사랑하시는가? 그분의 하나밖에 없는 아들, 예수 그리스도를 희생시키실 정도로 사랑하신다. 그렇다면 하나님은 그 아들을 사랑하지 않으시기에 그렇게 십자가에서 처참하게 희생시키셨는가? 아니다! 하나님은 그 아들도 사랑하셨다. 그렇지 않다면 그 아들을 가리키면서 "이는 내 사랑하는 아들이요"라고 선포하지 않으셨을 것이다 (마 3:17).

하나님은 그 아들 예수 그리스도를 사랑하시는 것만큼 그리스도인들도 사랑하신다. 그렇게 사랑을 받은 그리스도인들은 그 하나님 안에서 자연스럽게 서로를 사랑한다. 그러니까 그리스도인들은 하나님의 사랑으로 엮여진 사랑의 공동체이다. 그 사랑의 공동체 안에 있는 그리스도인들은 한 아버지 하나님과 그 아들 예수 그리스도를 모신 공동체이다. 그런 까닭에 사도 요한은 그 공동체 안에 있는 그리스도인들을 "사랑하는 자들"이라고 불렀다.

이 사랑의 공동체는 피의 공동체라고도 불린다. 그 공동체 안에 있는 사람들은 원래 하나님 앞에서 죄인이었었다. 그들의 죄 문제가 해결되지 않는다면, 그들 중 아무도 그 사랑의 공동체에 들어와서 일원이 될 수 없었다. 그런데 여러분이 잘 아는 대로, 예수 그리스도가 십자가에서 그들의 죄의 문제를 해결하시기 위하여 피를 흘리며 죽으셨다. 그 피로 죄를 용서받은 사람들이 바로 "사랑하는 자들"이 되었던 것이다.

이 사랑의 공동체는 성령의 공동체라고도 불린다. 그 이유는 간단하다! 죄인들이 그들의 죄의 문제와 심판의 문제를 가지고 십자가 앞에 나오자, 그들의 모든 죄가 예수님의 피로 깨끗하게 되었다. 그렇게 깨끗하게 된 그들의 마음과 인생에 성령이 들어오신 것이다. 그 공동체 안에 있는 사람들은 성령으로 묶여진 유기체가 된 것이다. 그런 이유 때문에 "사랑을 받는 자들"은 성령의 공동체이기도 하다.

사도 요한이 그리스도인들을 "사랑하는 자들아"라고 부른 이유가 또 있다. 이제부터 사랑의 공동체 안에 있는 자들은 서로 사랑해야 한다는 사실을 알려줄 이유 때문이다. 그들은 위로는 하나님과 그 아들 예수 그리스도의 사랑을 받은 사람들이요, 아래로는 한 아버지를 모신 형제자매들이기에 서로를 조건 없이 사랑해야 한다. 만일 서로를 사랑하지 않는 그리스도인이 있다면, 그가 진정으로 사랑의 공동체에 안에 있는지 검토해보아야 할 것이다.

2) "옛 계명"

사도 요한이 이 장의 본문에서 구체적인 계명을 제시했는데, 그것은 서로에 대한 사랑이었다. 그런데 사도 요한은 그 계명에 이름을 붙였는데, 옛 계명이라고도 하고 또 새 계명이라고도 했다. 이 두 계명을 강조하기라도 하듯, 그는 옛 계명과 새 계명이라는 표현을 각각 두 번씩 사용했다. 이 말을 달리 표현하면, 사도 요한이 제시한 그리스도인들 간의 사랑은 옛 계명을 지키는 것이지만 동시에 새 계명을 지키는 것이었다.

우선, 옛 계명을 알아보자. 사도 요한은 옛 계명을 강조하기 위하여 "너희가 *처음부터* 가진 옛 계명"이라고 하였다. 이 표현에서 "처음부터"는 언제부터를 뜻하는가? 두말할 필요도 없이 요한의 편지를 받은 그리스도인들이 복음을 처음 들은 때를 뜻한다. 사도 요한의 설명을 들어보자, "너희는 처음부터 들은 것을 너희 안에 거하게 하라; *처음부터* 들은 것이 너희 안에 거하면 너희가 아들과 아버지 안에 거하리라" (요일 2:24).

그 그리스도인들이 "처음부터" 들은 계명은 "옛 계명"이라고 불렸는데, 얼마나 오래되었기에 "옛old 계명"이라고 했는가? "서로 사랑하라"는 계명은 그 당시 그리스도인들보다 적어도 1,500년 이상 된 계명이니, 당연히 옛 계명이었다. 그 옛날 하나님이 시내 산에서 모세를 통하여 이스라엘 백성에게 주신 계명이었기 때문이다. 그러니까 그리스도인들이 "서로 사랑하라"는 계명을 받았는데, 그 명령은 이미 모세 시대부터 있었던 계명이었다.

하나님이 모세를 통하여 주신 그 계명은 문자 그대로 "서로 사랑하라"였던가? 묘사 방식은 약간 달랐지만, 내용은 같은 것이었다. 모세를 통하여 주신 계명을 직접 들어보자, "…이웃 사랑하기를 네 자신과 같이 사랑하라" (레 19:18). 이스라엘 백성이 이런 명령을 지킬 수 있는 당위성도 주어졌는데, 그것은 하나님에 대한 사랑 때문이었다. 그 명령도 들어보자, "너는 마음을 다하고 뜻을 다하고 힘을 다하여 네 하나님 여호와를 사랑하라" (신 6:5).

왜 하나님에 대한 사랑이 이웃 사랑의 당위성이 되는가? 하나님을 사랑한다는 것은 추상적인 표현인데, 그 이유는 보이지도 않는 하나님을 어떻게 사랑한다는 말인가? 그런 추상적인 사랑을 구체적으로 나타내는 방법이 곧 이웃 사랑이었다. 왜냐하면 "너"나 "네 이웃"은 똑같이 하나님의 형상을 따라 지음을 받았기 때문이다. 그러니까 이 두 명령은 둘이지만 하나이다. 하나님을 사랑한다는 것은 구체적으로 이웃을 사랑하는 것이기 때문이다.

그러니까 하나님에 대한 사랑과 이웃 사랑은 엄격히 따져서 같은 명령이다. 그리고 그 계명은 아주 옛날부터 있었던 옛 계명이었다. 그런데 그 옛 계명은 동시에 새 계명이었다. 그 이유도 간단하다! 그 계명은 옛날에 모세를 통해 주어진 율법 가운데 하나였지만, 예수 그리스도가 모든 "율법의 마침이 되신" 이후에도 모든 그리스도인들에게 적용되는 계명이기 때문이다 (롬 10:4).

3) "새 계명"

그렇다면 왜 똑같은 계명, "서로 사랑하라"를 구태여 새 계명이라고 부른 이유는 무엇인가? 사도 요한의 설명에 의하면 그 이유는 두 가지이다, "그에게와 너희에게도 참된 것이라; 이는 어둠이 지나가고 참빛이 벌써 비침이니라." 첫 번째 이유는 "그에게와 너희에게 참된 것이기" 때문이고, 두 번째 이유는 "어둠이 지나가고 참빛이 비취기" 때문이다. "그에게와 너희에게 참된 것"이란 표현은 예수 그리스도와 그리스도인들 안에서 실현되었다는 뜻이다.

예수 그리스도는 하나님과 영원 전부터 가졌던 완전한 사랑을 이 세상에서 구체적으로 보여주셨던 것이다. 그분의 말씀을 들어보자, "내가 아버지의 계명을 지켜 그의 사랑 안에 거하는 것 같이 너희도 내 계명을 지키면, 내 사랑 안에 거하리라" (요 15:10). 그렇다! 그분은 하나님 아버지의 계명을 하나도 빠지지 않고 지키시므로, 그 아버지의 사랑 안에 거하시는 사실을 만방에 보여주셨다. 그분처럼 "서로 사랑하라"고 하신 명령은 새 계명이었다.

다른 곳에서 예수 그리스도는 "서로 사랑하라"는 명령을 주시면서 그것이 새 계명이라고 말씀하셨다. "새 계명을 너희에게 주노니 서로 사랑하라! 내가 너희를 사랑한 것 같이 너희도 서로 사랑하라!" (요 13:34). 모세를 통하여 하나님이 주신 계명은 구체적인 본보기가 없었다. 그러나 사도 요한을 통하여 다시 언급된 이 계명은 내용에 있어서는 옛 계명이었지만, 확실한 본보기가 있었다는 의미에서 새 계명이었다.

그런 이유 때문에 예수님은 제자들에게 새 계명을 주시면서 전제를 달으셨다. 그 전제가 바로 "내가 너희를 사랑한 것 같이"였다. 그분은 어느 정도로 "너희를 사랑하셨는가?" 당신의 생명을 희생하실 정도로 사랑하셨다. 그것이 사랑의 정수精髓였다! 모세는 똑같은 계명을 주었지만, 그 계명을 삶으로 나타내보이진 못했다. 그러나 예수 그리스도는 사랑의 표시로서 그 생명을 아낌없이 내놓으셨던 것이다.

결국, 사랑은 그분에게 참된 것이었다. 다시 말해서, 구체적으로 성취되었다는 것이다. 그런 사랑을 받은 "너희"도 똑같이 그 사랑을 성취할 수 있기에 "너희에게도 참된 것이다." 그런데 이 시점에서 진정으로 "너희도" 그렇게 희생적인 사랑을 실현할 수 있을까 하는 의문이 들 수 있다. 왜냐하면 예수 그리스도는 인간이 되셨지만, 그래도 그분은 하나님의 아들로서 모든 신성^{神性}과 능력을 가지셨으나, "너희"는 인간에 지나지 않기 때문이다.

그런 질문을 예상하기라도 한 듯, 사도 요한은 "너희"가 그런 사랑을 할 수 있는 두 번째 이유를 제시하였는데, 그것은 "어둠이 지나가고 참빛이 벌써 비침이니라"는 사실 때문이었다. 그 말씀의 뜻은 예수 그리스도가 십자가에서 죽으셨다가 부활하심으로 어둠이 패했을 뿐 아니라, 성령이 강림하셨다는 놀라운 뜻도 포함되어 있었다. "너희"가 그들의 결단과 힘만으로는 할 수 없는 그런 희생적인 사랑을 성령의 도우심과 능력으로 할 수 있다는 것이다.

3. 꼬리

어둠은 아담과 하와 이후 인간을 휩싸고 있는 도덕적 어둠이며 동시에 영적 어둠을 뜻한다. 어둠은 악의 영역으로 하나님의 부재^{不在}를 뜻하며 동시에 사탄의 지배를 뜻한다. 그러나 그리스도가 오셔서 대속적 죽음을 죽으심으로 그 어둠은 엄청난 타격을 받았다. "참빛이 벌써 비친" 결과였다. 그러나 그 어둠은 완전히 물러간 것은 아니다. "참빛"은 예수 그리스도의 재림 때에 완전히 그리고 철저하게 실현될 것이다.

예수 그리스도의 초림과 재림 사이에 사는 그리스도인들은 "서로 사랑하라"는 주님의 계명을 받은 사람들이다. 그들의 힘만으로는 가능하지 않지만, 오래 전부터 있었던 그 옛 계명이 예수 그리스도의 본과 성령의 도움으로 "서로 사랑할 수" 있게 된 것이다. 그런 이유 때문에 그 옛 계명은 동시에 새 계명으로 불리어진다. 그리고 우리 그리스도인들도 성령의 도우심을 받으면서 조건 없이 형제자매들을 사랑하며 살아야 할 것이다.

6

A Holy Life, A Love Life

"사랑 대 미움"

"빛 가운데 있다 하면서 그 형제를 미워하는 자는 지금까지 어둠에 있는 자요,
그의 형제를 사랑하는 자는 빛 가운데 거하여 자기 속에 거리낌이 없으나,
그의 형제를 미워하는 자는 어둠에 있고 또 어둠에 행하며 갈 곳을 알지 못하나니,
이는 그 어둠이 그의 눈을 멀게 하였음이라"

요한일서 2:9-11

1. 머리

요한일서 1장에서 거짓된 주장이 세 번씩 나온 것에 대해 이미 언급하였는데, 그것은 6절과 8절과 10절에서 찾을 수 있다. 6절은 하나님과 사귐이 있다고 주장하면서도 어둠에 행하는 위선자에 대한 것이다. 8절은 죄가 없다고 주장하는 거짓말쟁이에 대한 것이다. 10절은 매일의 생활에서 범죄하지 않는다고 주장하는 자가당착적自家撞着的인 것에 대한 것이다. 그런데 요한일서 2장 3절에서 11절에서도 잘못된 주장이 세 번이나 나온다.

첫 번째 잘못된 주장은 4절에 있다, "그를 아노라 하고 그의 계명을 지키지 아니하는 자는 거짓말하는 자요…." 하나님을 인격적으로 만나서 개인적으로 안다고 주장하지만 계명을 지키지 않는 위선

자이다. 두 번째 잘못된 주장은 6절에 있다, "그의 안에 산다고 하는 자는 그가 행하시는 대로 자기도 행할지니라." 예수 그리스도 안에 거한다고 주장하면서도, 그분의 삶의 방식과는 거리가 먼 삶을 사는 거짓말쟁이이다.

세 번째 잘못된 주장은 9절에 있다, "빛 가운데 있다 하면서 그 형제를 미워하는 자는 지금까지 어둠에 있는 자요." 빛과 어둠은 결코 공존할 수 없는 데도 불구하고, 어둠 가운데 행하면서 빛 가운데 있다는 주장은 두말할 필요도 없이 자가당착적이다. 이런 잘못된 주장을 하는 사람들의 말을 강조하기 위하여 사도 요한은 세 번 다 "말하다"라는 똑같은 동사를 사용하였다.[8] 결국, 어떤 말로 주장해도 행동이 따르지 않으면 잘못된 주장이라는 것이다.

2. 몸통

앞장에서 본대로, 형제를 사랑하라는 명령은 옛 계명이자 동시에 새 계명이었다. 그것이 옛 계명인 이유는 오래 전부터 주어진 명령이기 때문이다. 동시에 그 명령이 새 계명인 가장 두드러진 이유는 예수 그리스도가 주셨기 때문이다. 그분만이 이 옛 계명을 새 계명이라고 하실 수 있는데, 그 이유는 그분이 삶으로 보여주셨기 때문이다. 그러니까 그 계명은 실현 불가능한 이론이 아니라, 실현 가능한 실제이기 때문에 새 계명이었다.

----

8) 사도 요한이 사용한 동사는 레고(λέγω)인데, 1장에서도 이렇게 잘못된 주장을 역시 같은 동사로 표현하였다.

1) 언행의 불일치(不一致)

위에서 언급한 것처럼, 9절의 말씀은 요한일서 2장에 나오는 세 번째 잘못된 주장인데, 그 이유는 그런 주장을 하는 사람들의 신앙고백과 생활이 일치하지 않기 때문이다. 그렇게 잘못된 주장을 하는 사람들은 말로는 "빛 가운데 있다"고 고백하나, 그들의 삶의 방식은 신앙고백과는 전혀 관계가 없는, 아니 전혀 상반된 것이다. 그들의 언행이 일치하지 않은 자가당착적인 언행을 보기 위하여 그 말씀을 다시 한 번 인용해보자.

"빛 가운데 있다 하면서 그 형제를 미워하는 자는 지금까지 어둠에 있는 자요." 이 말씀에서 "빛"은 두말할 필요도 없이 하나님을 가리킨다. 왜냐하면 예수 그리스도는 1장 5절에서 이렇게 선언하셨기 때문이다, "우리가 그에게서 듣고 너희에게 전하는 소식은 이것이니, 곧 *하나님은 빛이시라. 그에게는 어둠이 조금도 없으시다는 것이니라.*" 빛이신 하나님은 동시에 사랑이시다. 그렇지 않다면, 그 아들을 세상의 화목제물로 보내셨을 리가 없었을 것이다.

그러므로 9절에 언급된 "빛"은 8절에서 언급된 "새 계명," 곧 사랑을 다른 방법으로 묘사한 것이다. 결국, "새 계명"을 지킨다는 것은 "빛 가운데 있다"는 사실을 말한다. 그리고 이것을 다시 뒤집어서 표현하면 "빛 가운데 있다"는 것은 "형제를 사랑하라"는 계명을 지키는 것이다. 그런데 "새 계명" 대신에 "빛"으로 바꾸어서 "빛 가운데 있다"고 주장하는 것은 그럴듯하게 들릴지 몰라도 그것은 위선이요, 허구虛構이며, 자가당착적이다.

왜냐하면 진정한 신앙은 두 가지를 동시에 표출해야 하기 때문이다. 두말할 필요도 없이, 한 가지는 올바른 신앙고백^{orthodoxy}이며, 또 한 가지는 올바른 실천^{orthopraxy}이다. "빛 가운데 있다"는 신앙고백은 그 자체만으로도 놀라운 고백이다. 그러나 그 고백이 아무리 성경적이고 신앙적이라 할지라도, 거기에 걸맞는 순종과 실천이 따르지 않는다면, 그 고백은 신앙이 아니라 철학과 종교에 지나지 않는다.

사도 요한의 거침없는 정죄를 다시 들어보자, "빛 가운데 있다 하면서 그 형제를 미워하는 자는 지금까지 어둠에 있는 자요!" 왜 그리스도인은 형제를 사랑해야 하는가? 그 이유는 너무나 간단하다! 그 형제를 하나님이 사랑하셨고, 그 형제를 위하여 예수 그리스도가 십자가의 죽음을 마다하지 않으셨을 뿐 아니라, 그 형제의 삶 속에 성령이 내주하시기 때문이다. 이처럼 천하보다 귀한 형제를 미워한다는 것은 "빛"과는 거리가 먼 삶이다.

"형제를 미워하는 자"는 하나님과 올바른 관계를 맺을 수 없다. 왜냐하면 그는 아직도 어둠에 있기 때문이다. "빛"이 하나님이라면 "어둠"은 악이요 사탄을 가리킨다. 비록 입술로는 "빛 가운데 있다"고 주장하지만, 형제를 미워하는 자는 "악" 가운데 있는 것이요, 사탄의 꼬임에 빠진 사람이다. 그렇다! 소위 그리스도인이라고 하는 사람들 중에서 형제를 미워하므로 간접적으로 하나님에게 불순종하면서 사탄을 기쁘게 하는 사람들이 얼마나 많은가?

2) 언행의 일치

위에서 언급한 것처럼, "빛"과 "미움"은 결코 공존할 수 없다. "빛"

가운데 있다는 신앙고백이 진실한 것인지 아닌지 어떻게 알 수 있단 말인가? "빛" 가운데 있다고 고백하는 그리스도인은 그 고백이 진실하다는 것을 삶으로 드러내지 않으면 안 된다. 삶으로 드러내기 위해서는 두말할 필요도 없이 순종하지 않으면 불가능하다. 그런 순종의 결과 그 그리스도인은 하나님이 사랑하시는 형제를 사랑하게 된다.

"빛 가운데 있다 하면서 그 형제를 미워하는 자는 지금까지 어둠에 있는 자요"라는 가르침은 하나님을 인격적으로 만난 그리스도인의 삶을 지배하는 대원리이다. 그리고 그 원리를 삶의 현장에서 드러내는 구체적인 실례로서 사도 요한은 두 가지를 제시했다 (2;10~11). 그런데, 10절의 실례는 적극적인 것인데 반하여, 11절의 실례는 소극적인 것이다. 먼저, 적극적인 실례를 보기 위하여 그 말씀을 직접 인용해보자.

"그의 형제를 사랑하는 자는 빛 가운데 거하여 자기 속에 거리낌이 없으나"(10절). 그렇다! 그의 형제를 사랑한다는 것은 그 그리스도인이 순종했다는 것을 뜻하며, 그 결과 사랑이신 하나님의 성품을 드러내는 것이다. 그런데 9절에서 "빛 가운데 있다"는 주장과 10절의 "빛 가운데 거하여"라는 순종 사이에는 중요한 차이점이 있다. 입술로만 주장하는 사람은 "빛 가운데 있다"고 묘사함으로, 순간적인 고백을 나타내는 "있다"라는 동사를 사용했다.

반면, 순종의 결과 형제를 사랑하는 그리스도인은 "빛 가운데 거하다"라고 묘사함으로, 순간적이거나 피상적인 고백만을 하는 것이 아니다. "거하다"라는 동사는 지속적이며 습관적인 행위를 뜻하는 동사이다.[9] 이런 사실을 다른 말로 표현하면, 형제를 사랑하는 그리스도인은 단순히 "빛 가운데 있다"고 입술로만 고백하는 것이 아니라, 신앙고백은 물론 지속적이고도 습관적인 삶의 실천이 있다는 사실을 강조한다.

이처럼 형제를 사랑하는 자에게 따르는 또 하나의 축복이 있는데, 그것은 "자기 속에 거리낌이 없다"는 것이다. "거리낌"이라는 단어를 문자적으로 풀면 "함정"의 뜻을 지닌다.[10] 이것을 달리 풀어보면, 형제를 사랑하는 그리스도인은 함정에 빠지지 않는다는 것이다. 그렇다면 구체적으로 어떤 함정을 말하는가? 그리스도인을 넘어뜨리는 가장 손쉬운 함정은 죄를 범하게 하는 것이다. 죄의 함정에 빠진 그리스도인은 앞으로 나아갈 수 없다.

만일 그 함정이 깊다면 그는 어둠에 갇혀버린 꼴이 된다. 그 함정 속에서 그는 나름대로의 자유를 누릴 것이다. 왜냐하면 아무도 그를 건드리거나 시비하지 않을 것이기 때문이다. "빛 가운데 있다"고 하면서 형제를 사랑하지 않는 자는 그런 함정에 갇힌 사람이다. 반면, 그 형제를 사랑하는 자는 "빛 가운데 거하지," 결코 어둠에 거하지 않는다. 그는 죄의 함정에 빠지지 않을 것이다. 형제를 사랑하는 것이 이처럼 중요하다.

3) 불일치의 결과

"빛 가운데 있다 하면서 그 형제를 미워하는 자는 지금까지 어둠

----

9) Samlley, *1, 2, 3 John*, 61. 참고로 헬라어로 "있다"는 *에이나이*(εἶναι)인데 반하여, "거하다"는 *메네이* (μένει)이다.
10) 같은 책, 62.

에 있는 자요"라는 신앙의 대원리인 소극적인 실례는 11절에서 읽을 수 있다. "그의 형제를 미워하는 자는 어둠에 있고 또 어둠에 행하며 갈 곳을 알지 못하나니 이는 그 어둠이 그의 눈을 멀게 하였음이라." 이 말씀에서 "그의 형제를 미워하는 자"는 순간적으로 한 번만 미워하고 마는 그런 사람이 아니다. 그의 미움은 지속적인 마음의 상태를 뜻한다.[11]

형제를 미워하는 그리스도인은 9절에 제시된 신앙의 원리에 따라 "어둠에 있는" 자이다. 그뿐 아니다! 형제를 미워하는 자는 "어둠에 행한다." 그런 자는 "어둠에 있을" 뿐 아니라, "어둠에 행한다." 어둠 속에서 행하는 사람의 모습을 상상해보라! 그런 그리스도인은 성경을 읽어도 깨닫지 못한다. 아니, 성경을 읽으려 하지도 않을 것이다. 만일 그가 기도한다면, 그의 기도는 허공을 치는 헛된 자기 욕구의 표출일 것이다.

그런 사람은 다른 신앙적인 그리스도인들과의 사귐도 피할 것이다. 그는 자기와 비슷한 사람들과 어울리면서 죄를 생각할 것이며, 죄를 짓거릴 것이며, 죄를 행할 것이다. 빛을 떠나 어둠에 있으니, 올바르게 생각할 수도 없으며, 올바르게 볼 수도 없기 때문이다. 이런 자는 하나님과 사귐이 있다하지만, 사귐이 있을 수 없다. 왜냐하면 하나님은 빛이시오, 또 사랑이시기 때문이다.

그렇다! 형제를 미워하는 자는 첫째 어둠에 있으며, 둘째 어둠에 행한다. 그러나 그것으로 끝나지 않는다. 형제를 미워하는 자는 셋째 "갈 곳을 알지 못한다." 그의 영적 생활은 갈수록 깊은 수렁에 빠

---

11) 지속적인 미움을 강조하기 위하여 "미워하다"는 동사의 현재 분사를 사용했다 (*미손—μισῶν*).

질 수밖에 없다. 그렇게 수렁에 빠진 그가 어떻게 앞으로 나아갈 수 있단 말인가? 물론 나아갈 수 없다! 그에게는 미래도 없고, 비전도 없다. 그는 영적으로 한 발도 앞으로 나아가지 못하나, 스스로는 만족하고 있을지도 모른다.

미움은 지금까지 쌓아온 신앙생활을 무너뜨릴 뿐 아니라, 만족할 만한 목표를 세우지도 못하게 한다. 혹시 다른 그리스도인들이나 성령이 그의 잘못을 지적하면서 돌아서라는 여러 가지 징후를 무시한다. 오히려 영적으로 빛 되신 하나님으로부터 조금씩 그러나 확실하게 멀어져 갈 뿐이다. 예수님이 경고하신대로이다, "…빛이 있을 동안에 다녀 어둠에 붙잡히지 않게 하라; 어둠에 다니는 자는 그가는 곳을 알지 못하느니라"(요 12:35).

그리스도인이 빛 안에 있지 않고 어둠에 있으면, 영적으로 눈이 멀게 된다. 이렇게 한 번 영적으로 눈이 멀게 되면, 신앙의 원리도 잊어버리고, 성경의 가르침도 망각하게 된다. 시간이 지날수록 더 깊은 어둠 속에 빠져들어서, 그의 눈은 영적인 사실을 더 보지 못하게 된다. 이런 그리스도인은 빛이신 하나님에게로 돌아오기가 결코 쉽지 않다. 형제를 미워하는 것이 얼마나 큰 잘못인가를 인식하고 회개하지 않는다면, 그는 빛과 상관없는 삶을 살 것이다.

3. 꼬리

예수 그리스도가 십자가에서 고난을 감수하시면서 대속의 죽음을 마다하지 않으신 이유 중 하나가 사귐을 일으키기 위해서였다. 그런 까닭에 그분을 구주로 받아들인 사람들은 자연스럽게 사귐에 들어오게 된다. 그 사귐은 횡적으로는 다른 그리스도인들과 나누는 사귐이지만, 동시에 하나님 아버지와 그의 아들 예수 그리스도와 함께 하는 영적 사귐이기도 하다 (요일 1:3). 그런 이유 때문에 그 사귐이 영적인 사귐이 되기 위해서는 조건이 있다.

사요 요한이 지금까지 제시한 조건은 두 가지였는데, 하나는 그 사귐 안에 있는 그리스도인들이 깨끗한 삶을 영위해야 한다는 것이다. 다른 말로 하면, 죄를 범하면 안 된다는 것이다. 죄가 있는 곳에 하나님이 임하실 수 없기 때문이다. 또 다른 조건은 그리스도들이 서로 사랑해야 한다는 것이다. 그 사귐 속에 미움이 스며들면, 그 사귐은 더 이상 하나님이 임하시는 사귐이 아니다. 왜냐하면 하나님은 사랑의 아버지이시기 때문이다.

A Holy Life, A Love Life

그리스도인의 특권

"자녀들아, 내가 너희에게 쓰는 것은 너희 죄가
그의 이름으로 말미암아 사함을 받았음이요,
아비들아, 내가 너희에게 쓰는 것은 너희가 태초부터 계신 이를 알았음이요,
청년들아, 내가 너희에게 쓰는 것은 너희가 악한 자를 이기었음이라."

요한일서 2:12-13

1. 머리

사도 요한은 요한일서 2장에서 이미 그리스도인에게 두 가지를 부탁했다. 첫째는 계명을 지키라는 것이고, 둘째는 형제를 사랑하라는 것이었다. 1장으로 거슬려 가보면, 그리스도인은 빛 가운데서 행해야 사귐을 누릴 수 있다는 것이다. 그렇게 빛 가운데 행하기 위해서 그리스도인은 죄를 짓지 않아야 한다. 그러나 불행하게도 그리스도인이 죄를 지을 경우 그는 즉각적으로 그 죄의 문제를 해결해야 한다.

그러니까 지금까지 사도 요한이 제시한 것은 도덕적인 것들이었다. 주관적으로는 죄와 상관없는 깨끗한 삶을 영위해야 하고, 객관적으로는 하나님의 계명을 지켜야 했다. 한 발 더 나아가서, 그리스도인은 형제를 사랑하지 않으면 안 된다는 것이었다. 그런데 그런

가르침들은 자칫 잘못하면 그리스도인이 스스로 노력해내야 하는 의무로 비춰질 수 있다. 다른 말로 하면, 사도 요한은 무엇을 근거로 이처럼 높은 수준의 삶을 요구할 수 있었는가?

사도 요한은 이 시점에서 그리스도인이 그처럼 높은 수준의 도덕적인 삶을 살 수 있는 근거를 제시하는데, 곧 그리스도인이 누리는 특권 때문이라는 것이다. 진정한 그리스도인이라면 그에게는 엄청난 특권이 주어졌다. 그리고 그 특권 때문에 그처럼 고상한 삶, 곧 도덕적으로 높은 수준의 삶을 영위할 수 있을 뿐 아니라, 반드시 그런 삶을 살아야 한다는 것이다. 사도 요한이 열거한 그리스도인의 특권에 대하여 차례로 알아보자.

2. 몸통

사도 요한은 그리스도인들을 세 가지 칭호로 부르면서, 세 가지 특권을 열거했다. 첫 번째 칭호는 "자녀들아!"이고, 두 번째 칭호는 "아비들아!"이며, 세 번째 칭호는 "청년들아!"였다.[12] 나이 많은 요한이 이렇게 세 가지 칭호로 그리스도인들을 부른 것은 그의 특별한 사랑의 마음을 표현한 것일 수 있다. 또는 그리스도인들이 속해 있는 교회를 가족에 비유해서 그렇게 표현할 수도 있다. 이 장에서는 그의 마음을 표현한 것으로 풀어보자.

----

12) Yarbrough, *1–3 John*, 118.

1) 용서

  그리스도인들에게 주어진 첫 번째 특권은 두말할 필요도 없이 그들의 죄가 용서를 받은 것이다: "너희 죄가 그의 이름으로 말미암아 사함을 받았음이요." 왜 죄의 용서가 첫 번째 특권인가? 그 이유는 너무나 간단하다! 아담과 하와의 불순종 때문에 모든 인간은 죄인이 되었기 때문이다. 아담과 하와의 죄성이 인간들에게 전가轉嫁된 이래 그들은 그 죄성으로 말미암아 온갖 죄를 지으면서 살아가는 죄인이 되었다.

  죄인들은 이 세상에서도 불행한 삶을 살지만, 저 세상에서도 지옥에서 고통으로 가득한 생애를 영원히 벗어날 수 없는 운명이었다. 그처럼 참혹한 운명에서 벗어날 수 있는 방법을 인간들에게서는 결코 찾을 수 없다. 그런 이유 때문에 긍휼이 풍성하신 하나님은 당신의 하나 밖에 없는 아들인 예수 그리스도로 하여금 죄인들의 죽음과 심판을 짊어지고 십자가에서 죽게 하셨다.

  비록 인간들은 수없이 많은 죄를 지은 죄인이지만, 그래서 하나님의 심판을 피할 수 없지만, 죄를 용서 받을 수 있는 길이 열려진 것이다. 만일 그들이 십자가 앞에 나와서 그들의 심판을 짊어지신 예수 그리스도를 믿고 받아들이면, 그들의 모든 죄는 용서된다. 그들의 죄가 아무리 크고 더럽다손 치더라도 그분이 십자가에서 쏟으신 보배로운 피는 그 죄를 씻고도 남는다. 그들은 죄를 한 번도 짓지 않은 것처럼 깨끗해지는 것이다.

  선지자 이사야의 외침이자 예언의 말씀대로이다, "오라 우리가 서로 변론하자! 너희의 죄가 주홍 같을지라도 눈과 같이 희어질 것이요,

진홍 같이 붉을지라도 양털 같이 희게 되리라"(사 1:18). 이처럼 죄를 용서받은 것만큼 고귀한 그리스도인의 특권은 없을 것이다. 왜냐하면 이런 특권은 절대로 인간의 노력이나 업적으로 얻어질 수 없기 때문이다. 이것은 하나님이 예수 그리스도를 통하여 주시는 선물이다.

죄를 용서받은 사실이 가장 고귀한 특권인 또 다른 이유가 있는데, 그것은 삶의 방식의 변화 때문이다. 그렇게 그리스도인이 된 사람은 더 이상 죄와 더불어 살지 않는다. 시시때때로 그를 엄습해오는 죄의 유혹과 싸울 뿐만 아니라, 극복하기도 한다. 이처럼 고상한 삶은 그리스도인이 아닌 죄인에게는 있을 수 없다. 한 발 더 나아가서, 그리스도인들은 그들의 경험한 죄의 용서를 다른 사람들도 경험하기를 원하는 데까지 간다. 얼마나 놀라운 특권인가!

그뿐 아니다! 그들의 내세來世도 완전히 방향을 바꾼 것이다. 위에서 언급한 것처럼, 그들은 더 이상 지옥으로 던져지지 않는다. 그들은 하나님이 계신 곳으로 가서 삼위의 하나님을 경배하며, 찬양하며, 교제하면서 영생을 누릴 것이다. 얼마나 놀라운 변화인가! 그런데 이런 모든 변화의 시작은 죄의 용서에서 비롯되었다. 그렇다! 예수 그리스도를 통한 죄의 용서야말로 그리스도인들이 누리는 가장 중요한 특권이 되었다.

2) 지식

그리스도인들에게 주어진 두 번째 특권은 하나님 아버지를 아는 지식이다. 이 사실을 알아보기 위하여 다시 사도 요한의 말을 인용해보자, "아비들아, 내가 너희에게 쓰는 것은 너희가 태초부터 계신 이를 알았음이요." 이 말씀에서 "태초부터 계신 이"는 두말할 필요도 없이 하나님을 가리킨다. 요한은 하나님을 가리킬 때 종종 "태초부터 있는 생명의 말씀" (요일 1:1), "태초에 말씀이 계시니라" (요 1:1) 등으로 표현했다.

이렇게 영원 전부터 계시는 하나님을 그리스도인들이 알게 되었다는 것이다. 여기에서 "태초부터 계신 이를 알았다"는 것은 그리스도인들에게 주어진 특권인데, 그것이 특권인 이유는 "알았다"는 동사에 함축되어 있다. 이미 "앎과 삶"이란 장에서 자세히 묘사한 것처럼, "안다"는 동사는 관계를 맺어서 알게 된 것을 가리킨다. 그러니까 그리스도인들이 하나님을 알게 된 것은 하나님에 대하여 추상적으로 아는 것을 뜻하지 않는다.

그리스도인들은 하나님과 어떤 관계를 맺었단 말인가? 하나님이 그들을 양자로 삼으셨기에 하나님은 그들의 아버지가 되시고, 그들은 그분의 자녀가 되었다는 것이다 (롬 8:15). 두말할 필요도 없이 이것도 인간의 상상을 초월하는 특권이다. 그 이유는 하나님이 어떤 분이신가를 생각해보면 알 수 있다. 그분은 삼라만상을 창조하셨을 뿐 아니라, 인간도 창조하신 분이다. 그리고 모든 창조물을 주관하고 계시는 분이시다.

그리스도인들은 이처럼 전능하신 창조주를 아버지로 모신 것이다. 그뿐 아니다! 하나님은 죄인들의 모든 죄를 용서하시기 위하여 독생자 예수 그리스도를 희생시키신 분이다. 하나님은 아담과 하와가 범죄한 순간부터 인간의 구원을 계획하셨고, 그리고 그 계획에 따라 그 아들을 십자가에서 죽게 하신 분이시다. 그분은 인간을 위한 창조주이실 뿐 아니라, 죄인을 위한 구속자이시다.

그리스도인들의 아버지가 되신 하나님은 그들이 어디에서 무엇을 하든지 다 아시는 전지全知의 하나님이시다. 그런 하나님은 그들의 인생을 설계하실 뿐 아니라, 한 걸음씩 인도하시는 아버지이시다. 그런 인생길에서 그리스도인들이 어려움과 고난에 처하게 되면 하나님은 찾아오셔서 위로하시고 힘을 주시는 전재全在의 아버지이시다. 그리스도인들은 그런 하나님을 아버지로 알게 되었던 것이다. 얼마나 큰 특권인가!

이런 특권을 누리는 그리스도인들은 당연히 그들의 아버지이신 하나님의 이름을 높이는 삶을 살아야 한다. 사도 요한이 요한일서 2장에서 지금까지 제시한 하나님을 높이는 방법이 두 가지가 있는데, 하나는 그분의 계명을 지키는 것이다. 또 하나는 같은 하나님을 아버지로 모신 다른 그리스도인들을 사랑하는 것이다. 이처럼 계명을 지키고 형제를 사랑하는 것이 당연한 것은 그들에게 주어진 특권에 따르는 책임이기 때문이다.

3) 승리

그리스도인들에게 세 번째 주어진 특권은 승리이다. 사도 요한은 그리스도인들의 승리를 이렇게 표현했다, "내가 너희에게 쓰는 것은 너희가 악한 자를 이기었음이라." "악한 자"는 사도 요한이 즐겨 쓰는 칭호인데, 그의 말을 직접 인용해보자: "가인 같이 하지 말라 그는 *악한 자*에게 속하여 그 아우를 죽였으니…" (3:12). "…하나님께로부터 나신 자가 그를 지키시매 *악한 자*가 그를 만지지도 못하느니라" (5:18).

이처럼 사도 요한이 반복적으로 사용한 "악한 자"라는 칭호는 두 말할 필요도 없이 사탄을 가리킨다. 그 사실을 아주 분명히 가르쳐 준 말씀은 요한일서 5장 19절이다, "또 아는 것은 우리는 하나님께 속하고 온 세상은 악한 자 안에 처한 것이며." 여기에서 "온 세상"은 사탄의 지배를 받기에 하나님의 나라와도 상관없을 뿐 아니라, 한 발 더 나아가서 그 나라를 방해하는 사탄에 의하여 조정당하는 불신자들을 가리킨다.

그렇다면 이 세상과 세상에 사는 모든 사람들은 직접적이든 간접적이든 사탄의 영향권 아래에서 살아가는 존재들이다. 바울 사도의 진단을 들어보자, "그 때에 너희는 그 가운데서 행하여 이 세상 풍조를 따르고 공중의 권세 잡은 자를 따랐으니, 곧 지금 불순종의 아들들 가운데서 역사하는 영이라" (엡 2:2). 그러나 그런 사탄의 영향권에서 벗어난 사람들이 있는데, 바로 그리스도인들이다.

어떻게 그리스도인들은 "악한 자"의 영향권에서 벗어났는가? 물론 예수 그리스도 때문이다. 그분은 십자가에서 죽으셨으나, 삼일 만에 부활하심으로 사탄을 이기셨다. 그분이 사탄을 정복하고 이기셨을 때, 그리스도인들도 그분 안에서 승리를 구가하였다. 다시 바울 사도의 힘찬 간증을 들어보자, "그러나 이 모든 일에 우리를 사랑하시는 이로 말미암아 우리가 넉넉히 이기느니라" (롬 8:37).

그렇다! 그리스도인들은 "악한 자"를 이기는 승리자들이다. 물론 그들의 구주이신 예수 그리스도 안에서 누리는 승리자들이다. 왜냐하면 그리스도인들의 능력과 책략만으로는 "악한 자"를 이길 수 없기 때문이다. 그러나 그들이 줄기에 붙어있는 가지처럼 그리스도 안에 있기만 하면, 그분 때문에 승리를 누릴 수 있게 되는 것이다.

물론 "악한 자"가 지금도 최후의 발악을 하고 있지만, 사람의 발에 짓밟힌 지렁이가 꿈틀거리는 것에 지나지 않는다.

사도 요한의 묘사는 너무나 분명하다, "…이것이 곧 적그리스도의 영이니라. 오리라 한 말을 너희가 들었거니와 지금 벌써 세상에 있느니라. 자녀들아, 너희는 하나님께 속하였고 또 그들을 이기었나니, 이는 너희 안에 계신 이가 세상에 있는 자보다 크심이라" (요일 4:3-4). 그렇다! "너희 안에 계신 이," 곧 예수 그리스도가 "세상에 있는 자," 곧 사탄보다 크시기에, 그리스도인들은 그분 안에서 "넉넉히 이기는 자들"이 된 것이다.

3. 꼬리

거의 100세나 된 사도 요한은 그리스도인들을 자유자재로 칭했는데, 어떤 때는 "자녀들"이라고 하였고, 또 어떤 때는 "아비들"이나 "청년들"이라고도 하였다. 그런데 요한은 그리스도인들의 특권에 따라 각기 다른 칭호로 불렀다. 예를 들면, "죄의 용서"를 강조할 때는 "자녀들"로, 하나님 아버지를 앎을 강조할 때는 "아버지들"로, 그리고 "악한 자를 이긴" 것을 강조할 때는 "청년들"로 각각 칭했다.

그리스도인들을 어떻게 칭했든지 상관없이 그들에게는 엄청난 특권들이 주어졌다는 것이다. 그런 특권들 때문에 그리스도인들은 한편 계명을 지킬 수 있으며, 또 한편 형제자매를 사랑할 수 있게 된 것이다. 그뿐 아니다! 그리스도인들은 그런 특권들 때문에 소극적으로 세상을 사랑하지 않고, 초월하면서 살 수 있다는 것이다. 그렇지 않다면 사도 요한은 그리스도인들에게 "세상을 사랑하지 말라"고 명령하지 않았을 것이다 (요일 2:15-17).

하나님의 가족

> "아이들아, 내가 너희에게 쓴 것은 너희가 아버지를 알았음이요,
> 아비들아, 내가 너희에게 쓴 것은 너희가 태초부터 계신 이를 알았음이요,
> 청년들아, 내가 너희에게 쓴 것은
> 너희가 강하고 하나님의 말씀이 너희 안에 거하시며
> 너희가 흉악한 자를 이기었음이라"
>
> 요한일서 2:14

1. 머리

사도 요한은 그리스도인들을 어떤 때는 아이들이라고 불렀으나, 또 어떤 때는 아비들과 청년들이라고 불렀다. 그 이유는 나이 많은 사도의 애정 어린 마음을 표현했기 때문이다. 그에게는 어떤 그리스도인들이라도 사랑의 눈으로 보면 아이들과 같았다. 또 어떤 때는 대견한 청년들과 같았고, 또 어떤 때는 다른 그리스도인들을 돌아보는 아비처럼 보였다. 그런 까닭에 사도 요한은 그리스도인들의 모습에 따라 각기 다르게 불렀던 것이다.

그러나 동시에 요한이 그리스도인들을 그렇게 부른 이유가 또 있었다. 오랫동안 주님과 동행하면서 각종의 그리스도인들을 대했는데, 그들 가운데 신앙적으로 상당히 성숙한 사람들도 있었다. 그러

나 모든 그리스도인들이 그렇게 성숙한 것은 아니었다. 어떤 그리스도인들은 신앙을 갖게 된지 얼마 되지 않아서 아이들과 같았다. 또 어떤 그리스도인들은 아이들의 단계를 지나 제법 장성한 청년들과 같았다.

그런데 아이들과 아비들과 청년들은 두말할 필요도 없이 가족의 관계를 묘사한 것들이다. 실제로 그리스도인들의 공동체는 가족과도 같다. 바울 사도도 이런 공동체를 가족, 곧 권속이라고 불렀다. 그의 말을 직접 들어보자, "그러므로 이제부터 너희는 외인도 아니요 나그네도 아니요 오직 성도들과 동일한 시민이요 하나님의 권속이라" (엡 2:19). 이 말씀에서 "하나님의 권속"은 "하나님의 가족에 속한 식구들"이라고 번역되기도 한다. [13]

2. 몸통

사도 요한도 그리스도인들을 하나님의 가족으로 간주했다. 그리고 가족에 속한 식구들마다 역할이 달랐다. 어떤 식구들은 아비들의 역할을 하는가 하면, 또 어떤 식구들은 갓 태어난 아이들처럼 다른 사람들의 돌봄을 받아야 했다. 그런가 하면 어떤 식구들은 청년들처럼 활동도 많이 하고, 필요할 경우 군인들처럼 가정과 국가를 지키는 역할을 감당했다. 이 장에서는 이런 가족들의 성숙도에 따른 각기 다른 역할을 알아보기로 하자.

----

13) 이 번역은 *New Living Translation*을 옮긴 것이다.

1) "아이들"

"아이들"은 장성한 사람들, 곧 아비들과 청년들과 비교해 보면 상대적으로 작은 어린애들을 가리킨다. 그런 어린애들에게서 두 가지 특징을 찾을 수 있는데, 하나는 그들이 태어난 지 얼마 되지 않았다는 것이고, 또 하나는 부모와의 관계 속에서 태어났다는 것이다. 사도 요한은 이와 같은 두 가지 특징을 나타내기 위하여 두 가지 다른 단어들을 사용했는데, 하나는 "자녀들"이고 (12절), 또 하나는 "아이들"이다 (14절).[14]

"자녀들아"란 단어는 헬라어로 *테크니아*(τεκνία)인데, 태어난 지 얼마 되지 않은 아이들을 강조하기 위해 쓰여졌다. 이 단어는 육체적으로 갓 태어난 아이들을 가리킬 뿐 아니라, 영적으로 갓 태어난 아이들을 가리키기도 한다. 어떻게 영적으로 태어날 수 있는가? 그들의 죄가 용서되는 순간 영적으로 태어난다. 비록 육체적으로 나이가 많은 사람이라도 그의 죄가 예수 그리스도에 의하여 용서받는 순간 영적으로 태어난 아이가 된다.

그런 이유 때문에 12절의 말씀은 이렇다, "자녀들아, 내가 너희에게 쓰는 것은 너희 죄가 그의 이름으로 말미암아 사함을 받았음이요." 그들의 죄가 용서받았기 때문에 그들은 하나님의 자녀가 되었고, 그리고 하나님의 가족에 속하게 된 것이다. 이것을 소극적으로 표현하면, 어떤 사람도 예수 그리스도의 이름으로 죄를 용서받지

---

14) 이 두 단어의 차이를 위하여 다음을 보라. W. E. Vine, Merrill F. Unger, William White, Jr, 편집, *Vine's Expository Dictionary of Biblical Words* (Nashville, TN: Thomas Nelson Publishers, 1985), 99–100.

못했다면, 그는 하나님의 자녀가 아니라는 말이다. 반면, 누구든지 죄를 용서받았다면 영적으로 거듭난 "자녀"이다.

그런데 사도 요한은 14절에서 "아이들아"로 바꾸어서 불렀다. 이 단어는 헬라어로 *파이디아*(παιδία)인데, 관계를 강조하는 단어이다. 예수 그리스도의 이름으로 죄를 용서받은 사람은 그 순간 하나님 아버지와 부자지간의 관계를 맺게 된 것이다. 다시 말해서, 하나님은 그의 아버지가 되셨고, 그는 하나님의 자녀가 된 것이다. "…그 이름을 믿는 자들에게 하나님의 자녀가 되는 권세"를 부여받은 것이다 (요 1:12).

그런 이유 때문에 사도 요한은 14절에서 다음과 같이 기록하였다, "아이들아, 내가 너희에게 쓴 것은 너희가 아버지를 알았음이요." 이 말씀에서 사도 요한은 관계를 강조하는 두 단어를 사용했는데, 하나는 "아이들아"이고 또 하나는 "아버지"이다. 두말할 필요도 없이, 요한이 사용한 "아버지"는 하나님 아버지를 가리킨다. 그는 하나님을 아버지로 모신 하나님의 가족의 일원이 되어, 하나님을 아버지라고 부를 수 있는 특권을 가지게 된 것이다.

죄인들에게 하나님은 심판관이시다. 그들은 어느 날 하나님의 심판대 앞에 서서 그들의 모든 죄를 심판받고 지옥에 던져질 것이다. 그러나 그들의 죄가 예수 그리스도로 인하여 용서받는 순간, 그 하나님은 그들의 아버지가 되시는 것이다. 그들은 하나님의 "아이들"이 된 수많은 특권을 누리면서, 일생을 행복하게 그리고 보람 있게 살아갈 수 있게 된 것이다. 그뿐 아니라, 이 세상을 떠날 때 천국에서 그 아버지와 영원히 함께 하는 영광을 누릴 것이다.

2) "아비들"

하나님의 가족에는 물론 "아비들"도 있다. 어떤 가족에서도 아비
는 그 가족의 가장이며 기둥이다. 그 아비는 가족을 경제적으로 책
임을 지지만, 그것보다도 훨씬 중요한 것은 그 가족의 기풍氣風을 결
정한다. 그 가정에서 성장하는 자녀들의 인생관도 그 아비에 따라
좌우된다. 아비가 군인이거나 학자인 경우를 생각해보자. 십중팔
구 아비를 군인으로 둔 자녀들의 인생은 훈련과 전쟁을 떠나서 형성
되기 어려울 것이다.

그러나 아비가 학자라고 하자. 그 자녀들의 인생관은 틀림없이
학문과 연구와 연관되어 형성될 것이다. 사도 요한이 지칭한 "아비
들"의 특징은 "태초부터 계신 이를 알았다"는 것이다. 그 특징을 강
조하기 위하여 요한은 똑같은 말을 두 번씩이나 반복했다. "태초부
터 계신 이"는 두말할 필요도 없이 하나님을 가리킨다. 왜냐하면
"태초부터 계신 이"는 하나님 밖에 아무도 없기 때문이다 (창 1:1, 요
1:1, 요일 1:1).

그런데 사도 요한은 이 "아비들"이 그렇게 영원 전부터 계신 하나
님 아버지를 알았다는 것이다. 아비들의 올바른 앎은 그 가족을 옳
게 이끌어가는 원동력이었다. 왜냐하면 사도 요한이 이미 언급한
것처럼, 잘못된 가르침을 강조하는 작자들이 여기저기에서 나왔기
때문이다. 혹자는 한 번 믿으면 더 이상 죄를 짓지 않는다고 가르치
기도 했다 (요일 1:8, 10). 혹자는 계명을 무시하면서 형제자매를 사
랑하지 않아도 괜찮다고 가르쳤다 (요일 2:4, 11).

그 당시 기독교를 뿌리 채 흔들려는 이단들도 나왔는데, 그들 중

에는 악명 높은 영지주의자靈知主義者들이 있었다. 그들은 예수 그리스도의 대속적 죽음을 통하여 영생을 얻는 은혜의 복음을 거부하였다. 그들은 영적 지식을 쌓아 가면 결국 구원에 이른다는 잘못된 가르침을 유포流布시키고 있었다. 그런 잘못된 이단들을 옳게 대항하는 것은 말할 수 없이 중요했다. 왜냐하면 많은 하나님의 가족들이 그들의 꼬임에 넘어갈 수 있었기 때문이었다.

그 가족들을 옳게 인도할 뿐 아니라, 그런 이단들로부터 보호하는 역할을 감당한 가족들이 바로 "아비들"이었다. 아비들은 "태초부터 계신 이," 곧 하나님을 확실히 알고 있었기 때문에 하나님의 가족들에게 분명한 가르침을 줄 수 있었다. 그뿐 아니라, 그들은 가족들을 이단으로부터 보호할 수 있는 보호막이 되었던 것이다. "아비들"은 오랜 세월에 걸쳐서 하나님을 인격적으로 *아는* 중요한 그리스도인들이었다.

"아비들"은 그들이 알게 된 "태초부터 계신 이"를 하나님의 가족들에게 가르쳤을 뿐 아니라, 잘못된 가르침을 분별해 냈다. 그렇다! 이런 "아비들"이야말로 하나님의 가족에게는 없어서는 아니 될 지주支柱와 같은 그리스도인들이었다. 이렇게 신앙적으로 성숙한 "아비들"때문에 하나님에 대한 올바른 가르침이 보존되고 전수된 것이다. 그들은 이런 귀중한 지식을 보존했을 뿐 아니라, 자녀들과 청년들에게 전수해 주었던 것이다.

3) "청년들"

"자녀들"과 "아비들" 사이에 자리한 가족들이 바로 "청년들"이었다. "청년들"은 "아비들"로부터 "태초부터 계신 이"를 전수받아서 제법 성장한 하나님의 가족들이었다. 그런데 사도 요한은 이 "청년들"의 특징을 "악한 자"를 이긴 것으로 묘사했다. 그의 말을 다시 인용해보자, "…너희가 악한 자를 이기었음이라" (13절). 그는 이런 사실을 또 한 번 강조했다, "…너희가 흉악한 자를 이기었음이라" (14절).

사도 요한은 "청년들"을 전쟁터에서 싸울 적마다 승리하는 용감한 군인으로 묘사했다. 그렇다면 누구와 싸와서 이겼단 말인가? "청년들"이 이긴 대상은 "악한 자," 곧 "흉악한 자"였는데, 그는 물론 사탄을 가리켰다. 물론 청년들이 그들의 힘만으로 사탄과의 싸움에서 승리할 수는 없었다. 그들이 승리한 비결은 예수 그리스도 안에 거했기 때문이었다. 그분이 부활하여 사탄을 짓밟으심으로 청년들도 "악한 자"를 이길 수 있었다.

그렇다고 청년들이 아무 것도 하지 않고 이겼다는 것은 아니다. 그들이 사탄과 싸워서 승리한 무기가 있었는데, 두 가지였다. 사도 요한의 말을 다시 인용해보자, "…너희가 강하고 하나님의 말씀이 너희 속에 거하시고 너희가 흉악한 자를 이기었음이라." "너희가 강하다"는 표현은 평상시 영적 건강을 위하여 부단히 노력했다는 사실을 함축한다. 그들은 기도도 많이 했을 것이고, 다른 가족들과 깊은 사귐도 나누었을 것이다.

"청년들"이 흉악한 자를 이긴 두 번째 무기는 하나님의 말씀이었다. "하나님의 말씀이 그들 속에 거하셨던" 것이다. 그 말씀은 그들에게 주어진 유일한 공격 무기였다. 바울 사도도 마귀의 궤계를 대적하기 위하여 방어용 전신갑주를 입으라고 하면서, 동시에 공격용 무기인 "성령의 검, 곧 하나님의 말씀"을 가지라고 단단히 일러준

적이 있었다 (엡 6:11-17).

이 시점에서 짚고 넘어가야 할 중요한 것이 있다. 어떻게 청년들은 그들 속에 하나님의 말씀을 거하게 했는가? 하나님의 말씀에 사로잡히기 위한 방법은 간단했다! 그들은 엄청난 절제와 훈련을 필요로 했다. 다시 말해서, 하나님의 말씀을 손에서 떼지 않았다는 것이다. 그러니까 "아이들"의 단계에서 "청년들"의 단계로 도약하기 위해서는 하나님의 말씀을 늘 읽고, 암송하고, 묵상하고, 연구하지 않으면 안 되었다.

그렇게 끊임없이 훈련과 연구를 거듭한 결과 청년들은 하나님의 말씀에 사로잡혔고, 그리고 그 말씀으로 사탄을 이겼던 것이다. "청년들"이야말로 영적 싸움에서 맨 앞에 서서 적군인 사탄과의 혈투血鬪를 통하여 승리를 구가한 존귀한 영적 군인들이었다. 그런 "청년들"이 없었다면 하나님의 가족은 영적 싸움에서 승리할 수 없었을 것이다. 영적 전쟁의 최전선에서 과감히 사탄과 그 세력을 무너뜨린 청년들도 존귀한 가족이었다.

3. 꼬리

하나님의 가족에는 죄 용서의 확신을 갖고 영적으로 갓 태어난 "자녀들"도 있다. 그러나 그들만으로는 건강한 가족을 이룰 수 없다. 그들을 이단의 속임수에 빠지지 않고 말씀에서 굳게 설 수 있도록 돕는 "아비들"도 있어야 한다. "자녀들"은 그런 보호와 가르침을 힘입어 마침내 영적 싸움에 처한 보병처럼 적군과 싸움을 마다하지 않는 "청년들"로 성장한다. 한편 복음이 전해지고, 또 한편 영적 전쟁에 이김으로 하나님의 가족은 든든히 세워져 간다.

하나님의 가족을 성숙도에 근거해서 다음과 같은 도표를 만들 수 있을 것이다:

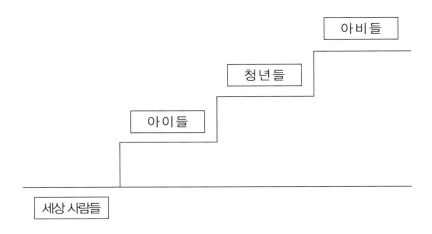

9

A Holy Life A Love Life

"세상을 사랑하지 말라"

"이 세상이나 세상에 있는 것들을 사랑하지 말라;
누구든지 세상을 사랑하면 아버지의 사랑이 그 안에 있지 아니하니,
이는 세상에 있는 모든 것이 육신의 정욕과 안목의 정욕과 이생의 자랑이니,
다 아버지께로부터 온 것이 아니요 세상으로부터 온 것이라.
이 세상도 그 정욕도 지나가되, 오직 하나님의 뜻을 행하는 자는 영원히 거하느니라"

요한일서 2:15-17

1. 머리

사도 요한은 형제를 사랑하는 자는 빛 가운데 있으나, 미워하는 자는 어두움 가운데 있다고 했다 (요일 2:9-10). 그렇다면 "빛"은 구체적으로 무엇을 뜻하며, "어두움"은 무엇을 의미하는가? 물론 "빛"은 하나님인데 반하여 (요일 1:5), "어두움"은 하나님을 반대하는 사탄이며 또한 사탄의 세력이다. 그런데 이 장의 본문에서는 그 사탄의 세력을 "세상"이라고 묘사했다. 왜냐하면 세상은 하나님을 반대하며 더 나아가서 하나님을 미워하기 때문이다.

"세상"이란 단어는 세 가지의 의미를 가지고 있는데, 첫째는 물리적인 세상, 곧 우주를 뜻하며, 둘째는 세상에 사는 사람들을 뜻한다. 그렇지 않다면 예수 그리스도는 "하나님이 세상을 이처럼 사랑

하셨다"고 말씀하지 않으셨을 것이다 (요 3:16). 세상의 셋째 의미는 세상이 작동하는 조직 내지 원리를 뜻한다. 그런데 그 세상의 원리를 뒤에서 조정하며 지배하는 작자는 바로 사탄이다. 그런 사탄의 지배 밑에 있는 세상을 사랑하지 말라고 한 것이다.

비록 그리스도인들은 "태초부터 계신 이," 곧 하나님 아버지를 알았고, 죄를 용서 받았고, 또 "악한 자"를 이긴 것도 사실이나, 그렇다고 그들을 향하여 끊임없이 유혹하는 손길조차 초월한 것은 아니다. 그 유혹의 손길은 세상과 세상에 있는 것들을 사랑하라는 것이다. 그들의 애정을 하나님에게 두지 말고, 세상과 세상에 있는 것들에 두라는 것이다. 이처럼 간단없이 몰려오는 유혹을 뿌리치라고 사도 요한은 본문에서 강하게 권면하였다.

2. 몸통

이 장의 본문에서 처음부터 마지막까지 반복적으로 나오는 단어는 "세상"이다. 그것도 한두 번 나오는 것이 아니라, 자그마치 여섯 번이나 나온다. 사탄의 세력이 역사할 수 있는 세상에 대하여 그리스도인들은 분명히 알아야 하기 때문이다. 그 세상을 왜 사랑하면 안 되는가? 그 세상을 사탄이 도대체 어떻게 좌지우지할 수 있는가? 그 세상은 언제까지 그렇게 사탄의 지배를 받는가? 사탄의 지배는 영원하단 말인가? 이런 것들을 차례로 알아보자.

1) 사랑

사도 요한은 15절에서 "사랑"을 세 번씩이나 언급하면서 세상에 대한 사랑과 하나님 아버지에 대한 사랑을 대조하였다. 그의 말을 다시 들어보자, "이 세상이나 세상에 있는 것들을 사랑하지 말라; 누구든지 세상을 사랑하면 아버지의 사랑이 그 안에 있지 아니하니." 이 말씀에 의하면, 그리스도인들은 하나님 아버지를 사랑해야 하지 세상이나 세상에 있는 것들을 사랑하면 안 된다고 엄하게 명령했다.

그렇다면 왜 그리스도인들은 세상을 사랑하면 안 되는가? 그 이유를 몇 가지로 살펴보자. 첫째, 아버지가 그 아들을 세상에 보내셨을 때 세상은 그분을 알지 못했을 뿐 아니라 (요 1:10). 그 아들을 미워했기 때문이다 (요 7:7). 둘째, "세상의 염려와 재물"은 하나님의 말씀이 열매를 맺지 못하게 하기 때문이다 (마 13;22). 셋째, 이 세상을 사탄이 지배하기 때문이다 (요 14:30). 넷째, 세상은 "악한 자"에게 속했기 때문이다 (요일 5:19).

그런데도 불구하고 "세상을 사랑한다"면 세상을 최우선 순위로 설정했다는 뜻이며, 따라서 다른 모든 것은 우선순위에서 밀려났다는 뜻이다. 세상이 주는 기쁨과 부요, 세상에 속한 영화와 허영, 세상이 제공하는 욕망과 행복이 인생의 모든 것인 양 생각하고 행동한다. 이런 식으로 세상을 사랑하는 사람들은 그들의 영혼이 세상과 사탄의 지배를 받고 있다는 사실을 알지 못한다. 그뿐 아니라 그들의 종말이 파멸이라는 사실도 알지 못한다.

기독교의 "사랑"은 단순한 감정의 표현이 아니라, 인격적 결단이다. 그런 까닭에 그리스도인들은 세상과 세상에 있는 것들을 인격적으로 선택하고 사랑할 수 있다. 반면, 그들은 세상을 사랑하는 대신 영원 전부터 계시는 하나님 아버지를 인격적으로 선택하고 사랑할 수 있다. 그들이 진정으로 하나님 아버지를 사랑한다면, 사탄의 지배 밑에 있는 세상을 사랑할 수 없기 때문이다. 세상을 그들의 친구로 삼을 수 없는 까닭이다.

야고보 선생도 같은 맥락에서 이렇게 말했다, "…세상과 벗된 것이 하나님과 원수 됨을 알지 못하느냐? 그런즉 누구든지 세상과 벗이 되고자 하는 자는 스스로 하나님과 원수 되는 것이니라"(약 4:4). 이 말씀에 의하면, 세상을 친구로 삼는 그리스도인들은 하나님과 멀어질 뿐 아니라, 궁극적으로는 하나님을 원수로 삼는 꼴이 되고 만다. 그 이유는 간단하다! 사탄의 지배 밑에 있는 세상은 하나님을 알지도 못하고, 또 대적하기 때문이다.

흔히 그리스도인들은 세상을 사랑하지 않는다고 공언하면서도 "세상에 있는 것들"에 미련을 갖는다. "세상에 있는 것들"의 유혹과 매력에 자신도 모르는 사이에 빠져 들어갈 수 있다. 그것들이 무엇이든지 하나님에 대한 사랑을 감소시키거나, 하나님의 말씀에 대한 사랑을 둔화시키거나, 기도생활을 둔탁하게 만들거나, 그리스도인들 간의 영적 교제를 방해하는 것이라면, "세상에 있는 것들"이다.

2) 세상

이미 위에서 언급한 것처럼, 세상과 하나님을 똑같이 사랑할 수 없다. 왜냐하면 세상은 어두움의 원리에 의하여 지배되나, 하나님은 빛이시기 때문이다. 사도 요한은 세상을 지배하는 어두움의 원리에 대하여 구체적으로 설명하고 있다. 그의 설명을 보기 위하여 다시 16절의 말씀을 인용해보자, "이는 세상에 있는 모든 것이 육신의 정욕과 안목의 정욕과 이생의 자랑이니, 다 아버지께로부터 온 것이 아니요 세상으로부터 온 것이라."

이 설명에 의하면, 세상을 지배하는 원리가 두 가지인데, 하나는 세상의 모든 것이 아버지에게서 온 것이 아니라 세상으로부터 왔다는 것이다. "아버지께로부터 왔다"는 것은 세상의 지배원리가 하나님에게서 시작되었고 또 현재에도 그렇다는 뜻이다. 그러나 "세상으로부터 왔다"는 표현은 세상의 지배원리가 사탄으로부터 시작되었을 뿐 아니라, 현재에도 그 사탄을 의지해서 이루어지고 있다는 뜻이다.[15]

세상을 지배하는 또 하나의 원리는 "세상에 있는 모든 것이 육신의 정욕과 안목의 정욕과 이생의 자랑"이라는 것이다. 육신과 안목과 이생life 자체는 선하지도 않고 그렇다고 악하지도 않다. 그런 것들은 인생을 영위하는데 없어서는 안 될 핵심적인 요소들이다. 육신은 몸을 가리키고, 안목은 세상의 형편을 받아들여서 지식으로 만드는 중요한 통로이며, 이생은 삶 자체를 가리킨다. 그런 것들이 없다면 더 이상 인생은 존재할 수 없다.

그러나 그처럼 핵심적인 요소들이 하나님과 상관없을 뿐 아니라, 하나님을 대적하는 통로가 된다면 문제는 다르다. 그리스도인들은 하나님의 지배 밖에서 작동하는 육신의 정욕과 안목의 정욕과 이생의 자랑을 받아들일 수 없을 뿐 아니라, 단호하게 배척해야 한다.

----

15) Smalley, *1, 2, 3 John*, 86.

실제로 그리스도인이 아닌 사람들은 하나님을 떠나서 육신의 정욕과 안목의 정욕에 따라 인생을 영위한다. 그리고 그 인생에서 쟁취한 업적과 소유를 자랑하면서 살아간다.[16)]

"육신의 정욕"은 아담과 하와가 물려준 타락한 죄의 성품 때문에 나오는 내적 유혹이다. 사람들은 이 정욕을 가지고 이 세상에 태어난 것이다. 그 결과 생각과 이해에서, 의지와 고집에서, 그리고 상상과 애정에서 관능적인 것을 추구한다. "안목의 정욕"은 밖에서 오는 외적 유혹이다. 눈을 통하여 마음으로 파고든 것들은 상상의 날개를 더하면서 각종의 탐욕과 탐심으로 이어진다. 바로 이런 것들이 세상을 지배하는 원리이다.

"이생의 자랑"은 자신을 다른 사람보다 높이기 위하여 인생의 업적과 물질을 과시하는 욕구이다. 그렇게 자신을 높이다가 마침내는 하나님보다 높아지려는 유혹을 받는다. "육신의 정욕"과 "안목의 정욕"을 통하여 하나님의 형상으로 지음을 받은 인간이 동물처럼 타락할 수 있지만, "이생의 자랑"을 통하여 하나님에 의하여 창조된 인간이 하나님처럼 되려고 하면서 사탄의 대열에 끼어들어가는 비극을 맞이한다.

3) 영원

만일 불신자들이 생각하는 것처럼, 인생이 단 한 번으로만 끝난다

---

16) 이 세 가지 시험의 기원과 현재와의 상관관계를 알아보려면 다음을 보라: 홍성철, 『회개하라! 천국이 가까이 왔느니라』 (서울: 도서출판 세복, 2015), 172 이하.

면 그들이 인생을 살아가는 방법――"육신의 정욕과 안목의 정욕과 이 생의 자랑"에 따른 방법――은 제법 의미 있는 것이 될 수 있다. 그러나 모든 그리스도인들이 잘 알고 있듯, 인생은 단 한 번으로 끝나지 않는다. 그 인생 너머에 또 다른 인생이 있는 것이다. 그런데 다른 인생은 현재의 인생처럼 한계를 갖지 않고 영원히 지속되는 것이다.

사도 요한이 이런 영원이라는 안목 때문에 세상을 사랑하면 안 된다고 분명히 언급했다. 그의 언급을 알아보기 위하여 17절을 다시 읽어보자, "이 세상도 그 정욕도 지나가되, 오직 하나님의 뜻을 행하는 자는 영원히 거하느니라." 이 말씀에 따르면, 이 세상과 세상적인 정욕은 지나간다. 영원에 비하면 한 순간과 같은 인생을 이 세상과 정욕에 사로잡혀 산 사람들의 운명이 결정되어 있다는 것이다.

그런데 불신자들과 달리 영원에 대한 소망을 품고 살아야 하는 그리스도인들은 이 세상과 그 정욕에 따라 살아갈 수 없다. 그런 인생은 순간적이며 인간적이며 허무하기 때문이다. 사도 요한은 자녀들과 같은 그리스도인들에게 "이 세상과 그 정욕을 따라" 살지 말고, 하나님의 뜻을 따라 살라고 강력히 권면한다. 그 이유는 너무나도 분명하다! "이 세상도 그 정욕도 지나가기" 때문이다.

"이 세상과 그 정욕"을 따라 살지 말아야 하는 또 다른 이유는 영원한 삶 때문이다. 사도 요한은 "하나님의 뜻을 행하는 자는 영원히 거하느니라"는 확신을 피력했다. 그렇다면 "하나님의 뜻"은 구체적으로 무엇을 뜻하는가? 몇 가지를 제시할 수 있는데, 첫 번째는 "세상을 사랑하지 않고 하나님을 사랑하는 것"이다. 다시 말해서, 하나님과 원수가 된 세상을 사랑하지 않으면서, 동시에 하나님을 사랑하는 것이다.

두 번째는 하나님의 말씀에 따라 행하는 것이다. 하나님은 당신의 뜻을 말씀을 통하여 알려주셨다. 그런 이유 때문에 하나님의 말씀을 알고 또 그 말씀대로 순종하며 사는 것이다. 세 번째는 그리스도인들이 일상생활에서 하나님을 기쁘시게 해드리는 삶을 사는 것이다. 물론 그렇게 하기 위해서는 비록 세상에서 살고 있지만, 세상의 원리를 거부해야 한다. 그렇지 않다면 어떻게 하나님을 기쁘시게 할 수 있단 말인가?

이렇게 하나님의 뜻대로 살며 이 세상의 많은 유혹과 싸우면서 이긴 그리스도인들에게 주어진 약속도 있다. 그것은 '영원히 거하느니라"이다. 이 약속은 단순히 영원한 존재를 뜻하는 것이 아니라, 기쁨과 사랑이 충만한 영생을 뜻한다. 그뿐 아니라 하나님과 함께 지내는 모든 특권과 축복을 내포한다. 하나님에 대한 사랑으로 잠시 동안 세상의 사랑이라는 유혹을 극복한 그리스도인들에게 주어지는 엄청난 약속이다.

3. 꼬리

그리스도인들은 세상을 사랑하지 않지만, 그렇다고 세상을 떠나서는 살 수 없다. 실제로 세상이 없다면 그들도 이 세상에 태어날 수도 없고 그리고 이 세상에서 살지도 못할 것이다. 세상 자체는 문제가 없다. 그들의 문제는 "세상을 사랑"하는 것이다. 다시 말해서, 세상을 지배하는 어두움의 원리를 따르고 사랑하는 것이 문제이다. 비록 그 원리를 사랑하지 않지만, 그리스도인들은 세상이 제공하는 많은 것을 누리며 살아야 한다.

　그러나 세상의 원리를 사랑하면 안 되는 이유가 두 가지이다: 하나는 하나님에 대한 사랑 때문이다. 하나님을 사랑하는 그리스도인들이라면, 하나님과 원수가 된 세상을 사랑할 수 없다. 다른 이유는 이 세상과 정욕은 잠시잠간에 불과하지만, 하나님 안에서의 삶은 영원하기 때문이다. 하나님의 자녀들인 그리스도인들은 마땅히 순간적인 정욕과 자랑으로 점철된 삶을 살지 말고, 영원이라는 안목으로 이 짧은 인생을 살아가야 할 것이다.

10

A Holy Life, A Love Life

"마지막 때"

"아이들아, 지금은 마지막 때라; 적그리스도가 오리라는 말을
너희가 들은 것과 같이
지금도 많은 적그리스도가 일어났으니, 그러므로 우리가 마지막 때인 줄 아노라.
그들이 우리에게서 나갔으나 우리에게 속하지 아니하였나니,
만일 우리에게 속하였더라면 우리와 함께 거하였으려니와,
그들이 나간 것은 다 우리에게 속하지 아니함을 나타내려 함이니라"

요한일서 2:18-19

1. 머리

"하나님의 가족"이란 장에서 살펴본 것처럼, 그리스도인들을 신앙의 성숙도에 따라 크게 세 종류로 분류한 바 있었다. 첫째는 "아이들"이고, 둘째는 "청년들"이며, 그리고 마지막으로는 "아비들"이었다. "청년들"은 말씀에 거하면서 싸움에 앞장서서 악한 자를 이긴, 그야말로 군인과 같은 용기 있는 신앙인들이었다 (요일 2:14). 그런데 그 "청년들"의 취약점은 그들을 향하여 파도물결처럼 몰려오는 세상의 유혹이었다.

그런 이유 때문에 2장 14절의 말씀--"흉악한 자를 이기었다"--다음 15절에서 "세상과 세상에 있는 것들을 사랑하지 말라"는 엄중한 경고가 주어졌다. 아버지와 같은 나이 많은 사도 요한의 애정

어린 충고요 명령이었다. 비록 "청년들"이 강건하고 하나님의 말씀이 그들 안에 풍성히 거하여 흉악한 자를 이긴 성과를 거두었지만, 그 흉악한 자가 세상의 것들로 그들을 향해 뻗쳐오는 유혹의 손길을 잡는다면 그들은 곤두박질하게 될 것이다.

반면, "아이들"은 청년들과 다른 유혹을 받는데, 그것은 잘못된 가르침을 받아들일 수 있다는 것이다. "아이들"은 태어 난지 얼마 되지 않은 아기들을 가리키기에, 육체적으로 뿐 아니라 영적으로도 갓 태어난 하나님의 자녀들을 가리킨다. 그런데 그런 "아이들"은 아직 신앙적으로 많이 성장하지 못했기 때문에, 잘못된 가르침에 쉽게 빠져들 수 있다. 그들은 아직 깊은 분별력을 갖지 못했기에 비슷하지만 다른 가르침을 구분하지 못한다.

2. 몸통

사도 요한은 그 당시 범람하는 잘못된 가르침에 "아이들"이 쉽게 노출될 수 있다는 사실을 너무나 잘 알고 있었다. 첫 사랑을 경험하여 기쁨과 열정으로 가득한 "아이들"은 어떤 가르침이든 그것이 그리스도 예수에 관한 것이라면 받아들일 준비가 되어 있었다. 그처럼 영적으로 어린 "아이들"을 위하여 사랑과 보호의 마음을 가진 친아버지처럼 사도 요한은 "마지막 때"와 "적그리스도"에 대한 가르침을 주었던 것이다.

1) "적그리스도"

　적그리스도^{anti-Christ}는 이 세상 마지막 때에 나타나서 정치적으로, 군사적으로 그리고 경제적으로 세상을 통치할 사탄의 세력이다. 그는 "불법의 사람"이며 "멸망의 아들"이라고 불리기도 했다 (살후 2:3). 그뿐 아니라, 그는 성전에 앉아서 자칭 하나님이라고 하면서 스스로를 높이는 작자이다 (살후 2:4). 예수 그리스도가 이 적그리스도를 가리켜서 "멸망의 가증한 것이 거룩한 곳에 설" 것이라고 예언하신 대로이다 (마 24:15).

　적그리스도는 이처럼 스스로를 메시야인 것처럼 가장하여 유대인 성도들을 신앙적으로 속일 것이다. 그는 간교한 가르침과 기적을 통하여 그들을 속인 나머지, 성도들은 그를 메시야로 여길 것이다. 그들은 그와 평화조약을 맺을 것이나, 결국 그들이 속았다는 사실을 알게 될 것이다. 적그리스도는 마침내 성전과 제사를 폐지하고 우상을 섬기도록 강요할 것이며 (단 9:27), 유대인 성도들은 말로 형언할 수 없는 핍박과 고통을 당하게 될 것이다.

　그런데 이처럼 마지막 때에 나타나서 성도들을 속이고 괴롭힐 적그리스도와 유사한 행위를 하는 작자들이 여기저기에서 나타났다. 그들은 간사한 가르침과 기적을 통하여 성도들을 속여서 신앙적으로 잘못된 길로 들어서게 하였다. 특히 신앙적으로나 성경적으로 굳세지 못한 "아이들"과 같은 성도들이 그들의 속임수에 쉽게 넘어갔다. 그런 잘못된 가르침으로 성도를 미혹하게 하는 자들이 사도 요한의 시대에도 이미 있었던 것이다.

　비록 그런 자들이 마지막 때에 나타날 적그리스도는 아니지만 그 적그리스도와 비슷한 속임수로 "아이들"과 같은 그리스도인들을 미혹하기 때문에, 사도 요한은 그들도 "적그리스도"라고 불렀다. 그의 말을 다시 들어보자, "…적그리스도가 오리라는 말을 너희가 들은 것과 같이, 지금도 많은 적그리스도가 일어났으니….." 이 말씀에서 앞의 "적그리스도"는 마지막 때에 나타날 적그리스도이고, 뒤의 "적그리스도"는 그와 비슷한 일들을 하는 자들이다.

이런 "적그리스도들"은 신앙적으로 어린 "아이들"에게 접근하여 성경을 가르치면, "아이들"은 그들의 가르침을 분별하지 못하고 받아들인다. 비록 그들이 성경을 가르치지만, 두말할 필요도 없이 성경을 교묘하게 비틀어 풀어서 "아이들"을 쉽게 속이는 것이다. 그 결과 얼마나 많은 그리스도인들이 진정한 교회를 떠나서 그들의 흉악한 품에 안겼는가! 신천지, 구원파, 여호와 증인, 말일성도 등 얼마나 많은 "적그리스도들"이 세상에서 활개치고 있는가?

이런 "적그리스도들"의 특징은 그들의 가르침이 그리스도의 가르침과 매우 비슷하다는 사실이다. 그렇지 않다면 그렇게 많은 교인들이 그들의 꼬임에 그렇게 쉽게 넘어가지 않았을 것이다. 교인들이 그들의 품에 깊이 들어감에 따라, 그들은 본색을 드러내면서 그리스도를 대적하기 시작한다. 그런 이유 때문에 "적그리스도"의 의미는 궁극적으로 "그리스도를 대적하는 자"이다. 그러나 처음부터 공개적으로 대적하지 않기에 더욱 무서운 대적자이다.

2) "마지막 때"

"마지막 때"에 나타나서 세상을 마음대로 휘두르는 자는 "적그리스도"라고 위에서 언급하였다. 그러니까 "적그리스도"의 출현과 "마지막 때"는 항상 함께 따라다니는 현상이다. 왜냐하면 "마지막 때"에는 반드시 "적그리스도"가 나타나기 때문이다. 다시 말해서, "마지막 때"를 언급하면 당연히 "적그리스도"를 연상해야 하고, "적그리스도"를 언급하면 당연히 "마지막 때"를 연상해야 한다.

그런데 그런 "적그리스도"와 비슷한 행위를 하는 자들도 "적그리스도"라고 부른 것처럼, "마지막 때"도 역시 이중적으로 사용되었다. 넓은 의미에서 "마지막 때"는 성령이 강림하여 성령의 시대로 들어간 순간부터이다. 그 이유는 간단하다! 성령의 시대가 끝나면 바로 역사의 끝자락인 "마지막 때"가 도래하기 때문이다. 그러니까 성부의 시대와 성자 예수 그리스도의 시대가 끝나고, 성령의 시대가 오면 그때부터 "마지막 때"가 되는 것이다.

베드로 사도도 이런 사실을 요엘서를 인용하면서 분명히 했다. 먼저 그가 인용한 요엘서의 예언을 보자: "그 후에 내가 *내 영*을 만민에게 부어 주리니 너희 자녀들이 장래 일을 말할 것이며 너희 늙은이는 꿈을 꾸며 너희 젊은이는 이상을 볼 것이며, 그 때에 내가 또 *내 영*을 남종과 여종에게 부어 줄 것이며" (욜 2:28-29). 이 예언에서 두 번씩이나 "내 영"을 부어준다는 것은 오순절에 강림하신 성령을 가리키며, 그때부터 성령의 시대가 시작되었다.

그런데 베드로는 이 말씀을 인용하면서 "그 후에"라는 표현을 "말세"로 해석하였다. 그의 말을 직접 인용해보자: "이는 곧 선지자 요엘을 통하여 말씀하신 것이니 일렀으되 하나님이 말씀하시기를, *말세에* 내가 내 영을 모든 육체에 부어 주리니 너희의 자녀들은 예언할 것이요 너희의 젊은이들은 환상을 보고 너희의 늙은이들은 꿈을 꾸리라. 그 때에 내가 내 영을 내 남종과 여종들에게 부어 주리니 그들이 예언할 것이요" (행 2:16-18).

결국 "말세," 곧 "마지막 때"는 예수 그리스도가 승천하셔서 성령을 하나님으로부터 받아 세상에 보내주시면서 시작되었다. 베드로의 설명을 다시 들어보자, "하나님이 오른손으로 예수를 높이시매 그가 약속하신 성령을 아버지께 받아서 너희가 보고 듣는 이것을 부어 주셨느니라" (행 2:33). 그렇게 성령이 강림하심으로 성부와 성자의 시대는 끝나고, 성령의 시대로 들어갔는데, 바로 그 시대가 "말세," 곧 "마지막 때"의 시작이었다.[17]

그러나 좁은 의미에서 "마지막 때"는 성령의 시대가 끝난 후 7년 동안을 가리킨다. 그때 진짜 "적그리스도"가 나타나서 세상을 통치할 것이며, 그가 마치 유대인들이 그처럼 오랫동안 기다리던 메시야인 양, 세상을 지배할 것이다. 그러나 그 "마지막 때," 곧 7년이 지나면 참 메시야이신 예수 그리스도가 왕 중의 왕으로 세상에 오셔서 "적그리스도"를 폐하고 세상을 평화와 공의로 통치하실 것이다.

3) "우리와 그들"

사도 요한은 그 당시 횡횡하던 "적그리스도들"을 "그들"이라고 불렀고, 참 그리스도인들을 "우리"라고 불렀다. 처음에는 "우리"와 "그들"이 함께 예배도 드리고, 함께 사귐도 나누면서 다른 것이 없

---

17) 오순절이 "말세"라는 뜻을 더 자세히 알아보기 위하여 다음을 보라; 홍성철, 『성령의 시대로! 오순절, 복음, 교제』 162 이하.

어보였다. 그러나 마침내 "우리"와 "그들"이 서로 다르다는 것이 드러나게 되었고, 그리고 우리와 다른 "그들"은 "우리"를 떠났던 것이다. 요한의 말을 다시 들어보자, "그들이 우리에게서 나갔으나…" (요일 2:19a).

요한일서 19절에서 사도 요한은 "우리"와 "너희"를 설명하면서 두 가지 중요한 단어를 사용했는데, 하나는 "함께"이고, 또 하나는 "속했다"이다. 먼저, "함께"의 의미를 알아보자. 진정한 그리스도인들과 가짜 그리스도인들을 처음부터 구분해내기란 쉽지 않았던 것이다. 왜냐하면 그들 모두가 같은 교회에 "함께" 있었기 때문이었다. 그들은 "함께" 신앙생활을 하면서 "함께" 찬송도 하고, 또 "함께" 기도도 했었다.

마치 어린 양과 염소를 구분하기 쉽지 않으나, 그들이 성장하면서 다른 모습을 드러내는 것과 같다 (마 25:32 이하). 심판관이 양과 염소를 구분해서 양은 약속대로 "예비 된 나라를 상속받고," 염소는 "영원한 불"에 던져진다. 이것이야말로 영원한 분리이다. "우리"와 "그들"도 마찬가지이다. 처음에는 구분 없이 "함께" 있었지만, 마침내 "그들"은 "우리"에게서 분리되었다. 그들은 그들의 다름을 더 이상 감출 수 없었다.

그 다음, "속했다"의 의미를 알아보자. 사도 요한이 이 단어를 세 번씩이나 반복해서 사용한 것은 "속함"의 중요성을 강조한 것이다. "그들"은 "우리"와 육신적으로는 함께 있었지만, 진정한 의미에서 "우리"에게 속해 있지 않았다. 다른 말로 하면, "그들"은 그리스도의 몸, 곧 교회에 붙어있는 지체가 아니었다. 반면, "우리"는 몸에 붙어있는 지체요, 더 나아가서 몸을 이루고 있는 핵심적인 요소들이었다.

"그들"은 세상과 악령에 속한 자들이었다. 그런 이유 때문에 "그들"이 "우리"와 같지 않다는 것이 필연적으로 드러날 수밖에 없었다. 그것을 반대로 말하면, "우리"는 세상과 악령에게 속하지 않았다. 그 이유는 "우리"가 세상과 악령으로부터 분리되었기 때문이다 (요 15:19를 보라). 결국, "우리"는 "그들"로부터 분리될 수밖에 없었고, 반대로 "그들"은 "우리"로부터 분리될 수밖에 없었다.

비록 "그들"이 의도적으로 "우리"에게서 떠나갔지만, 하나님의 절대적인 뜻 안에서 이루어졌다. 마치 마지막 날에 심판자가 "알곡"과 "쭉정이"를 분리해내는 것과 같은 것이다 (마 3:12). 하나님은 "그들"의 분리를 허용하심으로 "우리"를 깨끗하게 유지시켜주실 뿐 아니라, "우리"에게 "아이들"처럼 신앙의 초보에 머물러 있지 말고 깊이 들어가야 할 필요성도 가르쳐주신다. 얼마나 놀라운 하나님의 뜻인가![18]

3. 꼬리

예수 그리스도가 십자가에서 죽으시고 부활하신 가장 큰 목적 중 하나는 "사귐"을 일으키기 위함이었다. 그런데 그 "사귐"은 무無에서 창조된 것이 아니었다. 그 "사귐"은 예수 그리스도가 영원 전부

---

[18] 이런 하나님의 뜻에 대한 구체적인 설명을 위하여 다음을 보라, 홍성철, 『기독교 신앙에 대한 질의응답 50』 (서울: 도서출판 세복, 2017), 192이하.

터 성부 하나님과 성령 하나님과 나누시던 "사귐"이었다. 그런 "사귐"을 그리스도인들도 맛보게 하기 위하여, 성부 하나님은 창세전에 계획하셨고, 성자 하나님은 실천하셨고, 그리고 현재 성령 하나님은 이루고 계신다.

그런 "사귐"은 문자 그대로 천국의 전조^{foretaste}이다. 그런 까닭에 그리스도인들은 물론 적그리스도들도 그런 "사귐"에 끌리게 마련이다. 그러나 이 두 부류는 결코 같이 할 수 있는 사람들이 아니다. 그런 이유 때문에 처음에는 함께 "사귐"을 나누는 것 같았지만, 마침내 가짜 그리스도인들, 곧 적그리스도들은 진정한 그리스도인들을 떠난다. 그리고 한 발 더 나아가서 그리스도인들과 교회를 비방하고 헐뜯는다. 이런 자들을 조심하자!

11

A Holy Life, A Love Life

믿는 자들의 특징

"너희는 거룩하신 자에게서 기름 부음을 받고 모든 것을 아느니라.
내가 너희에게 쓰는 것은 너희가 진리를
알지 못하기 때문이 아니라 알기 때문이요,
또 모든 거짓은 진리에서 나지 않기 때문이라.
거짓말하는 자가 누구냐? 예수께서 그리스도이심을 부인하는 자가 아니냐?
아버지와 아들을 부인하는 그가 적그리스도니,
아들을 부인하는 자에게는 또한 아버지가 없으되,
아들을 시인하는 자에게는 아버지도 있느니라"

요한일서 2:20-23

1. 머리

앞장에서 사도 요한은 마지막 때의 특징signs을 언급하면서 그리스도 안에 있는 성도들, 특히 아이들을 가르쳤다. 마지막 때의 가장 두드러진 특징은 적그리스도의 출현이었다. 적그리스도인들은 그리스도인들의 사귐에 끼어들었으나, 마침내 그들의 본색이 드러내면서 참 그리스도인들과 분리되었다. 그리고 그들은 그리스도와 그리스도인들을 대적하면서 공공연하게 비방하고 헐뜯는 일을 서슴지 않았다.

반면, 사도 요한은 이 장에서 믿는 자들의 특징을 묘사하면서 적그리스도인들과 다른 점을 부각시켰다. 비록 마지막 때에 사는 믿는 자들이 불신자들과 적그리스도인들로부터 온갖 박해와 비난을 당하고 있지만, 그래도 그들만이 가지고 있는 특징 때문에 믿는 자들은 그런 어려움을 극복할 수 있었던 것이다. 그들의 특징도 역시 세 가지인데, 곧 "기름 부음"과 "진리를 앎"과 "아들을 시인"하는 것이다. 이 장에서는 그 세 가지 특징을 알아보고자 한다.

이왕 마지막 때의 특징과 믿는 자들의 특징을 묘사한 김에 다음 장에서 제시될 특징에 대해서도 잠깐 언급하고 본론에 들어가자. 다음 장의 제목은 "빛 가운데서 사는 자들의 특징"이다. 이런 자들의 특징은 "아들과 아버지 안에 거하는" 것이며, 또한 적그리스도가 날뛰고 있지만 그래도 영원한 생명을 누리고 있다는 것이다. "빛 가운데서 사는 자들"이 누리는 이런 특징은 현재와 미래를 아우르는, 다시 말해서, 시대를 초월해서 누리는 특권이다.

2. 몸통

그런데 위에서 언급된 세 가지 특징을 시간적으로 나누어볼 수도 있다. 마지막 때의 특징에서 적그리스도는 이미 그리스도인들을 떠났기에 과거에 해당된다. "믿는 자"의 특징은 현재에 해당되는데, 그 이유는 분명하다. 어두움의 세력에 둘러싸여 있지만 그래도 승리의 삶을 누리고 있기 때문이다. "빛 가운데서 사는 자들"은 미래에 해당되는데, 그 이유도 분명하다. 그들도 "처음부터 들은 것"을 붙잡으며 "아들과 아버지 안에 거할" 수 있기 때문이다.

1) "기름 부음"

믿는 자들의 첫 번째 특징을 사도 요한은 "기름 부음"이라고 말했다. 그의 말을 다시 인용해보자, "너희는 거룩하신 자에게서 기름 부음을 받고 모든 것을 아느니라" (요일 2:20). 이 말씀에서 "기름 부음"은 구약성경의 가르침을 반영하는 표현이다. 구약시대에는 기름을 바르거나 아니면 기름을 붓는 예식을 거쳐서 어떤 물건이나 사람을 하나님에게 바쳤다. 그때부터 그 물건이나 사람은 하나님만을 위하여 사용되었다.

구약시대에 특별히 제사장이나 왕이나 선지자들을 불러낼 때 기름 부음이란 예식을 통하여 불러냈다. 예수 그리스도도 역시 "기름 부음"을 통하여 하나님만을 위한 사역자가 되셨던 것이다 (마 3:16). 그런데 그분이 그렇게 기름 부음을 받으신 것은 구약시대와는 달리 성령의 임재를 가리켰다. 그분에게 비둘기 같은 성령이 임하시자, 그때부터 그분은 제사장과 왕과 선지자의 역할을 감당하셨던 것이다.

그런데 예수 그리스도에게 임하셨던 성령은 모든 거듭난 그리스도인들에게도 임했던 것이다. 바울 사도는 이런 성령의 임재를 성령의 인침이라고 묘사하면서 이렇게 가르쳤다, "그 안에서 너희도 진리의 말씀 곧 너희의 구원의 복음을 듣고 그 안에서 또한 믿어 약속의 성령으로 인치심을 받았으니" (엡 1:13). 이런 성령의 인침만큼 믿는 자들의 두드러진 특징은 달리 없다. 왜냐하면 그때부터 그들은 진정한 의미에서 그리스도인들이 되었기 때문이다.

그렇다면 왜 적그리스도인들이 그리스도인들을 떠났는지 이유가 분명해진다. 그들에게는 "기름 부음"이 없기 때문이었다. 그런 자들은 외적으로는 그리스도인인 것처럼 참 그리스도인들과 사귐을 가졌었지만, "기름 부음"이 없었기에 진정으로 하나가 될 수 없었다. 그들은 "기름 부음"을 통하여서가 아니라, 지식을 통하여 구원을 얻은 신앙의 소수 정예분자들이라고 자처했다. 이처럼 다른 사람들이 그리스도인들과 함께 사귐을 나눌 수는 없었다.

예수 그리스도가 "기름 부음"을 통하여 제사장과 왕과 선지자의 사역을 감당하신 것처럼, 같은 성령으로 기름 부음을 받은 그리스도인들도 그리스도처럼 삼중적인 사역을 감당하였다. 그들이 제사장처럼 중보사역을 통하여 하나님을 세상에 소개했으며, 선지자처럼 하나님의 뜻을 세상에 선포했으며, 왕처럼 하나님의 최후심판을 알렸던 것이다. 그러나 "기름 부음"이 없는 적그리스도인들은 기껏해야 그들의 지식을 뽐내는 것이 전부였다.

적그리스도인들은 지식을 습득하므로 구원을 얻으려고 부단히 안간힘을 쓰지만, 기름 부음이 있는 그리스도인들은 성령의 도움과 조명을 통하여 "모든 것"을 알 수 있는 것이다. 무엇보다도 구원에 관한 "모든 것," 곧 구주이신 예수 그리스도를 통한 죄의 용서와 성령의 내주를 통한 중생 및 하나님의 자녀가 되었다는 사실을 아주 분명히 그리고 경험적으로 알게 된 것이다. 소수의 지도자만이 아는 것이 아니라, 모든 그리스도인이 아는 것이다.

2) "진리를 앎"

믿는 자들의 두 번째 특징은 "진리를 아는 것"이다. 사도 요한의 가르침을 다시 읽어보자, "내가 너희에게 쓰는 것은 너희가 진리를 알지 못하기 때문이 아니라 알기 때문이요" (요일 2:21). "진리를 아는" 특징도 말할 수 없이 중요하다. 왜냐하면 그 당시 적그리스도인들인 영지주의자들은 그들만이 진리를 안다고 했기 때문이다. 그런데 그들이 주장하는 진리와 그리스도인들이 주장하는 진리는 하늘과 땅만큼 다르다.

위에서 언급한 것처럼, 적그리스도인들은 구원의 확신을 얻으려는 목적 때문에 열심히 진리를 추구하며 또 상당히 쟁취하기도 하였다. 그 결과 그들만이 지식을 통하여 구원을 쟁취한 소수의 정예분자들이라는 긍지를 가졌다. 그러나 그들은 참 "진리"이신 예수 그리스도를 결코 알지 못했다. 왜냐하면 그들에게는 그분을 알게 해주는 "기름 부음"이 없었기 때문이었다. 성령의 도움이 없이는 진리요 구주이신 예수 그리스도를 알 수 없다.

예수님이 직접 하신 말씀도 이런 사실을 뒷받침 한다, "진리의 성령이 오시면 그가 너희를 모든 진리 가운데로 인도하시리니…" (요 16:13). 그렇다! 그리스도인들을 모든 진리 가운데로 인도하시는 분은 "기름 부음," 곧 성령이시다. 성령은 "진리의 영"이라고 예수 그리스도는 분명히 말씀하셨다 (요 14:17). 다른 말로 하면, "진리의 영"의 도움 없이 참 진리를 깨닫고 습득하는 것은 불가능하다.

한 발 더 나아가서 예수님은 성령의 역사가 없이는 아무도 그분을 구주로 알 수 없다고 말씀하셨다, "그가 내 영광을 나타내리니, 내 것을 가지고 너희에게 알리시겠음이라" (요 16:14). 성령만이 예수 그리스도의 영광을 드러낼 수 있기 때문에, 성령의 임재와 역사가 없이는 어떤 지성인과 철인도 예수 그리스도를 그들의 구주로 깨달을 수도 없고, 또 영접할 수도 없다. 성령만이 죄인에게 그리스도를 알려주시기 때문이다.

이렇게 분명한 가르침에 어긋난 지식습득은 성령의 도움과 조명에 의한 깨달음이 아니다. 한 마디로 말해서, 적그리스도인들은 성령과 관계없는 인간적인 노력으로 인간적인 지식을 습득한 것에 지나지 않은 것이다. 그러나 거듭난 그리스도인들은 다르다! 그들은 성령의 도움을 받아서 예수 그리스도를 그들의 구주로 영접할 뿐 아니라, 그 성령의 도움으로 깊은 진리를 깨닫는다. 그런 이유 때문에 그들은 "진리를 아는" 사람들이다.

비록 그리스도인들은 영지주의자들처럼 지적인 엘리트가 아닐 수 있다. 그들은 세상적인 지식에 탁월하지 않을 수도 있다. 그러나 거듭난 그리스도인이라면 남녀노소를 막론하고 참 진리를 아는 사람들이다. 왜냐하면 그들에게 "기름 부음"이 있기 때문이다. 그 "기름 부음"이 그들에게 인간적인 한계를 넘어선 깊은 영적 진리를 알려주시기 때문이다. 그들이 깨닫고 붙잡은 진리는 성령의 조명으로 주어진 신적^{divine} 진리인 것이다.

3) "아들을 시인"

믿는 자들의 세 번째 특징은 "아들을 시인"하는 것이다. 사도 요한의 가르침을 다시 보자, "아들을 시인하는 자에게는 아버지도 있느니라" (요일 2:23b). 이 말씀에서 "아들"은 두말할 필요도 없이 예수 그리스도이시다. 그런데 그 "아들을 시인한" 그리스도인들에게 주어진 엄청난 특권 가운데 하나는 하나님을 그들의 아버지로 모신다는 것이다. 그렇다면 "아들을 시인한다"는 표현은 구체적으로 무엇을 뜻하는가?

그 아들이 죄 없이 이 세상에 오셨다는 것을 받아들이는 것이다. 그뿐 아니라, 그분이 모든 죄인들의 심판을 짊어지시고 십자가에서 대속의 죽음을 맛보셨다는 것도 받아들여야 한다. 한 발 더 나아가서, 그분이 죽은 지 삼일 만에 다시 살아나셨다는 사실도 받아들여야 한다. 구원 받았다는 뜻은 살아계신 예수 그리스도를 개인적으로 그리고 인격적으로 만났다는 것이다. 그렇게 그분을 만난 그리스도인만이 그분을 "아들"로 시인할 수 있다.

그러니까 구원은 두 가지 성품을 지니신 예수 그리스도를 통해서만이 가능하다는 것이다. 물론 그분의 두 가지 성품은 신성神性과 인성人性이다. 그 말은 그분만이 참 하나님이시지만, 동시에 참 인간이 되신 분이라는 것이다.[19] 예를 들면, 그분이 십자가에서 죽으신 것은 그분의 인성을 가리키며, 그분이 죽은 후에 다시 사셨다는 것은 그분의 신성을 가리킨다. 이런 아들을 시인한 사람들이 바로 참 그리스도인이다.

그러나, 적그리스도인들에게 그런 사실은 어리석게 보일 것이다. 그 이유는 간단하다! 그들에게 "기름 부음," 곧 성령의 인침이 없기 때문이다. 그런 사실은 인간적으로 깨닫는 것이 아니라 성령의 도움으로만 깨달을 수 있다. 바울 사도의 가르침대로이다, "육에 속한 사람은 하나님의 성령의 일들을 받지 아니하나니 이는 그것들이 그에게는 어리석게 보임이요, 또 그는 그것들을 알 수도 없나니 그

----
19) Lloyd-Jones, *Life in Christ*, 252-3.

러한 일은 영적으로 분별되기 때문이라" (고전 2:14).

　　그들이 적그리스도이며 거짓말쟁이인 사실이 확실하다. 그들은 "성령의 일"을 받지도 못하면서, 인간적으로만 구원을 쟁취하려고 하였다. 그들은 "기름 부음"이 없기에 영적으로 분별할 수 있는 능력을 가지고 있지 못했다. 그들은 오히려 참 그리스도인들을 어리석다고 치부하면서, 결국엔 예수가 그리스도이심을 부인하는 자들이다. 사도 요한의 진단을 다시 보자, "거짓말하는 자가 누구냐? 예수께서 그리스도이심을 부인하는 자가 아니냐?" (요일 2: 23a).

　　적그리스도인들은 그리스도를 부인함으로 그들이 그처럼 만나기를 원했던 하나님도 부인한 꼴이 되었다. 사도 요한의 말을 더 들어보자, "…아버지와 아들을 부인하는 그가 적그리스도니, 아들을 부인하는 자에게는 또한 아버지가 없으되….” 아버지와 아들을 부인하는 적그리스도인들이 어떻게 아버지와 아들을 시인하는 그리스도인들과 하나가 될 수 있는가? 당연히 그들은 참 그리스도인들과 교회를 떠나갔던 것이다.

3. 꼬리

　　예수 그리스도는 이렇게 말씀하신 적이 있다, "…내가 곧 길이요 진리요 생명이니, 나로 말미암지 않고는 아버지께로 올 자가 없느니라" (요 14:6). 이 말씀대로 그분은 진리이시다! 그리고 죄인들은 그 진리를 통해서만이 하나님 아버지에게로 갈 수 있다. 비록 적그리스도인들은 구원을 위하여 잘못된 지식을 의지하나, 그리스도인들은 "기름 부음"을 통하여 참 진리를 알고 있다. 얼마나 놀라운 특권인가!

예수 그리스도는 또 이렇게 말씀하신 적이 있다, "누구든지 사람 앞에서 나를 시인하면 나도 하늘에 계신 내 아버지 앞에서 그를 시인할 것이요, 누구든지 사람 앞에서 나를 부인하면 나도 하늘에 계신 내 아버지 앞에서 그를 부인하리라" (마 10:32-33). 적그리스도인들은 예수 그리스도를 부인하기에 하나님 아버지로부터 배척을 받을 것이나, 참 그리스도인들은 그분을 시인하기에 아버지도 그들을 기쁘게 영접하실 것이다.

빛 가운데 사는 자들의 특징

> "너희는 처음부터 들은 것을 너희 안에 거하게 하라!
> 처음부터 들은 것이 너희 안에 거하면 너희가 아들과 아버지 안에 거하리라.
> 그가 우리에게 약속하신 것은 이것이니 곧 영원한 생명이니라"
>
> 요한일서 2:24-25

1. 머리

사도 요한은 한편 적그리스도의 잘못된 신앙을 날카롭게 지적하지만, 동시에 그리스도인들이 어떻게 살아야 하는지를 알려주고 있다. 지난 장에서 본 것처럼, 적그리스도는 기독교의 주변적인 진리를 왜곡歪曲하는 것이 아니었다. 적그리스도는 기독교의 가장 핵심적인 진리를 비틀었는데, 곧 예수 그리스도에 관한 것이었다. 그러면 적그리스도는 예수 그리스도의 어떤 점을 공격했는가? 그분의 두 가지 성품--신성神性과 인성人性--을 공격했다.

적그리스도는 예수 그리스도의 이 두 가지 성품을 거부하므로, 기독교에서 가장 중요한 사실을 대적한, 문자 그대로 적그리스도였다. 적그리스도는 일차적으로 예수님이 그리스도가 아니라고 하면서, 그분의 신성을 거부하였다. 그뿐 아니었다! 적그리스도는 그분이 하나님의 아들이심을 부인하면서 신성을 거부하였다.[20] 이런 부인은 결국 하나님도 부인하는 꼴이 되었는데, 하나님 아버지와 아들은 같은 분이시기 때문이다 (요 5:18, 10:30).

적그리스도는 이차적으로 예수 그리스도의 인성을 부인하였다. 사도 요한은 적그리스도의 이런 잘못을 알알이 드러냈다. 그의 진단을 직접 들어보자, "…예수 그리스도께서 육체로 오신 것을 시인하는 영마다 하나님께 속한 것이요, 예수를 시인하지 아니하는 영마다 하나님께 속한 것이 아니니 이것이 곧 적그리스도의 영이니라. 오리라 한 말을 너희가 들었거니와 지금 벌써 세상에 있느니라" (요일 4:2-3).

2. 몸통

적그리스도는 이처럼 기독교의 근본을 흔들면서 그리스도를 대적하며, 동시에 그리스도인들을 혼란에 빠뜨리려고 안간힘을 쓰고 있었다. 그런 적그리스도의 공격을 받고 있는 그리스도인들에게 사도 요한은 빛 가운데서 살아야 된다고 하였다. 왜냐하면 그들이 빛 가운데 살면, 어떤 적그리스도의 공격도 이겨낼 수 있기 때문이었다. 사도 요한이 제시한 빛 가운데 사는 그리스도인들의 특징은 다음과 같이 세 가지였다.

----

20) 이 구절에서 "그리스도"와 "아들"은 동의어로 사용되었다고 주장하는 학자도 있다. 이를 위하여 다음을 보라, J. L. Houlden, *A Commentary on the Johannine Epistles* (New York: Harper & Row, 1973), 80. 이런 주장을 뒷받침하는 성경구절도 있다: 요한복음 11:27, 20:31.

1) "처음부터 들은 것"

　적그리스도인들은 진정한 그리스도인들을 떠나갔지만, 예수 그리스도와 그분의 진리를 붙잡고 있는 사람들은 빛 가운데 사는 그리스도인들이다. 그들이 빛 가운데 사는 첫 번째 특징을 알아보기 위하여 사도 요한의 말을 직접 들어보자, "너희는 처음부터 들은 것을 너희 안에 거하게 하라" (2:24a). 이 말씀에는 두 가지 충고가 들어 있는데, 하나는 "처음부터 들은 것"이고, 다른 하나는 "너희 안에 거하게 하라"이다.

　먼저, "처음부터 들은 것"에 대하여 알아보자. 이것은 그리스도인들이 예수 그리스도의 복음을 처음 들은 사실을 가리킴에 틀림없다. 그들은 그처럼 놀라운 복음을 듣고 예수 그리스도를 그들의 구주로 받아들였다. 십중팔구 그들에게 이처럼 귀한 복음을 전해준 사람은 사도 요한이었을 것이다. 그렇다면 사도 요한은 누구에게서 그 복음을 들었는가? 두말할 필요도 없이 그를 불러내신 예수 그리스도였다.

　그렇다면 예수 그리스도는 언제부터 존재하셨는가? 물론 영원 전부터 존재하셨다 (요일 1:1, 요 1:1). 결국 영원 전부터 계신 예수 그리스도가 하나님의 뜻을 따라 이 세상에 오셨던 것이다. 그러니까 그리스도인들이 "처음부터" 들은 것은 영원 전부터 있는 복음을 들었다는 것이다.[21] 그 영원이라는 세월이 흐르는 동안 조금도 변하지 않은 예수 그리스도의 복음을 들었고, 또 받아들였기에 그들도

---

21) 헬라어에 의하면, "처음부터"와 "태초부터"는 같은 *아프 아르케스*(ἀπ'ἀρχῆς)이다.

흔들릴 이유가 없다는 것이다.

다음, "너희 안에 거하게 하라"를 알아보자. 복음을 듣고 받아들인 사람들이 그리스도인들이다. 그리고 그리스도인들이라면 당연히 그들 안에 "기름 부음"이 있을 뿐 아니라, 예수 그리스도가 내주하신다. 그런데 예수 그리스도는 바로 "생명의 말씀"이시었다 (요일 1:1). 다시 말하면, 그들 안에 예수 그리스도가 내주하신다는 사실은 말씀이 내주한다는 것과 똑같다. 그러니까 본문에서 "너희 안에"는 그리스도인들 안에 계시는 그리스도와 말씀을 뜻한다.

"너희 안에 거하게 하라"는 권면에서 "거하라"는 잠시 머물다 떠나는 것을 가리키지 않는다. '거하다"는 떠나거나 들락거리지 않고 항상 자리를 지키는 것을 가리킨다. 그러니까 사도 요한은 그리스도인들이 빛 가운데 살기 위해서는 그들이 듣고 받아들인 복음 안에서 흔들리지 말아야 한다고 권면한 셈이다. 그렇게 흔들리지 않기 위해서 "처음부터 들은 것"을 붙잡고 음미하며, 묵상하면서 그들의 것으로 만들어야 한다는 것이다.

"처음부터 들은 것을 너희 안에 거하게 하기" 위하여 그리스도인들은 십자가에서 죽으셨다 다시 사신 그들의 구주를 깊이 알아가야 한다. 그분을 알아가기 위해서 그들은 당연히 말씀에 깊이 들어가야 한다. "말씀이 육신이 되신" 예수 그리스도를 깊이 알아가는 방법이기 때문이다. 말씀을 통하여 그리스도 예수를 묵상하여 보다 깊이 사랑하게 된다면, 그들은 진정으로 "처음부터 들은 것을 그들 안에 거하게 한" 것이다.

2) "아들과 아버지 안에"

적그리스도의 꼬임과 가르침을 거부하고 진정한 사귐 안에 남아
있는 그리스도인들이 빛 가운데 살 수 있는 두 번째 특징은 "아들과
아버지 안에 거하는 것"이다. 사도 요한의 권면을 다시 들어보자,
"처음부터 들은 것이 너희 안에 거하면 너희가 아들과 아버지 안에
거하리라" (2:24b). 이 말씀에 의하면, 그리스도인들은 "아들과 아
버지 안에 거해야' 한다. 그렇지 않다면 그들도 적그리스도의 꼬임
에 빠질 수 있기 때문이다.

그렇다면 그리스도인들은 어떻게 "아들과 아버지 안에 거할 수"
있는가? 사도 요한은 두 번씩이나 반복한 권면으로 그들이 "아들과
아버지 안에 거할 수" 있다고 했다. 그가 반복한 권면은 "처음부터
들은 것이 너희 안에 거하라"는 것이었다. 달리 말하면 비록 예수
그리스도를 그들의 구주로 영접한 그리스도인들이라도 자동적으로
"아들과 아버지 안에 거하지" 못한다는 것이다. 그들이 "아들과 아
버지 안에 거하기" 위해서는 조건이 있다는 것이다.

그 조건이 얼마나 중요한지 사도 요한은 요한일서 2장 24절에서
두 번씩이나 반복했는데, 곧 "처음부터 들은 것이 너희 안에 거하
라"는 것이었다. 그들을 변화시켜서 그리스도인들로 만든 것은 결
코 지식이나 종교가 아니었다. 그것은 그들이 "처음부터 들은 것,"
곧 복음이었다. 그리고 그 복음은 예수 그리스도의 대속적 죽음과
칭의稱義를 위한 부활이었다 (롬 4:25). 그러니까 복음의 주인이신 예
수 그리스도를 꼭 붙잡고 동행해야 된다는 권면이었다.

그리스도인들이 이처럼 "처음부터 들은 것이 너희 안에 거하게"

하면, 그들도 "아들과 아버지 안에 거한다"는 것이다. 이 말씀에서 사도 요한은 "거하다"를 두 번씩 사용함으로 "거함"의 중요성을 부각시켰다.[22] 먼저 그리스도인들이 복음 안에 거할 때, 비로소 그들은 "아들과 아버지 안에 거할 수" 있다는 것이다. 이 말씀에서 "거하다"를 좀 더 설명하면, 친밀하면서도 영구적인 관계를 뜻한다.[23]

그러니까 그리스도인들은 아들이신 예수 그리스도와 아버지이신 하나님과 친밀하면서도 지속적인 관계를 누려야 된다는 것이다. 여기에서 "아들"을 "아버지" 앞에 둔 것은 그 "아들"이 하나님 아버지를 그리스도인들에게 계시하시기 때문이다. 그런 이유 때문에 복음의 시작은 하나님이지만, 그 아들 예수 그리스도를 통하지 않으면 복음은커녕 하나님 아버지도 알 수 없는 것이다 (요 14:6). 그러므로 "아들"을 "아버지" 앞에 둔 것이다.

그런데 24절에서 네 번씩이나 사용된 "너희"가 모두 복수형으로 쓰인 사실을 눈여겨보자. "너희"가 복수형으로 사용된 사실은 많은 그리스도인들을 가리키지만, 동시에 "너희"로 이루어진 교회도 가리킨다. 그렇다! 교회는 예수 그리스도를 통하여 하나님을 아버지로 모신 그리스도인들로 이루어진다. 그러므로 그들은 예수 그리스도와 모든 그리스도인들의 아버지인 하나님 안에서 살아야 한다. 그렇게 할 때 교회는 빛 가운데 거하는 것이다.

----

22) 실제로 요 2:24절에서 "거하다"는 동사는 세 번 사용되었다.
23) Smalley, 1, 2, 3, John, 119.

3) "영원한 생명"

적그리스도인들의 결별을 지켜보면서 그들의 신앙을 지킨 신실한 그리스도인들이 빛 가운데 살아가는 세 번째 특징은 "영원한 생명"에 대한 약속을 붙잡고 있다는 것이다. 다시 사도 요한의 가르침을 인용해보자, "그가 우리에게 약속하신 것은 이것이니 곧 영원한 생명이니라" (2:25). 이 말씀을 두 가지로 나눌 수 있는데, 하나는 "그가 우리에게 약속하신 것"이고 또 하나는 "영원한 생명"이다.

적그리스도는 사람들을 거짓 가르침으로 속이고, 그리스도인들을 넘어뜨리려고 광분하고 있었다. 그에게는 역사와 미래를 좌지우지할 수 있는 지식도 없고 능력도 없다. 단지 그가 할 수 있는 것은 그리스도 예수를 대적하며, 그리스도인들의 신앙을 무너뜨리려고 하는 것뿐이다. 그러나, 예수 그리스도는 다르다! 그분은 영원 전부터 하나님과 함께 계시다가, 죄인들을 구원하시기 위하여 그들 속으로 뛰어든 분이시다.

예수 그리스도는 역사의 과거와 현재는 물론 미래를 손에 쥐고 있으시다. 그런 이유 때문에 그분은 "우리," 곧 사도들을 포함한 모든 그리스도인들에게 약속을 주실 수 있다. 약속은 그 약속의 내용이 포함돼 있지 않으면 더 이상 약속이 아니다. 그뿐 아니라, 그 약속대로 그 내용을 실현할 수 있는 능력이 없다면, 그 약속은 신기루에 불과하다. 그러나 예수 그리스도는 약속의 내용과 그 약속을 실현할 수 있는 능력이 있기에 약속하실 수 있었다.

그렇다면 예수 그리스도가 모든 그리스도인들에게 무엇을 약속하셨는가? "영원한 생명"이다! 그분이 약속하신 "영원한 생명"은 크게 두 가지 뜻을 가지고 있는데, 첫째는 현재의 구원을 가리킨다. 예수 그리스도라는 복음을 듣고 받아들인 사람들에게 하나님이 주시는 가장 중요한 선물은 생명이다. 아담과 하와 이후 모든 인간은 영적 생명을 갖지 못했다. 다시 말해서, 그들은 영적으로 죽은 상태였던 것이다.

그런데 예수 그리스도를 그들의 구주로 영접할 때 그리스도 예수가 그들의 삶 속으로 들어가신다. 두말할 필요도 없이 그분은 "영원한 생명"이시기에 그들도 그분 안에서 "영원한 생명"을 갖게 된 것이다. 그분이 그들 속으로 들어가신 순간부터 그들은 "영원한 생명"을 누리기 시작한다. 그분의 약속대로이다, "진실로 진실로 너희에게 이르노니, 믿는 자는 영생을 가졌나니" (요 6:47).

그렇게 시작된 생명이 영원하기에 그 약속은 현재뿐만 아니라 미래도 강조한다. 그리스도인들의 삶은 기껏해야 100년이지만, 그 인생이 끝날 때부터 영원히 살게 된다. 그들의 생명은 예수 그리스도처럼 변화되어, 그분과 더불어 영원히 살게 될 것이다 (요일 3:2). 그렇다! 그리스도인들이 구주가 약속하신 "영원한 생명"을 현재에 누리고, 그리고 미래에 영원히 누린다는 확신을 가진다면, 그들은 정말로 빛 가운데 살고 있는 것이다.

3. 꼬리

사도 요한은 요한일서 2장 18~25절에서 세 가지 특징을 묘사했다. 첫 번째는 마지막 때의 특징이었다. 마지막 때의 가장 두드러진 특징은 적그리스도의 출현이며, 동시에 적그리스도를 따르는 자들이 진실한 그리스도인들을 떠난 것이었다. 두 번째 특징은 믿는 자들에게는 적그리스도를 따르는 자들과 달리 "기름 부음"이 있다는 사실이다. 그 "기름 부음" 때문에 그들은 진리도 알며, 하나님의 아들이신 예수 그리스도도 시인한다.

이렇게 "기름 부음"이 있는 그리스도인들은 적그리스도의 거짓된 가르침을 물리치기 위하여 빛 가운데 살아야 한다. 빛 가운데 산다는 것은 그들이 처음부터 들은 복음, 곧 예수 그리스도를 붙잡을 뿐 아니라, 그분을 통하여 하나님과 긴밀한 관계를 유지해야 한다. 그러면서 그들에게 약속된 "영원한 생명"에 대한 확신을 가져야 한다. 그런 확신이야말로 빛 가운데 살아가는 진실한 그리스도인들만이 누릴 수 있는 특징인 것이다.

13
A Holy Life, A Love Life

"주 안에 거하라"

"너희를 미혹하는 자들에 관하여 내가 이것을 너희에게 썼노라.
너희는 주께 받은 바 기름 부음이 너희 안에 거하나니 아무도 너희를 가르칠 필요가 없고,
오직 그의 기름 부음이 모든 것을 너희에게 가르치며,
또 참되고 거짓이 없으니 너희를 가르치신 그대로 주 안에 거하라.
자녀들아, 이제 그의 안에 거하라! 이는 주께서 나타내신 바 되면 그가 강림하실 때에
우리로 담대함을 얻어 그 앞에서 부끄럽지 않게 하려 함이라.
너희가 그가 의로우신 줄을 알면 의를 행하는 자마다 그에게서 난 줄을 알라"

요한일서 2:26-29

1. 머리

사도 요한은 "믿는 자들의 특징"과 "빛 가운데 사는 자들의 특징" 을 제시한 후, 그들이 "주 안에 거해야" 된다고 명령한다. 그렇게 명령만 한 것이 아니라, "주 안에 거할 수" 있는 방법도 구체적으로 제시한다. 왜냐하면 방법이 제시되지 않은 명령은 믿는 자들로 하여금 어떻게 해야 "주 안에 거하는지" 전전긍긍하게 만들 수 있기 때문이다. 그런 이유로 그들의 영적 아버지인 요한은 명령도 내리지만 동시에 방법도 제시한다.

사도 요한이 제시한 "주 안에 거할 수" 있는 방법은 크게 두 가지인데, 소극적으로는 "미혹하는 자들"을 경계해야 한다는 것이다. 두말할 필요도 없이, "미혹하는 자들"은 적그리스도들이다. 그들은

신실한 그리스도인들을 떠나가는 것으로 만족하지 않는다. 그들은 신실한 그리스도인들을 속여서 믿음에서 떨어지도록 발버둥 칠 뿐 아니라, 가능하면 그들 중 몇이라도 진정한 사귐을 떠나 자기들을 따르게 하려고 시시탐탐 기회를 엿보고 있다.

적그리스도는 처음부터 "미혹하는 자"이다. 그는 하와에게 접근하여 그녀를 위하는 척 하면서 그녀를 하나님으로부터 떨어져 나가게 하였다. 마찬가지로 적그리스도들은 그리스도인들 중 "아이들"과 같은 자들에게 접근하여 예수 그리스도에 대한 신앙을 흔들어대면서, 그들로 하여금 하나님이 창세전부터 예정하신 참된 교회와 사귐으로부터 떨어지게 하려고 한다. "아이들"과 같은 그리스도인들은 요한과 같은 영적 아버지의 가르침에 귀를 기울여야 한다.

2. 몸통

사도 요한은 "주안에 거할 수" 있는 적극적인 방법도 제시하는데, 그것이 이 장의 주제이다. 요한이 이 장 본문에서 제시한 방법은 세 가지인데, 첫째는 그리스도인들이 "기름 부음"에 대한 확신을 가지라는 것인데, 그 "기름 부음"은 신앙으로 들어가는 시발점이다. 둘째는 예수 그리스도의 재림을 기다리는 것인데, 그분의 재림은 신앙생활의 종착역이다. 셋째는 시발점과 종착역 사이에 처한 그리스도인들이 의롭게 살면서, "주안에 거하는" 것이다.

1) 근거--"기름 부음"

　실제로 사도 요한의 편지를 받은 그리스도인들은 이미 "주 안에 거하고" 있었는데, 그들에게는 "기름 부음"이 있기 때문이다. 이미 언급한 바 있지만, "기름 부음"은 "성령의 인침"이기도 하다. 만일 그들에게 이런 "기름 부음" 내지 "성령의 인침"이 없다면, 그들은 그리스도인일 수 없다. 왜냐하면 성령의 내주로 인하여 그들이 하나님의 자녀가 되며, 하나님은 그들의 아버지가 되기 때문이다.

　바울 사도의 증언을 들어보자, "너희는 다시 무서워하는 종의 영을 받지 아니하고 양자의 영을 받았으므로 우리가 아빠 아버지라고 부르짖느니라" (롬 8:15). 이 말씀을 쉽게 풀어보면 다음과 같다: "너희가 양자의 영," 곧 "기름 부음"을 받은 결과, 하나님의 자녀로 입양入養되었다는 것이다. 그 결과 하나님을 아버지라고 부를 수 있게 되었다. 본래는 하나님의 자녀가 아니었는데, 성령의 내주로 인하여 하나님의 자녀가 된 것이다.

　사도 요한은 이런 사실을 강조하기 위하여 요한일서 2장에서 "기름 부음"을 세 번씩이나 반복해서 사용한다 (2:20, 27). 그의 말 가운데 한 곳을 다시 인용해보자, "너희는 주께 받은 바 기름 부음이 너희 안에 거하나니…" (요일 2:27a). 그렇다! 모든 그리스도인들은 예수 그리스도를 그들의 구주로 믿고 영접하는 순간, 성령이 그들 마음과 생애 속에 들어오신다. 그 순간부터 그들은 하나님의 자녀가 되므로, 신분의 변화가 일어난 것이다.

　자녀가 태어나는 것은 순간이지만 그 자녀가 양육되는 것은 오랜 세월을 필요로 하는 것처럼, 이렇게 "기름 부음"을 통하여 다시 태어난 하나님의 자녀들은 그때부터 양육되어야 한다. 사도 요한에 의하면 양육을 통하여 성장하는 방법이 두 가지인데, 하나는 성령의 내주에 대한 확신이다. 그 확신이 흔들리면 결국 하나님과의 관계에 대해서도 흔들리기 때문이다. 어떤 환경에서도 그들이 사랑과 능력의 하나님을 아버지로 모신다는 확신을 가져야 한다.

또 하나는 그 성령의 가르침을 받아야 한다는 것이다. 이미 여러 차례 언급한대로, 적그리스도인들에게는 "기름 부음"이 없기에 다른 사람에게서 구원의 방법, 곧 예수 그리스도에 대한 것을 배워야 한다. 그러나 성령의 내주로 거듭난 그리스도인들은 이미 예수 그리스도가 그들을 위하여 십자가에서 죽으셨다가 부활하신 사실을 너무나 잘 안다. "아무도 너희를 가르칠 필요가 없는 것"이다 (요일 2:27b).

참된 그리스도인들은 "진리의 영," 곧 "기름 부음"이 가르치신 것을 받아들이고, 삶에 적용하면 되는 것이다. 사도 요한의 말을 다시 들어보자, "오직 그의 기름 부음이 모든 것을 너희에게 가르치며 또 참되고 거짓이 없으니 너희를 가르치신 그대로 주 안에 거하라" (요일 2:27c). 이 말씀에 의하면, 그리스도인들이 "주 안에 거하는" 근거는 "기름 부음"에 대한 확신과 그 "기름 부음"의 가르침을 수용하는 것이다.

2) 동기--그리스도의 재림

그리스도인들이 "주 안에 거할 수" 있는 근거가 "기름 부음"과 "가르침"이라면, 동기는 예수 그리스도의 재림이다. 사도 요한의 명령을 다시 한 번 확인하자, "자녀들아, 이제 그의 안에 거하라" (요일 2:28a). 사도 요한이 27절과 28절 두 구절에서 똑같은 명령을 하고 있는데, 그것은 "주 안에 거하라"이다. 만일 그리스도인들이 "주 안에 거하지" 않으면, 그들도 적그리스도의 꼬임에 빠질 수 있기 때문이다.

신앙적으로 아직 굳건하지 못한 "자녀들"에게 사도 요한은 "주 안에 거하라"고 반복해서 명령한다. 그리할 때 비로소 그들은 "기름 부음"의 가르침을 받을 수 있기 때문이다. 만일 "주 안에 거하지" 않으면, 신앙적으로 성장하지 못하는 것은 물론, 곁길로도 빠질 수 있기 때문이다. 베드로 사도의 충고와 같다, "근신하라! 깨어라! 너희 대적 마귀가 우는 사자 같이 두루 다니며 삼킬 자를 찾나니" (벧전 5:8).

만일 "자녀들"이 우는 사자처럼 삼킬 자를 찾아다니는 적그리스도에게 걸려들면, 그들은 거짓이 없는 진리를 떠나게 될 것이다. 그뿐 아니라, 거짓 진리에 속아서 신앙적으로도 방황하게 되어 성장도 못하게 된다. 성장은커녕 그 반대로 치우쳐서 적그리스도의 가르침을 따르게 될 수도 있다. 그렇게 되면 그들은 신실한 그리스도인들과의 사귐도 잃어버리고, 한 발 더 나아가서 하나님 아버지와 그 아들 예수 그리스도와의 사귐도 잃어버리게 된다.

그뿐 아니다! 그들에게는 장래와 내세도 밝지 못하다. 사도 요한의 애정에 가득한 충고를 다시 들어보자, "이는 주께서 나타내신 바 되면 그가 강림하실 때에 우리로 담대함을 얻어 그 앞에서 부끄럽지 않게 하려 함이라" (요일 2:28b). 그러니까 "주 안에 거하지" 않는 "자녀들"은 현재의 신앙생활을 그르칠 뿐 아니라, 장래도 어둡다는 것이다. 왜냐하면 어느 날 주님이 다시 오시기 때문이다.

"기름 부음"의 가르침을 소홀히 하거나, 거슬린 자들은 주님이 강림하실 때 주님 앞에서 "담대할 수" 없다. 왜 담대할 수 없는가? 첫째는 그들이 "주 안에 거하지" 않았기 때문이다. 둘째는 성령, 곧 "기름 부음"과 동행동사하지 않았기 때문이다. 셋째는 그들이 그 "기름 부음"의 가르침도 받지 못했고, 설사 가르침을 받았다 하더라도 그 가르침대로 살지 않았기 때문이다. 그런 자들이 어떻게 주님 앞에서 담대할 수 있단 말인가?

그런 자들은 주님 앞에서 담대하지 못할 뿐 아니라, "부끄러움"을 당하게 되어 있다. 그렇지 않다면 요한이 "그 앞에서 부끄럽지 않게 하려 함이라"고 분명히 말하지 않았을 것이다. 주님이 다시 오시는 그날, 그들의 잘못이 알알이 드러나기에 그들은 부끄러움을 피할 수 없을 것이다. 어느 정도 부끄러울까? 그들은 불 심판을 통과해야 할 만큼 부끄러울 것이다 (고전 3:15). 이처럼 신앙생활에 대한 결산이 있기에 "주 안에 거해야" 한다.

3) 실천--그리스도인들의 의

그리스도인들에게는 시작과 끝이 있다. 시작은 두말할 필요도 없이 그들이 예수 그리스도를 그들의 구주로 받아들인 날이다. 사도 요한은 그 시작을 "기름 부음"이란 표현으로 대신한다. 그리고 끝은 주님이 그들을 만나려고 다시 오실 때이다. 주님의 재림은 그리스도인들에게는 큰 소망이자, 동시에 경고이다. 결국, 모든 그리스도인들은 시작(과거)과 끝(미래) 사이에서 현재를 살아가는 사람들이다. 그리고 현재는 과거와 미래를 연결하는 연결고리이다.

그런 이유 때문에 그리스도인들이 현재 어떤 삶을 영위하고 있는가는 말할 수 없이 중요하다. 그들에게 진정으로 "기름 부음"이 있다면, 당연히 성령의 인도와 능력을 나타내는 삶을 살아야 한다. 그런 목적을 명시하기 위하여 사도 요한은 "성령의 인침"이나 성령의 내주라는 표현을 사용하지 않고, "기름 부음"이란 표현을 사용했는지도 모른다. 왜냐하면 구약성경에서 "기름 부음"은 신분의 변화는 물론 사역의 시작을 뜻하기 때문이다.

다시 말해서, 그리스도인들이 "기름 부음"을 받는 순간 하나님의 자녀로 신분이 격상되며, 그때부터 그 신분에 걸맞는 삶을 영위해야 한다. 그런 변화된 삶을 살면서 그들은 자연스럽게 세상을 향하여 소금과 빛의 역할을 하게 된다. 그것은 일종의 사역이라고 말할수 있다. 그러니까 신분의 변화와 사역은 함께 가는 불가분의 관계이다. 그리스도인들은 "기름 부음"으로 신앙생활을 시작하면서 끝을 향해 전진하는 놀라운 사역자들이다.

그리스도인들에게 이처럼 중요한 현재의 삶을 사도 요한은 놓치지 않고 언급한다. 그의 말을 다시 인용해보자, "너희가 그가 의로우신 줄을 알면 의를 행하는 자마다 그에게서 난 줄을 알리라" (요일 2:29). 그렇다! 그리스도인들은 "기름 부음"으로 신앙생활을 시작했기에 마땅히 그들의 구주이신 그리스도를 세상에 드러내면서 살아야 한다. 그리스도에게 있었던"기름 부음"이 그들에게도 있기에 그들도 그리스도처럼 살 수 있는 것이다.

두말할 필요도 없이 그리스도인들은 그들의 구주이신 그리스도가 의로우시다는 사실을 안다. 머리로만 아는 것이 아니라, 마음으로도 안다. 왜냐하면 그들 안에 "기름 부음"이 있기 때문이다. 그렇게 앎으로만 끝난다면, 그것은 신앙이 아니라 종교이다. 그리스도를 따르는 그리스도인들도 역시 그분처럼 의로운 삶을 살아야 한다. 누누이 언급한 것처럼, 그런 삶이 가능한 것은 그들 안에 있는 "기름 부음" 때문이다.

사도 요한이 "너희가 그가 의로우신 줄을 알면 의를 행하는 자마다 그에게서 난 줄을 알리라"고 말할 때, "그에게서 난 줄 알리라"는 표현은 "주 안에 거하라"는 표현과 같은 맥락이다. 과거와 미래 사이에 있는 현재에 그리스도인들이 그리스도처럼 의롭게 살 때, 그들은 "주 안에 거하는" 것이다. 그리고 그들도 "주 안에 거하는" 것을 알며, 또 "그에게서 난 줄 아는" 것이다. "기름 부음"을 받은 그리스도인들만이 행할 수 있는 의인 것이다.

3. 꼬리

"너희를 미혹하는" 적그리스도들은 그들 안에 "기름 부음"이 없다. 당연히 그들은 성령의 가르침을 알지 못한다. "기름 부음"이 없기에 필연적으로 그들은 예수 그리스도의 신성과 인성을 부인한다. 이성적으로 수용되지 않는 것을 거부한 결과이다. 그들은 진실한 그리스도인들과 사귐을 나눌 수 없다. "빛과 어두움"이 함께 할 수 없는 것은 당연하다 (고후 6:14). 그뿐 아니라, 그들은 의로운 삶을 살지도 못한다.

반면, 그리스도인들은 다르다! 그들에게는 "기름 부음"이 있다.

그 "기름 부음"은 그들에게 참된 진리를 가르칠 뿐 아니라, 그 진리를 행할 수 있는 능력도 부여한다. 그런 이유 때문에 그들은 그들의 주인이신 예수 그리스도처럼 의로운 삶을 영위할 수 있다. 그들이 그렇게 "주 안에 거하기" 때문에 그들은 주님의 재림을 대망한다. 그분이 다시 오실 때 그들은 떳떳하게 그리고 아무 부끄러움도 없이 그분을 만나게 될 것이다. 얼마나 다른가!

3장

깨끗하게 살자

"보라!"

"보라! 아버지께서 어떠한 사랑을 우리에게 베푸사
하나님의 자녀라 일컬음을 받게 하셨는가! 우리가 그러하도다.
그러므로 세상이 우리를 알지 못함은 그를 알지 못함이라"

요한일서 3:1

1. 머리

오랫동안 주님과 긴밀하게 동행한 사도 요한은 그리스도인들만이 누릴 수 있는 특권을 요한일서에서 제시했는데, 그것은 바로 충만한 기쁨이었다. 그의 말을 다시 한 번 인용해보자, "우리가 이것을 씀은 우리의 기쁨이 충만하게 하려 함이라"(요일 1:4). 이 기쁨은 인간적인 기쁨이 아니다. 예를 들면, 좋은 대학에 입학할 때 생기는 기쁨, 선망하던 직장에 취직할 때 일어나는 기쁨, 아파트를 처음 구입할 때 몰려오는 기쁨과는 다르다.

그렇다고 환경이 좋을 때 생기는 얄팍한 기쁨도 아니다. 물론 좋은 환경을 누가 마다하겠는가? 그러나 그리스도인들은 환경이 열악할 때도 충만한 기쁨을 누릴 수 있다. 바울 사도는 복음을 전하다가 투옥된 적이 있었다. 그는 주님을 원망했는가? 물론 아니다! 그는 그처럼 열악한 상황에서도 충만한 기쁨을 누리고 있었다. 그런 기쁨이 없었다면 어떻게 기도하며 찬양했겠는가? "한밤중에 바울과 실라가 기도하고 하나님을 찬송하매…" (행 16:25).

그러면 주님은 그리스도인들에게 조건 없이 이처럼 충만한 기쁨을 주시는가? 그렇지 않다! 그리스도인들이 주님이나 형제자매와의 사귐에서 떠나면 그런 기쁨은 주어지지 않는다. 또한 그들이 죄를 범하면 그런 기쁨은 즉시 사라진다. 왜냐하면 빛이신 하나님은 어떤 죄도 용인하지 않으시기 때문이다. 그뿐 아니라, 그리스도인들이 그들에게 주어진 계명을 지키지 않으면 그런 초자연적인 기쁨을 누리지 못한다.

2. 몸통

하나님이 그리스도인들에게 주신 계명 중에는 형제를 사랑하라는 내용도 포함된다. 그 외에도 중요한 계명 가운데는 세상을 사랑하지 말라는 금령禁令도 있고, 적그리스도의 잘못된 가르침을 경계해야 하는 명령도 있다. 그리스도인들이 한편 깨끗하게 살며, 또 한편 계명을 지킴으로 충만한 기쁨을 누릴 수 있는 이유가 있다. 그것은 하나님이 그들에게 부어주신 크나큰 사랑 때문이다. 바로 그처럼 큰 사랑을 사도 요한은 3장에서 묘사하기 시작한다.

1) "보라"

　　하나님의 큰 사랑을 소개하기 위하여 사도 요한이 간단하지만 강력한 단어를 도입했는데, 그것은 "보라"이다. 여기에서 이 단어는 경배의 마음과 경외감을 나타낸다.[1] 하나님이 부족한 인간에게 베풀어주신 큰 사랑에 대하여 경배의 마음을 갖지 않을 수 없다는 표현이다. 그와 같은 깊은 뜻을 가지고 이 동사를 사용한 사도 요한의 말을 다시 인용해보자, "보라! 아버지께서 어떠한 사랑을 우리에게 베푸사 하나님의 자녀라 일컬음을 받게 하셨는가!⋯."

　　성경에서는 "보라"는 동사가 사용된 경우가 세 가지나 되는데, 그것들을 하나씩 알아보자.[2] 첫 번째 경우는 어떤 인물이나 사건을 소개하기 위하여 사용된다. 예를 들면, 빌라도가 유대인들에게 예수님을 가리키면서 이렇게 말했다, "⋯보라! 너희 왕이로다" (요 19:14). 물론 빌라도가 예수님을 그렇게 부른 이유는 간접적이지만 그분의 무죄를 암시하면서, 그분을 방면하겠다는 마음의 표현이었다. 물론 유대인들은 그런 빌라도의 뜻을 완강하게 거부했다.

　　성경에서 "보라"가 사용된 두 번째 경우는 탄성歡聲의 마음을 나타내기 위해서이다. 어떤 특별한 사건이 터졌을 때 잠자던 사람의 마음을 일깨워서 심각하게 생각해보라는 뜻으로 이 단어가 사용된다. 억울하게 투옥된 세례 요한에 대하여 이런 뜻으로 "보라"는 단어가 사용되었다: "⋯보라! 내가 내 사자를 네 앞에 보내노니 그가 네 길

---

1) Pink, *Exposition of First John 1 & 2*, 197.
2) 같은 책, 197–198.

을 네 앞에 준비하리라 하신 것이 이 사람에 대한 말씀이니라" (마 11:10).

성경에서 "보라"가 사용된 세 번째 경우는 어떤 특권이 주어진 것에 대한 기쁜 마음을 표현하기 위해서이다. 다른 나라의 학정(虐政) 밑에서 신음하던 유대인들에게 기쁜 소식이 있는데, 그것은 그들의 메시야의 탄생이었다. "보라! 처녀가 잉태하여 아들을 낳을 것이요; 그의 이름은 임마누엘이라 하리라 하셨으니, 이를 번역한즉 하나님이 우리와 함께 계시다 함이라" (마 1:23). 유대인들은 이렇게 태어난 메시야로 인하여 위로를 받으며 기뻐할 수 있었다.

사도 요한이 본문에서 사용한 "보라"는 위의 세 경우를 다 함축한 표현이다. 다시 그의 말을 인용하면서 설명해보자, "보라! 아버지께서 어떠한 사랑을 우리에게 베푸사 하나님의 자녀라 일컬음을 받게 하셨는가!⋯." 전적으로 타락한 죄인들을 하나님 아버지의 자녀로 삼아주시다니, 이처럼 엄청난 사건이 인간의 역사에서 있었는가? 물론 없었다! 이런 것이 가능하도록 하나님 아버지는 그의 외아들 예수 그리스도를 희생시키셨던 것이다.

사도 요한은 영적 자녀들에게 이처럼 엄청난 사실에 대하여 뜨겁지도 않고 차지도 않은 미적지근한 상태에서 깨어나라고 "보라"를 사용한다. 한 발 더 나아가서, 그들이 어려운 시련과 시험을 연속적으로 받고 있지만, 그들이 사랑 많으신 하나님 아버지의 자녀가 된 특권을 생각하라는 것이다. 비록 외적 상황은 어려워도 그들의 변화된 신분 때문에 위로를 받으며 기뻐하라고 "보라"를 사용한다. 이 단어로 시작된 하나님의 사랑은 얼마나 놀라운가!

2) 하나님의 큰 사랑

사도 요한이 하나님의 큰 사랑을 이렇게 묘사한다, "아버지께서 어떠한 사랑을 우리에게 베푸사 하나님의 자녀라 일컬음을 받게 하셨는가! 우리가 그러하도다." 이 묘사에서 주목해야 할 단어는 두 번씩이나 나온 "우리"이다. 왜 이 단어를 주목해야 하는가? 사도 요한은 "우리"라는 표현을 반복적으로 사용했는데, 먼저는 요한일서 1장 1절--"…생명의 말씀에 관하여는 우리가 들은 바요 눈으로 본 바요 자세히 보고 우리의 손으로 만진 바라"--에서이다.

이 말씀에 의하면, "우리"는 생명의 말씀이신 예수 그리스도를 경험적으로 만난 그리스도인들이다. 본래 "우리"는 아담과 하와의 불순종 이후 하나님을 알지 못하던 죄인들이었다. 그들은 전적으로 타락하여 totally depraved 그들의 지식과 방법으로는 그들이 안고 있는 죄의 문제를 해결할 수 없었던 전적으로 무능한 totally disabled 사람들이었다. 그런데 예수 그리스도를 인격적으로 만나서 죄와 타락의 문제를 해결한 사람들이었다.

사도 요한은 그렇게 타락한 "우리"를 위하여 예수 그리스도가 화목제물이 되셨다고 선언하였다, "그는 우리 죄를 위한 화목제물이니 우리만 위할 뿐 아니요 온 세상의 죄를 위하심이라" (요일 2:2). 예수 그리스도가 화목제물이 되신 결과, 타락했던 "우리"가 의로운 "우리"가 되었을 뿐 아니라, 영생을 소유하게 되었던 것이다. 사도 요한의 말을 더 들어보자, "그가 우리에게 약속하신 것은 이것이니 곧 영원한 생명이니라" (요일 2:25).

본문의 말씀, 곧 "아버지께서 어떠한 사랑을 우리에게 베푸사 하나님의 자녀라 일컬음을 받게 하셨는가! 우리가 그러하도다"에서 주목해야 할 단어들이 또 있다. "아버지"와 "자녀"이다! 왜 이 두 단어를 주목해야 하는가? 화목제물 되신 예수 그리스도를 통하여 "우리"가 변화만 된 것이 아니다. "우리"는 하나님을 아버지로 모시게 되어, 그분의 자녀가 되었다는 것이다. 이것만큼 전폭적인 신분의 변화totally transformed가 있을 수 있는가?

하나님 아버지는 누구신가? 그분은 영원 전부터 계실 뿐 아니라, 전지전능하신 분이다. 그런 하나님이 "우리"를 당신의 자녀로 삼으시다니, 인간의 머리로는 절대로 이해할 수 없는 일이다. 이렇게 큰 하나님의 사랑을 경험한 "우리"는 신분의 변화에 걸맞은 삶을 살게 된 것이다. 그렇다면 하나님의 자녀다운 삶이란 어떤 것인가? 간단히 말해서, 하나님 아버지를 드러내는 삶이다. "우리"의 삶을 본 사람들이 하나님에게로 이끌리는 삶이다.

그런 삶은 한 마디로 말해서 거룩한 삶이다. 왜냐하면 하나님은 거룩하시기 때문이다. 하나님을 아버지로 알지 못하는 사람들과 질적으로 다른 삶을 산다는 것이다. 베드로의 충언忠言도 똑같다, "오직 너희를 부르신 거룩한 이처럼 너희도 모든 행실에 거룩한 자가 되라" (벧전 1:15). 이렇게 하나님처럼 거룩한 삶을 영위하는 아버지의 자녀는 마침내 그분을 직접 뵙는 영광을 누리게 될 것이다. 얼마나 큰 하나님의 사랑인가!

3) 세상의 반응

사도 요한은 이렇게 큰 하나님의 사랑에 젖어서 삶을 영위하는 "우리"의 특권을 세상 사람들은 이해할 수 없다고 한다. 그의 말을 다시 들어보자, "그러므로 세상이 우리를 알지 못함은 그를 알지 못함이라." 그들은 "우리"가 사는 거룩한 삶, 곧 그들과 다른 삶을 이해하지 못한다. 왜냐하면 그들은 그들의 구주이신 예수 그리스도를 통하여 죄를 용서 받은 적이 없으며, 더군다나 하나님을 인격적으로 만난 적이 없기 때문이다.

베드로도 똑같은 내용을 가지고 증언했는데, 그의 증언은 매우 구체적이었다. 그의 말을 인용해보자, "너희가 음란과 정욕과 술 취함과 방탕과 향락과 무법한 우상 숭배를 하여 이방인의 뜻을 따라 행한 것은 지나간 때로 족하도다. 이러므로 너희가 그들과 함께 그런 극한 방탕에 달음질하지 아니하는 것을 그들이 이상히 여겨 비방하나, 그들이 산 자와 죽은 자를 심판하기로 예비하신 이에게 사실대로 고하리라" (벧전 4:3-5).

그렇다! 세상 사람들은 "우리"의 거룩한 삶을 이해하지 못할 뿐 아니라, 그들과 함께 세상적인 일들에 참여하지 않는 것을 오히려 비방한다. 비방만 하는 것은 그래도 나은 편이다. 그들은 "우리"의 다른 삶에 대하여 핍박하고, 투옥시키고, 심지어는 죽이기까지 한다. 그러나 "우리"의 아버지이신 하나님은 마지막 때에 "우리"를 품에 품으시지만, 아버지의 "자녀"를 못살게 굴은 사람들에게 반드시 책임을 물으신다.

그렇다면 왜 세상 사람들은 거룩하게 그리고 도덕적으로 사는 사람들을 못살게 구는가? 첫째 이유는 거룩하게 사는 그리스도인들이 정상적이 아니라고 생각하기 때문이다. 하나님의 말씀도 그 사실을 이렇게 언급한다, "육에 속한 사람은 하나님의 성령의 일들을 받지 아니하나니 이는 그것들이 그에게는 어리석게 보임이요, 또 그는 그것들을 알 수도 없나니 그러한 일은 영적으로 분별되기 때문이라" (고전 2:14).

그들에게는 영적으로만 분별할 수 있는 하나님의 영이 없다. 그런 까닭에 그들의 삶의 기준은 세상이며 자신들이다. 그런 안목으로는 성령으로 거듭난 사람들을 절대로 이해할 수 없다. 기독교 역사에서 얼마나 많은 세상 사람들이 그들에게 아무런 해코지도 않는 그리스도인들을 비방하고 헐뜯었는가? 그들과 다른 사람들이 그들과 함께 살고 있다는 것조차 허용하기를 거부한 행태이다.

세상 사람들이 그리스도인들을 못살게 구는 둘째 이유는 악령의 지배 때문이다. 그들 중 많은 사람들은 이 세상의 신에 의하여 지배를 받고 살아간다. 다시 하나님의 말씀을 보자, "그 중에 이 세상의 신이 믿지 아니하는 자들의 마음을 혼미하게 하여 그리스도의 영광의 복음의 광채가 비치지 못하게 함이니, 그리스도는 하나님의 형상이니라" (고후 4:4). 그렇다! 그들은 그리스도인들이 전하는 복음을 거부할 뿐 아니라, 그리스도인들을 비방하는 것이다.

3. 꼬리

하나님의 큰 사랑을 경험한 사람들은 그 하나님을 아버지로 모신 자녀들이다. 그들이 아버지의 자녀가 된 순간부터 그들이 바라보는 새로운 고향이 생겼는데, 곧 하나님이 계시는 하나님의 나라이다. 그곳에는 예수 그리스도가 먼저 가셔서 아버지의 자녀들이 거할 수 있는 찬란한 집들을 이미 마련하셨다 (요 14:2). 얼마나 놀라운 소망인가! 그 소망 때문에 그들은 이 세상에서 비방과 핍박에 둘러싸여도 쓰러지지 않는다.

쓰러지기는커녕 그리스도인들은 그런 세상 사람들을 이해하는데, 그들도 한 때는 그랬었기 때문이다. 이해할 뿐 아니라, 그리스도인들은 거룩한 삶과 지혜로운 전도로 그들에게 예수 그리스도를 소개하려고 한다. 그분을 알지 못하면 삶의 변화가 없는 것은 두말할 필요도 없고, 그처럼 크신 하나님을 아버지로 모실 수 없기 때문이다. 하나님의 큰 사랑을 그들도 경험하게 하는 것이 그리스도인들의 기도이며 소망이다.

"나타나심"

"사랑하는 자들아, 우리가 지금은 하나님의 자녀라!
장래에 어떻게 될지는 아직 *나타나지* 아니하였으나,
그가 *나타나시면* 우리가 그와 같을 줄을 아는 것은
그의 참모습 그대로 볼 것이기 때문이니,
주를 향하여 이 소망을 가진 자마다 그의 깨끗하심과 같이
자기를 깨끗하게 하느니라"

요한일서 3:2-3

1. 머리

대부분의 사람과 달리 역사의 흐름을 엄청나게 변화시킨 사람들이 가끔 *나타난다.* 선한 변화를 일으킨 사람도 있고, 악한 변화를 일으킨 사람도 있다. 먼저 악한 변화를 일으킨 사람의 실례를 들어보자. 그 중에는 히틀러라는 사람도 있다. 그 한 사람 때문에 세상이 얼마나 엉클어졌는가? 세계는 제2차 대전에 휩싸였고, 그 결과 얼마나 많은 사람들이 고통을 받았는가? 심지어는 얼마나 많은 사람들이 목숨까지 잃었는가?

그렇게 악한 사람이 *나타난* 결과 중에는 유대인의 대학살도 포함되어 있었다. 도대체 유대인들이 히틀러에게 무슨 잘못을 저질렀기에 그처럼 많은 사람들이 가스에 의하여 목숨을 잃었단 말인가? 그

들의 옷과 신발은 물론 안경과 머리털까지도 약탈당했으며, 많은 육체는 비누로 만들어져서 독일 군인들에게 배급되었다. 히틀러가 저지른 만행蠻行은 세계 여러 곳에 있는 홀로코스트holocaust 기념관에 잘 드러내고 있다.

그런가하면, 이 세상에 *나타나서* 선한 변화를 일으킨 사람들도 얼마든지 있다. 조지 프레드릭 핸델George Fredrik Handel과 같은 음악가를 보자. 그의 메시야라는 *오라토리오*oratorio는 얼마나 많은 사람들의 심금을 울렸는가? 특히 합창단이 힘차게 부르는 "할렐루야"는 지위고하를 막론하고 모든 사람들로 하여금 그 "할렐루야"의 주인공이신 예수 그리스도 앞에 마음의 무릎을 꿇게 했던 것이다.

2. 몸통

그런데 인류 역사에서 가장 큰 선한 변화를 일으키기 위하여 이 세상에 *나타나신* 분은 다름 아닌 예수 그리스도였다. 그분이 *나타나지* 않으셨다면, 그처럼 많은 죄인들이 변화되어 거룩한 삶을 살 수 있었겠는가? 그분이 *나타나지* 않으셨다면, 그처럼 많은 고아원과 기독교 학교가 세워졌겠는가? 그분이 *나타나지* 않으셨다면, 그처럼 많은 사회와 국가가 일구어졌겠는가? 물론 아니다! 예수 그리스도의 *나타나심* 만큼 역사를 선하게 변화시킨 분은 없었다.

1) "나타나심"

사도 요한은 이 장의 본문에서 "나타나심"이란 동사를 두 번씩 연거푸 사용하였다. 두말할 필요도 없이 요한은 예수 그리스도가 이 세상에 *나타나심*으로 이루어진 크고도 큰 역사를 염두에 두고 있었을 것이다. 그렇지 않다면 요한일서란 짧은 서신에서 "나타나심"이란 동사를 9번씩이나 사용하지 않았을 것이다. 실제로 신약성경 전체에서 이 동사가 49번이나 사용되었는데, 그중 5분의 1이상을 사도 요한은 이 서신에서 사용했다.[3]

요한이 이 서신에서 이 동사를 제일 먼저 사용한 것은 1장 2절에서였는데, 그것도 두 번 연속해서 사용했다: "이 생명이 *나타내신* 바 된지라; 이 영원한 생명을 우리가 보았고 증언하여 너희에게 전하노니, 이는 아버지와 함께 계시다가 우리에게 *나타내신* 바 된 이시니라." 왜 요한은 이 동사를 두 번씩이나 사용했는가? 그 이유는 너무나 분명하다. 영원 속에 계신 예수 그리스도가 시간 속으로 뛰어든, 역사적으로 가장 위대한 사건이었기 때문이다.

이처럼 예수 그리스도가 세상에 "나타나신" 것은 2,000여 년 전에 일어난 과거의 역사였다. 그러나 요한이 이 장의 본문인 3장 2절에서 그분의 "나타나심"에 대하여 다시 언급한 것은 장래의 역사이다. 다시 본문을 보자, "사랑하는 자들아, 우리가 지금은 하나님의 자녀라! 장래에 어떻게 될지는 아직 *나타나지* 아니하였으나 그

----

3) "나타남"은 헬라어로 *파네루*(φανερόω)인데, 다음의 구절에서 나온다: 1:2(2회), 2:19, 28, 3:2(2회), 5, 8, 4:9. 이 중에서 2:19에서 사용된 동사는 예수 그리스도와 상관없이 사용되었다.

가 *나타나시면* 우리가 그와 같을 줄을 아는 것은 그의 참모습 그대로 볼 것이기 때문이니."

　예수 그리스도는 이처럼 과거에 *나타나셨으나*, 장래에도 *나타나실* 것이다. 그뿐 아니라, 그분은 시시때때로 그분을 따르는 자들에게 현재에도 특별한 방법으로 *나타내신다*. 바울 사도의 증언을 들어보자, "…우리로 말미암아 각처에서 그리스도를 아는 냄새를 *나타내시는* 하나님께 감사하노라" (고후 2:14b). 그렇다! 그분은 당신의 제자들, 특히 당신을 전도하기 위하여 애쓰는 사람들에게 *나타나셔서* 역사를 일구어나가신다.

　결국, 예수 그리스도의 *나타나심*은 과거와 현재와 미래를 초월한 역사이며, 이런 *나타나심*만큼 인간을 변화시키는 것은 결코 있을 수 없다. 그분이 과거에 *나타나심*으로 죄인들이 하나님의 자녀가 되었다. 그분이 현재에 *나타나심*으로 그분의 종들이 쓰임을 받는다. 그분이 장래에 *나타나심*으로 하나님의 자녀들은 그분처럼 변화될 것이다. 그러므로 그분의 *나타나심*을 다음과 같이 도해할 수 있을 것이다:

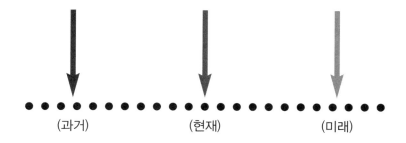

(과거)　　　　(현재)　　　　(미래)

2) "나타나신" 결과

예수 그리스도가 이 세상에 *나타나신* 것만큼 엄청난 결과는 어떤 성인군자^{聖人君子}도 이룰 수 없는 것들이었다. 어떤 사람이 영적으로 죽은 자들을 살릴 수 있단 말인가? 그러나 예수 그리스도는 영적으로 죽은 자들을 살려내시기 위하여 이 세상에 *나타나셨다*. 요한의 증언을 들어보자, "하나님의 사랑이 우리에게 이렇게 *나타난* 바 되었으니 하나님이 자기의 독생자를 세상에 보내심은 그로 말미암아 우리를 살리려 하심이라" (요일 4:9).

아담과 하와가 하나님을 떠남으로 그들이 영적으로 죽은 것은 물론, 모든 인간도 영적으로 죽은 상태에서 태어난다 (엡 2:1a). 인간은 영적 죽음이 몰고 온 공허를 해결해보려고 온갖 노력을 다해도 결코 그 문제를 해결할 수 없다. 물질로도, 권력과 명예로도, 심지어는 종교로도 그 영적 공허를 채울 수 없다. 그렇게 영적으로 죽은 자들을 영적으로 살리기 위하여 예수 그리스도는 이 세상에 *나타나셨던 것이다* (엡 2:1b).

그뿐 아니라 인간은 각종의 죄와 연루되어 살 수밖에 없는 초라한 인생이다. 도덕적으로 살려고 발버둥치는 사람도 역시 죄인이다. 종교에 매달려서 죄의 문제를 해결하는 사람도 역시 죄의 올가미에 묶여서 끌려가는 무기력한 사람이다. 그런데 이처럼 초라한 인생을 죄로부터 해방시킨 분이 있었으니, 그분은 바로 예수 그리스도이시다. 인간의 죄를 해방시키고자 이 세상에 *나타나신* 것이다.

다시 사도 요한의 증언을 들어보자, "그가 우리 죄를 없애려고 *나타나신* 것을 너희가 아나니 그에게는 죄가 없느니라" (요일 3:5). 얼마나 확신에 찬 요한의 증언인가! 어떻게 그렇게 확신에 찬 증언을 할 수 있단 말인가? 그 이유는 간단하다! 본인이 죄의 용서를 경험했기 때문이며, 또한 그의 증언을 통하여 죄를 용서받고 변화된 수없이 많은 사람들을 두 눈으로 똑똑히 보았기 때문이다.

죄의 굴레에 이끌리는 사람은 결국 마귀의 종인 셈이다. 왜냐하면 마귀는 인간으로 하여금 죄 가운데 살다가 그와 함께 지옥으로 던져지길 원하기 때문이다. 다른 말로 말해서, 마귀는 사람이 죄에서 해방되어 천국으로 가는 것을 원하지 않는다. 그런데 예수 그리스도가 나타나신 것은 그런 마귀의 일을 멸하기 위함이었다. 요한의 증언을 들어보자, "…하나님의 아들이 *나타나신* 것은 마귀의 일을 멸하려 하심이라" (요일 3:8b).

이처럼 영적으로 살아나고, 죄를 용서받고, 그리고 마귀의 굴레에서 벗어난 사람을 사도 요한은 한 마디로 하나님의 자녀라고 불렀다. 그의 말을 다시 들어보자, "사랑하는 자들아, 우리가 지금은 하나님의 자녀라!" (3:2a). 죄에 이끌려 다니면서 마귀의 종노릇 하던 우리가 하나님의 자녀가 되었다니, 얼마나 환희에 찬 증언이요 외침인가! 비록 세상 사람들은 하나님의 자녀가 된 우리를 알지 못하지만, 하나님과 사도 요한은 알고 있지 않은가!

3) "나타나신" 목적

우리가 믿음을 통하여 우리에게 *나타나신* 예수 그리스도를 우리의 구주로 영접할 때, 우리는 하나님의 자녀가 된다. 그런데 그분이 우리에게 나타나신 궁극적인 목적은 무엇인가? 그것은 우리로 하여금 예수 그리스도처럼 되게 하기 위함이다. 사도 요한의 증언을 다시 들어보자, "…장래에 어떻게 될지는 아직 나타나지 아니하였으나, 그가 *나타나시면* 우리가 그와 같을 줄을 아는 것은 그의 참모습 그대로 볼 것이기 때문이니" (3:2b).

예수 그리스도는 두말할 필요도 없이 하나님의 아들이시다. 그런데 우리도 그분의 *나타나심*으로 하나님의 자녀가 되었다. 그렇다면 예수 그리스도와 우리는 한 아버지를 모신 형제인 것이다! 그분도 주저하지 않으시고 우리를 형제라고 부르셨던 것이다; "거룩하게 하시는 이[예수 그리스도]와 거룩하게 함을 입은 자들이 다 한 근원에서 난지라; 그러므로 형제라 부르시기를 부끄러워하지 아니하시고" (히 2:11).

우리가 그리스도처럼 된다는 것은 그분처럼 깨끗하게 사는 것이다. 그런 이유 때문에 사도 요한은 그분의 *나타나심*을 기다리는 우리는 그분처럼 *깨끗한* 삶을 영위해야 한다고 힘주어 말했다: "…장래에 어떻게 될지는 아직 *나타나지* 아니하였으나, 그가 *나타나시면* 우리가 그와 같을 줄을 아는 것은 그의 참모습 그대로 볼 것이기 때문이니, 주를 향하여 이 소망을 가진 자마다 그의 *깨끗하심과* 같이 자기를 *깨끗하게* 하느니라" (3:2b-3).

그렇다! 우리는 해를 바라보고 살아가는 해바라기처럼, 주님의 *나타나심*을 바라보고 살아가는 사람들이다. 이처럼 그분이 다시 나타나실 때 우리는 육체의 한계를 훌훌 벗어버리고 그분처럼 될 것이다. 다시 말해서, 우리도 그분처럼 깨끗하게 될 것이다! 얼마나 놀라운 소망이요 기대인가! 우리처럼 한계 있는 사람들이 모든 한계를 초월하여 예수 그리스도와 똑같이 된다니, 얼마나 놀라운 소망이요 기대인가!

아담과 하와가 범죄한 이후 모든 인간은 죄 때문에 시달리며 살아 왔다. 심지어는 하나님의 자녀가 된 후에도 우리 안에 자리하는 죄의 성품 때문에 얼마나 시달리고 있는가? 그런데 그 무서운 죄성이 없어지고 예수 그리스도처럼 깨끗하게 변화된다니, 얼마나 놀라운 기대요 소망인가! 우리가 그리스도처럼 되게 하기 위하여 예수 그리스도가 다시 *나타나신다니* 얼마나 놀라운 약속인가! 사도 요한을 통하여 우리에게 허락하신 귀한 약속이다.

이것이 예수 그리스도가 이 세상에 나타나신 궁극적인 목적이다. 우리도 어느 날 예수 그리스도처럼 *깨끗하고도* 완전한 사람들, 곧 작은 그리스도가 될 것이다. 그리고 그처럼 고귀한 역사는 하나님 이외에는 어떤 인간도 성취할 수 없는 것이다. 그런 이유 때문에 하나님의 자녀들은 모두 한 마음으로 그분이 다시 *나타나실* 것을 기다리고 있는 것이다. 그렇다면 하나님의 자녀는 하나님에게만 맡기고 수동적으로 기다리기만 하면 되는가?

물론 그렇지 않다! 하나님의 자녀답게 살려고 최선을 다해야 한다. 그 안에 내주하신 성령님을 의지하여 깨끗하게 살아가려고 해야 한다. 그런 이유 때문에 사도 요한은 이렇게 힘주어 말했다, "주를 향하여 이 소망을 가진 자마다 그의 *깨끗하심과 같이* 자기를 깨끗하게 하느니라"(3:3, 2:28 참조). 이처럼 지엄至嚴한 부탁은 과거에 믿음을 통하여 영적으로 살아났고, 미래에 그리스도처럼 될 소망을 가진 하나님의 자녀에게 주어진 현재의 삶인 것이다.

3. 꼬리

그렇다! 하나님의 자녀는 과거와 미래를 연결하는 현재라는 고리 속에 사는 사람이다. 사도 요한에 의하면, 현재의 고리는 깨끗한 삶이다. 어느 정도 깨끗해야 하는가? 하나님의 자녀에게 주어진 목표는 그리스도처럼 깨끗하게 사는 것이다. 그렇게 과거의 믿음과 미래의 소망을 연결하는 것은 한 마디로 현재의 사랑이다. 깨끗하게 산다는 것을 달리 표현하면 사랑하면서 산다는 말일 수도 있다.

예수 그리스도가 이 세상에 나타나셨고 또 나타나실 것이다. 그 결과는 한 마디로 말해서 과거와 미래를 아우르는 현재의 삶이다. 하나님의 자녀에게는 물론 과거도 중요하고 미래도 중요하지만, 가장 중요한 것은 믿음과 소망을 연결시켜주는 현재의 사랑이다. 그리고 그런 사랑은 깨끗하게 살아가려고 할 때 일어나는 영적 현상이다. 그 모든 것을 아우르면서 사도 요한은 이렇게 명령한다, "…그의 깨끗하심과 같이 자기를 깨끗하게 하느니라!"

3

A Holy Life, A Love Life

죄와 불법

"죄를 짓는 자마다 불법을 행하나니 죄는 불법이라.
그가 우리 죄를 없애려고 나타나신 것을 너희가 아나니,
그에게는 죄가 없느니라"

요한일서 3:4-5

1. 머리

지난 장은 너무나 중요한 권면으로 끝을 맺는데, 다시 한 번 인용해보자, "주를 향하여 이 소망을 가진 자마다 그의 깨끗하심과 같이 자기를 깨끗하게 하느니라"(요일 3:3). 다시 말해서, 주님이 재림하실 때 모든 그리스도인도 그분처럼 깨끗해진다는 엄청난 약속이다. 그러나 그때에 깨끗해질 것을 기다리는 그리스도인은 현재에도 수동적으로 지내지 말고, 능동적으로 깨끗해져야 한다는 말씀이다.

"깨끗하다"는 단어를 다른 말로 표현하면 "거룩하다"이다. 그렇다! 모든 그리스도인은 거룩한 삶을 영위해야 한다. 얼마나 거룩해야 하는가? 그리스도 예수가 거룩하신 것처럼 거룩해야 한다. 도대체 인간이 그분처럼 거룩해질 수 있는가? 비록 그분이 재림하실 때

그리스도인이 그분처럼 똑같이 거룩해지지만, 그런 소망을 가졌다면 현재에도 그분처럼 거룩해지려고 하지 않으면 안 된다. 비록 그분처럼 똑같이 거룩해질 수는 없지만 말이다.

그렇다면 어떻게 그분처럼 거룩해지려고 해야 하는가? 예수 그리스도를 이처럼 닮으려면 두말할 필요도 없이 그분을 알아야 한다. 그분을 알기 위하여 그리스도인은 그분을 이해하고 묵상해야 한다. 그분이 하늘나라의 모든 영광을 버리신 사실, 약자와 외로운 자와 함께 하신 사실, 그리고 마침내 죄인들을 위하여 십자가의 고난을 마다하지 않은 사실――이런 모습을 알 뿐 아니라 그렇게 살아가려고 해야 한다.

2. 몸통

예수 그리스도처럼 깨끗하고 거룩한 삶을 영위하기 위하여 그분을 알고 닮으려는 적극적인 결심은 반드시 필요하다. 그러나, 그것만으로는 완전하지 않다. 소극적으로 죄와 싸워야 한다. 그 이유는 너무나 분명하다! 깨끗하며 거룩하다는 것은 죄와 연루되지 않는 삶을 가리키기 때문이다. 죄에 연루된 그리스도인은 결코 깨끗하지 못한 것이다. 그런 이유로 사도 요한은 "깨끗하라"는 권면 직후에 죄의 문제를 다루고 있는 것이다.

1) 죄와 불법

사도 요한이 죄의 문제를 어떻게 다루는지 그의 말씀을 직접 인용하면서 알아보자, "죄를 짓는 자마다 불법을 행하나니 죄는 불법이라" (3:4). 이 말씀에서 요한은 죄를 짓는 자의 행위를 두 단어로 묘사했는데, 하나는 "죄"이고 또 하나는 "불법"이다. 물론 신약성경에서 죄를 여러 가지 단어로 사용하는 것도 사실이다. 그 중에서 제법 많이 사용되는 단어는 "죄," "불의," "허물," "불법" 등이 있다. [4]

사도 요한은 그 중에서 두 단어를 본문에서 사용하는데, 곧 "죄"와 "불법"이다. "죄"는 "표적에서 빗나가다"의 뜻이며, "불법"은 문자적으로 "법을 깨뜨림으로 법을 부인하다"의 뜻이다. 넓은 의미에서 "죄"는 "하나님의 법에 이르지 못하는 것"이기에 "하나님의 법을 깨뜨리다"의 "불법"과 크게 다르지 않다. 그런 이유 때문에 사도 요한이 이 같은 뜻을 지닌 두 단어를 연거푸 사용한 것은 죄의 사실을 강조하기 위함이다. [5]

그러나 좁은 의미에서 그 두 단어를 살펴보면 "죄"보다는 "불법"이 더 강조된 것도 사실이다. 그러니까 요한은 덜 강조된 "죄"에서 더 강조된 "불법"으로 전개하면서 끝을 맺는다. 그렇다면 무엇을 근거로 "불법"이 보다 더 강조된 죄란 말인가? 어떤 학자는 "죄"는 회개하면 용서받지만, "불법"은 회개할 수 없는 중한 죄라고 주장한다. 다시 말해서, "죄"와 "불법" 사이에는 엄중한 경계선이 있는데, 그 경계선을 넘으면 "불법"이 된다는 것이다. [6]

----

4) "죄"는 헬라어로 *하마르티아*(άμαρτία), "불의"는 *아디키아*(άδικία), "허물"은 *파랍토마*(παραπτώμα), 불법"은 *아노미안*(άνομίαν)이다. 어떤 학자는 세 가지로 죄를 요약하기도 한다. 이를 위하여 다음을 보라. J. Dwight Pentecost, *The Joy of Fellowship: A Study of First John* (Grand Rapids, MI: The Zondervan Corporation, 1977), 78–79.
5) Stott, *The Letters of John*, 125.
6) Yarbrough, *1–3 John*, 182.

"죄"와 "불법"은 둘 다 똑같이 하나님의 법을 어긴 행위이다. 그러나 "불법"은 사탄이 충동질하여 하나님을 대항하면서 하나님의 법을 어긴 범죄이다. 특히 그런 범죄의 행위는 시간이 지날수록 강해지다가 마지막 때, 곧 우리 주 예수 그리스도가 재림하실 때는 절정에 이를 것이다. 왜냐하면 사탄은 마지막 때가 가까워진 것을 알기에 갈수록 심한 "불법"을 자행하기 때문이다. 그때는 사랑도 식어지고 또한 서로를 심하게 미워할 것이다.

예수님이 하신 말씀을 직접 인용해보자; "그 때에 많은 사람이 실족하게 되어 서로 잡아 주고 서로 미워하겠으며, 거짓 선지자가 많이 일어나 많은 사람을 미혹하겠으며, 불법이 성하므로 많은 사람의 사랑이 식어지리라" (마 24:10-12). 바울 사도도 마지막 때를 예언하면서 광분狂奔해서 날뛰는 사탄을 "불법의 아들"이라고 하면서 (살후 2:3), 스스로를 높여서 "하나님의 성전에 앉아 자기를 하나님이라고 내세우는" 작자라고 하였다 (살후 2:4).

하나님의 사랑을 듬뿍 받아서 하나님의 자녀가 된 그리스도인들은 어떤 경우에도 이처럼 흉악한 "죄"와 "불법"에 연루되어서는 안 된다. 그렇게 되면 그들은 자연히 깨끗하고 거룩한 삶에서 벗어나기 때문이다. 어느 날 주님이 다시 오실 때 그들도 주님처럼 변화될 터인데, 그처럼 영광스러운 소망을 가지고 있는 사람들이 지향해야 할 것은 깨끗한 삶이다. 이처럼 깨끗한 삶을 살아야 하는 그리스도인들이 어떻게 "죄"와 "불법"에 연루될 수 있단 말인가?

2) "죄를 없애려고"

결국 "죄"를 범하며 "불법"을 행하는 사람들은 하나님의 사랑을 경험하지 못한 불신자들이다. 그들은 아무리 노력해도 "표적에 이를 수 없는" 죄인들이다. 그들이 짓는 죄에 대하여 그들은 당연히 대가를 지불해야 하며, 그 대가는 두말할 필요도 없이 심판이다. 그들의 죄는 알알이 드러나서 심판자이신 하나님으로부터 그들의 행위대로, 다시 말해서 그들의 모든 생각과 언행에 대하여 재판을 받고 마침내 지옥으로 던져진다.

그뿐 아니다! 그 죄인들 중에는 하나님의 법을 알면서도 의도적으로 그 법을 깨뜨리는 작자들도 있다. 그들은 궁극적으로는 하나님을 대적하는 자들이다. 위에서 언급한 것처럼, 그들이 그렇게 하는 것은 사탄의 충동질도 있었기 때문이다. 그런 까닭에 그들이 받을 심판은 더욱 엄중하다. 다시 말해서, "불법"을 행한 작자들이 받을 심판은 "죄"를 짓는 죄인들이 받을 심판보다 몇 배나 더 엄중하다는 것이다.

그런 죄인들이 어떻게 깨끗하게 살 수 있단 말인가? 그것은 두말할 필요도 없이 예수 그리스도의 *나타나심* 때문이다. 앞 장에서 언급한 것처럼, 그분의 *나타나심*은 삼중적三重的이다. 그분은 과거에 이미 육체로 나타나셨고, 현재에도 시시때때로 그 종들에게 나타나신다. 그뿐 아니라, 그분은 장래에 다시 나타나셔서 모든 그리스도인들을 그분처럼 변화시키실 것이다. 그러면 이와 같은 삼중적인 나타나심이 "죄"와 "불법"의 문제를 해결했는가?

물론 아니다! 인간의 "죄"와 "불법"을 해결해준 것은 예수 그리스도가 과거에 나타나신 사실 때문이었다. 두말할 필요도 없이 그분이 처음 나타나신 목적은 십자가에서 죽기 위해서였다. 그분이 십자가에서 모든 사람들의 "죄"와 "불법"을 짊어지시고 십자가에서 대신 죽지 않으셨다면, 어떤 사람도 그 문제를 해결할 수 없다. 그런 이유 때문에 사도 요한은 본문에서 이렇게 힘주어 말했다, "그가 우리 죄를 없애려고 나타나신 것을 너희가 아나니…"

그렇다! 예수 그리스도가 그처럼 대속(代贖)의 죽음을 죽지 않으셨다면, 어떤 죄인도 그의 "죄"와 "불법"의 굴레에서 벗어날 수 없고, 또 깨끗해질 수도 없다. 그렇게 그분을 죽게까지 하면서 죄인들을 "죄"와 "불법"에서 해방시키신 배후에는 하나님의 사랑이 있었다. 그처럼 넓고 큰 하나님의 사랑을 이렇게 묘사한 찬송이 있다: "하늘을 두루마리로 삼고 바다를 먹물 삼아도 한없는 하나님의 사랑 다 기록할 수 없겠네."

이처럼 큰 하나님의 사랑을 받아 하나님의 자녀가 된 그리스도인이라면 어떻게 다시 "죄"와 "불법"을 저지를 수 있겠는가? 그처럼 무조건적인 사랑을 실현하기 위하여 십자가의 고난과 죽음을 마다하지 않으신 예수 그리스도를 생각한다면, 어떻게 다시 "죄"와 "불법"에 뛰어들 수 있겠는가? 그렇다! "죄"와 "불법"을 *없애려고* 예수 그리스도가 십자가에서 죽으셨는데, 그렇게 없앤 "죄"와 "불법"을 다시 끌어낼 수 있겠는가?

3) "죄가 없느니라"

죄인의 "죄"와 "불법"을 없애기 위하여 십자가에서 피를 쏟으며 죽으신 예수 그리스도에게는 "죄가 없느니라!"고 사도 요한은 힘차게 선언하였다. 그런데 "그에게는 죄가 없느니라"는 요한의 선언이 말할 수 없이 중요한 이유가 두 가지가 있다. 하나는 사도 요한의 시대에 그리스도인들을 공격해오는 이단들의 잘못된 가르침에 대한 반박 때문이고, 또 하나는 그 선언이 성경 전체에 도도히 흐르는 가르침이기 때문이다.

먼저, 사도 요한의 시대에 난무하던 이단은 소위 영지주의자들이었다. 그들에게 구원은 영적 지식의 습득이었기 때문에, 예수님의 대속의 죽음을 거부하였다. 그분의 죽음을 거부하기 위하여 그들은 예수님이 육체로 이 세상에 나타나셨다는 역사적인 사건을 교묘하게 거부하였다. 예수 그리스도는 거룩한 분이시기에 육신이 될 수 없다는 주장이었다. 그분의 육신을 거부하는 것은 그분의 대속적 죽음을 거부하는 셈이었다.

영지주의자들의 주장에 의하면, 예수 그리스도가 육신으로 나타나셨다는 성경의 가르침은 실제가 아니라, 환상이거나 착각이라는 것이다. 그런 이유 때문에 그분은 죄인들을 대신하여 육체적인 죽음을 감당하지 않으셨다는 것이다. 그들의 잘못된 주장을 반박하기 위하여 요한은 다음과 같은 뜻으로 이렇게 선언했던 것이다: "그분은 육체로 나타나셨으나 아무 죄도 없기에, 우리의 죄를 없애실 수 있는 구주이시다."

그 다음, 사도 요한이 "그에게는 죄가 없느니라"는 선언은 성경 전체의 가르침이었다. 요한은 그의 다른 그의 복음서에서 예수님을 "세상 죄를 지고 가는 하나님의 어린양"이라고 기록한 적이 있었다 (요 1:29). 이 말씀에서 그분을 어린양이라고 부른 것은 그분의 유월절이 희생된 어린양이라는 가르침이었다. 이스라엘 백성의 출애굽을 가능하게 한 것은 피를 흘리며 죽은 어린양 때문이었다. 그 어린

양이 바로 이스라엘 백성의 구원을 위한 제물이었다.

그런데 그 어린양이 그처럼 중요한 역할을 감당하기 위해서는 흠이 없는 완전한 양이어야만 했다 (출 12:5). 만일 그 양에게 어떤 흠이라도 있었다면 그 양은 이스라엘 백성을 위한 대속적 죽음을 죽을 자격이 없었다. 더군다나 "우리의 유월절 양"이신 예수 그리스도에게 어떤 흠이라도 있었다면 (고전 5:7), 그분은 "세상 죄를 지고 가는 하나님의 어린양"이 되실 수 없었다. 그런 까닭에 요한은 선언했던 것이다, "그에게는 죄가 없느니라!"

그 후 예수 그리스도의 대속적 죽음을 분명하게 예언한 이사야도 이렇게 언급했다, "우리는 다 양 같아서 그릇 행하여 각기 제 길로 갔거늘 여호와께서는 우리 모두의 죄악을 그에게 담당시키셨도다… 그는 강포를 행하지 아니하였고 그의 입에 거짓이 없었으나 그의 무덤이 악인들과 함께 있었으며 그가 죽은 후에 부자와 함께 있었도다" (사 53:6, 9). 죄 없으신 그리스도가 인간의 죄악 때문에 죽으신다는 너무나 분명한 예언이었다.

3. 꼬리

구약성경에서 아무 죄도 없으신 구주의 대속적 죽음을 요약이라도 하듯, 사도 바울은 이렇게 선언했다, "하나님이 죄를 알지도 못하신 이를 우리를 대신하여 죄로 삼으신 것은 우리로 하여금 그 안에서 하나님의 의가 되게 하려 하심이라" (고후 5:21). 히브리서도 그분의 무죄를 선언했고 (히 4:5), 베드로도 이렇게 선언했다, "…그리스도도 너희를 위하여 고난을 받으사…, 그는 죄를 범하지 아니하시고 그 입에 거짓도 없으시며" (벧전 2:21-22).

사도 요한도 역시 이런 성경의 가르침과 똑같이 선언했던 것이다, "그가 우리 죄를 없애려고 나타나신 것을 너희가 아나니, 그에게는 죄가 없느니라!" 그렇다! 하나님의 사랑을 듬뿍 받은 하나님의 자녀들에게 이런 구주가 계시기에 그들은 "죄"와 "불법"을 이미 해결했고, 또 현재에도 해결할 수 있는 것이다. 그분의 대속적 죽음과 영광의 재림 사이에 살고 있는 그리스도인이 할 수 있는 것은 "죄"와 "불법"을 멀리하고 깨끗하게 사는 것이다.

4

A Holy Life A Love Life

올바른 앎

"그 안에 거하는 자마다 범죄하지 아니하나니,
범죄하는 자마다 그를 보지도 못하였고 그를 알지도 못하였느니라"

요한일서 3:6

1. 머리

이 장의 본문에서 눈여겨보아야 할 단어가 있는데, 곧 "안다"라는 동사이다. 만일 사도 요한이 "안다"라는 동사를 이 본문에서만 사용했다면, 그 단어가 그렇게 중요하지 않을 수도 있다. 그러나 요한은 "안다"는 동사를 요한일서에서 자그마치 39번이나 사용하였다. 105절밖에 되지 않는 짧은 요한일서에서 그 단어를 3절에 한 번 이상 사용했다면, "안다"의 의미가 생각 밖으로 너무나 중요하다는 것이다.

그 이유 중 하나는 그 당시 횡횡하던 영지주의 때문이었다. 영지주의자들은 일반적인 지식 곧 서술적 지식이 아니라, 경험적 지식에 의하여 구원을 받는다고 주장했다. 경험적 지식은 육체라는 감옥에 갇혀 있는 인간이 육체라는 암흑에서 벗어나 빛으로 들어가기 위하여 쌓아가는 영적 지식을 뜻했다. 그리고 영적지식을 습득하는 궁극적인 목적은 빛, 곧 신에게 도달하기 위해서였다. 그렇게 빛에 도달하면 구원을 받는다는 주장이었다.

육체에서 해방되어가는 구원의 과정에서 어두움에 처해있는 육체가 죄를 짓는 것은 영적 구원과는 아무런 관련도 없다고 영지주의자들은 가르쳤다. 그들은 이처럼 암흑과 빛, 악과 선이라는 이원론적二元論的인 가르침에 근거해서 구원론을 전개하였다.[7] 그런 이유 때문에 그들의 구원론에서 "앎"은 절대적으로 중요했다. 그렇게 영적 지식을 통하여 구원에 이른 사람들만은 결국 극소수에 지나지 않는 엘리트들뿐이었다.

2. 몸통

사도 요한은 잘못된 영지주의로부터 그리스도인들을 보호하기 원했다. 그런 까닭에 요한일서는 소극적으로는 잘못된 이단의 가르침과 행실을 지적하였으며, 동시에 적극적으로는 그리스도인들에게 올바른 "앎"을 제시함으로 잘못된 "앎"에 빠지지 않게 하려고 노력하였다. 그래서 사도 요한은 이처럼 짧은 서신에서 "안다"는 동사를 그처럼 많이 사용하면서, "올바른 앎"을 제시하였던 것이다.

----

7) 이원론적인 영지주의를 알기 위하여 다음을 보라; Walter A. Elwell 편집, *Evangelical Dictionary of Theology* (Grand Rapids, MI: Baker Book House Co., 1984), "Gnosticism."

1) "안다"--*기노스코* ($\gamma\iota\nu\acute{\omega}\sigma\kappa\omega$)

사도 요한은 요한일서에서 "안다"를 기록할 때 두 가지 헬라어 동사를 사용했는데, 하나는 *기노스코*였고, 또 하나는 *오이다*였다. 우선 *기노스코*에 대하여 알아볼 필요가 있는데, 이 장의 본문에서 사용된 "안다"가 바로 *기노스코*이기 때문이다. 본문의 후반부를 다시 인용해보자, "…범죄하는 자마다 그를 보지도 못하였고 그를 알지도 못하였느니라." 이 본문에서 범죄한 사람은 예수 그리스도를 알지도 못한다는 것이다.

이 본문에서 "안다"는 것은 일반적인 지식이나 서술적인 지식이 아니라는 것이 분명하다. 왜냐하면 범죄한 사람이라도 예수 그리스도에 대한 이야기를 들었을 터이며, 그분이 유대인으로서 많은 사람들을 구체적으로 도운 사실도 알았을 터이다. 또한 많은 병자들을 고치셨을 뿐 아니라, 죽은 자들도 살리셨다는 것을 알았을 것이다. 더군다나 그분이 십자가에서 처참하게 죽으셨다는 사실을 몰랐을 리가 없었다.

그렇다면 *기노스코*는 어떤 종류의 지식을 가리키는가? *기노스코*는 일반적인 지식이 아니라, 개인적인 경험을 통하여 얻게 된 산living 지식을 가리킨다. 처녀인 마리아가 잉태하겠다는 천사의 말에 반론을 제기한 그녀의 대답을 통해 알아보자, "마리아가 천사에게 말하되 나는 남자를 알지 못하니 어찌 이 일이 있으리이까?" (눅 1:34). 여기에서 사용된 "안다"의 헬라어는 *기노스코*인데, 그 뜻은 성관계를 뜻한다.

마리아가 성관계라는 개인적인 경험이 없다면 당연히 인격적인 관계도 이루어지지 않는다. 결국, *기노스코*라는 동사는 개인적인 경험을 통하여 맺어진 인격적 관계를 갖게 하는 "앎"이다. 그러니까 의도적으로 범죄하는 사람은 예수 그리스도를 개인적으로 만난 적도 없으며, 따라서 인격적인 관계도 맺지 못했다는 뜻이다. 그 사람이 비록 예수 그리스도를 지적으로 안다손 치더라도, 인격적인 관계를 일군 영적지식은 없다는 것이다.

그렇다면 영지주의자들이 주장하는 경험적이고도 영적인 지식과 다를 바가 없지 않은가? 그런데 조금만 깊이 살펴보면 서로 완전히 다른 영적지식이라는 것을 알 수 있다. 영지주의자들은 영적지식을 습득하여 구원을 받으려고 인간적으로 노력하는데 반하여, 사도 요한이 주장하는 구원은 인간의 노력이 완전히 배제된 것이다. 다시 말해서, 하나님이 은혜로 값없이 선물로 주시는 것이다 (엡 2:8).

아무리 흉악한 죄인이라도 그를 대신하여 죽으신 예수 그리스도를 알고 받아들일 때 성령이 그의 마음에 들어오신다. 그분의 그런 대속적 죽음을 알게 하신 분은 누구인가? 물론 성령이시다. 그분이 죄인을 위하여 죽으셨다는 일반적인 지식에 성령이 비추실 때, 그는 비로소 그분의 대속적 죽음이 자신을 위한 희생이라는 것을 알게 된다. 그런 "앎" 때문에 그는 그분을 구주로 믿고 영접하여 그분을 경험적으로 알게 되었던 것이다.

2) "안다"--*오이다* (οἶδα)

예수 그리스도가 죄인을 위하여 죽으셨다는 "앎"에 성령이 비추시면, 어떤 죄인도 구원받을 수 있다. 그 "앎"이 바로 오이다이다.

다시 말해서, *오이다*는 머리로 아는 것인데, 그렇게 머리로 아는 지식에 성령이 빛을 비추면 죄인은 그분을 만나는 경험을 하게 된다. 그가 그렇게 만나서 경험적으로 알게 된 "앎"이 바로 *기노스코*이다. 결국, 사도 요한에 의하면, 구원의 역사에서 *오이다*와 *기노스코*는 서로 보완의 역할을 한다.

반면, 영지주의자들은 이처럼 중요한 일반적인 "앎," 곧 *오이다*는 그들의 구원에는 아무런 도움이 되지 못한다고 주장한다. 그러나 사도 요한은 그런 지식, 곧 *오이다*도 *기노스코*를 경험하는데 없어서는 아니 될 중요한 통로라고 가르친다. 왜냐하면 *기노스코*로 안내하는 *오이다*도 하나님이 기름 부음을 통하여 주시는 "앎"이기 때문이다. 요한의 가르침을 직접 인용해보자, "너희는 거룩하신 자에게서 기름 부음을 받고 모든 것을 *아느니라*" (요일 2:20).

여기에서 사도 요한이 사용한 동사는 *오이다*이다. 성령의 내주를 통하여 그리스도인이 된 사람은 그 성령의 역사로 인하여 구원에 관한 모든 것을 알게 되었다는 놀라운 가르침이다. 그러니까 일반적인 지식은 성령의 역사와 임재를 통하여 얻게 된 "앎"과는 전혀 다르다는 것이다. 비록 내용은 똑같은 *오이다*, 곧 "알다"도 성령의 임재가 있느냐 없느냐에 따라 다르다는 것이다.

사도 요한에 의하면, 인간이 경험적으로 가질 수 있는 "앎", 곧 *기노스코*도 *오이다*라는 "앎"을 통하지 않으면 불가능하다는 것이다. 예를 들면, 인간이 죄인이기에 심판을 받을 수밖에 없는 존재라는 사실도 알아야 하고(*오이다*), 예수 그리스도가 그 심판을 대신 짊어지고 십자가에서 죽으셨다는 사실을 알지 못하면(*오이다*), 그 사람은 결코 죄를 용서 받을 수도 없고 예수 그리스도와 인격적인 관계를 맺는 "앎," 곧 *기노스코*에 이를 수도 없다.

결국, 사도 요한은 두 가지 지식――*오이다*와 *기노스코*――이 구원에 이르기 위하여 반드시 필요하다고 역설한다. 이 점에 있어서 영지주의자들과는 확연히 다르다. 그들에게 구원은 영적지식을 습득하는 것이기에, 일반적인 지식 곧 *오이다*는 전혀 필요치 않다. 그들에게 필요한 것은 *기노스코*뿐인데, 그것도 인간의 노력으로 습득할 수 있는 영적지식이다. 그러나 요한에게는 구원을 위하여 이 두 가지 "앎"은 성령의 도움을 반드시 필요로 했다.

사도 요한이 지난 장의 본문에서도 *오이다*를 사용했는데, 직접 인용해보자, "그가 우리 죄를 없애려고 나타나신 것을 너희가 아나니 그에게는 죄가 없느니라"(요일 3:5). 이 본문에서 *기노스코*가 사용되지 않고 *오이다*가 사용된 이유가 분명하다. 예수 그리스도가 인간의 죄를 없애려고 나타나신 것을 "알아야"(*오이다*), 그분과 관계를 맺는 경험적인 "앎"(*기노스코*)에 이르게 되기 때문이다. 성령의 역사를 통한 *오이다*이며 *기노스코*이다.

3) 행위

성령의 임재와 역사를 통하여 예수 그리스도가 인간의 죄를 없애려고 나타나신 것을 "알" 뿐 아니라, 그분을 그의 구주로 믿고 영접할 수 있다. 그렇게 영접하면 그 사람은 예수 그리스도와 영적 관계를 맺게 되는 것이다. 예수님의 기도대로이다, "영생은 곧 유일하신 참 하나님과 그가 보내신 자 예수 그리스도를 *아는* 것이니이다"(요 17:3). 이 기도에서 "안다"는 동사는 경험하여 맺게 된 관계를 강조하는 "앎," 곧 *기노스코*이다.

이렇게 성령의 임재와 역사를 통하여 그리스도 예수를 알게 된 그리스도인이 사탄과 연루된 죄를 범할 수 있겠는가? 물론 없다! 다시 이 장의 본문을 인용해보자, "그 안에 거하는 자마다 범죄하지 아니하나니 범죄하는 자마다 그를 보지도 못하였고 그를 알지도 못하였느니라." 이 본문에서 "그 안에 거하는 자"는 도대체 어떤 그리스도인들을 가리키는가? 두 가지로 설명할 수 있을 것이다.

첫째는 예수 그리스도에게 순종하는 그리스도인들을 가리킨다. 그분의 말씀과 명령을 조건 없이 받아들일 뿐 아니라, 또 지키는 그리스도인들이다. 둘째는 예수 그리스도를 닮아가는 사람들이다.[8] 그분은 죄 없이 깨끗한 삶을 영위하신 분이다. 그런 이유 때문에 그분을 닮아간다는 것은 그분처럼 깨끗한 삶을 살아가는 것을 가리킨다. 실제로 그런 삶이 그리스도인들의 삶이라고 사도 요한은 충고한 바 있었다 (요일 3:3).

이처럼 그리스도에게 순종하며 또 그분을 닮아가는, 그래서 그분과 밀접한 관계를 유지하는 그리스도인들은 성령의 지배를 받고 살아가는 사람들이다. 그런 그리스도인들이 범죄한다는 것은 거의 불가능하다. 왜냐하면 범죄는 지난 장에서 본 대로, 사탄의 충동질로 인해 짓는 심각한 죄악을 가리킨다. 어떻게 성령의 임재와 역사를 통하여 예수 그리스도와 인격적인 관계를 맺고, 또 그분을 닮아가는 그리스도인들이 그런 흉악한 범죄를 저지를 수 있는가? 물론 불가능하다!

---

8) Smalley, *1, 2, 3 John*, 50.

그런 이유 때문에 사도 요한은 5절에서 성령의 임재를 통하여 예수님이 죄를 없애려고 나타나신 것을 "알고"(*오이다*), "올바른 앎"(*기노스코*)을 통하여 그리스도와 인격적인 관계를 맺는 그리스도인들은 결코 그런 범죄를 지을 수 없다고 힘주어 말한다. 만일 그런 그리스도인들이 흉악한 범죄를 범한다면, 영지주의자들과 무엇이 다르단 말인가? 그리스도인들은 어두움의 굴레에서 벗어나 빛이신 하나님을 인격적으로 알게 되지 않았는가?

만일 자칭 그리스도인이라고 하는 사람들 중에서 사탄의 충동을 받아 흉악한 범죄의 행위에 연루되었다면, 그들은 그리스도인이 아니다. 그들은 영지주의자들과 조금도 다를 바가 없다. 이 장의 본문을 다시 인용해보자, "…범죄하는 자마다 그를 보지도 못하였고 그를 *알지도* 못하였느니라." "보지도 못하였다"는 것은 성령의 임재로 인해서 생긴 "앎," 곧 *오이다*를 가리키며, "알지도 못하였다"는 것은 관계를 맺게 한 "올바른 앎," 곧 *기노스코*를 가리킨다.

3. 꼬리

"…범죄하는 자마다 그를 보지도 못하였고 그를 알지도 못하였느니라"는 사도 요한의 엄중한 가르침은 무엇을 뜻하는가? 범죄하는 사람들은 성령을 통한 "앎"인 *오이다*도 없고, 관계를 맺게 하는 경험적인 "올바른 앎"인 *기노스코*도 없다는 말이다. 성령의 임재와 역사를 통한 *오이다*와 *기노스코*가 이처럼 중요하기에 사도 요한은 요한일서에서 이 두 단어를 자그마치 39번이나 사용하였는데, *기노*

스코는 24번 그리고 오이다는 15번이나 사용되었다.

사도 요한은 구원의 역사에서 일반적인 "앎"과 경험적인 "앎"을 똑같이 강조했다. 그런데 얼마나 많은 소위 그리스도인들이라고 하는 사람들이 예수 그리스도의 대속적 죽음을 잘 알면서도(오이다), 그분처럼 깨끗한 삶을 영위하지 않고 있는가? 그들은 어쩌면 진정으로 그분을 알고 있지 못하는지도 모른다(기노스코). 왜냐하면 그분을 진정으로 알았다면 그분을 닮아가면서 깨끗한 삶을 영위하기 때문이다. 이런 그리스도인들이 많지 않은 것은 서글픈 일이다.

5 범죄와 마귀

A Holy Life A Love Life

"자녀들아, 아무도 너희를 미혹하지 못하게 하라;
의를 행하는 자는 그의 의로우심과 같이 의롭고,
죄를 짓는 자는 마귀에게 속하나니 마귀는 처음부터 범죄함이라.
하나님의 아들이 나타나신 것은 마귀의 일을 멸하려 하심이라.
하나님께로부터 난 자마다 죄를 짓지 아니하나니
이는 하나님의 씨가 그의 속에 거함이요,
그도 범죄하지 못하는 것은 하나님께로부터 났음이라"

요한일서 3:7-9

1. 머리

사도 요한은 3장에서 그리스도인의 특권과 의무를 동시에 소개하였다. 특권은 그리스도인이 하나님의 자녀가 되었다는 것이다. 이런 특권은 하나님의 무조건적인 사랑이 없었다면, 결코 가능하지 않은 초자연적인 하나님의 역사였다. 1-2절에서 두 번씩이나 사용된 "하나님의 자녀"라는 표현을 다시 인용하자; "보라 아버지께서 어떠한 사랑을 우리에게 베푸사 하나님의 자녀라 일컬음을 받게 하셨는가?…사랑하는 자들아 우리가 지금은 하나님의 자녀라."

사도 요한은 이렇게 큰 특권을 받은 그리스도인이라면 그런 특권에 걸맞은 삶을 살지 않으면 안 된다고 했는데, 그것이 바로 그리스도인의 의무이다. 그러니까 그리스도인의 특권은 동시에 의무라고도 할 수 있다. 다시 말해서, 특권과 의무는 동전의 양면과 같은 것이다. 그렇다면 의무는 무엇인가? 그리스도처럼 깨끗하게 살아야 하는 것이다 (3:3). 사도 요한은 한 발 더 나아가서 깨끗하게 살아가는 방법도 구체적으로 제시하였다.

요한일서 3장의 나머지 부분, 곧 3장 4-24절에서 깨끗하게 살아가는 방법이 두 가지로 제시되었는데, 첫 번째 방법은 4절에서 9절까지 다루었다. 그리고 나머지 부분, 곧 10절에서 24절까지는 두 번째 방법을 다루었다. 첫 번째 방법은 소극적인 것으로 죄를 짓지 말아야 한다는 것이다. 두 번째 방법은 적극적인 것으로 서로 사랑해야 한다는 것이다. 특권과 의무가 동전의 양면인 것처럼, 이 두 가지 방법도 역시 동전의 양면이라고 할 수 있다.

2. 몸통

이 장의 본문은 깨끗하게 사는 두 가지 방법 가운데 죄를 짓지 말아야 하는 첫 번째 부분의 결론이라고 할 수 있다. 그리스도인이 죄를 짓지 않을 수 있는 것은 그의 구주이신 예수 그리스도가 인간의 죄를 없애셨기 때문이다 (3:5). 만일 스스로 그리스도인이라고 하면서 죄를 짓는다면, 그 사람은 그분을 "보지도 못했고 또 알지도 못한" 것이 분명하다 (3:6). 그분을 지적으로뿐 아니라, 경험적으로 알았다면 그런 부정적인 삶을 살지 않기 때문이다.

1) "미혹"

하나님의 자녀들이 범죄하지 않는 첫 번째 방법은 소극적이긴 하지만 그래도 중요한데, 그것은 미혹을 받지 않는 것이다. 7절의 전반부를 다시 인용해보자, "자녀들아, 아무도 너희를 미혹하지 못하게 하라!" 이 말씀에서 사용된 "미혹하다"는 말은 "속이다"의 뜻이다. 불행하지만 하나님의 영적 자녀들도 거짓된 가르침에 속을 수 있다. 그런 까닭에 사도 요한은 범죄하지 않고 깨끗한 삶을 영위하기 위하여 무엇보다도 속지 말아야 한다고 가르친다.

그렇다면 누가 하나님의 자녀들을 속인단 말인가? 사도 요한은 "아무도 너희를 미혹하지 못하게 하라"고 하면서, 그들을 미혹할 수 있는 자들이 여럿일 수 있다는 것을 암시하고 있다. 먼저, 영적 자녀들을 미혹하는 작자들은 이단들이다. 이단들은 하나님의 말씀을 교묘하게 엮어서 하나님의 자녀들을 미혹한다. 바울의 가르침을 들어보자, "그런 사람들은 거짓 사도요 속이는 일꾼이니 자기를 그리스도의 사도로 가장하는 자들이니라" (고후 11:13).

사도 요한은 그 당시의 이단인 영지주의자들도 염두에 두었을 것이다. 그들은 사도들이 세운 교회를 떠난 후 (요일 2:18), 교인들을 끈질기게 속여서 그들에게로 귀속시키려 했다. 그런데 영적 자녀들을 미혹시키는 작자들은 이단뿐만 아니다. 교회에 속해 있는 지도자들 중 하나님의 말씀을 옳게 가르치지 못하고, 잘못 가르치는 선생들도 없잖아 있다. 특히 목사들과 신학자들 가운데 하나님의 말씀을 잘못 가르치어 영적 자녀들을 잘못 인도하기도 한다.

그런데 이단들과 잘못 가르치는 선생들의 배후에는 "처음부터" 거짓말로 인간을 속인 마귀가 있다. 마귀는 "그 간계로 하와를 미혹함"으로 모든 인간을 죄악의 구렁텅이에 빠뜨렸다 (고후 11:3). 그런 까닭에 예수님도 마귀를 "거짓말쟁이요 거짓의 아비"라고 정죄하셨던 것이다 (요 8:44). 결국, 하나님의 자녀들을 미혹하게 하는 작자들이 이단이든지 아니면 잘못 가르치는 선생이든지 상관없이 마귀로부터 시작된 것이다.

그러면 마귀는 무엇에 대하여 하나님의 자녀들을 미혹하는가? 두 가지인데, 하나는 교리doctrine이고 또 하나는 실천practice이다. 이 두 가지는 서로 분리될 수 없는 것이다. 잘못된 가르침은 두말할 필요도 없이 잘못된 행위를 가져오게 한다. 이 두 가지, 곧 교리와 실천은 기독교의 핵심이다. 이 두 가지 중 어떤 한 가지라도 잘못되면, 나머지도 잘못될 수밖에 없다. 물론, 어떤 때는 가르침은 올바른데, 행위는 빗나갈 수도 있지만 말이다.

그러므로 기독교는 윤리의 종교이다. 그래서 사도 요한은 미혹을 언급한 후 윤리의 중요성을 이렇게 가르친다, "의를 행하는 자는 그의 의로우심과 같이 의롭고" (7b). 하나님의 자녀들은 그리스도를 통하여 의로워졌기에, 그들의 삶의 현장에서도 그분처럼 의롭게 살 수 있을 뿐 아니라, 반드시 그렇게 살아야 한다. 그들의 의로운 삶은 그들이 올바른 교리를 받아들였다는 것을 의미할 뿐 아니라, 아무에게도 미혹되지 않았다는 것을 의미한다.

2) 소속

하나님의 자녀들이 죄를 짓지 않고 깨끗하게 살 수 있는 두 번째 방법은 그들의 소속이 분명할 때만 가능하다. 만일 그들이 마귀에게 속해 있다면, 절대로 죄와 상관없이 깨끗한 삶을 영위할 수 없다. 아니, 깨끗한 삶은커녕 죄와 범죄의 삶에서 벗어나지 못할 것이다. 그 이유는 너무나 간단하다! 그들의 아비가 바로 마귀이기 때문이다. 예수님의 말씀을 다시 인용해보자, "너희는 너희 아비 마귀에게서 났으니" (요 8:44).

사도 요한도 이 장의 본문에서 죄를 짓는 자들의 소속을 분명히 천명했다, "죄를 짓는 자는 마귀에게 속하나니…" (3:8a). 그렇다면 왜 마귀에 속한 자들은 죄를 이길 수 없는지 그 이유도 요한은 밝힌다, "마귀는 처음부터 범죄함이라" (3:8b). 이 말씀에서 범죄하는 것이 마귀의 특성이다. 마귀는 "처음부터" 범죄한 작자이다. 이미 언급한 대로, 범죄는 마귀와 연루된 심각한 죄이다. 그러므로 "마귀는 처음부터 범죄함이라"고 요한은 분명하게 묘사한다.

그러면 "처음부터"란 묘사는 구체적으로 어느 때를 가리키는가? 두 가지를 함축하는데, 첫째는 인간이 창조되기 전을 가리킨다. 마귀는 감히 하나님을 대적하여, 하나님의 자리를 차지하려한 어마어마한 범죄를 저질렀다 (사 14:12-14). 그 후 아담과 하와가 창조되었을 때도 마귀는 하와에게 접근하여 거짓말로 그녀를 속였다. 그 결과 첫 인간 부부는 하나님을 배반하는 범죄를 저질렀던 것이다 (창 3).

마귀에게 속하여 죄와 범죄의 굴레에서 허우적거리는 인간을 위하여 하나님은 그분의 아들을 세상에 보내셨다. 그러나 인간을 범죄의 삶에서 나오게 하기 위하여 하나님의 아들은 먼저 마귀의 일을 멸해야만 하셨다. 어떻게 멸하셨는가? 그분은 십자가에서 죽음을 맛보시고 그리고 부활하심으로 마귀의 일을 멸하셨던 것이다. 물론 마귀 자체를 멸하기 위해선 그분의 재림을 기다려야 하지만, 초림^初臨의 죽음과 부활을 통하여 마귀의 일을 멸하셨던 것이다.

그렇다면 도대체 마귀의 일은 무엇인가? 크게 세 가지인데, 그중 첫째는 죄와 죄의 굴레이다. 마귀는 첫 인간 아담과 하와로 하여금 죄를 짓도록 유혹하였다. 그 결과 그들도 죄의 굴레 속에 빠졌으며, 그들의 후손은 물론 모든 인간이 죄와 범죄의 굴레에 빠지게 되었다. 그들은 그 굴레에서 탈출할 수 없다. 인간의 어떤 방법과 노력으로도 탈출할 수 없다. 그러나 "하나님의 아들"이신 예수 그리스도는 마귀의 일, 곧 죽음을 통하여 죄를 멸하셨던 것이다.

둘째는 죄의 결과인 죽음을 마귀는 인간에게 안겨주었다. "하나님의 아들"은 인간의 궁극적인 문제, 곧 죽음을 멸하셨는데, 두말할 필요도 없이 그분의 부활을 통해서였다. 그리고 셋째는 죄의 결과인 세상의 어두움을 멸하셨다. 아담과 하와 이후 세상은 어두움에 휩싸여서 어떤 인간도 거기에서 빠져나올 수 없었다. 그러나 "하나님의 아들"의 죽음과 부활을 통하여, 그리고 이 세상에 오신 성령의 역사를 통하여 세상의 어두움은 멸해지기 시작했던 것이다.

3) "하나님의 씨"

"하나님의 아들"이 세상에 나타나신 목적은 마귀의 일을 멸하기 위해서였는데, 그분은 그것만으로는 세상에 오신 목적을 모두 달성하신 게 아니었다. 그분은 한편 소극적으로 마귀의 일을 멸하셨지만, 또 한편 적극적으로는 마귀의 영향 속에서 허우적거리던 마귀의 자녀들을 하나님의 자녀로 삼으신다. 마귀의 자녀가 하나님의 자녀가 되다니, 이것만큼 크고도 놀라운 역사는 달리 찾아볼 수 없을 것이다.

사도 요한은 이처럼 소속이 바뀐 사실을 3장 9절에서 두 가지로 표현했는데, 하나는 "하나님께로부터 난 자"이고, 또 하나는 "하나님의 씨"이다. 두 번씩이나 사용된 "하나님께로부터 난 자"는 거듭나서 하나님의 자녀가 된 그리스도인들을 가리킨다. 사도 요한이 이 표현을 반복해서 사용한 이유는 그들이 "물과 성령"으로 거듭난 사실을 강조하기 위해서였다 (요 3:5). 여기에서 "물"은 하나님의 말씀을 가리킨다 (약 1:18, 벧전 1:23).

이렇게 하나님의 말씀으로 거듭난 사람들의 마음에 성령이 들어오신 것이다 (엡 1:13). 그 성령의 임재와 역사를 통하여 그들은 거듭났고, 그리고 인생의 방향이 완전히 변화된 것이다. 그들은 마귀의 자녀에서 하나님의 자녀로 소속이 바뀌었다. 그들은 마귀의 영향 아래에 있지 않기 때문에 더 이상 죄를 짓지 않고 또 범죄하지도 않는다. 왜냐하면 "하나님의 씨"가 그들의 삶을 지배하기 때문이다.

사도 요한이 "하나님의 씨"라는 표현을 쓴 것은 그 당시 유일한 하나님의 말씀인 구약성경을 염두에 두었음에 틀림없다. 시편기자는 말씀을 의지하여 죄를 짓지 않을 수 있다고 말했다, "내가 주께 범죄하지 아니하려 하여 주의 말씀을 내 마음에 두었나이다" (시 119:11). 그렇다! "하나님의 씨"인 하나님의 말씀에 거하는 그리스도인들은 죄와 범죄에 빠지지 않을 수 있다. 하나님의 말씀은 하나님의 자녀를 거룩하게 하는 능력이 있기 때문이다 (요 17:17).

"하나님의 씨"는 동시에 "하나님의 영"으로써, 하나님의 자녀들을 깨끗하게 할 뿐 아니라, 하나님의 법대로 살게 하는 능력을 준다. 다시 하나님의 말씀을 보자, "또 내 영을 너희 속에 두어 너희로 내 율례를 행하게 하리니, 너희가 내 규례를 지켜 행할지라" (겔 36:27). 이렇게 인용한 하나님의 말씀에 의하면, 하나님의 자녀들은 능력의 말씀과 역사의 성령을 "하나님의 씨"로 그들 속에 지니게 되었다.

하나님의 자녀들이 "하나님의 씨" 곧 말씀과 성령의 지배 아래 있으면, 그들은 마귀의 속성인 죄와 범죄에 빠지지 않을 것이다. 죄와 범죄의 굴레에서 벗어나게 하기 위하여 하나님은 당신의 아들을 희생시키셨다. 그 때문에 그들이 다시 마귀의 일 속으로 기어들어가는 것은 거의 불가능하다. 물론 그들도 하나님의 말씀과 가까이 하지 않고 성령의 지배에서 떠나면, 마귀를 기쁘게 하는 죄와 범죄를 범할 수 있지만 말이다.

3. 꼬리

사도 요한은 하나님의 자녀들이 깨끗하게 살아갈 수 있도록 하나님이 어떤 역사를 이루셨는지 너무나 분명하게 그리고 능력 있게 선포했다. 특히 요한일서 3장의 죄와 범죄를 다루면서 선포한 내용은 너무나 중요하다. 그의 두 가지 선포를 다시 확인하자. 먼저 첫 번째 선포를 보자; "그가 우리 *죄를 없애려고* 나타나신 것을 너희가 아나니 그에게는 죄가 없느니라" (요일 3:5). 그렇다! 예수 그리스도가 나타나신 것은 우리 *죄를 없애기* 위함이었다.

두 번째 선포를 다시 보자, "…하나님의 아들이 나타나신 것은 마귀의 일을 멸하려 하심이라" (요일 3:8b). "하나님의 아들"이신 예수 그리스도가 이처럼 두 가지 사역을 위하여 나타나셨고, 또 우리도 그분을 우리의 구주로 받아들였다. 그 말은 그분의 엄청난 사역을 받아들였다는 것이다. 그렇게 해서 마귀의 자녀로부터 하나님의 자녀가 되어 "하나님의 씨"를 지니고 있는 우리가 어떻게 죄와 범죄에 연루될 수 있겠는가?

6

A Holy Life A Love Life

하나님의 자녀와 마귀의 자녀

> "이러므로 하나님의 자녀들과 마귀의 자녀들이 드러나나니,
> 무릇 의를 행하지 아니하는 자나 또는 그 형제를 사랑하지 아니하는 자는
> 하나님께 속하지 아니하니라.
> 우리는 서로 사랑할지니 이는 너희가 처음부터 들은 소식이라"
>
> 요한일서 3:10-11

1. 머리

지난 장에서 살펴본 것처럼, 그리스도인이 깨끗하게 살아가려면 죄를 짓지 말아야 하나, 또 한편 서로 사랑해야 한다. 사도 요한은 죄를 짓지 않는 방법을 제법 상세히 다룬 것처럼 (3:4-9), 서로 사랑하는 방법도 제법 상세히 다루었다 (3:10-24). 그런데 흥미롭게도 사랑을 구체적으로 설명하기 위하여 사도 요한은 대조법을 사용하였다. 3장에 제시된 대조법은 한두 가지가 아니라, 다섯 가지나 된다.

첫째 대조는 아버지에 관한 것인데, 하나는 하나님이고 또 하나는 마귀이다 (3:10). 둘째 대조는 행위에 관한 것인데, 하나는 사랑이고 또 하나는 미움이다 (3:11, 13). 셋째 대조는 종착역에 관한 것

인데, 하나는 생명이고 또 하나는 죽음이다 (3:14). 넷째 대조는 구체적인 사랑에 관한 것인데, 하나는 진실한 사랑이고 또 하나는 헛된 사랑이다 (3:18). 다섯째 대조는 하나님에 대한 자세에 관한 것인데, 하나는 담대함이고 또 하나는 책망이다 (3:21).

사도 요한은 3장에서 대조법으로 사랑을 제시했지만, 동시에 신앙의 극치가 사랑이라는 사실을 간접적이지만 동시에 점진적으로 제시하였다. 3장 4절부터 24절까지 어떻게 점진적으로 사랑을 소개했는지 보면 다음과 같다: 처음에는 인간이 죄와 불법을 행하는 못된 죄인이었다 (4절). 그러나 하나님의 사랑을 통하여 하나님의 자녀가 된 후 (1절), 그리스도인은 순종의 삶으로 의의 삶을 살다가 (7절), 마침내 사랑의 삶으로 이어지게 되었다 (11절).

2. 몸통

이 장에서 사도 요한이 강조하고 싶은 대조법은 무엇보다도 아버지에 관한 것으로, 하나님과 마귀에 대한 것이다. 비록 인간은 하나님으로부터 시작되었지만, 인간의 행위는 그가 어떤 아버지에 속했는가에 따라 달라질 수밖에 없다. 그 이유는 간단하다! 하나님을 아버지로 모신 하나님의 자녀들은 하나님의 DNA를 가졌기 때문이고, 마귀를 아버지로 삼은 마귀의 자녀들은 마귀의 DNA를 물려받았기 때문이다.

1) 하나님의 자녀

모든 사람이 하나님의 자녀가 아니라는 사실은 분명하다. 사람들 중에는 하나님의 자녀도 있으나, 대부분은 그렇지 않다. 그렇다면 하나님의 자녀가 되기 위하여 어떤 노력을 해야 하는가? 아니면 어떤 특정한 가문에서 태어나야하는가? 물론 어떤 노력으로도 하나님의 자녀가 될 수 없으며, 그렇다고 어떤 특정한 가문에서 태어나도 하나님의 자녀가 될 수 없다. 요한일서 3장에 의하면 두 가지 방법을 통해서만이 하나님의 자녀가 될 수 있다.

첫 번째는 "하나님께로부터 나야" 한다 (9절). 다시 말해서, 하나님으로부터 태어나야 하나님의 가족이 되어 하나님의 자녀가 될 수 있다. 두 번째 방법은 "하나님의 씨"가 그 속에 있어야 한다. 사람이 어떤 방법을 사용해도 결코 "하나님의 씨"를 만들 수 없다. 구태여 사람이 할 수 있는 일이 있다면, 예수 그리스도를 믿고 받아들이는 것뿐이다. 그리할 때 그는 "하나님의 자녀"가 되며, 따라서 "하나님의 씨"가 그 속에 있게 된다 (요 1:12).

"하나님의 씨"로 인하여 된 하나님의 자녀는 내적 변화를 경험하게 된다. 다시 말해서, "하나님의 씨"는 그 사람의 인격을 변화시킨다. 먼저 장에서 언급한 것처럼, "하나님의 씨"는 하나님의 말씀이며 동시에 하나님의 영이다. 하나님의 말씀과 성령의 임재와 역사 때문에 그는 하나님을 경험적으로 알게 되며, 하나님에게 감사하는 마음을 갖게 된다. 그뿐 아니라, 그는 큰일이나 작은 일에 하나님의 영광을 위하여 결단한다.

이처럼 내적으로 변화를 경험한 사람은 외적으로도 변화를 나타내기 시작한다. 나무의 뿌리가 깊어질수록 많은 열매를 맺는 것과 같은 원리이다. 그의 행동거지行動擧止는 자연스러운 내적 변화의 열매인 것이다. 만일 외적으로 아무런 열매도 맺지 못한다면, 그의 삶에 "하나님의 씨"가 있는 것을 어떻게 알 수 있겠는가? 더군다나 그가 "하나님의 자녀"라고 공언해도 그것은 이름뿐이지, 경험적으로는 하나님의 자녀가 된 것이 아니다.

그러면 하나님의 자녀가 외적으로 나타내는 열매는 구체적으로 어떤 것들이 있는가? 이미 앞장에서 강조한 것처럼, 그는 죄도 짓지 않을 뿐 아니라 한 발 더 나아가서 범죄를 저지르지 않는다. 물론 이런 삶은 인간의 힘으로는 불가능하다. 내적 변화를 일으킨 "하나님의 씨"가 하나님의 자녀로 하여금 죄를 짓지 않도록 돕는다. 더군다나 마귀의 충동으로 인해 짓는 범죄는 더할 나위도 없다. 그가 하나님의 자녀로서 하나님과 동행하고 있기 때문이다.

그러나 하나님의 자녀가 외적으로 나타내는 열매는 그렇게 소극적인 것만이 아니다. 그는 적극적으로도 열매를 맺는데, 곧 의를 행하는 삶을 영위한다. 예수 그리스도를 통하여 의롭게 된 하나님의 자녀는 당연히 그의 신분에 걸맞은 의로운 삶도 영위한다. 그리고 그런 의로운 삶의 극치는 형제 사랑이다. 물론 여기에서 형제는 다른 그리스도인을 가리킨다. 그리스도인은 서로 사랑하면서 살아가는 사랑의 공동체에 속한 사람이기 때문이다.

2) 마귀의 자녀

반면, 마귀의 자녀는 소극적으로는 죄를 짓는다. 그뿐 아니라,

그는 시시때때로 범죄 행위에 연루되기도 한다. 그런 삶을 달리 표현하면, 그는 결코 의와 상관없는 삶을 산다. 의로운 삶을 산다는 것은 내적 변화를 일으킨 "하나님의 씨"가 없이는 절대로 불가능하다. 다시 말해서, 하나님의 말씀을 통하여 거듭나서 성령이 내주한 사람만이 의롭다 하심을 받고, 그 결과 의로운 삶을 살 수 있는 것이다.

그뿐 아니라, 마귀의 자녀는 형제를 *아가페* 사랑으로 사랑할 수 없다. *아가페* 사랑이란 자격 없는 사람에 대한 무조건적인 사랑이기 때문이다. 두말할 필요도 없이 그런 사랑은 예수 그리스도를 구주로 받아들이고, 또 그분의 희생적인 사랑을 재현하고자 하는 그리스도인에게만 있기 때문이다. 다른 사람을 세워주는 사랑이 마귀의 자녀에게는 있을 수 없다. 왜냐하면 마귀의 속성은 다른 사람의 인격을 파괴하는 것이기 때문이다.

마귀의 자녀가 의와 사랑의 삶을 살 수 없다는 사도 요한의 단언斷言을 다시 들어보자, "이러므로 하나님의 자녀들과 마귀의 자녀들이 드러나나니, 무릇 의를 행하지 아니하는 자나 또는 그 형제를 사랑하지 아니하는 자는 하나님께 속하지 아니하니라" (요일 3:10). 이 말씀에서 "하나님께 속하지 아니하다"는 표현은 마귀에게 속해 있다는 뜻이다. 마귀의 자녀가 의와 사랑을 행하는 것이 불가능하다는 것은 마귀의 속성을 알면 쉽게 이해할 수 있다.

마귀의 가장 뚜렷한 속성은 그가 악한 자라는 사실이다. 사도 요한은 마귀가 악하다고 여섯 번씩이나 언급했다 (요 17:15, 요일 2:13, 14, 3:12, 5:18, 19). 요한은 오랜 세월을 주님과 동행하면서 마귀가 악한 자라는 사실을 뼈저리게 보고 느꼈음에 틀림없다. 그는 마귀의 자녀들이 미쳐서 날뛰는 악한 행위를 너무나 많이 보았다. 도덕적으로 아무 하자도 없는 그리스도인들을 미워하면서 그처럼 많이 죽인 왕들이 마귀의 자녀가 아니면 무엇이란 말인가?

마귀의 또 다른 뚜렷한 속성은 그가 거짓말쟁이라는 사실이다. 마귀가 최초의 인간을 거짓말로 넘어뜨린 이후 (창 3:5), 마귀는 모든 인간을 거짓말쟁이로 만들었다. 달리 표현하면, 인간이 마귀의 자녀가 되었다는 말이다. 그렇지 않다면 왜 인간이 있는 곳에는 거짓말이 그처럼 넘쳐나는가? 인간이 거짓의 아비인 마귀에게 속해 있다는 분명한 증거가 아니면 무엇이란 말인가? 이런 사실을 주저하지 않고 세상에 알리신 분은 바로 예수 그리스도이시었다.

그분의 말씀을 직접 들어보자, "너희는 너희 아비 마귀에게서 났으니 너희 아비의 욕심대로 너희도 행하고자 하느니라. 그는 처음부터 살인한 자요 진리가 그 속에 없으므로 진리에 서지 못하고 거짓을 말할 때마다 제 것으로 말하나니, 이는 그가 거짓말쟁이요 거짓의 아비가 되었음이라" (요 8:44). 그렇다! 마귀에게는 진리가 없다! 진리가 없다는 말은 거짓말을 친구 삼아 살아간다는 뜻이다. 의와 사랑과는 정반대되는 속성이다.

3) 처음부터 들은 사랑

사도 요한은 마귀와 그 자녀들의 속성만 언급하면서 끝내지 않았다. 하나님의 자녀인 그리스도인들은 무엇보다도 서로 사랑해야 한다고 결론을 맺었다. 그의 결론을 직접 들어보자, "우리는 서로 사랑할지니, 이는 너희가 처음부터 들은 소식이라" (요일 3:11). 마귀의 자녀와는 너무나 다른 속성이며 행위가 아닌가? 이 말씀에서 그리스도인들이 "처음부터 들은 소식"이라고 했는데, "처음부터"라는 것은 언제부터를 뜻하는가?

하나님이 사랑하라고 맨 먼저 말씀하신 때는 아주 먼 옛날이었다. 그 말씀을 인용해보자, "…네 이웃 사랑하기를 네 자신과 같이 사랑하라" (레 19:18). 이 말씀을 다시 재론하면서 사랑의 중요성을 강조하신 분이 바로 예수 그리스도이셨다. 그분은 위로 하나님을 사랑하고 아래로 이웃을 사랑하는 것이 모든 그리스도인에게 주어진 명령이라고 힘주어서 말씀하셨다 (마 22:37-40). 그렇다면 "이웃"은 누구인가?

예수님은 "이웃"을 이렇게까지 확대하셨다, "…너희 원수를 사랑하며 너희를 박해하는 자를 위하여 기도하라. 이같이 한즉 하늘에 계신 너희 아버지의 아들이 되리니…" (마 5:44-45). 원수조차도 사랑해야 하나님의 자녀가 된다는 말씀이다. 아무 죄도 없는 그리스도인들을 박해하고, 투옥시키고, 죽이기까지 한 마귀의 자녀들과는 전혀 다른 속성이요 행위이다. 왜냐하면 하나님의 자녀들에게는 "하나님의 씨"가 있기 때문이다.

한 발 더 나아가서, 예수님은 그리스도인들이 사랑을 보여주면, 마귀의 자녀들도 그리스도인들의 다름을 인식하게 된다고 말씀하셨다. 그분의 말씀을 다시 인용해보자, "새 계명을 너희에게 주노니 서로 사랑하라! 내가 너희를 사랑한 것 같이 너희도 서로 사랑하라! 너희가 서로 사랑하면 이로써 모든 사람이 너희가 내 제자인 줄 알리라" (요 13:34-35). 이 말씀에서 "모든 사람"은 그리스도인도 포함되고 그렇지 않은 마귀의 자녀도 포함된다.

그렇다! 그리스도인들이 보여주는 *아가페* 사랑은 마귀의 자녀들에게도 충격이 될 수 있다. 그리고 그들은 그런 사랑의 원인을 찾게 될 수도 있다. 그러다가 마침내 그들도 하나님의 그처럼 큰 사랑에 이끌리어 하나님의 자녀가 될 수 있는 것이다. 사도 요한의 선포를 다시 들어보자, "보라, 아버지께서 어떠한 사랑을 우리에게 베푸사 하나님의 자녀라 일컬음을 받게 하셨는가?" (요일 3:11).

물론 그리스도인들은 세상에게 보여주기 위하여 사랑하지는 않는다. 그러나 그들이 서로를 순수하게 사랑할 때 부수적으로 전도의 열매도 얻을 수 있는 것이다. 그런 까닭에 예수님도 열매를 말씀하시는 중 갑자기 서로 사랑하라고 말씀하셨던 것이다 (요 15:8-9). 그것도 서로를 위하여 목숨을 내놓을 만큼 사랑하라고 하셨다 (요 15:13). 그런 사랑은 사랑에 굶주린 마귀의 자녀들을 그리스도 앞으로 이끌 수 있기 때문이다.

3. 꼬리

도대체 마귀와 그 자녀들은 언제까지 세상을 활보하면서 악과 거짓으로 세상을 어지럽힌단 말인가? 그리스도 예수가 재림하실 때까지이다. 그분은 이 세상에 다시 오셔서 먼저 마귀를 심판하신다. 왜냐하면 마귀는 처음부터 범죄한 작자이기 때문이다. 일찍이 하나님이 준비하여 놓으신 무저갱 속으로 마귀는 던져질 것이다 (계 20:1-2). 그뿐 아니라, 마귀의 자녀들도 하나님의 의로운 심판을 받은 후 마귀를 위하여 준비된 지옥으로 던져질 것이다.

이런 사실을 너무나 잘 아는 사도 요한은 하나님의 자녀들에게 간곡히 부탁하는 것이 있는데, 그것은 한편 의로운 삶을 살고, 또 한편 사랑의 삶을 살라는 것이다. 그리고 그런 삶이야말로 그들이 하나님의 자녀라는 증거이다. 어두움의 세상, 그리고 마귀가 역사하는 세상에서 의와 사랑의 삶을 영위한 하나님의 자녀들에게 주어질 보상은 이루 말할 수 없다.[9] 무엇보다도 가장 큰 보상은 하나님과 영원히 함께 지내게 되는 것이다 (계 21:3).

---

9) 하나님의 자녀들이 받을 보상을 알려면 다음을 참고하라; 홍성철, 『기독교의 8가지 핵심 진리』, 초판 2쇄 (서울: 도서출판 세복, 2015), 187 이하.

가인

> "가인 같이 하지 말라;
> 그는 악한 자에게 속하여 그 아우를 죽였으니, 어떤 이유로 죽였느냐?
> 자기의 행위는 악하고 그의 아우의 행위는 의로움이라"
>
> 요한일서 3:12

1. 머리

마귀는 악한 자이며 또한 거짓말쟁이이다. 그런 이유 때문에 마귀의 자녀도 악하며 거짓말쟁이이다. 이 세상에서 악한 행위를 보여준 사람들이 얼마나 많은가? 그리스도인들을 수없이 죽인 네로Nero를 보라! 도대체 그리스도인들이 어떤 잘못을 저질렀기에 네로는 그처럼 많은 사람들을 그와 같이 혹독하게 죽였는가? 네로는 무지몽매한 야만의 시대에 살았기에 그런 악한 행위를 행했다고 하자.

그렇다면 현대의 20세기에 들어와서 4천만 명이 넘는 그리스도인들을 시베리아로 유배시키고 죽인 스탈린Stalin에 대해선 어떻게 설명하겠는가? 그들이 그리스도인이기에 네로나 스탈린이 죽였다면, 왜 히틀러Hitler와 폴 폿Pol Pot은 유대인과 불교도를 그렇게 무참히 죽였는가? 왜 김정일은 수백만 명의 백성이 굶어죽는 것을 방치하면서도 핵개발에는 그처럼 혈안이 되어 있었는가? 이런 작자들이 마귀의 자녀가 아니면 누가 마귀의 자녀란 말인가?

그렇다면 겉으로 보기에 선량한 사람들은 어떤가? 비록 그들이 가정교육과 사회의 영향력과 도덕적인 양심 때문에 사람들을 죽이지는 않지만, 그들의 마음 속 깊이는 어떤가? 그들은 항상 의와 사랑을 나타내는가? 위기의 순간에 그들의 본성이 나타나지 않는가? 그들에게도 거짓이 춤을 추며, 미움이 솟아나지 않는가? 모든 살인의 시발점은 미움이 아닌가? 비록 그들이 실제로 살인은 하지 않았지만, 마음속에 살인자의 미움이 있지 않는가?

2. 몸통

그렇다! 마귀의 또 다른 속성은 죄를 짓는 것이며 (요일 3:8), 그리고 사람들로 하여금 죄를 짓게 하는 것이다. 그리고 죄의 극치는 두말할 필요도 없이 사람을 죽이는 행위이다. 마귀는 사람들을 충동하여 살인하게 한다. 왜냐하면 마귀의 또 다른 속성은 살인이기 때문이다. 그런 이유 때문에 예수님도 마귀를 처음부터 살인한 자라고 공언하셨다 (요 8:44). 마귀는 "죽음의 세력을 잡은 자"라고 성경은 분명히 언급하고 있다 (히 2:14).

1) 살인

　사도 요한은 이와 같은 마귀의 속성을 닮은 가인을 소개하였다. 왜냐하면 성경에서 가인은 마귀의 충동으로 살인한 최초의 살인자였기 때문이다. 창세기 4장 1-16절에 의하면, 가인은 그의 동생 아벨을 "쳐죽였다" (창 4:8). "쳐죽인다"는 무지막지하고 잔인하게 죽인다는 동사이다. 이처럼 강한 표현을 이해한 요한도 역시 말할 수 없이 강한 동사를 사용했는데, 불행하게도 국어 성경에서는 단순히 "죽인다"고 번역되었다.

　본문에서 사용된 "죽인다"는 소나 돼지를 잡을 때 사용하는 동사이다.[10] 인간이 소나 돼지를 잡을 때 인정사정을 보는가? 아니다! 가능한대로 빨리 그리고 잔인하게 죽인다. 그리고 희희낙락喜喜樂樂 하면서 그들의 가죽으로 많은 고급제품을 만들고, 살코기는 먹는다. 마귀도 가인을 충동하여 그의 동생 아벨을 "쳐죽이게" 하였고, 그리고 마귀는 즐거워했다. 왜냐하면 가인은 더 이상 하나님의 자녀가 아니라, 그의 자녀가 되었기 때문이다.

　그런데 신약성경에서 이처럼 잔인하게 죽이는 행위를 묘사한 동사는 모두 마귀와 연루된 살인이다. 그 사실을 강조하기 위하여 사도 요한은 가인이 악한 자에게 속하여 그 동생을 죽였다고 묘사했다. 두말할 필요도 없이 "악한 자"는 마귀였다. 그러니까 가인은 마귀의 충동을 받아서 그의 동생을 "쳐죽였던" 것이다. 마귀의 충동을

---

10) 본문에서 사용된 동사는 헬라어로 스파쪼(σφάζω)인데, 신약성경에서 10번 나온다 (요일 3:12-2번, 계 5:6, 9, 12, 6:4, 9, 13:3, 8, 18:24).

받지 않았다면 어떻게 친 동생을 소나 돼지처럼 인정사정없이 쳐죽일 수 있었겠는가?

그렇게 죽임을 당한 또 다른 인물이 있는데, 그분은 예수 그리스도이셨다. 그분은 일찍이 죽임을 당하셨고, 그 결과 "각 족속과 방언과 백성과 나라 가운데에서 사람들을 피로 사서 하나님께 드리셨다" (계 5:6, 9). 그런데 이 두 구절에서 사용된 "죽임을 당하셨다"도 역시 똑같은 동사였다. 다시 말해서, 비록 유대인의 종교지도자들과 빌라도가 예수 그리스도를 십자가에서 죽였지만, 그 배후에는 마귀가 있었던 것이다 (요 13:27).

이것을 다른 말로 표현하면, 유대의 제사장들과 유대인들, 그리고 로마의 빌라도와 병정들은 모두 마귀의 자녀였다는 것이다. 만일 그들이 하나님의 씨를 가진 하나님의 자녀였다면, 예수 그리스도를 죽이기는커녕 옹호하고 보호했을 것이다. 그러나 그들은 마귀의 자녀였기에 조금도 주저하지 않고, 예수 그리스도를 그처럼 잔인하게 "쳐죽였던" 것이다. 실제로 소나 돼지보다도 훨씬 잔인하게 쳐죽였던 것이다.

그렇다! 마귀는 "처음부터 살인자이다." 하나님이 아담과 하와에게 구원의 방법을 제시하셨지만 (창 3:15, 21), 마귀는 그 방법을 거부하게끔 했다. 그는 하나님이 보여주신 양의 피를 통하여 하나님에게 나아오기를 거부하고, 인간의 방법으로 나아가도록 유도했다. 그뿐 아니라, 그는 하나님의 방법을 조건 없이 받아들인 아벨을 쳐죽이도록 꼬드겼다. 그리고 세월이 흘러서 하나님의 어린양이신 예수 그리스도를 십자가에서 쳐죽이게 했던 것이다.

2) 이유

위에서 강조한 것처럼, 가인이 그의 동생 아벨을 쳐죽인 첫 번째 이유는 가인이 악한 자에게 속했기 때문이다. 마귀는 이미 첫 인간인 아담과 하와를 유혹하여 하나님에게 불순종하게 했다. 그들이 하나님과 가깝게 교제하는 것을 두고 볼 수가 없었기 때문이었다. 기껏 아담과 하와를 타락시키는데 성공했더니, 하나님이 다시 교제를 회복하게 하는 방법을 제시하시다니 있을 수 없는 일이었다.

하나님은 아담과 하와에게 동물의 가죽옷을 지어 입히시므로, 그들이 다시 하나님과 교제를 나누게 하셨던 것이다. 그들은 동물의 죽음이라는 방법을 통하여 하나님과 교제를 회복할 수 있다는 사실을 자녀들인 가인과 아벨에게 전해주지 않았을 이유가 없었다. 아벨은 부모의 가르침대로 양의 피를 가지고 제사를 드렸으나, 가인은 농산물로 제사를 드렸다. 가인은 한편 부모의 가르침을 무시했고, 또 한편 마귀의 속임수에 넘어갔던 것이다.

마귀는 한 발 더 나아가서 가인으로 하여금 아벨을 쳐죽이게 했다. 그렇게 함으로 마귀는 한편 하나님의 자녀인 아벨의 생명을 일찍 끊었고, 또 한편 가인을 그의 자녀로 삼았던 것이다. 가인은 하나님이 동생의 제물을 받으신 것을 보고, 마음을 돌이켜 양의 첫 새끼를 제물로 가져올 수도 있었다. 그러나, 그는 그렇게 회개하는 대신 분노했고, 악한 마음을 품었고 (창 4:6-7), 그리고 마침내 살인했는데, 마귀의 개입이 없었으면 가능하지 않은 행동이었다.

왜 가인은 분노했는가? 그 이유는 한 마디로 시기심 때문이었다. 하나님이 그가 땀을 흘려 수확한 농산물을 받지 않으시고, 아무 수고도 없이 양의 새끼를 가져온 아벨을 받으시다니, 말도 되지 않았다. 하나님의 총애를 독차지한 동생에 대한 형의 시기심은 억누를 수 없을 정도였다. 그리고 마귀는 그의 시기심을 마음껏 이용했다. 그 시기심이 미움으로 바뀌었고, 그 미움은 마침내 동생을 쳐죽이게까지 했던 것이다.

예수 그리스도를 쳐죽이게 한 유대의 종교지도자들도 마찬가지였다. 그들은 예수 그리스도가 기적을 일으키시며, 사람들을 변화시키시는 가르침을 좋게만 받아들일 수 없었다. 그들처럼 훌륭한 종교적인 가문에서 태어나지 않으셨으며, 더군다나 종교적인 훈련도 받지 못하신 그분이 그처럼 많은 사람들에게 영향을 끼치는 사실을 받아들일 수 없었다. 그들의 시기심은 절정에 이르렀고, 마침내 그 시기심은 그분을 십자가에 죽게 했던 것이다 (막 15:10).

이미 언급한 것처럼, 가인의 살인과 유대의 대제사장들의 살인 배후에는 마귀가 있었다. 마귀는 과연 처음부터 살인한 자이다. 그는 가인으로 하여금 아벨을 쳐죽이게 한 것만으로 끝을 내지 않았다. 마귀는 유대의 종교지도자들과 로마의 정치지도자들을 충동하여 예수 그리스도를 죽이게 했던 것이다. 마귀는 이처럼 가인과 예수 그리스도만 죽이지 않았다. 많은 선지자들과 성도들도 기회만 되면 죽이는 것이다 (계 18:24).

3) 대조

가인과 아벨의 이야기는 너무나 중요하다. 그 이유는 분명한데, 아담과 하와가 불순종하여 하나님과의 관계가 단절된 이후 하나님에게 나아오는 방법을 그들이 최초로 보여주었기 때문이다. 가인은 땀을 흘려서 수확한 농산물을 드림으로 하나님에게 나아오려 한 반면, 아벨은 양의 첫 새끼를 드림으로 하나님에게 나아오려 했다. 둘이 다 하나님에게 나아오려고 한 의도는 같았지만 그들의 방법은 전혀 달랐다.

그런데 하나님은 아벨의 제물은 받으셨으나, 가인의 제물은 받지 않으셨다. 도대체 그 이유는 무엇인가? 히브리서 저자는 그 이유를 다음과 같이 해석해 주었다, "믿음으로 아벨은 가인보다 더 나은 제사를 하나님께 드림으로 의로운 자라 하시는 증거를 얻었으니, 하나님이 그 예물에 대하여 증언하심이라…" (히 11:4). 이 해석에 의하면, 아벨은 "믿음으로" 제물을 드렸으나, 가인에게는 그런 믿음이 없었다.

아벨은 무엇을 믿었단 말인가? 그는 양의 피를 가지고 하나님에게 나아올 때 하나님이 그를 받아주신다는 사실을 믿었다. 반면, 가인은 믿음으로 하나님에게 나아오지 않고 그의 노력의 산물인 "땅의 소산"을 가지고 나아왔다. 그렇다면 아벨의 믿음은 어디에서 온 것이었는가? 이미 위에서 언급한 것처럼, 아벨은 그 부모가 전해준 구원의 방법을 믿었던 것이다. 아담과 하와도 범죄한 후 땀을 흘려서 그들의 수치를 가리려고 했다.

그러나 그들의 수고로는 결코 그들의 수치가 가려질 수 없었다. 하나님이 개입하셔서 그들에게 가죽옷을 입히시므로, 그들의 수치는 비로소 가려질 수 있었다. 두말할 필요도 없이 가죽옷을 만들기 위해서는 죄 없는 동물이 죽어야만 했다. 그 동물이 피를 흘리면서 죽음으로 아담과 하와의 죄가 가리어졌던 것이다. 아벨은 그런 부모의 간증을 받아들였고, 따라서 "믿음으로" 제사를 드린 결과 의롭다 하심을 얻게 되었다.

반면, 가인은 그의 노력으로 하나님에게 나아오려 했다. 인간적으로 볼 때 그의 노력은 칭찬받을 만 했다. 그러나 그것은 하나님이 보여주신 방법이 아니었다! 신약의 저자는 그런 가인의 인간적인 노력을 이렇게 정죄하였다, "…또 그들은 이성 없는 짐승 같이 본능으로 아는 그것으로 멸망하느니라. 화 있을진저 이 사람들이여! 가인의 길에 행하였으며…" (유 10-11). 인간의 노력으로 하나님에게 나아오려는 것은 "짐승의 본능"과 같다는 것이다.

그 이후 가인과 아벨처럼 모든 인간은 온갖 수단을 다하여 하나님에게 나아오려고 한다. 그 수단은 결국 두 가지로 요약되는데, 하나는 노력이고 또 하나는 믿음이다. 대부분의 사람들은 가인처럼 땀을 흘려서 하나님에게 나아오려한다. 그것이 선행이든, 교육이든, 종교이든 상관없다. 인간의 죄와 심판을 대신 짊어지신 "어린양"이신 예수 그리스도를 믿으며 하나님에게 나오든지, 아니면 인간적인 방법으로 나오든지 둘 중 하나이다.

3. 꼬리

가인이 악한 자에게 속했다고 한 사도 요한의 깊은 의미를 이제 알게 되었다. 가인의 인간적인 방법은 마귀의 속임수였다. 그 후 얼마나 많은 사람들이 이 속임수에 넘어가고 있는가? 지금도 하나님은 그들이 죄를 대속하시기 위하여 피를 쏟으며 죽으신 예수 그리스도를 아벨처럼 "믿음으로" 하나님에게 나아오기를 기다리신다. 결국, 가인과 아벨은 온 인류가 두 가지 방법 중 하나를 택해야 하는 모형이 되었다.[11]

가인과 아벨의 선택은 엄청난 결과를 가져왔다. 가인은 하나님으로부터 외면을 당하여 마귀의 자녀가 된 반면, 아벨은 하나님으로부터 의롭다 하심을 받은 하나님의 자녀가 되었다. 이 사실을 도해해보자:

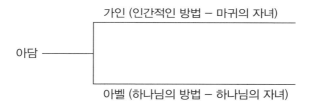

가인 (인간적인 방법 – 마귀의 자녀)

아담

아벨 (하나님의 방법 – 하나님의 자녀)

----

11) Stott, *The Letters of John*, 142.

사망과 생명

> "형제들아 세상이 너희를 미워하여도 이상히 여기지 말라.
> 우리는 형제를 사랑함으로 사망에서 옮겨 생명으로 들어간 줄을 알거니와
> 사랑하지 아니하는 자는 사망에 머물러 있느니라.
> 그 형제를 미워하는 자마다 살인하는 자니
> 살인하는 자마다 영생이 그 속에 거하지 아니하는 것을 너희가 아는 바라"

요한일서 3:13-15

1. 머리

사도 요한은 그리스도인들을 부르면서 처음으로 "형제들아"라고
하였다. 요한일서에서 요한은 그리스도인들을 일곱 번이나 불렀는
데, 모두 다른 칭호를 사용했다. 어떤 때는 "자녀들아"라고 불렀으
며 (2:1, 12, 28, 3:7), 어떤 때는 "사랑하는 자들아"라고 불렀는가
하면 (2:17, 3:2), 또 어떤 때는 "아이들아"라고 불렀다 (2:18). 이
장의 본문에서 "형제들아"라고 부른 이유는 그들도 요한처럼 신앙
때문에 불신자들로부터 받는 미움과 박해 때문일 것이다.

그렇다! 그리스도인들은 그리스도인이라는 이유 때문에 미움과
박해를 받는다. 세상은 그리스도인들이 악하기 때문에 미워하지 않
는다. 왜냐하면 참 그리스도인이라면 사망에서 생명으로 옮겨졌기

에 악하게 살아갈 이유가 없기 때문이다. 그렇다고 그리스도들이 선하기 때문에 세상이 그들을 미워하지도 않는다. 그렇다면 세상은 도대체 왜 그리스도인들을 미워하는가? 심지어는 투옥시키고 죽이기까지 하는가?

그 이유는 간단하다! 그리스도인들은 하나님에게 귀속歸屬되었기 때문이다. 하나님에게 속했다는 말은 그들이 더 이상 세상 사람들과 똑같이 생각하고, 똑같이 행동하고, 똑같은 방법으로 살아가지 않는다는 뜻이다. 다른 말로 하면, 그들은 세상과 다르게 살아간다. 그리스도인들은 더 이상 세상에 속해있지 않기 때문이다. 그 말은 그리스도인들은 비록 세상에서 살지만, 더 이상 세상에 속한 삶을 살지 않는다는 뜻이다.

예수 그리스도가 제자들에게 하신 말씀을 상기시키고도 남는다. "너희가 세상에 속하였으면 세상이 자기의 것을 사랑할 것이나, 너희는 세상에 속한 자가 아니요 도리어 내가 너희를 세상에서 택하였기 때문에 세상이 너희를 미워하느니라" (요 15:19). 아벨이 하나님에게 속한 자가 되자 즉각적으로 아벨을 미워한 가인과 똑같이, 가인의 모습을 닮은 세상은 하나님에게 속한 그리스도인들을 미워하는 것이다.

2. 몸통

1) 대조

이 장의 본문을 꼼꼼히 살펴보면 두 종류의 사람들과 두 종류의 성품이 내포되어 있다는 것을 알 수 있다. 두 종류의 사람들은 미움을 친구삼아 살아가는 세상 사람들과 그들로부터 미움을 받으며 살아가는 그리스도인들이다. 미워하는 사람들은 가인의 성품을 닮은 것이며, 미움을 받는 그리스도인들은 아벨의 발자취를 따르는 사람들이다. 이렇게 두 종류의 사람들을 만든 것은 두말할 필요도 없이 그들 안에 있는 서로 다른 성품 때문이다.

먼저, 그리스도인들에게 주어진 성품을 알아보자. 그들이 예수 그리스도를 그들의 구주로 받아들여 거듭나자, 그들 안에는 하나님의 성품이 주어졌다. 사도 요한은 그 성품을 "하나님의 씨"라고 표현했으며 (요일 3:9), 베드로는 하나님의 "신기한 능력"이라고 했다 (벧후 1:3). 바울 사도는 "성령의 인침"이라고 함으로 그리스도인들이 하나님에게 귀속된 사실을 다소 어려운 용어로 묘사했다 (엡 1:13).

사도 요한은 이 장의 본문에서 "사망에서 생명으로 들어갔다"고도 묘사했다. 두말할 필요도 없이 요한이 사용한 "생명"은 그리스도의 생명이요 (요 14:6), 따라서 영원한 생명이다. 요한은 다른 곳에서 같은 내용을 이렇게 묘사하기도 했다, "…믿는 자는 영생을 얻었고 심판에 이르지 아니하나니 사망에서 생명으로 옮겼느니라" (요 5:24). "사망에서 생명으로 옮겨진" 결과 얻은 "영생"은 다름 아닌 "생명"인 것이다.

그리스도인들이 이런 생명을 얻게 된 것은 그들의 노력 때문이 아니었다. 하나님이 먼저 그의 아들 예수 그리스도를 "빛"으로 보내셨기 때문에 가능했다. 그 빛 때문에 그들이 죄인인 것도 깨닫게 되었고, 또 예수 그리스도가 그들의 구주라는 사실도 깨닫게 되었다. 그뿐 아니라, 그때부터 그들은 빛 가운데 살아가는 빛의 자녀들이 되었다 (요일 1:5). 그리고 빛의 자녀들이 드러내는 가장 두드러진 특징은 형제에 대한 사랑이었다.

그런 이유 때문에 사도 요한은 이렇게 강조하였다, "우리는 형제를 사랑함으로 사망에서 옮겨 생명으로 들어간 줄을 알거니와, 사랑하지 아니하는 자는 사망에 머물러 있느니라." 그러니까 사도 요한에 의하면, 그리스도인들은 빛light과 생명life과 사랑love의 테두리 안에서 살아간다. 하나님에게서 온 빛으로 인하여 생명을 얻게 되었고, 그 생명 때문에 서로를 사랑하게 된다. 얼마나 놀라운 삶인가!

반면, 세상에 속한 사람들은 위에서 언급한 것처럼 그리스도인들을 미워한다. 그 이유는 분명하다! 그들이 어두움에 있기 때문이다. 그들은 빛을 알지도 못하고, 또 빛 가운데 행할 수 없다는 말이다 (요 3:19). 다른 말로 표현하면, 그들은 "사망" 가운데 살고 있다. 결론적으로 세상에 속한 사람들의 세 가지 속성은 미움hatred과 어두움darkness과 사망death이다. 얼마나 불행한 속성인가!

2) 영적 의미

세상 사람들과 그리스도인들의 세 가지 대조 가운데 가장 두드러진 것은 생명과 사망이다. 그 이유는 너무나 분명하다! 세상 사람들의 미움과 어두움은 영적으로 죽었기 때문에 생겨난 속성이기 때문이다. 대조적으로, 그리스도인들의 빛과 사랑은 생명 때문에 생겨났다. 그런 까닭에 사망과 생명의 영적 의미를 알아보아야 한다. 그 이유도 분명하다! 세상 사람들이 사망 가운데 있다는 것은 결코 그들의 육신적 생명이 죽었다는 뜻이 아니기 때문이다.

그렇다면 세상 사람들이 사망에 있다는 것은 무슨 뜻인가? 여러 가지 뜻이 있을 수 있지만, 가장 핵심적인 뜻은 그들 안에 하나님의 영이 없다는 것이다. 본래 하나님은 인간을 창조하시면서 그들 안에 하나님의 영을 불어넣어주셨다 (창 2:7). 그 결과 그들은 영이신 하나님과 대화와 사랑을 나누는 등 교제를 즐기고 있었다. 그러나 불행하게도 마귀의 꼬드김에 넘어간 첫 인간은 하나님의 명령을 어기는 불순종을 감행했다.

불순종의 결과는 하나님의 경고대로 영적 사망이었다. 다시 말해서, 그들을 하나님과 연결시켜준 하나님의 영이 그들을 떠났던 것이다. 그때부터 인간은 영적으로 죽은 상태에서 살아간다. 두말할 필요도 없이 영적으로 죽은 세상 사람들은 하나님을 알지 못하며, 영적인 일을 이해하지도 못한다. 따라서 그들이 하나님 앞에서 몹쓸 죄인이라는 사실도 알지 못하며, 그들의 죄에 대하여 언젠가는 책임이 추궁된다는 사실도 알지 못한다.

무엇보다도 불행한 사실은 영적으로 죽은 자들이 그들도 알지 못하는 사이에 매일 죽어가고 있다는 것을 자각하지 못하는 것이다.[12] 그들은 태어나는 순간부터 퇴락의 길에 접어든다. 한참 피어나는 것 같더니 어느새 육체는 시들어가고, 마음은 무기력해져간다. 마침내 그들은 육체적인 죽음을 경험한 후 하나님의 심판대 앞에 서서 그들의 삶에 책임을 지고 심판을 받게 될 것이다. 그 결과 영원한 죽음을 맛보게 될 것이다.

----

12) Lloyd-Jones, *Life in Christ*, 341.

그리스도인들의 생명에 대해서도 알아보자. 그들은 물론 이 세상에 태어날 때는 영적으로 죽은 자들이었다. 그들도 하나님은 물론 영적인 일에 대해서 아무 것도 알지 못했으나, 하나님의 역사로 거듭난 것이다. 그들이 거듭나는 순간 성령의 내주로 그들에게는 하나님의 생명이 주어지게 되었다. 그들은 사도 요한이 표현한 대로 "사망에서 옮겨 생명으로 들어갔다." 그렇게 옮겨진 순간부터 그들은 영원한 생명을 누리기 시작하였다.

생명을 누린다는 것은 무엇보다도 성장한다는 것을 뜻한다. 그리스도인들은 갈수록 하나님을 더 깊이 알아가며, 다른 그리스도인들과도 더 깊은 친교를 나누게 된다. 그러다가 마침내 이 세상에서의 삶을 마감하면, 하나님 앞으로 인도된다. 그리고 충성스러운 그들의 삶에 대한 보상을 받을 뿐 아니라, 하나님과 중단 없는 교제를 나누게 된다. 무엇보다도, 이 세상에서 함께 신앙 안에서 미움과 박해를 받던 다른 그리스도인들을 기쁘게 만난다.

3) 증거

그렇다면, 그리스도인들은 그들 안에 새로운 성품이 주어졌다는 것을 어떻게 알 수 있는가? 그들이 "사망에서 생명으로 들어간" 사실을 어떻게 알 수 있는가? 그들이 입술로 신앙을 고백했기 때문에 알 수 있는가? 아니면 그들이 신앙고백을 하는 교회에 속했기 때문에 알 수 있는가? 그들에게 생명이 있다는 특별한 증거라도 있는가? 있다면 구체적으로 어떤 증거를 가지고 있는가?

사도 요한에 의하면, 그리스도인들은 그들에게 생명이 있는 몇 가지 증거를 가지고 있다. 첫 번째 증거는 그들이 세상과 다르게 되었다는 것이다. 위에서 언급한 대로, 그들은 비록 몸은 세상에 있지만, 세상에 속해있지 않게 되었다. 그런 까닭에 그들은 세상에 속한 사람들의 생활방식과는 전혀 다른 생활방식을 갖게 되었다. 그리스도인들은 그들과 어울려 주색酒色에 빠지지 않고, 속임수에 연루되지도 않고, 노름을 하지도 않는다.

그리스도인들에게 생명이 있는 두 번째 증거는 그들이 세상으로부터 미움을 받는다는 사실이다. 만일 그리스도인들이 세상 사람들과 별로 다르지 않다면, 세상으로부터 미움을 받을 이유가 없다. 그런 이유 때문에 사도 요한은 이렇게 분명히 말했다, "형제들아, 세상이 너희를 미워하여도 이상히 여기지 말라." 미움은 그들이 그리스도인이 된 소극적인 증거이기에 너무나 당연한 결과이다. 조금도 놀랄게 없는 산 증거이다.

세 번째 증거는 그리스도인들이 영적인 일을 이해하기 시작했다는 것이다. 그렇지 않다면 사도 요한은 이렇게 말했을 이유가 없었다, "너희는 거룩하신 자에게서 기름 부음을 받고 모든 것을 아느니라" (요일 2:20). 물론 그리스도인들이 영적인 일을 처음부터 전부 알지는 못해도, 적어도 구원에 관한 가르침은 경험적으로 이해할 수 있게 되었다. 그리고 신앙적으로 성장하면서 그들은 영적인 일들을 보다 깊이 이해하게 된다.

그리스도인들에게 생명이 있는 네 번째 증거는 그들에게 형제들에 대한 사랑이 있다는 사실이다. 만일 형제를 사랑하지 않으면, 그들은 여전히 "사망에 머물러 있는" 것이다. 그렇다! 형제 사랑은 그리스도인들이 가질 수 있는 가장 확실한 증거이다. 형제들을 사랑하지 않는다면, 어떻게 하나님을 같은 아버지로 모신다는 것인가? 더군다나 미움의 눈총을 사방에서 받고 있는 그리스도인들이 서로 사랑하지 않는다면, 어디에서 사랑을 받을 수 있는가?

더군다나 그리스도인들은 마지막 날에 하나님 앞에 모여 삶과 교제를 영원히 함께 누릴 사람들이다. 만일 그리스도인들이 이 세상에 사는 동안 서로 사랑하지 않으면, 어떻게 하나님 앞에서 서로를 마주보고 영원히 지낼 수 있겠는가? 아버지의 조건 없는 사랑 때문에 그들도 그리스도인들이 되었다면 (요일 3:1), 그들도 조건 없이 형제들을 사랑해야 하지 않는가? 그런 삶이야말로 그리스도인들이 그들의 구주를 닮는 삶이 아닌가?

3. 꼬리

형제를 사랑하지 않는 것은 미워하는 것과 마찬가지이며, 미움의 종착역은 살인이라는 사실을 사도 요한은 힘주어 말했다. 그의 말을 다시 들어보자, "그 형제를 미워하는 자마다 살인하는 자니, 살인하는 자마다 영생이 그 속에 거하지 아니하는 것을 너희가 아는 바라." 그의 말은 다시 가인의 행태를 상기시키고도 남는다. 가인이 그의 친 형제를 시기하고, 미워한 결과 살인한 것과 똑같다.

그렇다! 그리스도인들은 형제를 사랑해야 한다. 두말할 필요도 없이, 사랑은 이론적으로만이 아니라 실제적이어야 한다. 그런 까닭에 사도 요한은 앞으로 사랑의 구체적인 본보기와 사랑의 구체적인 행위를 제시할 것이다. 그리스도인의 사랑은 이론에 머무르는 것이 아니라, 삶의 현장에서 실현되어야 하는 것이다. 그것이 진정한 사랑이요, 그런 구체적인 사랑을 통하여 그들이 진정으로 그리스도인이라는 것을 나타낸다.

사랑의 모형

"그가 우리를 위하여 목숨을 버리셨으니,
우리가 이로써 사랑을 알고
우리도 형제들을 위하여 목숨을 버리는 것이 마땅하니라"

요한일서 3:16

1. 머리

사도 요한은 요한일서 3장에서 두 종류의 죽음을 제시한다. 하나는 다른 사람을 죽이면서 죽는 죽음이고, 또 하나는 다른 사람을 살리면서 죽는 죽음이다. 먼저, 다른 사람을 죽이면서 죽는 죽음을 보기 위하여 요한의 말을 다시 인용해보자. "그 형제를 미워하는 자마다 살인하는 자니, 살인하는 자마다 영생이 그 속에 거하지 아니하는 것을 너희가 아는 바라" (요일 3:15). 이 말씀에 의하면, 미움으로 시작된 살인은 궁극적으로 자신을 죽이는 행위이다.

위의 말씀을 좀 더 설명해보자. 미움 때문에 형제를 살인한 자에게는 영생, 곧 생명이 없다. 만일 그에게 하나님의 생명이 있다면, 결코 그 형제를 살인하지 않을 것이다. 그러나 그에게 하나님의 생명이 없기 때문에 형제를 죽인 것이다. 그렇게 형제를 죽인 자는 이미 영적으로 죽은 자라는 사실을 나타낸 것이다. 이것을 달리 표현하면, 그는 형제를 죽임으로 자신도 죽은 자라는 것이다.

이 세상에는 너무나 많은 사람들이 주저하지 않고 다른 사람들을 죽인다. 그런데 다른 사람을 죽인 자는 그 결과 자신도 죽는다는 사실을 모르는 것 같다. 혹자는 자신이 살기 위하여 다른 사람을 죽인다고 강변하는데, 그는 하나님 보시기에 이미 죽은 자이다. 김정은을 보라! 그는 자기의 생명을 유지하려고 그렇게 많은 사람들을 죽였기에, 그도 하나님 앞에서는 죽은 자이다. 왜냐하면 그 속에는 영생이 있지 않기 때문이다.

2. 몸통

그러나 다른 사람을 살리기 위하여 죽는 죽음도 없잖아 있다. 불구덩이 속에서 어린 자식을 살리기 위하여 자신의 목숨을 버린 어머니는 한 실례에 불과하다. 그뿐 아니라, 다른 사람의 목숨을 살리기 위하여 자신의 생명을 초개같이 버린 아펜셀러Appenzeller의 이야기는 너무나 유명하다. 그는 전복된 배에서 자신의 생명을 구할 수 있었지만, 어느 한국인 여자의 생명을 건져주고 자신은 죽음을 맞이했던 것이다.

1) "목숨을 버리셨으니"

이처럼 다른 사람을 위하여 생명을 버리신 분이 또 있는데, 그분은 다름 아닌 예수 그리스도이시었다. 이 장의 본문 중에서 그 부분을 다시 보자. "그가 우리를 위하여 목숨을 버리셨으니…." 이 말씀에서 "우리"는 도대체 누구인가? 사도 요한과 그를 통하여 구원받은 성도들인가? 아니면, 초대교회에 속한 모든 그리스도인들인가? 물론 그들도 포함된다. 그러나 사도 요한은 그 범주를 그들에게만 국한시키지 않았다.

그의 말을 직접 들어보자, "그는 우리 죄를 위한 화목 제물이니, 우리만 위할 뿐 아니요 온 세상의 죄를 위하심이라" (요일 2:2). 그렇다! 예수 그리스도는 모든 세상 사람들의 죄와 심판의 문제를 해결해주시기 위하여 화목제물이 되셨던 것이다. 화목제물이 되셨다는 표현은 문자 그대로 해석하면 산채로 불에 타서 죽었다는 뜻이다. 그분은 불에 타서 죽는 죽음보다 훨씬 더 잔혹한 죽음을 십자가에서 맛보셨다.

이 장의 본문인 요한일서 3장 16절을 더 쉽게 알려주는 말씀은 같은 저자인 사도 요한이 기록한 요한복음 3장 16절이다: "하나님이 세상을 이처럼 사랑하사 독생자를 주셨으니, 이는 그를 믿는 자마다 멸망하지 않고 영생을 얻게 하려 하심이라." 결국, 요한일서의 "우리"는 요한복음의 "세상"과 같은 내용이다. 그렇다면 "세상"은 무엇을 뜻하는가? 가장 중요한 것은 세상이 죄인을 뜻한다는 사실이다.

그뿐 아니라, 세상은 그리스도인들을 이유 없이 미워한 사람들이다. 사도 요한의 말을 다시 인용해보자, "형제들아 세상이 너희를 미워하여도 이상히 여기지 말라" (요일 3:13). 그렇다! 가인의 길을 따르는 세상 사람들은 그리스도인들 뿐 아니라, 예수 그리스도도 미워한다. 요한의 말을 다시 보자, "세상이 너희를 미워하면 너희보다 먼저 나를 미워한 줄을 알라"(요 15:18). 그런데 그분은 이유 없이 당신을 미워한 세상을 사랑하셔서 목숨까지 버리셨다.

이 장의 본문에서 "목숨을 버리셨다"는 사도 요한의 해석은 이미 예수님이 하신 말씀을 다시 인용한 것이다. 왜냐하면 그분은 잃어버린 양들을 위하여 스스로 목숨을 버리시겠다고 누누이 말씀하셨기 때문이다. "나는 선한 목자라. 선한 목자는 양들을 위하여 목숨을 버리거니와"(요 10:11). 요한복음 10장에서 예수님은 목숨을 버리시겠다고 이렇게 한 번만 말씀하지 않으시고, 세 번씩이나 더 말씀하셨다 (요 10:15, 17, 18).

그렇다! 예수 그리스도는 죄인들을 위하여 스스로 목숨을 버리셨다. 이것은 본인이 유약하거나 아니면 피할 수 없어서 억지로 죽지 않고, 의지적으로 그리고 인격적으로 선택해서 죽으셨다는 뜻이다. 그분은 조금도 자신의 신분이나 권리를 주장하지 않으시고, 다른 사람들, 그것도 그분을 미워하는 죄인들을 위하여 목숨을 버리셨다. 그분의 죽음은 대속적인 죽음이었으며, 동시에 사랑의 모형이었다.

2) "사랑을 알고"

왜 예수 그리스도의 죽음이 대속적일 뿐 아니라 사랑이 모형인가? 그 이유는 사도 요한의 간단한 말씀 속에 함축되어 있다. 그의 말을 다시 인용해보자, "우리가 이로써 사랑을 알고 우리도 형제들을 위하여 목숨을 버리는 것이 마땅하니라." 이 말씀에서 "우리가 이로써 사랑을 알고"는 그분의 대속적 죽음을 뜻하고, "우리도 형제들을 위하여 목숨을 버리는 것이 마땅하니라"는 사랑의 모형을 함축한다. 이 말씀을 차례로 풀어보는 것이 순서이리라.

"우리가 이로써 사랑을 알고"에서 "우리"는 한 때 세상에 속해서 미움을 품고 살았으나, 예수 그리스도의 대속적인 죽음이 그들을 위한 죽음이었다는 사실을 깨닫고, 감사하며, 받아들인 사람들이다. 그들은 영지주의자들처럼 예수 그리스도의 대속적 죽음을 지식으로만 받아들인 것이 아니라, 사도 요한처럼 경험적으로 받아들인 것이다. 그들도 직접 "듣고, 보고, 자세히 살펴보고, 그리고 손으로 만진" 사람들이다.

"이로써"는 예수 그리스도가 그들을 위하여 목숨을 버리셨다는 뜻이다. 그분이 목숨을 버리셨기에, 그분을 그들의 구주로 받아들였다는 말이다. 그 다음에 나오는 "사랑"은 참으로 중요한 표현이다. 사도 요한이 사용한 "사랑"은 무조건적인 사랑이다. 사랑을 받을만한 조건이 전혀 없는데도 사랑했다는 말이다. 다시 말해서, 예수 그리스도의 사랑은 의지적이며, 인격적이라는 뜻이다. 그분이 죄인들을 위하여 의지적으로 목숨을 버리셨기 때문이다.

예수 그리스도가 인격적으로 죽음을 마다하지 않고 받아들이신 것은 세상을 위한 인격적인 선택이었다. 그런 이유 때문에 기독교의 사랑은 얄팍한 감정의 표현이 아니다. 부모가 자녀를 사랑하는 것과는 차원이 다르다. 두말할 필요도 없이 친구를 사랑하는 사랑과도 다르며, 애완동물이나 음악을 사랑하는 것과도 차원이 다르다. 그런 것들은 감정이 연루되어 있지만, 그리스도의 사랑은 감정을 초월해서 이를 갈며 그분을 미워하는 사람들을 향한 것이다.

"우리가 이로써 사랑을 알고"에서 "안다"는 동사도 무척 중요한 동사이다. 사도 요한이 요한일서를 기록한 당시 예수 그리스도를 머리로만 아는 사람들이 그렇게 많았던 모양이다. 그렇지 않았다면, 요한은 이 서신에서 지적인 차원을 넘어선 "앎"을 그렇게 많이 강조하지 않았을 것이다. 이미 여러 번 언급한 대로, 사도 요한은 이 서신에서 거듭거듭 경험적인 "앎"을 강조했다. 그리고 이 말씀에서 다시 사용한 것이다.

누누이 언급했지만, "안다"는 결코 지적으로만 아는 것을 뜻하지 않는다. "안다"는 동사는 관계를 맺어서 "알게 된" 사실을 강조한다. 이 동사는 지적으로 알 뿐 아니라, 경험적으로 알게 되었다는 것이다. 그것도 부부처럼 깊고도 깊게 알게 된 관계를 뜻한다. 그러니까 예수 그리스도가 우리를 위하여 목숨을 버리셨기에, 우리도 그분을 경험적으로 알게 되었으며, 따라서 어느 누구도 떼어놓을 수 없는 관계를 맺게 되었다는 것이다.

3) "목숨을 버리자"

이렇게 깊고도 깊은 관계를 맺었기 때문에 예수 그리스도와 우리는 하나가 된 셈이다. 마치 배경도 다르고, 성품도 다르고, 성^性도 다른 남녀가 결혼을 통하여 한 몸을 이룬 것과 똑같은 원리이다. 예수 그리스도는 "우리"의 남편이 되셨고, "우리"는 그분의 아내가 된 것이다. 바울 사도는 "우리"가 그리스도와 이처럼 부부관계를 맺게 하려고 열심히 감당하는 중매자라고 자신을 소개하였다. 그의 말을 직접 들어보자.

"…내가 너희를 정결한 처녀로 한 남편인 그리스도께 드리려고 중매함이로다" (고후 11:2). 바울 사도는 이와 같이 중매자를 통하여 한 몸을 이룬 부부관계를 한 발 더 나아가서 머리와 몸으로 비유했다. 머리와 몸은 항상 같이 가며, 그러므로 서로 분리될 수 없는 긴밀한 관계임을 묘사하기 위해서였다. 그의 다시 말을 들어보자, "…그[예수 그리스도]를 만물 위에 교회의 머리로 삼으셨느니라. 교회는 그의 몸이니…" (엡 1:22-23).

이제부터 머리가 가는 곳엔 몸도 간다. 머리가 영광을 받으면 몸도 당연히 영광을 받는다. 머리가 고난을 받으면 당연히 몸도 고난을 받는다. 이런 관계를 깨달은 사도 요한은 이 장의 본문에서 이렇게 외친다, "그가 우리를 위하여 목숨을 버리셨으니…우리도 형제들을 위하여 목숨을 버리는 것이 마땅하니라." 그렇다! 예수 그리스도는 "형제들"을 위하여 목숨을 버리셨기에 그분의 몸인 "우리"도 똑같이 형제들을 위하여 목숨을 버려야 한다.

실제로 초대교회의 그리스도인들은 형제들을 위하여 목숨을 버리기도 했다. 예루살렘 교회의 지도자들은 바나바와 바울을 천거하면서 이렇게 말했다, "…우리 주 예수 그리스도의 이름을 위하여 생명을 아끼지 아니하는 자인 우리가 사랑하는 바나바와 바울과 함께 너희에게 보내기를 만장일치로 결정하였노라" (행 15:25). 그들은 바나바와 바울이 주님을 위하여 생명을 아끼지 아니하는 신실한 형제들이라고 천거했던 것이다.

바나바와 바울은 주님의 이름을 위하여 생명을 아끼지 않았다. 주님의 이름을 위한다는 것은 실제로는 형제들을 위한 것이다. 바울 사도가 브리스가와 아굴라에 대하여 한 증언을 들어보자, "그들은 내 목숨을 위하여 자기들의 목까지도 내놓았나니, 나뿐 아니라 이 방인의 모든 교회도 그들에게 감사하느니라"(롬 16:4). 그들의 희생에 대하여 바울도 감사했지만, 교회들도 감사했다는 것은 형제들을 위하여 목숨을 내놓는 삶이 당연한 것으로 여겨진 것이다.

형제들을 위하여 목숨을 버리는 것이 당연하지 않았다면, 바울 사도도 그런 사람들을 계속해서 열거하면서 칭찬하지 않았을 것이다. 그가 에바브로디도를 칭찬한 말을 들어보자, "그가 그리스도의 일을 위하여 죽기에 이르러도 자기 목숨을 돌보지 아니한 것은 나를 섬기는 너희의 일에 부족함을 채우려 함이니라"(빌 2:30). 그가 목숨을 걸고 바울을 섬긴 것은 궁극적으로 빌립보에 있는 형제들을 위한 희생이었다.

3. 꼬리

그렇다! 예수 그리스도는 십자가에서의 고난을 마다하지 않으시면서까지 "형제들"을 위하셨다. 그 죽음은 의도적으로 목숨을 버린 사랑의 행위였다. 그런 사랑은 전염성이 있게 마련이다. 그 사랑은 죄인들을 위한 대속적인 죽음이었다. 그 죽음 때문에 여기저기에서 죄와 심판의 문제를 해결한 사람들이 나타나기 시작했다. 그 사람들이 바로 예수 그리스도와 한 몸을 이룬 "형제들"이었다.

예수 그리스도의 죽음은 대속적이지만 동시에 모형이었다. 그리스도인들은 "형제들"을 위하여 그들의 목숨을 버리기를 마다하지 않았다. 왜냐하면 그들의 머리이신 예수 그리스도가 목숨을 버리셨기 때문이다. 머리가 목숨을 버린 순간 몸도 목숨을 잃기 때문이다. 형제들을 위하여 목숨을 버릴 수 있는 그리스도인들이 여기저기에서 생겨날 때, 그들의 머리이신 예수 그리스도가 영광을 받으실 것이며 그분의 몸인 교회도 건강해질 것이다.

10

A Holy Life, A Love Life

사랑의 실현

> "누가 이 세상의 재물을 가지고 형제의 궁핍함을 보고도
> 도와 줄 마음을 닫으면,
> 하나님의 사랑이 어찌 그 속에 거하겠느냐?
> 자녀들아, 우리가 말과 혀로만 사랑하지 말고 행함과 진실함으로 하자"
>
> 요한일서 3:17-18

1. 머리

사도 요한은 요한일서 3장에서 그리스도인이 하나님의 자녀다운 삶을 사는 방법을 두 가지로 제시한다. 그 중 하나는 소극적으로 죄를 극복하는 삶이고, 또 하나는 형제를 사랑하는 삶이다. 그런데 이 두 가지--죄의 극복과 형제 사랑--는 인간의 노력과 방법만으로는 절대로 가능하지 않다. 그런 까닭에 사도 요한은 이 두 가지를 행할 수 있도록 하나님의 도우심이 있다고 강조해서 언급한다.

하나님은 구체적으로 어떻게 도우시는가? 그 도우심은 다름 아닌 "하나님의 씨"이다 (요일 3:9). 이미 몇 번 설명한 것처럼, "하나님의 씨"는 하나님의 말씀과 하나님의 영이다. 하나님의 말씀은 방향을 제시하는가 하면, 하나님의 영은 그 말씀을 구체적으로 그리스도인

의 삶에 적용할 수 있는 힘을 제공한다. 그 "하나님의 씨" 때문에 그리스도인은 죄를 극복할 수 있고, 또 형제를 사랑할 수 있게 된다.

그런데 그리스도인이라고 하는 사람이 형제를 구체적으로 사랑하지 않을 수 있는가? 사도 요한은 "하나님의 씨"가 그리스도인의 삶 속에 내재한다면 사랑하지 않을 수 없다고 말한다. 불가능할 뿐 아니라, 그런 사람은 하나님에게 속한 사람이 아니라는 것이다. 요한의 말을 직접 들어보자, "…그 형제를 사랑하지 아니하는 자는 하나님께 속하지 아니하니라" (3:10). 오히려 그런 사람은 사망에 머물러 있다는 것이다 (3:14).

2. 몸통

구체적으로 형제를 사랑하지 않는 그리스도인은 이름만 그리스도인이지, 하나님과 관계를 맺지 못한 교인들이다. 더군다나 그런 교인들은 다음과 같은 세 가지를 무시한 꼴이 된다. 첫째는 "서로 사랑하라"는 말씀을 무시한 것이다 (3:11). 둘째는 목숨까지 버리신 예수 그리스도의 모형을 무시한 것이다 (3:16). 셋째는 그분의 본보기를 따라서 형제를 위하여 목숨까지 버린 많은 형제자매들의 본보기를 무시한 것이다 (3:16).

1) "세상의 재물"

그렇다면 형제를 구체적으로 사랑한다는 것은 도대체 무엇을 가리키는가? 사도 요한의 말을 다시 인용하면서 알아보자. "누가 이 세상의 재물을 가지고 형제의 궁핍함을 보고도 도와 줄 마음을 닫으면, 어찌 하나님의 사랑이 그 속에 거하겠느냐?" 이 말씀에 의하면, 구체적으로 형제를 사랑하는 것은 궁핍한 형제를 돕는 것이다. 그들의 물질적인 필요를 실제로 채워주는 것이 사랑이라는 것이다.

물론, 시시때때로 형제를 위하여 목숨을 버려야 할 경우도 없잖아 있다. 지난 장에서 본대로, 바나바와 바울, 아굴라와 브리스가 및 에바브로디도처럼 그리스도인 형제들을 위하여 목숨을 내놓지 않으면 안 될 때도 있다. 그러나 형제를 위하여 목숨을 버리는 경우는 그리 많지 않다. 다른 그리스도인이 물질적인 어려움에 처한 경우를 만나기는 어렵지 않다. 특히 사도 요한의 시대에는 가난한 형제자매들이 많았기 때문이다.

그리스도인이 다른 형제를 도울 수 있는 "이 세상의 재물"은 부자에게만 있는 것은 아니다. 적어도 궁핍한 형제를 도울 수 있는 마음만 있다면, 어떤 그리스도인도 도움의 손길을 뻗칠 수 있다. 사도 요한이 사용한 "마음"은 헬라어 원어에서는 "내장," "창자"의 뜻이다.[13] 이곳은 사람의 가장 깊은 곳이며, 여기에서 여러 가지 감정이 나온다. 그러니까 이곳에서 형제를 도울 수 있는 긍휼의 마음도 나오고, 또 살인으로 귀결될 수 있는 미움도 나온다.

"이 세상의 재물"은 덧없는 것이다. 그것은 잠깐 있다가 사라지는 것이다 (요일 2:17). 그런데 영원한 생명을 소유한 그리스도인이 영

---

13) 스프랑크나(σπλἀγχνα)이며, 그 뜻은 "창자," "내장"인데, 이곳에서 모든 감정이 분출된다.

원한 삶을 함께 누릴 형제의 일시적인 궁핍함에 대하여 눈을 감는다면, 어떻게 "하나님의 씨"가 그 속에 있다고 할 수 있는가? 사도 요한은 어떤 그리스도인도 오해할 수 없을 정도로 분명히 그런 사람을 정죄하였다, "어찌 하나님의 사랑이 그 속에 거하겠느냐?"

그렇다면 그리스도인은 얼마나 많은 형제들을 도와야 하는가? 이 세상에는 물질적인 도움을 필요로 하는 그리스도인 형제들이 너무 많지 않은가? 어떻게 그리스도인 한 사람이 그들을 다 도울 수 있는가? 그것은 불가능하다! 그러면 도대체 어떤 형제를 도우란 말인가? 어떤 형제는 돕지 않아도 된다는 말인가? 이런 어려운 질문에 대답이라도 하듯, 사도 요한은 두 단어를 사용해서 문제를 해결했는데, 하나는 "형제"이고 또 하나는 "보다"이다.

왜 이 두 단어가 위의 어려운 질문에 대한 대답인가? 먼저 "형제"라는 표현에 대하여 알아보자. 사도 요한은 3장 16절에서 "형제들을 위하여 목숨을 버리라"고 하면서 복수형의 명사를 사용하였다. 복수형 "형제들"은 많은 그리스도인들을 가리킨다. 그러나 17절에서 사용된 "형제"는 복수가 아니라 단수이다. 이것은 그리스도인이 개인적으로 만나는 구체적인 "형제"를 뜻한다. 14절과 15절에서 사용된 "형제"와 같은 내용이다.

그 다음, "보다"라는 동사에 대하여 알아보자. 이 동사는 요한일서 1장 1절에 나오는 "자세히 보다"와 같은 동사이다. 그 말씀을 다시 인용해보자, "…우리가 들은 바요 눈으로 본 바요 자세히 보고 우리의 손으로 만진 바라" (1:1). "눈으로 본 바요"는 지나가면서 힐끗 보는 행위를 가리키고, "자세히 보고"는 의도적으로 보고, 또 보는 행위를 가리킨다.[14] 이제 그리스도인이 궁핍한 형제를 도와주라는 말씀의 뜻을 이해할 수 있게 된 것이다.

그리스도인은 모든 형제를 도울 수 없다. 그리고 잠깐 만났다가 헤어지는 형제를 돕는 것도 아니다. 그리스도인이 도와야 하는 "형제"는 개인적으로 만나고, 보며, 또 보는, 그래서 그의 형편을 잘 알게 된 형제를 뜻한다. 다시 말해서, 그리스도인의 주변에 있는 "형제"이며, 또한 하나님이 붙여주신 "형제"이다. 그러나 다른 지역에 있는 형제라도 개인적으로 알게 되었을 뿐 아니라, 반복해서 볼 수 있다면 그 형제도 도와야 한다.

2) "하나님의 사랑"

이처럼 분명한 하나님의 말씀에도 불구하고 궁핍한 형제를 돕지 않는 그리스도인이 있다면, 하나님은 그런 사람을 어떻게 보실까? 사도 요한에 의하면, 그런 사람에게는 하나님의 사랑이 있지 않다고 너무나 분명한 어조로 말했다. 그의 말을 다시 들어보자, "누가 이 세상의 재물을 가지고 형제의 궁핍함을 보고도 도와 줄 마음을 닫으면, 하나님의 사랑이 어찌 그 속에 거하겠느냐?" 그런데, 하나님의 사랑이 그 속에 없다는 뜻은 무엇인가?

사도 요한에 의하면, 그런 사람은 하나님에게 속하지 않다는 것이다. 그의 말을 다시 보자, "그 형제를 사랑하지 아니하는 자는 하나님께 속하지 아니하니라" (요일 3:10). 그런 사람은 겉으로는 그리스도인체 하지만, 실제로는 하나님과 관계를 맺지 못한 사람이라는

---

14) '보다'는 헬라어로 호라오(ὁράω)이고, "자세히 보다"는 헬라어로 데아오마이(θεάομαι)이다.

말이다. 만일 그의 속에 "하나님의 씨"가 있다면, 필연적으로 그것이 외적으로 드러나야 한다는 말이다. 그러므로 그런 사람은 하나님에게 속해 있지 않다는 것이다.

사도 요한은 한 발 더 나아가서 그런 "그리스도인"은 사망 가운데 있다고 강하게 표현했다. 다시 그의 말을 들어보자, "···형제를···사랑하지 아니하는 자는 사망에 머물러 있느니라" (요일 3:14). "사망에 머물러 있다"는 표현은 그 사람 속에 하나님의 말씀도 없고 하나님의 영도 있지 않다는 뜻이다. 현실적으로 이 세상에는 이런 명목상의 그리스도인이 얼마나 많은가? 다른 말로, 이름만 그리스도인이 얼마나 많은가?

그렇다고 모든 거듭난 그리스도인은 궁핍한 형제를 돕는가? 아니다! 비록 예수 그리스도를 통하여 사망에서 생명으로 옮긴바 되어 하나님의 사랑을 경험했는데도 형제를 돕지 않는 그리스도인도 없잖아 있다. 그런 그리스도인은 의도적으로 하나님의 말씀에 순종하지 않으며, 성령의 충동을 거부하고 있는 불순종의 사람이다. 그런 그리스도인 때문에 기독교가 안팎으로 오해를 받고 있는 것이다. 얼마나 불행한 일인가?

3) 이론과 실천

사도 요한은 그처럼 불순종하고 있는 그리스도인을 향하여 간절한 마음으로 충고하면서 이 장을 마친다. 그의 말을 다시 인용해보자, "자녀들아, 우리가 말과 혀로만 사랑하지 말고 행함과 진실함으로 하자." 이 말씀에서 "말과 혀로만 사랑하는 것"은 교리이며 이론이다^{orthodoxy}. "행함과 진실함으로 하자"는 순종이며 실천이다$^{or-}$^{thopraxy}. 올바른 교리를 믿는 것도 말할 수 없이 중요하나, 그 못지 않게 중요한 것은 올바른 실천이다.

사도 요한만큼 그리스도인들에게 그렇게 실천하라고 충언할 수 있는 자격을 갖춘 신앙인은 별로 많지 않을 것이다. 그런 까닭에 그는 "자녀들아!"라고 부르면서 충고했다. 비록 그들이 요한과 함께 고난을 받는 "형제들"이었으나 (요일 3:13), 옳게 믿고 또 옳게 행함에 있어서는 모든 그리스도인에게 본보기가 되고도 남았다. 그는 요한일서의 독자들 뿐 아니라 모든 그리스도인들을 "자녀들아!"라고 부르면서 충고하였던 것이다.

사도 요한이 젊었을 때를 생각해보자. 그때에는 모든 "믿는 사람이 다 함께 있어 모든 물건을 서로 통용하고, 또 재산과 소유를 팔아 각 사람의 필요를 따라 나눠 주었다" (행 2:44-45). 그러니까 궁핍한 자를 돕는 것은 당연한 신앙행위였던 것이다. 그렇지 않다면 이렇게 반복해서 표현하지 않았을 것이다, "믿는 무리가 한마음과 한 뜻이 되어 모든 물건을 서로 통용하고, 자기 재물을 조금이라도 자기 것이라 하는 이가 하나도 없더라" (행 4:32).

그런데 한 세대도 지나기 전에 그리스도인들 가운데 어찌 "말과 혀로만" 사랑하게 되었는가? 그 이유를 두 가지로 찾을 수 있을 것인데, 하나는 이단들의 가르침 때문이었다. 지식을 통하여 구원받는다는 그들의 잘못된 가르침은 결국 잘못된 행위를 유발했다. 그들의 삶 속에 "하나님의 씨"가 없는데, 어떻게 하나님의 뜻을 따를 수 있겠는가? 하나님의 뜻은 형제들을 사랑하는 것이며, 또 그들의 궁핍함을 도와주는 것이었다.

또 하나는 하나님의 은혜로 구원받는다는 엄청난 가르침에 반기를 든 작자들 때문이었다. 그들은 은혜에 율법을 더해야 구원받는다는 잘못된 가르침을 가르쳤는데, 그 대표적인 교회가 갈라디아교회였다. 바울 사도의 진단은 이렇다, "이는 가만히 들어온 거짓 형제들 때문이라…" (갈 2:4); 너희가 성령을 받은 것이 율법의 행위로냐 혹은 듣고 믿음으로냐? 너희가 이같이 어리석으냐? 성령으로 시작하였다가 이제는 육체로 마치겠느냐?" (갈 3:2-3).

율법의 사람들은 궁핍한 형제를 도와야 한다고 하지만 말뿐이다 (신 15:7-8), 선한 사마리아인의 이야기는 유명하다. 강도로부터 약탈과 폭행을 당한 사람은 바로 "궁핍한 형제"였다. 그러나 율법을 대표하는 제사장과 레위 사람은 그 "형제"를 못 본체하고 지나갔다. 그들이 평상시 외치던 형제 사랑은 도대체 어디로 갔는가? 그러나 그런 사람들로부터 냉대를 받던 사마리아 사람은 그 궁핍한 형제에게 구체적인 사랑을 베풀었던 것이다 (눅 10:30 이하).

3. 꼬리

그리스도인은 올바른 세계관을 가져야 한다. 올바른 세계관은 무엇인가? 그리스도인은 현재의 삶에 모든 것을 걸어서는 안 된다. 그 이유는 간단하다! 그리스도인은 사망에서 생명으로 옮긴바 되었기에, 영원한 생명을 소유한 자이다. 따라서 그리스도인은 영원이라는 안목으로 세상을 볼 수 있어야 한다. 그런 까닭에 그리스도인은 형제를 위하여 목숨도 버릴 수 있고, 또 잠깐 있다가 없어질 물질로 궁핍한 형제를 도울 수 있는 것이다.

그리스도인은 올바른 인생관을 가져야 한다. 올바른 인생관이란 무엇인가? 그리스도인이 가장 중요하게 여겨야 될 것은 하나님의 형상으로 지음을 받은 사람이다. 그 사람의 배경과 현재의 상태를 초월해서 영원히 함께 살게 될 사람의 가치를 보아야 한다. 그렇게 사람의 중요성을 깨달은 그리스도인은 궁핍한 형제를 도울 수 있다. 사람보다 훨씬 가치가 적은 물질로 물질보다 훨씬 가치가 많은 사람을 도와야 한다.

11

A Holy Life A Love Life

순종의 결과

"이로써 우리가 진리에 속한 줄을 알고 또 우리 마음을
주 앞에서 굳세게 하리니,
이는 우리 마음이 혹 우리를 책망할 일이 있어도
하나님은 우리 마음보다 크시고 모든 것을 아시기 때문이라"

요한일서 3:19-20

1. 머리

사도 요한이 "궁핍한 형제"를 구체적으로 도와주어야 한다고 분명히 말했는데, 그것은 처음부터 하나님의 뜻이었다. 하나님은 이스라엘 백성을 가난한 노예의 신분에서 구원해내셨을 뿐 아니라, 그 백성에게 엄청나게 많은 복을 내려주셨다. 그들은 땅과 성을 갖게 되었고, 따라서 풍요로운 삶을 누리게 되었다. 하나님은 이스라엘 백성에게 이처럼 복을 주시면서, 그들이 하나님으로부터 거저 받은 재물로 "궁핍한 형제"를 도와주라고 말씀하셨다.

하나님이 그들에게 하신 구체적인 부탁을 좀 길지만 인용해보자:

"네 하나님 여호와께서 네게 주신 땅 어느 성읍에서든지 가난

한 형제가 너와 함께 거주하거든 그 가난한 형제에게 네 마음을 완악하게 하지 말며 네 손을 움켜쥐지 말고, 반드시 네 손을 그에게 펴서 그에게 필요한 대로 쓸 것을 넉넉히 꾸어주라. 삼가 너는 마음에 악한 생각을 품지 말라 곧 이르기를 일곱째 해 면제년이 가까이 왔다 하고 네 궁핍한 형제를 악한 눈으로 바라보며 아무것도 주지 아니하면 그가 너를 여호와께 호소하리니 그것이 네게 죄가 되리라. 너는 반드시 그에게 줄 것이요, 줄 때에는 아끼는 마음을 품지 말 것이니라. 이로 말미암아 네 하나님 여호와께서 네가 하는 모든 일과 네 손이 닿는 모든 일에 네게 복을 주시리라. 땅에는 언제든지 가난한 자가 그치지 아니하겠으므로 내가 네게 명령하여 이르노니, 너는 반드시 네 땅 안에 네 형제 중 곤란한 자와 궁핍한 자에게 네 손을 펼지니라"(신 15:7-11).

이런 하나님의 마음은 그리스도인에게도 전달되었고, 따라서 그리스도인은 마땅히 주변에 있는 "궁핍한 형제"를 구체적으로 도와야 한다. 하나님이 허락하신 재물로 도와야 한다.

2. 몸통

이처럼 "궁핍한 형제"를 도와야 하는 이스라엘 백성에게는 "하나님의 씨"가 그들 속에 없었다. 반면, 그리스도인에게는 위에서 인용한 말씀도 있고, 그 말씀을 실현할 수 있는 "하나님의 씨"도 있다.

그럼에도 불구하고 "궁핍한 형제"를 돕지 않는다면 그는 도대체 어떤 그리스도인인가? 그에게 하나님의 말씀이 있는가? 있다면 그 말씀은 그의 사고와 삶을 지배하지 못하는 문자에 지나지 않는가? 그에게 진정으로 성령이 내주하시는가?

1) 진리

사도 요한은 이 장의 본문을 이렇게 시작한다, "이로써 우리가 진리에 속한 줄을 알고…." 이 말씀에서 "이로써"가 이 장의 본문을 이해하는데 열쇠가 될 것이다. "이로써"는 앞에 나오는 사랑의 행위를 요약한 접속어이다. 다시 말해서, "이 세상의 재물을 가지고 형제의 궁핍함 보고" 못 본체하지 않고 구체적으로 손을 펼쳐서 도와준다는 말이다. 이처럼 주님의 말씀에 순종해서 사랑을 베풀 때 그에게는 두 가지 확신이 따른다.

그 중 첫 번째는 "우리가 진리에 속한 줄을 알게" 된다는 확신이다. 왜 우리가 "궁핍한 형제"를 도울 때 "진리에 속한 줄" 알게 되는가? 그 이유는 간단하다! 진정한 진리는 행위가 따르기 때문이다. 그리스도인들은 위에서 인용한 신명기의 말씀을 삶의 현장에서 실천할 수 있는데, 그 이유는 그들이 소유한 진리에는 생명력이 있기 때문이다. 그렇다면 그들이 소유한 진리는 왜 이론적인 진리와 다른가?

그리스도인들이 소유한 진리는 다름 아닌 예수 그리스도이시다. 그분은 "내가 곧 진리이다"라고 공언하신 바 있다 (요 14:6). 그분이 십자가에서 처형되시기 전에 마지막으로 심문을 하던 빌라도에게 진리이신 예수 그리스도는 진리에 대하여 증언하시기 위하여 이 세상에 오셨다고 밝히셨다. "…내가 이를 위하여 태어났으며 이를 위하여 세상에 왔나니 곧 진리에 대하여 증언하려 함이로라. 무릇 진리에 속한 자는 내 음성을 듣느니라"(요 18: 37).

예수 그리스도에게는 조금도 거짓이 없었다. 그분 자신은 진리이시며, 그 진리를 증언하시기 위하여 이 세상에 오셨다고 하셨다. 그러므로 그분의 증언을 받아들인 사람들은 진리를 받아들인 것이다. 진리를 받아들인 사람들은 당연히 진리대로 살 수 있기에, "궁핍한 형제"를 구체적으로 도울 수 있는 것이다. 물론 "궁핍한 형제"를 돕는 행위는 인간적인 결단만으로는 거의 불가능하다. 오직 진리에 속한 사람들만이 도울 수 있는 것이다.

그러므로 궁핍한 형제를 돕는 그리스도인은 진리에 속해 있다는 확신을 가질 수 있는 것이다. 두 번째 확신은 "우리 마음을 주 앞에서 굳세게 한다"는 것이다. 얼마나 많은 그리스도인들이 주님 앞에서 떳떳하지 못한 마음으로 신앙생활을 하는가? 그러나 "이 세상 재물을 가지고 궁핍한 형제를 돕는" 그리스도인들의 마음은 주님 앞에서 담대하며 흔들리지 않는다. 얼마나 큰 축복이며 큰 확신인가?

이처럼 주님 앞에서 굳센 마음을 가진 그리스도인들은 평상시에도 떳떳하지만, 특히 기도할 때 담대하다. 왜냐하면 그들은 주님의 마음, 곧 "궁핍한 형제"를 도와주라는 마음을 흡족하게 해 드렸기 때문이다. 담대한 마음으로 주님 앞에서 기도할 수 있다니 얼마나 큰 축복이며 확신인가? 그뿐 아니다! 그런 그리스도인들은 주님이 이 세상에 다시 오실 때에도 담대하다. 왜냐하면 그들은 주님의 뜻대로 살았기 때문이다.

2) 책망

　사도 요한은 이 장의 본문을 "이로써"로 시작하는데, "이로써"는 그리스도인들이 잠깐 있다가 없어질 이 세상의 재물을 가지고 "궁핍한 형제"를 돕는 행위를 뜻한다. 그렇다! 그리스도인들이 "궁핍한 형제"를 구체적으로 손을 뻗쳐서 도울 때, 그들은 확실히 진리에 속해 있을 뿐 아니라, 하나님 앞에서 굳센 마음을 갖게 된다. 그런데 이렇게 주님의 진리에 속해 있으며 굳센 마음을 갖는 그리스도인들이 스스로를 "책망"하다니, 무슨 뜻인가?

　여기에서 "책망"이라는 단어에 대하여 알아보자. 이 단어는 "어떤 사실을 인격적으로 그리고 구체적으로 알기 때문에 생기는 강한 죄의식 또는 가책"의 뜻을 가지고 있다.[15] 그렇다면 그리스도인들은 무엇을 알기 때문에 심한 죄의식을 갖게 되었는가? 요한일서 3장 11절부터 20절에 제시된 말씀에 의하면, 그것은 두말할 필요도 없이 "궁핍한 형제"를 도와야한다는 사실을 알면서도 그렇게 하지 못한 것에 대한 책망이다.

　이런 "책망"의 근거는 두 가지인데, 하나는 올바른 지식을 근거로 생긴 책망이고, 또 하나는 잘못된 지식을 근거로 생긴 책망이다.[16] 먼저, 올바른 지식을 근거로 생긴 책망에 대하여 알아보자. 이미 누누이 강조한대로, "궁핍한 형제"를 돕는 것은 처음부터 하나님의 뜻이었다. 이런 하나님의 뜻을 알지 못하는 그리스도인들은 없을 것

---

15) 카타기노스코(καταγινώσκω)는 카타와 기노스코의 합성어인데, 카타는 "에 따라서"의 뜻이고 기노스코는 "알다"의 뜻이다. 이 두 단어가 합성하여 "알기 때문에 생긴 책망"의 뜻을 갖는다.
16) Stott는 두 가지 고발(accusation)로 설명한다: The Letters of John, 147.

이다. 그럼에도 불구하고 그들은 그들의 재물을 내놓지 않았다. 그들은 재물을 자신들을 위해서만 사용했다.

만일 그들이 진정으로 거듭난 그리스도인들이라면, 시시때때로 성령이 그들의 인색함에 대하여 알려주실 것이며, 따라서 그들의 마음은 그들을 책망한다. 만일 그들이 그 책망 때문에 돌이켜서 "궁핍한 형제"를 도와준다면, 책망은 사라질 것이다. 그러나 계속 마음의 책망을 거부하면, 그들은 오래지 않아서 책망의 의식조차 갖지 않게 될 것이다. 그들은 "궁핍한 형제"였던 나사로를 돕지 않은 부자처럼 타락하게 될 것이다 (눅 16:19절 이하).

그 다음, 잘못된 지식을 근거로 생긴 책망도 있다. 어떤 그리스도인들은 주변에 있는 "궁핍한 형제"를 보면서 도움의 손길을 뻗쳤다. 그러나 그렇게 돕기 시작하면서 보게 된 것은 그들의 주변에는 도움을 필요로 하는 "궁핍한 형제"가 너무 많다는 사실이다. 그때부터 그들의 마음은 그들을 "책망"하기 시작한다. 그들은 갈등하면서 어디까지가 그들의 책임인지 전전긍긍해 하면서 스스로를 책망하는데, 이것은 잘못된 지식을 근거로 갖는 책망이다.

어떤 그리스도인들도 모든 "궁핍한 형제"를 도울 수 없다. 물론 더 도와야한다는 마음은 갸륵하지만, 그들에게도 한계가 있다. 이 시점에서 짚고 넘어가야 할 것이 있는데, 도우면서도 "책망"의 마음을 갖는 그리스도인들은 대단히 훌륭하다. 뿐만 아니라, 도와야 할 것을 알면서도 돕지 않기에 "책망"의 마음을 갖는 그리스도인들도 훌륭하다. 왜냐하면 오늘날 많은 그리스도인들은 그런 "책망"의 마음을 전혀 갖지 않는 무관심한 사람들이기 때문이다.

3) 마음

  그렇다! "책망"의 마음이 어디에서 생겼던지 상관없이 그런 "책
망"의 마음을 갖는 그리스도인들은 두 가지 좋은 점을 가지고 있다.
하나는 그들은 여전히 성령과 소통하고 있으며, 또 하나는 그들의
마음이 아직도 주님의 말씀 앞에 열려져 있는 것이다. 매일의 삶에
서 성령과 소통하지 않는 그리스도인들은 당연히 성령이 주시는 "책
망"의 마음을 갖지 못한다. 그들은 개인적이며 이기적인 삶을 영위
할 뿐이다.

  그뿐 아니라, 그들의 마음은 주님 앞에 열려져있기에 시시때때로
주님은 그들의 마음을 향하여 책망하신다. 그러니까 그리스도인들
의 마음은 주님에 의하여 책망을 받을 수도 있다는 것이다. 마음의
중요성을 엿보이게 하는 대목이다. 사도 요한은 의도적으로 "마음"
이란 단어를 세 번씩이나 사용하였다. 첫 번째 사용된 마음은 "주
앞에서 굳세게 된 마음이다." 두 번째 사용된 마음은 "책망의 마음"
이다. 세 번째 사용된 마음은 "하나님이 아시는 마음"이다.

  "마음"은 그리스도인들에게 말할 수 없이 중요한데, 그 이유는 그
들의 마음 안에 성령이 계시기 때문이다. 물론 비기독교인들에게도
마음은 있지만, 그들의 마음은 자신들의 이익을 위하여 결정하는
중심부일 뿐이다. 그러나 그리스도인들에게 있는 마음은 "하나님의
씨"가 그 안에 있기에, 자신들의 이익을 초월해서 이웃의 안녕을 위
하여 자신의 재물을 내어줄 수 있게 만든다. 더 돕지 못해서 갈등을
갖게 될 경지까지 갈 수 있는 마음이지만 말이다.

  그리스도인들이 그렇게 마음의 책망을 겪으며 낮아질 때 하나님

은 그들을 특별하게 여기신다. 왜냐하면 그들은 "궁핍한 형제"를 도와야 한다는 하나님의 뜻을 더 실천하지 못해서 안타까워하는 겸손한 사람들이기 때문이다. 하나님은 그런 자녀들의 마음을 다 아신다. 그런 이유 때문에 사도 요한은 이렇게 말했다, "하나님은 우리 마음보다 크시고 모든 것을 아시기 때문이라."

모든 것을 아시는 전지^{全知}의 하나님이 그처럼 고상한 갈등을 하는 그리스도인들의 마음을 모르실 리가 없으시다. 그들의 실패와 갈등도 물론 아신다. 그들의 선한 의도와 죄의식도 아신다. 그들의 수치감과 부끄러움도 다 아신다. 하나님은 그들의 생각과 느낌조차도 아시는 분이시다. 그런 이유 때문에 하나님은 당신의 외아들을 세상에 보내셨고, 그리고 모든 문제를 십자가 위에서 해결하게 하셨던 것이다.

그뿐 아니다! 하나님은 그런 대속의 사역을 마치신 그 아들을 대신하여 성령을 부어주셔서 그리스도인들에게 필요한 도움을 주고 계신다. 과연 그리스도인들의 마음을 포함해서 모든 것을 아시는 하나님의 배려였다. 그런데 배려는 그것으로 끝나지 않았다! 그 아들을 당신의 우편에 앉히셔서 그리스도인들을 위하여 중보하시며 (롬 8:34), 또한 그들의 대언자가 되셔서 그들을 위하여 변호하게 하시게끔 조처를 취하셨다 (요일 2:2).

3. 꼬리

비록 그리스도인들이 "마음의 책망" 때문에 자신을 괴롭히지만,

그렇다고 그 마음이 그들을 심판하지는 못한다. 그 이유는 분명하다! 마음은 잘못을 인식하여 회개할 수 있게 하는 역할을 한다. 마음의 역할은 거기까지이고, 심판은 하나님에게만 속한 영역이다. 바울 사도의 말로 그 사실을 확인하자, "다만 네 고집과 회개하지 아니한 마음을 따라 진노의 날 곧 하나님의 의로우신 심판이 나타나는 그 날에 임할 진노를 네게 쌓는도다" (롬 2:5).

그렇다면 "양심의 책망" 때문에 괴로워하는 그리스도인들을 하나님은 마지막 날에 잔인하게 심판하신단 말인가? 물론 아니다! 인간의 마음을 익히 아시는 하나님은 그의 아들 예수 그리스도와 성령의 중보를 통하여 그리스도인들의 "책망"을 바꾸어 하나님 아버지를 더욱 의지하게 하신다. 그리고 그들에게 보다 많은 위로와 능력을 부어주신다. 왜냐하면 하나님 아버지는 자비와 위로의 아버지이시기 때문이다!

사랑과 기도

"사랑하는 자들아, 만일 우리 마음이 우리를 책망할 것이 없으면
하나님 앞에서 담대함을 얻고 무엇이든지 구하는 바를 그에게서 받나니
이는 우리가 그의 계명을 지키고 그 앞에서 기뻐하시는 것을 행함이라"

요한일서 3:21-22

1. 머리

앞장에서 사도 요한은 중요한 표현을 포함시켰는데 그것을 다시
인용해보자, "이로써 우리가 진리에 속한 줄을 알고…" (요일 3:19).
이 표현에는 "진리"라는 명사와 "알고"라는 동사가 포함되어 있는
데, 이 두 단어는 서로 밀접하게 연결되어 있다. 왜냐하면 실제로
"진리"가 존재해도 그 "진리"를 머리로 알뿐 아니라 실제로 경험하
지 못하면, 그 "진리"는 객관적인 진리일 수는 있으나 주관적인 진
리일 수는 없기 때문이다.

실례를 들어서 설명해보자. 우리가 예수님이라는 "진리"에 대해
서 귀로 들어서 머리로 알지만 실제적으로 경험하지 못했다면, 그
"진리"인 예수님은 우리와 상관없는 이론이요 종교지도자에 불과하

다. 그러나 우리가 그 "진리"를 실제로 경험했다면, 그 "진리"는 더 이상 이론이 아니라 우리의 사고와 생활방식을 바꾼 살아있는 "진리"가 된다. 그런 이유 때문에 사도 요한은 18절과 19절에서 "진리"를 사용하면서 동시에 "안다"를 반복해서 사용했다.[17]

세 번씩이나 반복된 "안다"(18절, 20절, 24절)는 이미 여러 번 언급한 것처럼, 그냥 머리로만 아는 이론적인 "지식"이 아니라, 머리로도 알고 또 경험한 결과 불가분의 관계를 맺게 된 사실을 강조하는 동사이다.[18] 그렇다! 경험되어지지 않은 "진리"는 우리의 사고와 생활방식을 변화시킬 수 없다. 그처럼 중요한 관계를 강조하기 위하여 사도 요한은 "진리"라는 명사와 "안다"라는 동사를 이 짧은 구절에서 반복적으로 사용한다.

2. 몸통

이 장의 본문은 "사랑하는 자들아"로 시작되는데, 사도 요한이 그리스도인들을 이렇게 부른 것은 요한일서에서 세 번째이다.[19] 초대교회는 그리스도인들을 이렇게 부르면서 하나님의 사랑과 서로에 대한 사랑을 확인하였다. 그렇지 않았다면 이런 호칭이 자주 사용되지 않았을 것이다. 이 호칭을 바울은 8번, 히브리서 저자는 1번,

---

17) 18절의 "행함과 진실함으로 하자"에서 "진실함으로"는 원어로는 "진리 안에서"—엔 알레데이아(ἐν ἀληθείᾳ)—이다.
18) 이 동사는 기노스코(γινώσκω)이다. 실제로 20절과 21절의 "책망" 속에 들어있는 기노스코를 포함하면 이 동사는 다섯 번이나 나오는 셈이다.
19) "사랑하는 자들"의 뜻을 보려면 "옛 계명과 새 계명"을 참고하라.

야고보는 3번, 베드로는 6번, 유다는 3번씩이나 사용하지 않았을 것이다. [20)]

1) 책망

이 장의 본문은 이렇게 시작된다, "사랑하는 자들아, 만일 우리 마음이 우리를 책망할 것이 없으면…." 그런데 이 말씀에서 "책망할 것이 없다"는 표현은 얼른 보기에 이율배반적인 것처럼 느껴질 수 있다. 그 이유를 보면, 사도 요한이 20절에서 이렇게 묘사했기 때문이다, "이는 우리 마음이 혹 우리를 책망할 일이 있어도…." 어떻게 요한은 "우리 마음이 우리를 책망한다"고 했다가 곧바로 "우리 마음이 책망할 것이 없다"고 말을 바꿀 수 있는가?

그런데 좀 더 깊이 살펴보면 사도 요한은 결코 그의 말을 바꾸지 않은 것을 알 수 있다. 왜냐하면 "책망의 마음"에서 "책망할 것이 없는 마음" 사이에는 놀라운 변화의 과정이 있었기 때문이다. 그 과정을 설명하는 표현이 바로 20절 후반에 있는 말씀이다, "하나님은 우리 마음보다 크시고 모든 것을 아시기 때문이라." 지난 장에서 이미 그 의미를 해석한 바 있지만, 다시 요약해보면 다음과 같다.

"책망의 마음" 때문에 갈등하는 그리스도인들은 스스로를 깊이 돌아볼 기회를 갖게 되었다. 그렇게 돌아보면서 그들이 "궁핍한 형제"를 도우라는 하나님의 명령에 순종하고 있다는 사실을 확인하게 되

----

20) 바울—롬 12:19, 고전 10:14, 고후 7:1, 12:19, 빌 2:12, 4:1, 살전 2:8, 딛 3:15; 히—6:9; 베드로—벧전 2:11, 4:12, 벧후 3:1, 8, 14, 17, 유—1:3, 17, 20.

었다. 비록 그들이 원하는 것만큼 돕지는 못해도, 그래도 그들이 하나님 앞에서 떳떳하다는 사실을 말씀을 통하여, 그리고 하나님이 허락하시는 확신을 통하여 알게 되었다. 그 결과 "책망의 마음"을 극복하고 "책망할 것이 없는 마음"으로 바뀐 것이다.

그러나 어떤 그리스도인들은 마음에 책망을 느끼면서 그들이 하나님의 명령, 곧 "궁핍한 형제"를 구체적으로 돕지 못했다는 사실을 깨닫게 되었다. 그들은 그들의 잘못을 진정으로 회개했을 뿐 아니라, "궁핍한 형제"를 그들이 그처럼 아끼던 이 세상의 재물로 돕기 시작하였다. 그렇게 도움의 손길을 펼치면서 그들은 "책망의 마음"을 극복하게 되었다. 그들은 더 이상 책망을 느끼지 않고, "책망할 것이 없는 마음"을 갖게 된 것이다.

이제부터 그들도 사도 요한에 의하여 "사랑하는 자들아"라고 불릴 수 있게 된 것이다. 왜냐하면 그들은 하나님의 사랑을 경험했기에 그 사랑을 다른 형제들에게 베풀 수 있게 되었기 때문이다. 그런 변화의 과정을 통하여 그들은 마침내 스스로를 정죄하는 갈등의 마음을 뒤로 하고, 하나님과의 교제를 누릴 수 있는 축복의 마음을 누리게 된 것이다. 그들의 마음은 이제 잔잔하며, 평안하며, 하나님의 명령에 순종했다는 확신을 갖게 되었다.

그런 과정을 눈여겨 본 사도 요한은 기쁨에 넘쳐서 그들을 "사랑하는 자들아!"라고 불렀다. 그리고 그들이 다시 하나님의 사랑을 다른 형제들과 나누는 자리에 들어갔기에 그들의 마음을 이렇게 묘사했다, "만일 우리 마음이 우리를 책망할 것이 없으면!" 그렇다! 비록 그들은 갈등의 과정을 겪었지만, 그래도 마침내 그런 갈등을 통하여 서로 사랑하라는 하나님의 명령을 순종하게 된 것이다.

2) 담대함

그리스도인들이 궁핍한 형제를 도우라는 하나님의 명령에 순종할 때, 첫 번째 축복은 책망의 마음을 극복한 것이다. 두 번째 축복은 "하나님 앞에서 담대함을 얻게 된" 것이다. 하나님 앞에서 담대하게 되었다는 것은 보통 축복이 아니다. 왜냐하면 "담대함" 때문에 생기는 축복이 너무나 많기 때문이다. 그런 까닭에 히브리서 저자는 이렇게까지 말한다, "그러므로 너희 *담대함*을 버리지 말라 이것이 큰 상을 얻게 하느니라" (히 10:35).

그러면 담대함으로 인하여 얻게 될 상은 어떤 것인가? 무엇보다도 큰 상은 하나님의 존전(尊前)으로 나아갈 수 있는 특권이다. 죄인이 지성소에 계신 거룩하신 하나님 앞으로 나아갈 수 있는 것만큼 큰 상이 어디 있겠는가? 히브리서 저자의 말을 다시 인용해보자, "그러므로 형제들아 우리가 예수의 피를 힘입어 성소에 들어갈 *담력*을 얻었나니, 그 길은 우리를 위하여 휘장 가운데로 열어 놓으신 새로운 살 길이요 휘장은 곧 그의 육체니라" (히 10:19-20).

이처럼 죄인이 예수님의 피를 통하여 담대히 하나님 앞으로 나아가서 구원받는 은총을 누릴 뿐 아니라, 항상 하나님에게 나아올 수 있는 담대함도 갖게 된다. 다시 히브리서를 인용해보자, "그러므로 우리는 긍휼하심을 받고 때를 따라 돕는 은혜를 얻기 위하여 은혜의 보좌 앞에 *담대히* 나아갈 것이니라" (히 4:16). 예수님의 피를 통하여 구원 받은 것도 큰 상인데, 언제든지 하나님 앞으로 담대히 나아올 수 있다니 얼마나 큰 상인가?

그리스도인들이 담대히 하나님 앞에 나아와서 무엇을 얻는가? 그들은 시시때때로 하나님의 긍휼을 필요로 하는데, 그 이유는 그들이 연약하기 때문이다. 그뿐 아니라, 그들은 시시때때로 하나님의 은혜도 받아야 한다. 그 이유는 너무나 분명하다. 비록 그들이 그리스도인이 되었지만, 여전히 여러 가지 시험에 시달리기 때문이다. 그러나 그들이 시험을 당할 적마다 하나님에게 담대히 나아와서 그분의 보호를 받을 수 있는 것이다. 얼마나 큰 상인가?

그리스도인들의 담대함 때문에 얻는 상은 그것뿐이 아니다. 어느 날 주님은 그들을 데리고 천국으로 가시기 위하여 다시 오실 것이다. 주님의 재림은 그리스도인들조차도 전전긍긍하게 만들 수 있는 엄청난 사건이다. 그때에도 그들은 담대하게 주님을 만날 수 있을 것이다. 요한의 말이다, "이로써 사랑이 우리에게 온전히 이루어진 것은 우리로 심판 날에 담대함을 가지게 하려 함이니…" (요일 4:17).

그리스도인들에게 주어진 담대함은 과거와 현재와 미래를 아우르는 큰 상이다. 과거에 예수님의 피를 의지하여 하나님 앞으로 *담대하게* 나아올 수 있었다. 현재에는 필요할 때마다 하나님의 긍휼과 은혜를 얻기 위하여 그분 앞으로 *담대하게* 나아올 수 있다. 미래에는 주님이 다시 오실 때인데, 그리스도인들은 그때 이 세상의 삶을 접고 주님과 더불어 천국으로 나아간다. 그때에도 그들은 *담대하게* 주님을 만날 것이다. 얼마나 큰 상인가?

3) 기도의 응답

그리스도인들이 궁핍한 형제를 도움으로 책망의 마음을 극복할 때 따르는 세 번째 축복은 기도의 응답이다. 다시 이 장의 본문을 인용해보자, "하나님 앞에서 담대함을 얻고 무엇이든지 구하는 바를 그에게서 받나니…." 그렇다! 우리의 마음이 우리를 책망할 것이 없을 때, 우리는 확신과 담대함을 누리게 된다. 그런데 확신과 담대함은 수단이지 결코 목적이 아니다. 다시 말해서 담대함을 위한 담대함이 아니라, 기도를 위해서 담대하게 된다는 말이다.

그러니까 그리스도인들은 기도할 때 담대하게 기도할 수 있게 되었다는 것이다. 그렇다면 얼마나 담대하게 기도할 수 있게 되었단 말인가? 얼마나 담대하게 되었든지 *무엇이든지* 구할 수 있게 된 것이다! 더욱 놀라운 사실은 무엇이든지 구하기만 하는 것이 아니라, 그들이 구한 것을 하나님으로부터 받는다는 것이다! 얼마나 놀라운 약속이며 확신인가? 무엇이든지 구하는 대로 *받는다니*, 참으로 깊은 경지에 들어간 것임에 틀림없다.

하나님이 사도 요한을 통하여 이처럼 엄청난 약속을 허락하신 것은 무엇을 뜻하는가? 궁핍한 형제를 돕는 것이 그만큼 중요한 하나님의 뜻이라는 것이다. 하나님의 형상으로 지음을 받은 존귀한 사람들의 필요를 채워주는 것은 확실히 하나님의 뜻이다! 그런 하나님의 뜻을 받들어 구체적으로 도움의 손길을 뻗칠 때, 하나님은 그들에게 무엇이든지 구하는 것을 받을 수 있도록 상을 주신다는 약속이다.

사도 요한은 그처럼 궁핍한 형제를 돕는 것을 이렇게 표현했다, "이는 우리가 그의 계명을 지키고 그 앞에서 기뻐하시는 것을 행함이라." 그렇다! 그리스도인들이 서로 사랑하라는 주님의 계명을 지키면서, 구체적으로 궁핍한 형제를 돕는 행위는 "그 앞에서 기뻐하시는 것"이다. 이처럼 하나님이 기뻐하시는 일을 행함으로 기도의 응답을 받는 것은 이미 예수 그리스도의 삶을 통해서 보여준 바 있었다.

주님은 언제나 하나님 아버지의 기뻐하시는 것만을 행하셨으며, 따라서 언제나 기도의 응답을 받으셨다. 주님의 말씀을 직접 들어보자, "내가 하늘에서 내려온 것은 내 뜻을 행하려 함이 아니요 나를 보내신 이의 뜻을 행하려 함이니라" (요 6:38). 그렇다면 주님은 무엇을 위하여 기도하셨으며 또 응답을 받으셨던가? 그분은 제자들을 위하여 기도하셨고 (눅 6:12, 9:29), 또 죄인의 구원을 위하여 기도하셨다 (눅 23:34).

이런 주님의 기도를 통하여 그리스도인들이 "무엇이든지 구하는 바를 그에게서 받는다"는 뜻을 엿볼 수 있다. 그들은 자신들의 영달과 축복을 위하여 *무엇이든지* 구하는 것이 아니라, 다른 사람들을 위하여 *무엇이든지* 구하는 것을 받는다는 것이다. 특히 궁핍한 형제의 필요를 채워주기 위하여 구할 때, 담대하게 구할 수 있는 것이다. 그리고 그들이 구한 것을 하나님이 들어주신다는 확신을 가지고 담대하게 구할 수 있는 것이다.

3. 꼬리

담대한 기도를 방해하는 것은 무엇보다도 책망의 마음이다. 그렇다면 책망의 마음은 무엇 때문에 생기는가? 요한일서에 의하면 세 가지 통로를 통하여 생길 수 있는데, 첫째는 내적으로 어두움에 있을 때이다 (요일 1:6). 둘째는 외적으로 미혹하는 자들의 잘못된 가르침 때문에 생길 수 있다 (요일 2:26). 셋째는 교제를 나누는 형제들의 궁핍함을 보고도 도움의 손길을 뻗치지 않을 때이다.

궁핍한 형제를 돕는 행위는 신앙의 바로미터^{barometer}이다. 하나님의 사랑을 거저 받은 그리스도인들이 하나님의 사랑을 나누는 형제의 필요를 채워주지 않는다면, 어떻게 하나님 앞에 담대히 나아올 수 있으며, 또 어떻게 담대히 무엇이든지 구할 수 있겠는가? 어떻게 하나님이 그들이 구한 것을 들어주실지 알겠는가? 그리스도인들은 하나님을 기쁘시게 하기 위해서, 그리고 담대한 기도생활을 위해서 형제의 궁핍함을 외면하지 말아야 한다.

계명

"그의 계명은 이것이니, 곧 그 아들 예수 그리스도의 이름을 믿고
그가 우리에게 주신 계명대로 서로 사랑할 것이니라.
그의 계명을 지키는 자는 주 안에 거하고 주는 그의 안에 거하시나니,
우리에게 주신 성령으로 말미암아
그가 우리 안에 거하시는 줄을 우리가 아느니라"

요한일서 3:23-24

1. 머리

지난 장에서 본대로, 그리스도인들이 형제의 궁핍함을 간과하지
않고 구체적으로 도울 때, 그들에게 주어진 축복은 한두 가지가 아
니다. 그들은 책망의 마음도 극복하며, 하나님 앞에서 담대하며,
그리고 구하는 것을 받는다. 사도 요한은 그런 축복의 이유를 부언
附言해서 이렇게 설명한다, "이는 우리가 그의 계명을 지키고 그 앞
에서 기뻐하시는 것을 행함이라" (요일 3:22b). 하나님의 계명을 지
키는 것이 그만큼 중요하다는 말이다.

사도 요한이 언급한 계명은 구체적으로 무엇을 뜻하는가? 그 뜻
을 알기 위하여 요한일서 전체에 나타난 계명에 대하여 알아보자.
이 짧은 서신에서 *계명*이라는 단어가 모두 14번이나 사용되었다.

그런데 원어성경에서는 그 단어가 어떤 때는 단수형으로, 또 어떤 때는 복수형으로 사용되었는데, 각각 7번씩 나온다.[21] 국어성경에서는 5장 2~3절에서 3번만 복수형인 "계명들"로 번역되었고, 나머지 4번은 복수형인데도 단수형인 "계명"으로 번역되었다.

그렇다면 계명이라는 단어가 단수형으로 쓰일 때와 복수형으로 쓰일 때 그 뜻과 강조점이 달라지는가? 만일 단수형과 복수형으로 사용될 때 그 강조점이 같다면, 사도 요한은 구태여 그 단어를 단수형과 복수형으로 나누어서 사용하지 않았을 것이다. *계명*이 단수형으로 쓰일 때는 변하지 않는 통일된 하나님의 뜻을 강조하고, 복수형일 때는 그 하나님의 뜻을 실천하는 다양한 행위들을 강조한다.[22]

2. 몸통

이처럼 중요한 차이점을 염두에 두고 이 장의 본문을 다시 번역하면 다음과 같다: "그의 *계명*(단수형)은 이것이니, 곧 그 아들 예수 그리스도의 이름을 믿고 그가 우리에게 주신 *계명*(단수형)대로 서로 사랑할 것이니라. 그의 *계명들*(복수형)을 지키는 자는 주 안에 거하고 주는 그의 안에 거하시나니, 우리에게 주신 성령으로 말미암아 그가 우리 안에 거하시는 줄을 우리가 아느니라." 이 본문에 나온 계명에 대하여 차근차근 알아보자.

----

21) 단수형, 엔톨레(ἐντολὴ)—2:7–3회, 2:8, 3:23–2회, 4:21; 복수형, 엔톨라스(ἐντολὰς)—2:3, 4, 3:22, 24, 5:2, 5:3–2회.
22) Smalley, *1, 2, 3 John*, 206.

1) "계명"

*계명*은 영원히 변치 않는 하나님의 뜻이라고 이미 위에서 언급하였다. 이 장의 본문인 23절에서 그런 하나님의 뜻이 두 가지로 제시되고 있는데, 하나는 하나님의 아들 예수 그리스도의 이름을 믿는 것이며, 또 하나는 그분의 계명대로 서로 사랑하는 것이다. 그런데 왜 명령은 두 가지인데, 본문에선 *계명들*이라고 하지 않고 단수형인 *계명*이라고 했는가? 그 이유는 간단하다! 두 가지처럼 보이는 이 명령은 근본적으로 하나이기 때문이다.

얼른 보기에 믿음과 사랑은 서로 아무런 관련이 없는 것 같으나, 조금만 깊이 들여다보면 서로 불가분의 관계에 있다는 사실을 알 수 있다. 우선, 예수 그리스도를 믿는 사람들만이 하나님에게 속한 형제가 된다. 그렇게 하나님 안에서 형제가 된 그리스도인들은 서로 조건 없이 사랑할 수 있게 되는 것이다. 그런 까닭에 그리스도인의 사랑은 언제나 믿음을 전제前提로 한다. 그러므로 믿음도 하나님의 계명이며 동시에 사랑도 하나님의 계명이다.

구태여 믿음과 사랑의 순서를 따지자면, 믿음 때문에 사랑이 오므로 믿음이 먼저 온다고 할 수 있다. 또 한편 그리스도인들이 서로 사랑할 때 담대한 믿음을 갖게 되기에 (3:22), 믿음과 사랑은 항상 서로를 보완한다고 할 수 있다. 다시 말해서, 믿음이라는 계단을 밟아야 사랑이라는 계단으로 올라갈 수 있으며, 동시에 사랑이라는 계단을 딛어야 더 담대한 믿음이라는 계단으로 올라가는 것과 같다.

사도 요한은 요한일서 3장에서 믿음과 사랑이라는 계명을 제시했지만, 그것으로 끝내지 않았다. 그는 앞에서 사랑의 계명을 지키는 자는 필연적으로 의로운 삶을 영위해야 한다고 했다. 그의 말을 다시 들어보자, "…무릇 의를 행하지 아니하는 자나 또는 그 형제를 사랑하지 아니하는 자는 하나님께 속하지 아니하니라" (3:10). 그러니까 요한이 3장에서 제시한 하나님의 뜻인 계명은 세 가지였는데, 곧 믿음과 의와 사랑이다.

하나님의 아들이신 예수 그리스도를 믿는 것은 영원한 하나님의 뜻이며 계명이다. 그 이유는 너무나 분명하다! 그분에 대한 믿음이 없는 사람은 하나님의 자녀가 아니기 때문이다. 하나님의 자녀가 아닌 사람은 결단코 의로운 삶을 영위할 수 없음은 물론 서로를 사랑할 수도 없다. 그런 의와 사랑은 초자연적인 삶이기에 인간의 결단만으로는 불가능하다. 성령의 도움이 있지 않으면, 누가 의와 사랑의 삶을 영위할 수 있는가?

요한일서 가운데 이곳에서 처음으로 사용한 "믿음"은 하나님의 "아들 예수 그리스도의 이름"을 받아들이는 것이라고 구체적으로 명시明示했다. 물론 그분의 "이름"은 두 가지를 함축하는데, 하나는 그분의 정체성being이고 또 하나는 그분의 행함doing이다. 그분의 정체성은 두말할 필요도 없이 하나님의 아들이자 그리스도이다. 그분의 행함은 죄인이 하나님의 자녀가 되어 의와 사랑을 나눌 수 있게 하기 위한 대속적 죽음과 부활이다.

2) "계명들"

사도 요한은 3장 23절에서 하나님의 계명을 아무도 오해할 수 없도록 두 가지로 제시했는데, 곧 믿음과 사랑이다. 그리고 3장 10절에서 사랑과 의를 연결시킴으로, 하나님의 계명을 세 가지로 제시했다. 믿음과 사랑과 의는 아무도 바꿀 수 없는 영원한 하나님의 뜻이다. 그런데 사도 요한은 이처럼 하나님의 뜻을 계명으로 제시하고 끝내지 않았다. 그 계명을 구체적으로 실천하지 않으면 안 된다는 것도 포함시켰는데, 계명들이라는 표현이 바로 그것이다.

다시 요한의 말을 인용해보자, "그의 *계명들*을 지키는 자는 주 안에 거하고 주는 그의 안에 거하시나니, 우리에게 주신 성령으로 말미암아 그가 우리 안에 거하시는 줄을 우리가 아느니라." 사도 요한이 제시한 계명들--계명을 실천하는 방법들--도 3장에서 찾아볼 수 있다. 먼저, 의를 실천하기 위하여 그리스도인들은 죄를 짓지 않아야 한다. 두말할 필요도 없이 의와 죄는 공존할 수 없다. 죄는 마귀에게 속한 것이나, 의는 하나님에게 속한 것이다 (3:10).

그 다음, 믿음은 그들의 죄와 심판을 대신하신 예수 그리스도를 받아들이는 것이다. 그러나 믿음은 그런 첫 단계에 머물러 있어서는 안 된다. 그들의 믿음은 시간이 지날수록 자라야 한다. 그리고 마침내 담대한 믿음으로까지 발전하여 무엇이든지 구하는 것을 하나님으로부터 받을 수 있어야 한다. 그렇게 믿음이 성장하기 위하여 그들 속에서 일어나는 책망의 마음을 극복할 수 있어야 한다.

마지막으로, 형제 사랑이라는 계명을 이론으로만 받아들인다면, 그것은 진정한 의미에서 계명이 아니다. 왜냐하면 올바른 계명은 올바른 행위를 동반해야 하기 때문이다. 그러면 어떻게 형제 사랑을 구체적으로 실천할 수 있는가? 사도 요한은 3장에서 세 가지를 제시했는데, 첫째는 형제를 위하여 목숨까지 버릴 수 있어야 한다 (3:16). 그 이유가 분명한데, 예수 그리스도가 우리를 위하여 목숨을 버리는 본보기를 보여주셨기 때문이다.

둘째는 형제의 궁핍함을 보고 구체적으로 도와야 한다 (3:17). 정력과 시간을 쏟아서 번 이 세상의 재물로 형제를 도와야 한다. 그 이유는 너무나 분명하다! 형제는 현세에서 뿐 아니라 내세에서도 함께 있을 영원한 형제이기 때문이다. 그러나 이 세상 재물은 아무리 귀해도 잠시잠간이면 없어지는 한시적인 것이다. 그러므로 한시적인 이 세상 재물로 영원한 형제를 돕지 않는다면, 형제 사랑이라는 계명은 더 이상 계명이 아니다.

셋째는 말로도 사랑하고 행함으로도 사랑해야 한다. 요한의 말을 다시 들어보자, "자녀들아 우리가 말과 혀로만 사랑하지 말고 행함과 진실함으로 하자" (3:18). "말과 혀로만 사랑하는 것"은 사랑이 아니고 믿음도 아니라는 것이다. 야고보는 행함이 따르지 않는 언어의 잔치는 그 자체가 죽은 믿음이라고 강하게 질타했다 (약 2:15-17). 야고보의 말을 직접 들어보자, "이와 같이 행함이 없는 믿음은 그 자체가 죽은 것이라!"

3) 계명들을 지킬 때

그리스도인들이 하나님의 계명을 실천에 옮기는 여러 가지 행위들을 계명들이라고 이미 언급한 바 있다. 그리스도인들이 하나님의 계명을 구체적으로 지킬 때, 하나님은 두말할 필요도 없이 기뻐하신다. 그런 하나님의 마음을 사도 요한은 이렇게 묘사했다, "그의 *계명들*을 지키는 자는 주 안에 거하고 주는 그의 안에 거하시나니, 우리에게 주신 성령으로 말미암아 그가 우리 안에 거하시는 줄을 우리가 아느니라."

사도 요한은 요한일서에서 누누이 주 안에 거하라고 그리스도인들을 권면하였다. 형제를 사랑하므로 빛 가운데 거하고 (2:10), 하나님의 뜻을 행함으로 영원히 거하고 (2:17), 처음부터 들은 것을 그들 안에 거하게 하고 (2:24), 배운 대로 주 안에 거하라고 권면하였다 (2:27). 그러나 이제는 더 이상 그리스도인들에게 주 안에 거하라고 권면하지 않고, 이미 그들이 주 안에 거하고 주님은 그들 안에 거하신다고 분명하게 선언했다.

어떻게 그런 거함이 가능했는가? 그것은 그리스도인들이 하나님의 뜻인 계명을 구체적으로 지켰기 때문이다. 그 계명이 믿음이든, 사랑이든, 의이든 그들은 그들의 삶에서 그리고 그들의 행위에서 그 계명들을 지켰던 것이다. 그들이 이처럼 하나님의 뜻에 순종했을 때, 하나님이 그들에게 부어주신 복은 참으로 큰 것이었는데, 그 복은 어떤 가시적이고 현실적인 것이 아니었다. 그 복은 그들이 "주 안에 거하고 주는 그들 안에 거하는" 것이었다.

이런 교제는 부부관계보다 더 친밀하고 가까운 것으로서, 아무도 갈라놓을 수 없을 정도로 밀착된 것이다. 어쩌면 사도 요한은 일찍이 예수님이 가르치신 포도나무의 비유를 염두에 두었는지도 모른다 (요 15). 포도나무와 가지는 서로를 필요로 하며, 따라서 포도나무는 가지 안에 거하며, 가지는 포도나무 안에 거하는 것과 똑같다. 그 결과 포도나무에 붙은 가지들이 저절로 많은 열매를 맺는다.

두말할 필요도 없이 그리스도인들은 주님 안에 그리고 주님은 그들 안에 있게 한 것은 성령이시다. 성령의 임재가 없다면, 그들은 처음부터 예수 그리스도를 그들의 구주로 믿지 못했을 것이다. 그리고 성령의 역사와 도움이 없다면, 그들은 의로운 삶을 영위할 수도 없다. 그뿐 아니라, 그들은 형제를 조건 없이 사랑할 수도 없다. 그들이 하나님의 계명, 곧 믿음과 의와 사랑의 삶을 영위한다는 것 자체가 성령의 임재와 역사가 있다는 것을 뜻한다.

사도 요한은 이렇게 결론을 맺는다, "…우리에게 주신 성령으로 말미암아 그가 우리 안에 거하시는 줄을 우리가 아느니라." 놀랍게도 3장을 마무리하는 동사는 "안다"이다. 이 동사는 결코 머리로만 알고 끝나는 지적인 앎이 아니다. 이 동사는 머리로도 알고, 또 경험적으로도 알게 된 앎이다. 그런 앎을 통하여 불가분의 관계를 맺게 된 사실을 강조하는 동사이다. 그렇다! 그들은 성령을 통하여 그들 안에 주님이 거하시는 것을 안다.

3. 꼬리

요한일서 3장은 이렇게 시작된다, "보라, 아버지께서 어떠한 사랑을 우리에게 베푸사 하나님의 자녀라 일컬음을 받게 하셨는가, 우리가 그러하도다!" (3:1). 그런데 우리를 하나님의 자녀로 삼아주신 사실을 어떻게 알 수 있는가? 그 해답은 3장 마지막 절에서 찾을 수 있다, "…우리에게 주신 성령으로 말미암아 그가 우리 안에 거하시는 줄을 우리가 아느니라" (3:24). 요한일서 가운데 여기에서 처음 나오는 성령은 사도 요한에게는 너무나 중요하다.

성령의 책망이 없다면, 어떻게 우리가 죄인인 것을 알고 회개할 수 있겠는가 (요 16:8)? 성령의 역사가 없다면, 어떻게 우리가 예수님의 피를 믿을 수 있겠는가 (히 9:14)? 성령의 내주가 없다면, 어떻게 우리의 삶이 변화되겠는가 (엡 1:13)? 성령의 능력이 없다면, 어떻게 우리가 의와 사랑을 우리의 삶에서 실천할 수 있겠는가 (요일 3:23)? 성령으로 말미암지 않고, 어떻게 우리가 주 안에 거하고 주님이 우리 안에 거하심을 알겠는가?

4장

서로
사랑하자

영 분별

> "사랑하는 자들아, 영을 다 믿지 말고 오직 영들이
> 하나님께 속하였나 분별하라.
> 많은 거짓 선지자가 세상에 나왔음이라"
>
> 요한일서 4:1

1. 머리

사도 요한은 3장에서 하나님의 자녀다운 삶을 살기 위하여 한편 죄를 짓지 말아야 하며 (3:1-9), 또 한편 서로를 사랑해야 한다고 하였다 (3:10-23). 그런데 서로 사랑해야 한다는 부분은 다음과 같이 세분할 수 있다: 첫째, 사랑의 원리 (3:10-16), 둘째, 사랑의 실천 (3:16-17), 셋째, 사랑의 축복 (3:18-23). 다시 말해서, 사랑의 원리에 따라서 구체적으로 궁핍한 형제에게 사랑을 실천할 때 여러 가지 축복이 따른다는 것이다.

첫 번째 축복은 "우리가 진리에 속해 있다"는 확신을 갖게 되며, 두 번째 축복은 "우리의 마음이 주 앞에서 굳세게" 된다 (3:19). 세 번째 축복은 "우리의 마음이 책망을 받지 않으며," 네 번째 축복은

우리가 "하나님 앞에서 담대함을 얻는다" (3:21). 다섯 번째 축복은 우리가 하나님에게 구하는 것을 응답 받는다 (3:22). 여섯 번째 축복은 "우리가 주 안에 거하고 주님은 우리 안에 거하신다" (3:24a). 일곱 번째 축복은 "우리에게 주신 성령이다" (3:24b).

그런데 일곱 번째 축복인 성령의 선물은 자칫 잘못하면 문제가 될 수도 있었다. 그 이유는 간단하다! 어떤 그리스도인들은 성령의 충만과 역사를 지나치게 중요시한 나머지, 광적인 모습을 드러내기도 했다. 예를 들면, 방언을 하지 못하면 성령의 충만을 받지 못한 것이라든지, 아니면 성령의 충만을 받으면 하나님으로부터 직접 계시를 받는다든지 하는 것들이다. 그뿐 아니라, 그들 중에는 사도 요한의 가르침을 거스르는 자들도 나타났다.

2. 몸통

사도 요한은 이런 잘못된 신앙행태를 바로 잡지 않으면 아니 될 필요를 갖게 되었다. 그런 이유 때문에 요한은 "영을 다 믿지 말라"고 강력하게 충고하지 않을 수 없었다. 왜냐하면 그는 그의 영적 자녀들이 잘못된 신앙생활에 빠지는 것을 그냥 바라만 볼 수 없었기 때문이다. 그의 영적 자녀들뿐 아니라, 더 나아가서 열정적인 그리스도인들이 쉽게 빠져들 수 있는 잘못된 신앙행태에 대하여 가르치지 않으면 안 되었기 때문이다.

1) 소속

사도 요한은 이렇게 경고했다, "사랑하는 자들아, 영을 다 믿지 말고 오직 영들이 하나님께 속하였나 분별하라!" 이 경고에서 몇 가지 흥미로운 사실을 발견할 수 있는데, 첫째는 "사랑하는 자들아!" 이다. 사도 요한이 요한일서에서 네 번째 사용한 "사랑하는 자들아!"도 다른 곳에서처럼 중요한 내용을 가르칠 때 부른 칭호였다. 달리 표현하면, 이제부터 중요한 것을 가르칠 터이니 귀를 쫑긋하여 잘 듣고 마음에 새기라는 것이다.

그런데 이번에는 잘 듣고 마음에 새길 뿐 아니라, 순종하지 않으면 아니 될 명령을 포함시켰다. 그 명령은 한 마디로 "영을 다 믿지 말라"는 것이었다. "믿지 말라"는 소극적인 명령은 "믿으라"는 적극적인 명령 못지않게 중요하다. 그렇지 않다면 사도 요한은 "믿으라"는 명령과 "믿지 말라"는 명령을 동시에 사용하지 않았을 것이다. "예수 그리스도의 이름"은 믿어야 하나 (3:23), 영은 다 믿으면 안 된다는 것이다.

사도 요한은 요한일서를 기록하면서 줄곧 적극적인 명령만을 내렸는데, 그것들을 찾아보자: "그가 행하시는 대로 자기도 행할지니라" (2:6), "너희는 처음부터 들은 것을 너희 안에 거하게 하라" (2:24), "이제 그의 안에 거하라" (2:28), "아무도 너희를 미혹하지 못하게 하라" (3:7), "우리는 서로 사랑할지니" (3:11), "우리가 말과 혀로만 사랑하지 말고 행함과 진실함으로 하자" (3:18), "우리가 서로 사랑하자" (4:7), "우상에게서 멀리하라" (5:21).

그런데 사도 요한은 요한일서에서 소극적인 명령을 딱 두 번 주었는데, 이 장의 본문에 한 번 나온다, "영을 다 믿지 말고…" 다른 곳에 있는 소극적인 명령도 인용해보자, "이 세상이나 세상에 있는 것들을 사랑하지 말라!" (2:15). 이 두 가지 금령禁令에 들어있는 공통점은 영과 세상이 하나님에게 속해있지 않다는 것이다. 그러니까 하나님에게 속하지 않은 영도 믿으면 안 되고, 하나님에게 속하지 않은 세상도 사랑하면 안 된다는 것이다.

왜 사도 요한은 하나님에게 속하지 않은 영을 믿지 말아야 하고, 또 하나님에게 속하지 않은 세상을 사랑하지 말라고 명령했는가? 그 이유는 간단하다! 그리스도인들은 하나님에게 속한 사람들이기 때문이다. 그들도 한 때는 세상에 속해 있었지만, 예수 그리스도가 그들을 하나님에게 귀속시키시기 위하여 값진 대가를 지불하셨기 때문이다. 다시 말해서, 예수 그리스도는 그들을 당신의 피 값으로 사셔서 세상과 마귀의 손아귀에서 건져내셨기 때문이다.

이와 같은 과정을 거쳐서 하나님의 백성이 된 그리스도인들은 결단코 하나님에게 속하지 않은 영을 믿으면 안 되는 것이다. 그리고 세상과 세상에 있는 것들을 사랑해서도 안 된다. 그것들은 하나님에게 속해있지 않기에 궁극적으로 마귀의 손아귀에서 놀아난다. 그리스도인들은 영이 하나님의 영인지, 아니면 악령인지 분별해야 한다. 그리고 그 영이 하나님의 영이 아니면 믿지 말아야 한다. 믿지 않는 것은 물론이고 한 발 더 나아가서 배격해야 한다.

2) 이유

사도 요한은 "영을 다 믿지 말라고"고 경고한 이유도 제시했다.

그 이유는 "많은 거짓 선지자가 세상에 나왔기" 때문이다. 본래 이들 거짓 선지자들은 사도 요한과 같은 신앙공동체에서 신앙생활을 하던 사람들이었다. 그런데 그들 중 일부가 성령의 특별한 임재와 역사를 경험했다고 공언하면서, 그들끼리 그룹을 이루었다. 그 그룹에 속한 사람들은 다른 그리스도인들보다 월등한 신앙체험을 했다고 자부하면서 신앙공동체를 떠난 작자들이다.

이미 사도 요한이 경고한 대로, 그들은 적그리스도이다. 그의 경고를 다시 들어보자, "그들이 우리에게서 나갔으나 우리에게 속하지 아니하였나니, 만일 우리에게 속하였더라면 우리와 함께 거하였으려니와, 그들이 나간 것은 다 우리에게 속하지 아니함을 나타내려 함이니라" (요일 2:19). 적그리스도인이며 거짓 선지자들인 그들은 그리스도인들을 속였는데, 특히 그리스도에 관하여 잘못된 가르침으로 속였다.

예수 그리스도의 수제자인 베드로도 이런 거짓 선지자들에 대하여 이렇게 경고했다, "그러나 백성 가운데 또한 거짓 선지자들이 일어났었나니, 이와 같이 너희 중에도 거짓 선생들이 있으리라. 그들은 멸망하게 할 이단을 가만히 끌어들여 자기들을 사신 주를 부인하고 임박한 멸망을 스스로 취하는 자들이라" (벤후 2:1). 그러니까 과거에 이스라엘 백성 가운데 거짓 선지자들이 일어난 것처럼, 현재에도 거짓 선지자들이 나타났다는 것이다.

이런 거짓 선지자들은 신앙공동체를 떠남으로 그들이 하나님에게 속하지 않은 사실을 나타내었다. 그뿐 아니라, 그들이 하나님에게 속하지 않은 것을 나타낸 것이 또 있는데, 그것은 그들을 통해서 드러난 성령의 현상이었다. 그들에게서 드러난 현상은 신앙공동체에서 나타난 현상과는 달랐다. 그런데, "영들을…분별하라"는 경고에서 사용된 "영"은 단수형이 아니라 복수형이었다.[1] 성령은 단수형이나, 거짓 선지자들의 영은 복수형으로 다른 영들이었다.

그렇다면 거룩한 영인 성령과 다른 영들은 어떻게 다른가? 성령은 죄인들에게는 구주이신 예수 그리스도를 소개하고, 그리스도인들에게는 가르침과 인도를 주신다. 반면, 다른 영들은 진리를 왜곡시키어서 그리스도인들로 하여금 하나님으로부터 멀어지게 하며, 참된 신앙공동체에서 떨어져나가게 하는 등, 그들의 인격을 파괴한다. 그런 영들로부터 영향을 받은 사람들은 마침내 개인적으로나 사회적으로 비인격적인 존재로 전락한다.

그런 이유 때문에 거짓 선지자들의 영들은 "악한 영"일 수도 있고 (마 12:45), "더러운 영"일 수도 있다 (막 5:13). 악한 영들과 더러운 영들은 거짓 선지자들로 하여금 "신비한 경험"을 갖게 하므로, 그들은 꿈을 통한 계시를 말한다. 그리고 그런 계시를 멋대로 해석한다. 그들은 거의 마술사처럼 행동하면서 거짓된 기적들을 일으킨다. 그리고 그런 것들을 의지하여 그들의 구원만이 참되다고 하면서 신앙적으로 연약한 사람들을 미혹한다.[2]

3) 방법

사도 요한은 "영을 다 믿지 말고 오직 영들이 하나님께 속하였나

---

1) 성령을 뜻하는 "영"은 언제나 단수형으로서 헬라어로는 *프뉴마*(πνεῦμα)인데, 이곳에서 사용된 "영"은 복수형인 *프뉴마타*(πνεύματα)이다.
2) Yarbrough, *1–3 John*, 222.

분별하라"고 명령한다. 이 명령은 너무나 중요한데, 그 이유는 요한의 때나 지금이나 하나님에게 속하지 않은 영들이 너무나 많기 때문이다. 특히 영적인 것을 깊이 추구하는 순수한 그리스도인들은 이 경고를 잘 받아들여야 한다. 이 명령에서 사도 요한이 사용한 "분별하라"는 동사는 지극히 중요하다. 그리스도인들은 선악도 분별하고 (빌 1:10), 영들도 분별하지 않으면 안 된다.

"분별하다"는 헬라어로는 *도키마쬬*(δοκιμάζω)인데, 국어성경에서는 "분간하다" (눅 12:56), "시험하다" (고전 3:13, 고후 13:5, 딤전 3:10), "살피다" (고전 11:28, 갈 6:4), "감찰하다" (살전 2:4), "헤아리다" (살전 5:21), "연단하다" (벧전 1:7) 등으로 번역되었다. 그런데 이렇게 다양하게 번역된 "분별하다"의 주체는 하나님과 그리스도인이다. 하나님은 그리스도인들을 "감찰하시고" 또 "시험하신다." 마찬가지로 그리스도인들도 영들을 "분별해야"만 한다.

그러면 거짓 선지자들의 영이 하나님에게 속해 있는지 아닌지를 어떻게 분별해야 하는가? 첫째로 그들이 주장하는 성령의 역사가 하나님의 말씀에 위배되지 않는지 살펴보아야 한다. 예를 들면, 어떤 지도자들이 안수하면 사람들이 넘어진다는 것이다. 그렇게 넘어지는 것을 정당화하기 위하여 그들은 다니엘을 인용한다. 다니엘은 종말에 대한 환상을 본 후 너무나 두려운 나머지 가브리엘 천사 앞에서 얼굴을 땅에 대고 엎드렸다 (단 8:17).

다니엘은 지도자의 안수를 받고 넘어진 것이 아니라, 스스로 땅에 엎드렸던 것이다. 이처럼 마음대로 성경을 인용하면서 자신들의 "영적 행위"를 정당화하려는 지도자는 거짓 선지자들이다. 그들은 베드로의 경고를 들을 필요가 있다, "먼저 알 것은 성경의 모든 예언은 사사로이 풀 것이 아니니" (벧후 1:20). 그리고 성경을 이처럼 사사로이 풀면서 자신들의 행위를 정당화하는 사람들은 그들을 감찰하시는 하나님의 심판을 피할 수 없을 것이다 (살전 2:4).

영들이 하나님에게 속해 있는지 아닌지를 알 수 있는 두 번째 기준은 하나님의 말씀에 대한 자세이다. 만일 선지자라고 하는 지도자들이 하나님의 말씀에 귀를 기울일 뿐 아니라, 그 말씀을 그들의 생활과 사역에 대한 최후의 기준으로 삼는다면, 그들의 영은 하나님에게 속해 있다. 그러나 하나님의 말씀보다 그들의 경험과 그들의 영적 능력을 더 중요하게 여긴다면, 십중팔구 그들의 영은 하나님에게 속하지 아니한 것이다.

마지막으로 중요한 분별의 방법은 그리스도에 대한 자세이다. 만일 그들의 삶과 사역이 예수 그리스도를 높이고 자랑한다면, 그들의 영은 하나님에게 속한 것이다. 왜냐하면 성령의 가장 중요한 사역은 그리스도의 영광을 드러내는 것이기 때문이다. 그분의 말씀을 직접 인용해보자, "그[성령]가 내[그리스도] 영광을 나타내리니 내 것을 가지고 너희에게 알리시겠음이라" (요 16:14). 그러나 그들의 강조점이 성령의 현상이라면 의심의 여지가 얼마든지 있다.

3. 꼬리

쿰란공동체Qumran Community는 거짓 선지자의 영들을 분별할 수 있는 기준을 다음과 같이 제시했다. 1) 탐욕, 2) 의를 추구하는데 게으름, 3) 사악과 거짓말, 4) 오만과 교만, 5) 거짓과 기만, 6) 잔인함, 7) 나쁜 성질과 지나치게 어리석음, 8) 정욕에 따른 가증한 행위, 9) 불결한 성적 추구, 10) 신성모독의 언어, 11) 보지 못하는 눈과 듣지 못하는 귀, 12) 목이 곧고 마음이 딱딱함.[3]

　쿰란공동체가 제시한 기준이 궁극적일 수는 없다. 그러나 성경대로 거짓 선지자의 영들을 분별하고자 하는 그리스도인들에게는 하나의 기준이 될 수 있다. 성숙한 신앙인은 믿을 것은 확실히 믿고 (요일 3:23), 믿지 않아야 할 것은 단호히 거부해야 한다 (요일 4:1). 만일 닥치는 대로 모든 것을 믿으면 그것은 미신이다. 반면, 아무것도 믿지 않으면 그것은 불신이다. 그리스도인들은 영들을 분별하면서 믿을 것은 믿고, 그렇지 않은 것은 배격해야 한다.

----

3) 쿰란공동체(Qumran Community)는 주전 3〜4세기에 존재한 경건한 신앙공동체이다. 이를 위하여 다음을 보라, Yarbrough, *1–3 John*, 222.

영 분별의 기준

"이로써 너희가 하나님의 영을 알지니,
곧 예수 그리스도께서 육체로 오신 것을 시인하는 영마다
하나님께 속한 것이요;
예수를 시인하지 아니하는 영마다 하나님께 속한 것이 아니니,
이것이 곧 적그리스도의 영이나라.
오리라 한 말을 너희가 들었거니와 지금 벌써 세상에 있느니라"

요한일서 4:2-3

1. 머리

사도 요한은 일찍이 적그리스도의 특징에 대하여 언급한 적이 있었다. 그의 말을 다시 인용해보자, "거짓말하는 자가 누구냐? 예수께서 그리스도이심을 부인하는 자가 아니냐? 아버지와 아들을 부인하는 그가 적그리스도니…" (요일 2:22). 이 말씀에 의하면, "아버지와 아들을 부인하는" 자들이 바로 적그리스도였다. 그런데 아버지와 아들이 동등하다는 사실을 알면 적그리스도의 영을 훨씬 더 이해하기 쉬워진다.

한 번은 유대인들에게 예수님이 다음과 같이 말씀하신 적이 있다, "내 아버지께서 이제까지 일하시니 나도 일한다" (요 5:17). 이렇게 말씀하시자 유대인들은 한 마음으로 예수님을 죽이려고 했는데, 사

도 요한은 그 이유도 분명히 제시했다. "하나님을 자기의 친 아버지라 하여 자기를 하나님과 동등으로 삼으심이러라" (요 5:18). 예수님은 이런 고발에 대하여 주저하지 않으시고 다음과 같이 확인해주셨다, "나와 아버지는 하나이니라" (요 10:30).

이처럼 아버지와 아들이 동등하며 하나이시기에, 아들을 부인하는 것은 아버지를 부인하는 것과 똑같다. 그렇다면 적그리스도는 예수 그리스도가 하나님의 아들이라는 사실을 무조건 부인하는가? 그렇지 않다! 적그리스도도 예수님이 하나님의 아들이라는 사실을 인정하나, 그런 인정은 지적 인정이지 신앙고백은 아니다. 마치 악한 영들과 더러운 영들이 그분을 하나님의 아들로 인정하지만 믿지 않은 것과 같다 (마 12, 막 5).

2. 몸통

예수 그리스도가 하나님의 아들이라는 사실은 그분의 신성神性을 강조한 것이다. 그러니까 적그리스도는 예수 그리스도의 신성을 부인한다는 것이다. 그런데 사도 요한에 의하면, 적그리스도의 잘못된 주장은 그것만이 아니다. 적그리스도는 예수 그리스도가 인간이 되신 성육신의 사실도 부인하는데, 그것을 다른 말로 표현하면 그분의 인성人性을 부인하는 것이다. 결국, 적그리스도는 예수 그리스도의 신성도 부인하고 인성도 부인한다.

1) 인성

사도 요한의 진단을 다시 인용해보자; "예수 그리스도께서 육체로 오신 것을 시인하는 영마다 하나님께 속한 것이요, 예수를 시인하지 아니하는 영마다 하나님께 속한 것이 아니니, 이것이 곧 적그리스도의 영이니라." 이 말씀에 의하면, 영이 하나님에게 속한 것인지 아니면 적그리스도에게 속한 것인지 알 수 있는 기준은 예수 그리스도이시다. 특히 그분이 다른 사람들과 똑같이 육체로 이 세상에 오신 사실을 시인하느냐 않느냐가 기준이다.

그렇다면 예수 그리스도가 육체로 오셨다는 사실은 무엇을 함축하는가? 몇 가지 중요한 사실을 제시할 수 있는데, 첫째는 그분이 영원 전부터 존재하셨다는 사실이다. 다시 말해서, 그분은 사람처럼 임신의 과정을 거쳐서 생성生成된 분이 아니라는 것이다. 그분은 영원 전부터 하나님 아버지와 함께 계신 분인데, 어느 날 마리아라는 처녀의 몸을 통하여 이 세상에 육체로 오신 분이시라는 뜻이다.

둘째, 사람이 되신 예수 그리스도는 다른 모든 사람들처럼 똑같이 한계를 지닌 삶을 영위하셨다. 그분은 다른 사람들처럼 배고프고 목마르셨다. 그분은 시간과 공간의 제한을 초월할 수 없으셨다. 그분은 다른 사람들처럼 밤에는 주무셔야 했고 낮에는 노동하시면서, 인간의 희로애락을 맛보셨다. 그렇다! 예수 그리스도는 인간이 아닌데도 인간처럼 행동한 어떤 영적 존재가 아니셨다. 그분은 참으로 인간이 되셨던 것이다.

예수 그리스도가 육체로 오셨다는 세 번째의 뜻은 그분도 인간이기에 다른 사람들처럼 각종의 고통과 고난을 감수하실 수밖에 없으섰다는 것이다. 그분도 다른 사람들과 똑같이 "혈과 육"을 지니셨기에, 고통과 고난을 피할 수 없으셨다 (히 2:14). 그분이 채찍질을 당하셨을 때, 다른 사람들과 똑같이 아팠다. 그분이 갈대 나무로 두드려 맞고 주먹질을 당하실 때, 다른 사람들과 똑같이 고통스러우셨다 (막 15:19).

마지막으로 예수 그리스도가 육체로 세상에 오셨다는 것은 마침내 그분이 십자가에서 비참하게 죽으셨다는 사실도 포함된다. 그분이 온 몸이 피투성이가 된 사실은 결코 그분이 어떤 영적 존재로서 당하신 것이 아니었다. 그분이 구체적으로 양손과 양발에 못으로 찔리셨는데, 그때에 당하신 고통은 다른 모든 인간이 느낄 수 있는 그런 아픈 것이었다. 그분도 할 수만 있었으면 그처럼 처절한 고통을 피하기를 원하셨다 (눅 22:42).

예수 그리스도는 그렇게 십자가에서 죽으셨다. 모든 사람이 죽음을 피할 수 없듯, 그분도 죽음을 피할 수 없었다. 다른 사람들의 죽음과 다른 점이 있다면, 그분의 죽음은 다른 사람들을 위한 죽음이었다는 것이다. 모든 인간은 더 살려고 발버둥 치다 죽지만, 그분은 그렇게 죽을 수밖에 없는 사람들에게 영원한 생명을 주시기 위하여 자원해서 죽음을 선택하셨던 것이다 (히 2:15). 그러나 그 죽음은 분명히 육체의 죽음이었다.

2) 시인

이 장의 본문에서 사도 요한이 제시한 영 분별의 두 번째 기준은 "시인"이다. 그가 이 단어를 두 번씩이나 사용한 본문을 다시 인용해보자, "예수 그리스도께서 육체로 오신 것을 *시인*하는 영마다 하나님께 속한 것이요, 예수를 *시인*하지 아니하는 영마다 하나님께 속한 것이 아니니, 이것이 곧 적그리스도의 영이니라." 그렇다! 적그리스도의 영은 예수 그리스도를 시인하지 않는다. 만일 시인한다면 두말할 필요도 없이 적그리스도가 아니다.

적그리스도는 예수 그리스도가 육체로 이 세상에 오신 것을 시인하지 않는다. 다른 말로 하면, 예수 그리스도가 세상의 구주로 오신 사실을 정면으로 거부하는 작자들이며, 이런 자들은 적그리스도의 영을 품고 사는 자들이다. 이처럼 공개적으로 예수 그리스도를 부인하는 자들이 적그리스도의 영을 따른다는 것은 너무나 분명하다. 그런데 적그리스도는 그렇게만 부인하지 않는다. 적그리스도는 간접적으로 그리고 간교하게 부인한다.

그렇다면 적그리스도의 간교한 부인은 어떤 것을 뜻하는가? 적그리스도는 예수 그리스도가 이 세상에 오신 것을 시인한다. 그러나 적그리스도는 예수 그리스도를 여러 가지 방법으로 부인한다. 예를 들면, 그분이 비록 위대한 종교가이며 놀라운 가르침을 주신 선생인 것을 시인하지만, 인류의 구주라는 사실은 부인한다. 그렇게 함으로 적그리스도는 기독교를 많은 종교 중 하나로 전락시키는 것이다.

적그리스도가 예수 그리스도를 부인하는 다른 방법은 그분이 하나님의 아들이실 뿐 아니라 육체로 오신 사실도 시인한다. 그러나 그런 시인은 지적 시인에 지나지 않는다. 그런 시인은 결코 믿음을 동반하지 않은, 그래서 구원으로 인도되지 못한다. 더러운 귀신 들린 자의 고백을 들어보자, "지극히 높으신 하나님의 아들 예수여!

나와 당신이 무슨 상관이 있나이까?" (막 5:7). 그도 예수님이 하나님의 아들이심을 시인했으나, 머리로만 한 것이었다.

적그리스도의 영은 참으로 많은 교인들 속에서도 역사한다. 왜냐하면 그들도 머리로는 그분의 신성을 시인하나, 그들의 시인은 구원과 거리가 멀며, 더군다나 행위와는 상관없다. 바울이 그레데인을 정죄한 말씀과 똑같다, "그들[그레데인]이 하나님을 시인하나 행위로는 부인하니, 가증한 자요 복종하지 아니하는 자요 모든 선한 일을 버리는 자니라" (딛 1:16). 그렇다! 이런 시인은 믿음과 변화된 행위를 동반하지 않는 입술의 구호에 지나지 않는다.

그렇다면 사도 요한이 사용한 시인은 구체적으로 무엇을 뜻하는가? 적어도 다음과 같은 두 가지를 포함해야 한다. 먼저, 예수 그리스도가 육체로 이 세상에 오셔서 십자가에 죽으신 사실을 지적으로 받아들여야 한다. 그 다음, 그분의 죽음은 대속적인 죽임이라는 사실을 받아들여야 한다. 다시 말해서, 그분의 죽음은 죄인들을 위한 죽음이었기에, 그분을 구주로 믿고 영접해야 한다. 그것이 바로 사도 요한이 뜻한 시인이다.

3) 세상

적그리스도가 활동하는 영역은 이 세상이다. 사도 요한의 말을 다시 들어보자, "오리라 한 말을 너희가 들었거니와, 지금 벌써 세상에 있느니라." 그렇다! 적그리스도는 이 세상에서, 그리고 이 세상의 원리를 가지고 활동한다. 그런데 그런 적그리스도의 활동에 대해서는 그리스도인들도 누누이 들어왔던 사실이다. 그렇지 않다면 사도 요한이 "오리라 한 말을 너희가 들었거니와"라는 서두를 달지 않았을 것이다.

사도 요한이 이렇게 적그리스도에 대하여 언급한 것은 이번이 처음이 아니었다. 그는 이미 요한일서 2장에서 이렇게 말한 바 있었다, "아이들아, 지금은 마지막 때라. 적그리스도가 오리라는 말을 너희가 들은 것과 같이 지금도 많은 적그리스도가 일어났으니, 그러므로 우리가 마지막 때인 줄 아노라"(요일 2:18). 이 말씀에서도 사도 요한은 이렇게 말했다, "적그리스도가 오리라는 말을 너희가 들은 것과 같이…."

이 편지를 받은 성도들은 이미 적그리스도의 출현을 알고 있었는데, 그 이유는 예수 그리스도가 이미 경고하셨기 때문이다. "그러므로 너희가 선지자 다니엘이 말한 바 멸망의 가증한 것이 거룩한 곳에 선 것을 보거든…그 때에 큰 환난이 있겠음이라…그 때에 사람이 너희에게 말하되 보라 그리스도가 여기 있다 혹은 저기 있다 하여도 믿지 말라. 거짓 그리스도들이 큰 표적과 기사를 보여 택하신 자들도 미혹하리라"(마 24:15, 21, 23-24).

그리스도인들은 원래 이 세상에 살면서 이 세상의 원리에 따라 살아가던 사람들이었다. 그러나 어느 날 예수 그리스도를 그들의 구주로 받아들인 후 그들의 소속은 바뀌었다. 그들은 비록 세상에 살지만 세상에 속한 사람들이 아니다. 그들은 하나님에게 속한 하나님의 백성이기 때문이다. 그들이 이처럼 하나님에게 속한 사람들이지만 여전히 세상에 몸을 두고 있기에, 갖가지 세상의 원리와 부딪치지 않을 수 없다.

세상을 무대로 활동하는 적그리스도는 수단과 방법을 가리지 않고 그리스도인들을 넘어뜨리려한다. 그 이유도 간단하다! 그리스도인들이 하나님의 뜻대로 살아가면 그들을 통하여 하나님의 나라가 확장되기 때문이다. 하나님의 나라가 확장되는 것만큼 적그리스도의 영은 활동영역이 그만큼 줄어든다. 바울 사도의 진단을 들어보자, "불법의 비밀이 이미 활동하였으나, 지금은 그것을 막는 자가 있어 그 중에서 옮겨질 때까지 하리라" (살후 2:7).

이 말씀에서 "불법의 비밀"은 적그리스도의 활동을 뜻하며, "그것을 막는 자"는 주님과 동행하는 그리스도인들을 가리킨다. 그렇다! 적그리스도는 이 세상에서 열심히 활동하면서 한편 그리스도인들을 무기력하게 만들고, 또 한편 불신자들로 하여금 예수 그리스도 앞으로 나오지 못하게 하려고 안간힘을 쓰고 있다. 주님이 다시 이 세상에 오셔서 폐하실 때까지 적그리스도는 이 세상을 무대로 미친 듯이 날뛸 것이다.

3. 꼬리

현재의 한국에도 적그리스도의 영이 각처에서 활동하고 있다는 것은 널리 알려진 사실이다. 그런 까닭에 진리의 영과 미혹의 영을 분별하는 것은 너무나 중요하다. 왜냐하면 미혹의 영에 빠지면, 예수 그리스도의 이름으로 성경도 배우고 신앙생활도 잘 하는 것 같지만, 그 종착역이 너무나 불행하기 때문이다. 물론 종착역은 그들이 그처럼 강조하는 심판과 지옥이다. 그러나 종착역에 이르기 이전에도 이미 그들의 인격은 말살되어 가는 것이다.

사도 요한이 "영을 다 믿지 말고 오직 영들이 하나님께 속하였나 분별하라"는 말씀에 귀를 기울여야 한다. 그리고 분별의 기준은 예수 그리스도이다. 결코 천국에 대한 해석도 아니고, 성령의 역사도 아니고, 요한계시록에 대한 풀이도 아니다. 그분이 처녀탄생이라는 비하卑下를 통하여 참 인간이 되신 사실을 받아들여야 한다. 그뿐 아니라, 그분이 죄인들을 위한 육체적인 죽음도 시인하고 믿어야 한다.

3

A Holy Life, A Love Life

이긴 자

"자녀들아, 너희는 하나님께 속하였고 또 그들을 이기었나니,
이는 너희 안에 계신 이가 세상에 있는 자보다 크심이라"

요한일서 4:4

1. 머리

    그리스도인들은 마치 전쟁터에서 생명을 걸고 싸우고 있는 군인들과 같다. 바울 사도도 그의 영적 아들 디모데에게 편지를 보내면서 군인답게 살아야 된다고 충고했다. "너는 그리스도 예수의 좋은 병사로 나와 함께 고난을 받으라" (딤후 2:3). 도대체 그리스도인들은 어떤 전쟁에서 싸우고 있는가? 그들이 싸와야하는 전쟁터는 두말할 필요도 없이 이 세상이다. 그렇다면 왜 이 세상은 그리스도인들에게 전쟁터인가?

    그 이유는 간단하다! 그리스도인들을 직접적이든 간접적이든 공격하는 무리들 때문이다. 그렇다면 그 무리들은 누구인가? 사도 요한이 이미 언급한 것처럼, *거짓 선지자*들이다 (요일 4:1). 이들 거짓

선지자들은 잘못된 가르침으로 그리스도인들을 공격해서 넘어뜨리려고 광분한다. 거짓 선지자들은 무엇보다도 예수 그리스도에 대하여 그리스도인들을 속여서 혼란에 빠지게 하며, 마침내는 그분을 거부하게 만들려고 한다.

그리스도인들을 공격하는 것은 이처럼 지적인 것만이 아니다. 이보다 훨씬 막강한 공격 방법을 사용하는 무리들은 *거짓 영들*이다. 이들의 공격은 영적인 것으로 때로는 기적을 일으키어 그리스도인들을 속이려고 한다. 바울 사도의 경고와 같다, "악한 자의 나타남은 사탄의 활동을 따라 모든 능력과 표적과 거짓 기적과 불의의 모든 속임으로 멸망하는 자들에게 있으리니…"(살후 2:9-10). 많은 경우 거짓 선지자들은 거짓 영들을 동반하기도 한다.

2. 몸통

사도 요한은 그리스도인들을 공격하는 거짓 선지자들과 거짓 영들을 총체적으로 *적그리스도*라고 하였다 (요일 4:3). 그렇게 불린 이유도 분명하다! 비록 그들이 그리스도인들을 공격하지만, 결국 그들의 주인이신 그리스도를 공격하는 것이기 때문이다. 예수 그리스도의 예언대로이다, "세상이 너희를 미워하면 너희보다 먼저 나를 미워한 줄을 알라"(요 15:18). 그러면 그리스도인들은 이처럼 밀려오는 공격을 어떻게 극복하고 이길 수 있는가?

1) "그들"

사도 요한이 이 장의 본문에서 제시한 승리의 비결은 의외로 간단하다. 먼저, 싸움에서 이기기 위하여 적과 그 적의 전략을 알아야 한다는 것이다. 그런데 사도 요한은 그리스도인들을 공격하는 무리들, 곧 거짓 선지자들과 거짓 영들을 "그들"로 묘사했다. 그러니까 "그들"이란 작은 단어가 함축하고 있는 것은 결코 작지 않다. "그들" 속에는 거짓 선지자들과 거짓 영들 뿐 아니라, 그들의 전략도 포함되어 있다.

"그들"이 그리스도인들을 공격하는 전략은 요한일서를 통하여 몇 가지로 간추려볼 수 있다. 첫 번째는 거짓된 가르침이다. "그들"은 하나님의 말씀을 여기저기 인용하면서 그리스도인들로 하여금 "그들"의 가르침이 마치 하나님의 뜻인 것처럼 받아들이게 한다. 이 전략은 상당한 효과가 있어서 그 당시 많은 그리스도인을 속이는데 성공했다. 그리고 역사적으로도 "그들"은 많은 성공을 거두고 있다.

"그들"의 거짓된 가르침은 그리스도인들로 하여금 기독교에 대하여 잘못된 생각을 갖게 한다. 잘못된 생각으로 유도하는 것은 두 번째 전략이다. 생각과 사고는 사람의 언행을 결정하는 데에 가장 중요한 역할을 한다. 왜냐하면 사람은 생각대로 말하고, 생각대로 행동하기 때문이다. 잠언의 말씀대로이다, "대저 그 마음의 생각이 어떠하면 그 위인도 그러한즉…" (잠 23:7a). "그들"의 가르침에 속은 그리스도인들은 잘못된 생각을 갖기 시작한다.

잘못된 생각 때문에 그들은 여러 유혹을 이기지 못하고 잘못된 행동을 하게 된다. 이런 잘못된 행동은 "그들"의 세 번째 전략이다. 얼

마나 많은 "그리스도인들"이 이런 전략에 빠져서 유혹에 넘어가는
가? 수없이 많은 사람들이 성적으로 타락할 뿐 아니라, 금전의 노
예가 되는가? 더욱 심각한 것은 이런 타락을 정당화하면서 회개하
지 않는다는 사실이다. 물론 "그들"의 전략이 성공한 실례이며, 따
라서 "그들"은 희심의 미소를 금치 않을 것이다.

　"그들"의 네 번째 전략은 그리스도인들로 하여금 세상적인 삶을
살게 하는 것이다. 그들은 세상에 살지만 세상에 속하지 아니므로
세상은 그들을 미워한다. 예수님의 말씀대로이다, "너희가 세상에
속하였으면 세상이 자기의 것을 사랑할 것이나 너희는 세상에 속한
자가 아니요 도리어 내가 너희를 세상에서 택하였기 때문에 세상이
너희를 미워하느니라" (요 15:19). 그러나 얼마나 많은 그리스도인
들이 세상과 타협하면서 살아가고 있는가?

　"그들"의 다섯 번째 전략은 그리스도인들로 하여금 신앙 공동체
를 떠나게 하는 것이다. 그리스도인들이 예수 그리스도를 구주로
받아들이고, 하나님이 창세전에 예정하신 정통적인 교회에 있어야
"그들"을 대적할 수 있는데도 말이다. 그들이 신앙 공동체에 있어야
신앙적으로 성장하는 데도 말이다. 그들은 그런 정통적인 신앙 공
동체를 떠나 "그들"을 따르는 무리 속으로 들어간다. 마치 지옥을
향해서 걸어가는 것처럼 말이다.

2) "너희"

　그리스도인들은 거짓 선지자들과 거짓 영들로부터 끊임없이 공격
을 받고 있는 와중에서 어떻게 승리를 누릴 수 있는가? 사도 요한은

이 장의 본문에서 두 가지를 제시하고 있는데, 첫째는 그리스도인들이 "하나님께 속하였기" 때문이다. 본문을 다시 인용해보자, "자녀들아, 너희는 하나님께 속하였고 또 그들을 이기었나니." 그렇다! 그리스도인들이 적그리스도의 많은 공격 가운데서도 승리할 수 있는 것은 "하나님께 속하였기" 때문이다.

그런데 사도 요한은 본문에서 그리스도인들을 두 가지로 불렀는데, 하나는 "자녀들아"이고 또 하나는 "너희"이다. 물론 "자녀들"과 "너희"는 같은 그리스도인들을 가리킨다. 나이 많은 사도 요한이 그리스도인들을 "자녀들"이라고 부른 이유는 그들이 그의 영적 자녀들이기 때문이다. 그러나 이 장의 본문에서 "자녀들"이라고 부른 이유가 또 있는데, 그것은 그들이 하나님에게 속한 하나님의 자녀들이기 때문이다.

그리스도인들은 본래 마귀의 자녀들이었는데, 예수 그리스도를 통하여 하나님에게로 돌아와서 하나님의 자녀들이 되었다. 그렇게 "하나님께 속한" 자녀가 되었기 때문에 하나님은 그들의 아버지가 되셔서 그들을 양육하시며 돌보기 시작하셨다. 마치 펭귄이 그 새끼를 품에 품고 모진 추위와 다른 동물의 공격을 막는 것처럼 말이다. 그 이유는 너무나 분명하다! 하나님 보시기에 그 자녀들이 너무나 귀하기 때문이다.

구약성경은 하나님의 백성을 "특별한 소유" 내지 "보물"로 묘사한다.[4] 두 곳만 인용하면서 설명해보자: "나는…그들을 나의 특별한 소유로 삼을 것이요 또 사람이 자기를 섬기는 아들을 아낌 같이 내

---

4) 히브리어로 백성은 *서굴라(סְגֻלָּה)*로서 "백성"으로도 번역되고, "특별한 소유"와 "보물"로도 번역된다.

가 그들을 아끼리니" (말 3:17). 이 말씀에 의하면, 하나님의 백성은 그분의 특별한 소유이기에 그들을 친 아들처럼 아끼신다. 그렇다! 하나님의 백성이 된 하나님의 자녀들을 하나님은 아끼시고 또 아끼신다.

또 한 곳을 인용해보자, "성전을 위하여 준비한 이 모든 것 외에도 내 마음이 내 하나님의 성전을 사모하므로 내가 사유한 금, 은으로 내 하나님의 성전을 위하여 드렸노니" (대상 29:3). 이 말씀에서 "내가 *사유한* 금, 은"은 "나의 보물인 금, 은"이라고 번역될 수 있으며, 실제로 이 번역이 훨씬 더 원문에 가깝다.[5] 그러니까 다윗은 성전 건축을 위하여 그가 특별히 소유하고 있던 보물인 금과 은을 하나님에게 드렸던 것이다.

그렇다! "하나님께 속하였기"에 하나님이 그리스도인들을 너무나 귀하게 여기시며, 따라서 그들을 아끼시고 아끼신다. 하나님은 그리스도인들을 보물처럼 깊은 곳에 숨겨둠으로 외부에서 침입하는 도둑으로부터 보호하신다. 그들의 영혼을 도둑질해 가려는 거짓 선지자들과 거짓 영들로부터 전능하신 하나님은 그들을 보호하신다. 그런 하나님의 보호가 없다면, 어떤 그리스도인들이 적그리스도의 공격을 당해낼 수 있단 말인가?

3) "너희 안에 계신 이"

그리스도인들이 거짓 선지자들과 거짓 영들의 공격을 끊임없이

---

5) 말 3:17의 "소유"와 대상 29:3의 "사유"의 원어는 똑같은 *서굴라*이다.

받고 있지만, 그들을 이기고 승리를 누릴 수 있는 두 번째는 그들 안에 계신 분 때문이다. 다시 본문을 인용해보자, "이는 너희 안에 계신 이가 세상에 있는 자보다 크심이라." 그러니까 비록 적그리스도가 그리스도인들을 넘어뜨리려고 맹렬히 그리고 항상 공격하지만, 그들이 "하나님께 속하였기" 때문에, 그리고 하나님이 그들 안에 계시기 때문에 버틸 뿐 아니라 승리한다.

그리스도인들을 공격해오는 "세상에 있는 자"는 두말할 필요도 없이 거짓 선지자들과 거짓 영들, 곧 적그리스도이다. 적그리스도는 인간이 상상할 수 없을 만큼 큰 능력을 가지고 있는 것도 사실이다. 특히 마지막 때에 나타날 적그리스도의 능력을 묘사한 요한계시록에 의하면, 그의 능력은 가공할 정도로 크다. 그리고 그의 계교는 간교하기 짝이 없다. 이처럼 간교할 뿐 아니라, 힘 있는 적그리스도를 그리스도인들만의 힘과 방법으로는 대항할 수 없다.

그러나 그리스도인들 안에 계신 이는 그들로 하여금 적그리스도를 대항하게 하실 수 있는 능력과 지혜가 있다. 그런데 사도 요한은 "너희 안에 계신 하나님"이라고 묘사하지 않고, "너희 안에 계신 이"라고 묘사했다. 어떤 특별한 이유라도 있는가? 물론 이유가 있다! "너희 안에 계신 이"는 하나님일 수도 있다. 왜냐하면 하나님은 그리스도인들을 보물처럼 너무나 귀하게 여기시기 때문이다.

동시에 "너희 안에 계신 이"는 예수 그리스도일 수도 있다. 왜냐하면 그분이 이 세상에 오시는 굴욕을 감수하지 않으셨다면, 그분이 십자가에서의 죽음을 맛보지 않으셨다면, 그분이 죽은 지 삼일 만에 살아나지 않으셨다면, "너희"는 존재할 수 없었기 때문이다. 실제로 그분은 이렇게 약속하신 적도 있었다, "두세 사람이 내 이름으로 모인 곳에는 나도 그들 중에 있느니라" (마 18:20). 그 약속대로 예수 그리스도는 "너희 안에 계신다."

한 발 더 나아가서 "너희 안에 계신 이"는 성령일 수도 있다. 왜냐하면 성령은 그리스도인들 안에 거하신다고 설명되었기 때문이다. 바울 사도의 설명을 들어보자, "너희 몸은 너희가 하나님께로부터 받은 바 너희 가운데 계신 성령의 전인 줄을 알지 못하느냐?" (고전 6:19). 그리스도인들이 그들의 죄를 회개하고 예수 그리스도를 그들의 구주로 받아들일 때 성령이 그들 속에 들어가셨던 것이다 (엡 1:13).

사도 요한이 "너희 안에 계신 이"라고 한 것은 삼위의 하나님을 강조하기 위해서였을 것이다. 요한은 삼위의 하나님을 함축하는 표현을 4장 3절에서 표현한 바 있었다. "예수를 시인하지 아니하는 영마다 하나님께 속한 것이 아니니… ." 이 말씀에서 예수와 영과 하나님이 동시에 언급된 것은 인간의 구원을 위하여 삼위의 하나님이 역사하셔야 되는 사실을 강조한 것이다. 이어서 "너희 안에 계신 이"라고 한 것은 삼위의 하나님을 함축했음에 틀림없다.[6)]

3. 꼬리

그리스도인들은 적그리스도의 공격을 사방으로부터 받으면서 쉬지 않고 싸우는 군인들과 같다. 그러나 그 싸움의 승리는 언제나 그

----

6) Smalley, *1, 2, 3 John*, 227.

리스도인들에게로 돌아가는데, 그 이유는 그들이 너무나 귀한 하나님의 자녀들이기 때문이다. 하나님은 그들을 보물처럼 여기시면서 아끼시고 돌보신다. 그들이 승리하는 또 다른 이유는 그들 "안에 계신 이"가 세상에서 분주히 공격적인 적그리스도보다 크시기 때문이다. 그 이유 때문에 바울은 이렇게 선언할 수 있었다:

"누가 정죄하리요? 죽으실 뿐 아니라 다시 살아나신 이는 그리스도 예수시니 그는 하나님 우편에 계신 자요 우리를 위하여 간구하시는 자시니라. 누가 우리를 그리스도의 사랑에서 끊으리요? 환난이나 곤고나 박해나 기근이나 적신이나 위험이나 칼이랴? '우리가 종일 주를 위하여 죽임을 당하게 되며 도살 당할 양 같이 여김을 받았나이다.' 그러나 이 모든 일에 우리를 사랑하시는 이로 말미암아 우리가 넉넉히 이기느니라" (롬 8:34-37)

4

A Holy Life, A Love Life

"진리의 영과 미혹의 영"

"그들은 세상에 속한 고로 세상에 속한 말을 하매 세상이
그들의 말을 듣느니라.
우리는 하나님께 속하였으니 하나님을 아는 자는 우리의 말을 듣고
하나님께 속하지 아니한 자는 우리의 말을 듣지 아니하나니,
진리의 영과 미혹의 영을 이로써 아느니라"

요한일서 4:5-6

1. 머리

사도 요한은 요한일서에서 "세상"이라는 단어를 자그마치 23번이나 사용했다. 그런데 그중에서 연속해서 6번씩이나 사용된 부분이 두 곳이나 있다. 한 곳은 2장에서이고, 또 한 곳은 4장에서이다. 그리고 많은 그리스도인들이 인지하고 있듯, 6이라는 숫자는 완전을 가리키는 숫자인 7에서 1을 뺀 것이다. 그러니까 6은 불완전을 가리키는 숫자이며, 따라서 종종 육신을 가리킬 때와, 세상과 사탄을 가리킬 때 사용되는 숫자이다.[7)]

---

7) W. Graham Scroggie, *The Unfolding Drama of Redemption*, 제3권 (Grand Rapids, MI: Zondervan Publishing House, 1970), 374.

그 두 곳을 직접 인용하면서 대조해보자. "이 *세상*이나 *세상*에 있는 것들을 사랑하지 말라; 누구든지 *세상*을 사랑하면 아버지의 사랑이 그 안에 있지 아니하니, 이는 *세상*에 있는 모든 것이 육신의 정욕과 안목의 정욕과 이생의 자랑이니, 다 아버지께로부터 온 것이 아니요 *세상*으로부터 온 것이라. 이 *세상*도, 그 정욕도 지나가되 오직 하나님의 뜻을 행하는 자는 영원히 거하느니라" (요일 2:15-17).

"사랑하는 자들아 영을 다 믿지 말고 오직 영들이 하나님께 속하였나 분별하라; 많은 거짓 선지자가 *세상*에 나왔음이라…. 오리라 한 말을 너희가 들었거니와 지금 벌써 *세상*에 있느니라…. 너희 안에 계신 이가 *세상*에 있는 자보다 크심이라. 그들은 *세상*에 속한 고로 *세상*에 속한 말을 하매 *세상*이 그들의 말을 듣느니라…하나님께 속하지 아니한 자는 우리의 말을 듣지 아니하나니 진리의 영과 미혹의 영을 이로써 아느니라" (요일 4:1-6).

2. 몸통

사도 요한이 2장에서 사용한 *세상*은 하나님 아버지와 상관이 없을뿐더러, 어느 날 없어질 한시적인 것이다. 그런 이유 때문에 그리스도인들은 *세상*을 사랑하면 안 된다는 것이다.[8] 사도 요한은 한 발 더 나아가서 그 *세상*은 거짓 선지자와 거짓 영이 출현해서 횡횡

----

8) "세상"에 대하여 보다 상세히 알려면, 요한일서 2장 가운데 "세상을 사랑하지 말라"를 참고하라.

하는 곳이라고 묘사한다 (요일 4:1-6). 그런 이유 때문에 그리스도인들은 비록 이 *세상*에 살지만, *세상*에 속한 말을 들으면 안 된다고 가르친다.

1) "그들"과 "우리"

모든 하나님의 말씀이 그렇듯이, 이 장의 본문도 여러 각도에서 접근하여 강해할 수 있을 것이다. 이 장에서는 본문에 들어있는 단어들과 구절들을 선택하여 서로를 대조시키면서 강해하고자 한다. 본문에서 세 가지 대조를 찾을 수 있는데, 첫 번째 대조는 "그들"과 "우리"이다. 두 번째 대조는 "세상"과 "하나님"이며, 그리고 마지막 대조는 "진리의 영"과 "미혹의 영"이다. 이런 대조는 본문의 뜻을 확연히 드러낼 것이다.

먼저, "그들"과 "우리"라는 대조를 살펴보자. 사도 요한이 표현한 "그들"은 도대체 어떤 사람들인가? 사도 요한은 "그들"이란 표현을 4절에서도 했다.[9] 그 말씀을 다시 인용해보자, "자녀들아, 너희는 하나님께 속하였고 또 그들을 이기었나니, 이는 너희 안에 계신 이가 세상에 있는 자보다 크심이라." 두말할 필요도 없이 4절에서 사용된 "그들"이라는 대명사는 그 앞에 나오는 명사를 받은 것이다.

그렇다면 그 명사를 알아보기 위하여 앞에 나오는 말씀을 살펴보자. 4장 1절에 의하면 "그들"은 거짓 선지자들이다. "그들"이 거짓 선지자들인 이유는 "그들"의 잘못된 가르침 때문이었다. 그러면 "그

---

9) 요한일서에서 "그들"이란 표현은 3번 나온다 (2:19, 4:4, 5).

들"은 무엇을 잘못 가르쳤는가? 사도 요한의 설명에 의하면, "그들"은 "예수 그리스도께서 육체로 오신 것"을 시인하지 않는 사람들이다 (요일 4:2-3). 그 결과 "그들"은 하나님에게 속해있지 않은 적그리스도의 영을 가진 거짓 선지자들이다.

반면, "우리"는 어떤 사람들인가? "우리"는 "그들"과는 반대로 "예수 그리스도께서 육체로 오신 것을 시인하는" 그리스도인들이다. 그리고 "우리"는 신앙공동체를 떠나간 "그들"과는 달리 그 공동체에 남아서 함께 신앙과 삶을 나누는 형제자매들이다. 이 그리스도인들은 거짓 선지자들과 "그들"의 가르침을 단호히 배격할 뿐 아니라, 한 발 더 나아가서 예수 그리스도가 육체로 세상에 오신 이유를 주변의 사람들에게 전파하는 사람들이다.

사도 요한은 "우리"라는 대명사를 즐겨 사용했다. 얼마나 즐겨 사용했는지, 요한일서에서만 100번이나 사용했다. 요한일서가 105절로 구성되었으니, 사도 요한은 거의 한 구절에 한 번씩 "우리"를 사용한 셈이다. 사도 요한은 "우리" 속에 자신을 비롯한 사도들도 포함시켰는데, 생명을 걸고 그 신앙을 전파한 신앙의 용사들이었다. 사도 요한의 간증을 다시 들어보자, "우리가 보고 들은 바를 너희에게도 전함은…" (요일 1:3).

그리고 "우리"는 신앙공동체에 속한 그리스도인들에게 올바른 신앙을 가르친 선생들이었다. "우리"야말로 기독교 신앙의 기초를 놓고 다진 기독교의 대표적인 인물들이었다. "우리"의 가르침을 받은 사람들은 두말할 필요도 없이 하나님에게 속한 그리스도인들이었다. 사도 요한의 증언을 다시 들어보자, "…하나님께 속하였으니 하나님을 아는 자는 *우리*의 말을 듣고…." 그렇게 "우리"로부터 배운 그리스도인들은 그 가르침을 다시 후대에 전했던 것이다.

2) "세상"과 "하나님"

이 장의 본문에 포함된 두 번째 대조는 "세상"과 "하나님"이다. 본문에서 묘하게도 "세상"과 "하나님"은 각각 세 번씩 나오는데, 그 단어들은 서로 상반된다. 그런데도 사도 요한이 구태여 두 단어를 이렇게 대조시킨 이유가 있는데, 그것은 "세상"에 속한 사람들과 "하나님"에게 속한 그리스도인들을 염두에 두었기 때문이다. 특히 하나님의 말씀에 대한 "세상"에 속한 사람들의 자세와 "하나님"에게 속한 그리스도인들의 자세를 염두에 두었다.

먼저, "하나님"에게 속한 그리스도인들의 하나님 말씀에 대한 자세를 알아보기 위하여 사도 요한을 다시 인용해보자. "우리는 하나님께 속하였으니 하나님을 아는 자는 우리의 말을 듣고···." 이 말씀에서 가르치는 자와 배우는 자가 나오는데, "우리는 하나님께 속하였으니"는 가르치는 자를 가리킨다. 그러나 "하나님을 아는 자는 우리의 말을 듣고"는 배우는 자를 가리킨다. "하나님께 속한 우리"는 위에서 언급한 것처럼 사도들과 선생들을 말한다.

가르치는 자들로부터 예수 그리스도에 대하여 정확히 배운 자들은 그분의 성육신에 대하여 올바르게 알게 되었다. 그렇다! 옳게 가르쳐야 옳게 알 수 있는 것이다! "하나님께 속한 우리"의 가르침을 듣는 그리스도인들을 사도 요한은 "하나님을 아는 자"라고 묘사했다. 두말할 필요도 없이 "안다"는 동사는 머리로만 아는 것이 아니라, 마음으로 믿어서 하나님과 인격적인 관계를 맺은 그리스도인들을 가리킨다.

그렇게 하나님의 자녀가 된 그리스도인들은 "우리의 말을 듣는다." 여기에서 "듣는다"는 "귀를 기울여 경청해서 이해하고 그리고 알게 된다"는 뜻을 갖는 동사이다.[10] 그러니까 가르치는 자들이 하나님의 말씀을 가르칠 때, 듣는 사람들은 귀를 기울여서 경청하므로 그 말씀을 이해하고 또 그들의 것으로 받아들인다는 것이다. 과연 가르치는 자들과 듣는 자들이 모두 한 마음으로 가르치고 배웠던 것이다. 이들은 모두 "하나님께 속한" 그리스도인들이다.

반면, "세상"에 속한 사람들의 특징은 무엇인가? 그들은 "세상"에 속해 있기에 "세상"의 말을 듣는다. 다시 사도 요한의 진단을 보자, "그들은 *세상*에 속한 고로 *세상*에 속한 말을 하매 *세상*이 그들의 말을 듣느니라" (요일 4:5). 이 말씀은 너무나 분명하다! 가르치는 자들과 배우는 자들이 다 "세상"에 속해 있기 때문에 하나님의 말씀에 대한 말을 할 수도 없고 들을 수도 없다. 가르치는 자들도 "세상"의 말을 하고, 배우는 자들도 "세상"의 말을 듣는다.

"세상"에 속한 자들은 "우리"의 말을 듣지 않는다. "우리"의 말은 "세상"의 말이 아니라, "하나님"의 말씀이기 때문이다. "하나님"의 말씀은 성령으로 나지 않은 사람들에게는 이해도 되지 않을 뿐 아니라, 미련하게 보인다. 바울 사도의 말대로이다, "육에 속한 사람은 하나님의 성령의 일들을 받지 아니하나니 이는 그것들이 그에게는 어리석게 보임이요, 또 그는 그것들을 알 수도 없나니 그러한 일은 영적으로 분별되기 때문이라" (고전 2:14).

----

10) 이 동사의 헬라어는 *아쿠오*(ἀκούω)이다.

3) "진리의 영"과 "미혹의 영"

　　신약성경에서 성령은 "은혜의 성령"이라고도 불리며 (히 10:29), "성결의 영"이라고도 불린다 (롬 1:4). 그뿐 아니라, 성령은 "믿음의 영"이라고도 불리며 (고후 4:13),[11] "진리의 영"이라고도 불린다 (요 14:17). 그런데 사도 요한이 이 4가지 칭호 가운데 유독 "진리의 영"을 선택한 이유는 무엇인가? 우선, "진리의 영"은 예수 그리스도가 직접 말씀하신 것을 받아서 그가 요한복음에서 기록하였기 때문이다.

　　그러나, 그것보다 더 중요한 이유가 있는데, 그것은 요한일서 4장 1~6절의 내용 때문이다. 이 부분은 영을 분별해서 거짓 선지자들과 거짓 영들을 가려내는 내용이다. 그런데 영들을 분별할 수 있는 가장 중요한 잣대는 "진리"이다. 다시 말해서, "진리"라는 잣대만 확실히 가지고 있으면, 거짓 영들과 거짓 선지자들을 가려낼 수 있다. 적그리스도의 영에 의하여 지배되는 거짓 것들을 가려내고 또 배격하지 않으면 안 된다.

　　그렇다면 우선 참된 선지자와 참된 영이 어떤 것인지 알아야 한다. 그렇지 않다면 어떻게 거짓 것들을 가려낼 수 있단 말인가? 요한일서 4장 1~6절에서 사도 요한이 제시한 "진리"는 두 가지이다. 하나는 예수 그리스도가 "육체로 오신" 사실이다. 이 사실을 시인하지 않고 달리 해석하는 것은 적그리스도의 영이다. 그분이 "육체로

---

11) 국어성경은 "믿음의 마음"이라고 번역되었으나. 헬라어로는 "믿음의 영." 곧 프뉴마 테스 피스테오스 (πνεῦμα τῆς πίστεως)이다.

오신" 것이 그처럼 중요한 잣대가 되는 것은 그분의 처녀 탄생과 대속적 죽음이 포함되어 있기 때문이다.

또 하나의 "진리"는 이처럼 중요한 내용을 받아들이는 것이다. 사도 요한을 포함한 "우리"가 기독교의 뼈대, 곧 예수 그리스도가 "육체로 오신" 사실을 가르칠 때, 그것을 받아들여야 한다. 어떤 사람이라도 그 사실을 믿고 시인하지 않는다면, 그 사람은 결코 하나님을 아는 것이 아니다. 그러나 예수 그리스도를 통하여 하나님을 알게 된 그리스도인들은 그 사실을 믿고 시인한다. 그들은 "진리의 영"을 소유한 귀한 그리스도인들이다.

반면, "미혹의 영"의 보다 쉬운 말은 "거짓의 영"이다. 두말할 필요도 없이 "거짓의 영"은 사탄에게서 나온 것이다. 왜냐하면 그는 처음부터 거짓말로 아담과 하와를 속인 "거짓의 아비"이기 때문이다 (요 8:44). "거짓의 영"은 거짓말로 그리스도인들을 속여서 그들로 하여금 예수 그리스도를 떠나게 할 뿐 아니라, 궁극적으로는 부인하게 하려고 온갖 수단 방법을 가리지 않는다.

한 발 더 나아가서, "거짓의 영"은 예수 그리스도를 알지 못하는 불신자들에게 세상적인 말로 그들을 설득한다. 불신자들은 세상에 속해 있기에 세상의 말을 하는 거짓 선지자들의 말을 받아들인다. 예를 들면, 그분은 위대한 종교지도자이자 선생이며, 사대성현四大聖賢 중 한 분이라고 가르친다. 그리고 그분도 인간이기에 여자가 있었고, 또 십자가에서 죽고 끝났다고 가르친다. 그분의 부활은 이성적이거나 과학적이지 않다고 가르친다.

3. 꼬리

사도 요한이 거짓 선지자와 거짓 영들을 분별하라는 가르침은 그 당시에만 해당되는 가르침이 아니었다. 기독교 역사는 그의 가르침이 모든 시대에서, 그리고 모든 곳에서 반드시 적용되어야 하는 진리라는 사실을 증명하고도 남는다. 얼마나 많은 거짓 선지자들과 거짓 영들이 나타났는가? 그들이 적그리스도의 영에 의하여 지배를 받는 거짓 것들이라는 것이 드러나면, 그들은 살며시 모습을 바꾸어서 다시 나타난다.

물론 이처럼 잘못된 가르침은 "미혹의 영"에 의하여 지배를 받는 거짓 것들의 주장이다. 그러나 진정한 그리스도인들, 곧 "우리"는 예수 그리스도가 동정녀 마리아에게서 죄 없이 태어나셨으며, 죄 없는 삶을 영위하셨으며, 마침내 죄인들을 위하여 십자가에 죽으셨다는 사실을 믿고, 시인하며, 전파한다. 그리고 그들의 죄가 용서되었다는 사실을 선포하기 위하여 죽은 지 삼일 만에 다시 사셨다는 역사적인 사실을 자랑스럽게 여기며 전한다.

5
A Holy Life A Love Life

"하나님은 사랑이시라"

"사랑하는 자들아, 우리가 서로 사랑하자!
사랑은 하나님께 속한 것이니 사랑하는 자마다
하나님으로부터 나서 하나님을 알고,
사랑하지 아니하는 자는 하나님을 알지 못하나니,
이는 하나님은 사랑이심이라"

요한일서 4:7-8

1. 머리

"사랑하라"는 명령은 예수님도 주셨고 (마 5:44, 눅 6:27, 35), 베드로 사도와 바울 사도도 주었다 (벧전 1:22, 2:17; 엡 5:25). 그런데 이분들은 모두 "너희가" "서로 사랑하라"는 2인칭 복수형을 사용한 데 반하여, 사도 요한은 "우리"가 "서로 사랑하자"라고 하면서 자신을 포함시킨 1인칭 복수형을 사용한다. 그런 까닭에 사도 요한은 "사랑의 사도"라고 불린다. 그는 "사랑의 사도"답게 요한일서에서 "사랑"이라는 단어를 자그마치 53번이나 사용한다.

그 가운데는 "서로 사랑하라"는 명령도 들어 있는데, 요한일서에서 여러 번 사용된 명령이다. 그 명령들을 비교해보면 점진적으로 그 내용이 깊어지는 것을 알 수 있다. 사도 요한이 "사랑하라"고 면

저 명령한 것은 2장에서이다. 그리스도인들이 서로 사랑하는 것은 옛 계명이자 동시에 새 계명이라고 강조하면서, 구약과 신약을 망라한 하나님의 명령임을 강조한다 (요일 2:7-11). 그리스도인들이 이처럼 서로 사랑할 때 빛 가운데 거한다는 것이다.

사도 요한이 두 번째로 "서로 사랑하라"고 명령한 것은 3장에서이다. 2장에서 제시된 사랑이 하나님의 명령이라면, 3장에서의 사랑은 한발 더 나아가서 사랑의 방법을 보여준다. 그러니까 2장에 제시된 사랑이 명제命題라면, 3장에 제시된 사랑은 삶의 현장에서 어떻게 그 사랑을 실천해야 하는지를 보여준다. 그 첫 번째 실천은 예수 그리스도의 구체적인 희생이었다. 마찬가지로, 그리스도인들도 궁핍한 형제를 희생적으로 도와야 한다는 것이다.

2. 몸통

이장의 본문에 제시된 "서로 사랑하라"는 사도 요한이 언급한 세 번째 명령이다. 이번에는 명제나 방법을 제시한 명령이 아니다. 그 사랑이 누구의 것이며, 또 어떤 특성을 가지고 있는지를 알려주는 명령이다. 한 마디로 말해서, 사랑은 하나님에게 속한 것이다. 그 이유는 간단하다! "하나님은 사랑이시기" 때문이다. 그러니까 사도 요한은 사랑하라는 명령과 방법을 제시한 후, 마지막으로 그 사랑의 기원과 특성을 보여주는 것이다.

1) "하나님은 사랑이심이라"

사도 요한은 "우리가 서로 사랑하자"고 말하기 전에 "사랑하는 자들아!"라고 부른다. 요한일서에서 5번째 나오는 "사랑하는 자들"은 피의 공동체, 성령의 공동체 및 사랑의 공동체에 속한 그리스도인들을 가리킨다.[12] 그런데 이번에는 한 발 더 나아가서 그 공동체에 속한 형제자매들의 아버지요, 선생이요, 목사요, 사도인 사도 요한도 그들을 사랑한다는 것이다. 사랑하지 않는다면 어떻게 "우리가 서로 사랑하라"고 권면할 수 있겠는가?

성경의 많은 저자들은 하나님이 인간을 사랑하신다는 사실을 여러 가지 방법으로 표현했다. 모세는 우상숭배자들에게 "…나를 미워하는 자의 죄를 갚되 아버지로부터 아들에게로 삼사 대까지 이르게 하거니와, 나를 사랑하고 내 계명을 지키는 자에게는 천 대까지 은혜를 베푸느니라"라고 말하므로 하나님 아버지의 사랑을 전하려고 했다 (출 20:5-6). 호세아는 하나님의 사랑을 조건 없이 매춘부를 사랑하는 남편에 비유했다 (호 1).

그러나 오직 사도 요한만이 하나님 자신이 사랑이라고 표현한다. 그것도 한번만이 아니라 두 번씩이나 연거푸 표현한다: "하나님이 사랑이심이라!" (요일 4:8, 16). 이것을 달리 표현하면, 사랑의 기원이 바로 하나님이라는 말이다. 하나님이 사랑이시기에 "우리"도 그 사랑을 경험하게 된 것이다. 하나님의 사랑을 이렇게 경험한 그리스도인들은 그 사랑을 혼자만 누리지 않는다. 그들은 한발 더 나아

---

12) 이런 공동체를 좀 더 자세히 보려면, 요한일서 2장의 "옛 계명과 새 계명"을 참고하라.

가서 "서로를 사랑하게" 된 것이다.

그런데 하나님이 사랑하신 대상은 놀랍게도 그 사랑을 받을 수 있는 자격을 갖추지 못한 죄인들이다. 그럼에도 불구하고 하나님은 그런 자격 없는 자들을 조건 없이 사랑하신다. 이런 사랑이 바로 사랑의 특성이다. 다시 말해서, 하나님의 사랑을 받을 수 있는 조건은 자격이 없는 것이다. 만일 어떤 사람이라도 하나님 앞에서 조금이라도 자격이 있다고 자부하면, 그런 사람은 결코 하나님의 사랑을 경험할 수 없다.

"우리가 서로 사랑하자"는 두말할 필요도 없이 그리스도 안에 있는 형제자매들을 가리킨다. 그런데 하나님의 사랑을 경험한 그리스도인들도 불행하게도 여전히 여러 가지의 흠과 점을 지닌 불완전한 사람들이다. 그처럼 불완전한 형제자매들을 사랑하라고 사도 요한은 명령한다. 만일 어떤 성품이나 배경 때문에 사랑할 수 없는 그리스도인들이 있다면, 그들은 하나님에게 속한 사람들이 아니다: "사랑하지 아니하는 자는 하나님을 알지 못하나니…."

그러나 "우리"가 서로 사랑할 때, 우리는 하나님의 사랑을 나누어 주는 것이다. 동시에 우리는 하나님이 우리를 사랑하시는 것처럼 사랑하는 것이다. 그렇다! 서로 사랑할 때 우리가 하나님에게 속했다는 사실을 실증하는 것이다. 다시 말해서, 우리가 서로 사랑할 때 우리는 하나님과 같은 대열에 서는 특권을 누린다. 하나님은 우리에게 사랑을 부어주시면서 "우리에게 서로 사랑하라"는 높고도 높은 경지로 우리를 부르신다.

2) "하나님으로부터 나서"

사도 요한의 말은 계속된다, "…우리가 서로 사랑하자; 사랑은 하나님께 속한 것이니 사랑하는 자마다 하나님으로부터 나서…." 이 말씀에서 "하나님으로부터 나서"는 보다 쉽게 번역하면 다음과 같다: "하나님에 의하여 거듭났기에." 그렇다! 우리가 거듭난 사실을 어떻게 알 수 있는가? 사도 요한에 의하면 그 사실을 알아볼 수 있는 몇 가지 테스트가 있다. 첫째는 "진리"를 옳게 알아야 한다. 물론 여기에서 "진리"는 예수 그리스도의 성육신에 관한 것이다.

그분이 죄인을 위하여 이 세상에 오셨다가 죽으신 사실을 알고 믿어야 한다. 그 사실을 믿지 않으면 결코 거듭날 수 없다. 여기에서 거듭나기 위하여 "진리"와 "믿음"의 중요성이 자연스럽게 강조된다. 올바른 진리를 올바르게 믿지 않으면 어떤 사람도 거듭날 수 없다. 둘째 테스트는 변화된 삶, 곧 의로운 삶이다. 만일 거듭나서 성령이 내주하셨다면, 그 사람은 필연적으로 삶이 변화될 수밖에 없다. 그 때부터 그는 도덕적인 삶을 살기 시작한다.

셋째 테스트는 형제자매를 사랑하는 것이다. 사도 요한의 증언을 다시 들어보자, "사랑하는 자마다 하나님으로부터 나서…." 그런데 이 세 가지 테스트 중에서 가장 현실적이면서도 구체적인 것은 "서로 사랑하라"는 명령이다. 왜냐하면 사랑은 경험적인 것이기 때문에 반드시 드러날 수밖에 없기 때문이다. 물론 "진리"와 "믿음"의 테스트도 말할 수 없이 중요하나, "진리"와 "믿음"이 확실한데도 불구하고 조건적으로만 사랑하는 사람들이 얼마나 많은가?

"의로운 삶," 곧 도덕적인 삶은 어떤가? 도덕적인 삶도 그리스도인들에게는 말할 수 없이 중요하다. 올바른 믿음은 올바른 행위를 수반하는 것은 너무나 당연하다. 그런데 놀랍게도 어떤 교인들은 아주 높은 도덕적인 삶을 산다. 그들은 거짓말도 하지 않고, 성추행이나 도적질도 하지 않는다. 오히려 "궁핍한 이웃"도 주저하지 않고 도와준다. 그런데 그들의 마음에 들지 않는 그리스도인들을 사랑하지 않을 뿐 아니라, 심지어 미워하기까지 한다.

결국, 그리스도인들이라고 하는 사람들 가운데 두 가지 테스트——진리와 믿음과 도덕적인 삶——는 무사히 통과했는데, 사랑의 테스트를 통과하지 못한 알량한 "그리스도인들"이 얼마나 많은가? 사도 요한에 의하면, 그런 사람들은 거듭나지 못한 것이다. 얼마나 무섭고도 현실적인 테스트인가? 진정으로 진리를 믿고 또 의로운 행동마저 나타내는데도 불구하고, 서로를 사랑하지 못한다면 그들은 십중팔구 거듭나지 못했을 것이다.

"하나님이 사랑이시기에" 하나님에게 속한 사람들은 자연스럽게 서로를 사랑한다. 조건 없이 사랑한다. 아니 사랑할 수 없는 조건이 수두룩함에도 불구하고 사랑한다. 이런 사랑은 결코 자연적인 사랑도 아니고, 감정적인 사랑도 아니다. 이런 사랑은 자연과 감정을 초월하는 의지적이며 신성한 사랑이다 (**벧후 1:4**). 왜냐하면 자격이 없는 "우리"가 하나님의 조건 없는 사랑을 경험했기에, 그 사랑을 조건 없이 나눌 수 있기 때문이다.

3) "하나님을 알고"

"하나님이 사랑이시기에" 우리가 하나님에게 속해 있다면 자연스럽게 서로를 사랑하게 된다. 이렇게 "우리가 서로 사랑할 때" 우리는 확실히 거듭난 것이다. 그뿐 아니라, 우리는 "하나님을 알게" 된 것이다. 사도 요한의 증언을 다시 들어보자, "우리가 서로 사랑하자; 사랑은 하나님께 속한 것이니, 사랑하는 자마다 하나님으로부터 나서 하나님을 알고." 이 증언에서 "하나님을 알고"를 주목해보자.

여기에서 "안다"는 동사는 머리로만 알고 끝나는 동사가 아니다. 머리로 알뿐 아니라 인격적인 관계를 맺게 되었다는 뜻이다. 두말할 필요도 없이 인격적인 관계를 맺기 위해서는 상대방에 대하여 최소한의 지식이라도 있어야 한다. 서로를 전혀 알지 못하는데 관계가 이루어질 수 없기 때문이다. 사도 요한은 "우리가 서로 사랑하면," 우리가 하나님을 알게 되었다는 증거이며, 아울러 그분과 관계를 맺었다는 것이다.

사도 요한은 "서로 사랑하지" 않는 "그리스도인들"에 대하여 이렇게 단언한다, "사랑하지 아니하는 자는 하나님을 알지 못하나니, 이는 하나님은 사랑이심이라" (4:8). 사랑이신 하나님을 안다고 하면서 "서로 사랑하지 아니하는 자"는 하나님을 알지도 못하고 또 어떤 관계도 맺지 못했다는 것이다. "서로 사랑하라"는 명령이야말로 그리스도인들에게는 얼마나 큰 도전이며, 동시에 사랑하지 못하는 사람들에게는 얼마나 무서운 정죄인가!

이런 관계는 부부관계와 비슷하다. 서로를 알아가면서 사랑하게 되어 결국 결혼까지 하게 된다. 그렇다고 그 부부가 결혼하자마자 서로에 대하여 다 아는가? 물론 아니다! 그들은 살아가면서 그리고 갖가지 희로애락을 거치면서 서로를 보다 깊이 알아간다. 서로를 알아갈수록 서로를 그만큼 깊이 이해하고, 또 관계도 그만큼 깊어진다. 관계가 깊어지면서 서로의 사고방식과 생활방식도 닮아가게 마련이다.

사도 요한이 말한 "하나님을 알고"도 역시 마찬가지이다. 어떤 그리스도인들도 처음부터 하나님에 대하여 많은 것을 알지 못한다. 처음에는 아주 조금 알고, 그 앎을 토대로 예수 그리스도를 그들의 구주로 믿고 받아들인다. 그러면서 그들은 하나님을 아는 지식에서 자라가기 시작한다. 베드로 사도의 말대로이다, "오직 우리 주 곧 구주 예수 그리스도의 은혜와 그를 아는 지식에서 자라 가라…"(벧후 3:18).

그리스도인들이 그들의 구주를 아는 지식에서 자라가면서, 하나님에 대해서도 더 많이 알게 되며 또 그분과의 관계가 그만큼 깊어진다. 그렇게 관계가 깊어지면, 그들은 더 이상 하나님에 *대하여* 알기보다는 하나님 자신을 알기 원하게 된다. 그리고 하나님을 아는 것만큼 그분을 닮아가는 것이다. 바울 사도가 권면한대로이다, "그러므로 사랑을 받는 자녀 같이 너희는 하나님을 본받는 자가 되고"(엡 5:1). 하나님을 닮아가다니 얼마나 영광스러운가!

3. 꼬리

그렇다! "서로 사랑하라"는 그리스도인들에게 주어진 명령일 뿐 아니라, 그들이 진정으로 거듭났다는 확실한 증거이다. 그렇게 거듭난 그리스도인들만이 형제자매들을 조건 없이 사랑할 수 있다. 왜냐하면 이런 사랑은 결단코 인간적인 사랑이 아니기 때문이다. 이런 사랑은 초자연적이며 신적神的인 사랑divine love이다. 그리스도인들이 이렇게 서로를 사랑할 때 사랑에 굶주린 세상에 속한 사람들은 이런 사랑에 놀라움을 금치 못할 것이다.

어떤 사람들은 그렇게 서로 사랑하는 그리스도인들을 미워하기도 하지만, 결국엔 그들에게 그런 사랑이 없다는 사실을 시인하고 그리스도 앞으로 나아오게 될 것이다. 예수님의 말씀대로이다. "너희가 서로 사랑하면 이로써 모든 사람이 너희가 내 제자인 줄 알리라"(요 13:35). 여기에서 "알리라"는 동사도 이 장의 본문에서 두 번씩이나 사용된 "안다"와 같은 동사로서, 그들도 하나님을 알고 관계를 맺게 된다는 뜻이다. 얼마나 놀라운 전도방법인가!

6

A Holy Life, A Love Life

"하나님 사랑의 표현"

"하나님의 사랑이 우리에게 이렇게 나타난 바 되었으니,
하나님이 자기의 독생자를 세상에 보내심은 그로 말미암아
우리를 살리려 하심이라.
사랑은 여기 있으니 우리가 하나님을 사랑한 것이 아니요,
하나님이 우리를 사랑하사 우리 죄를 속하기 위하여
화목 제물로 그 아들을 보내셨음이라"

요한일서 4:9-10

1. 머리

지난 장에서 "하나님은 사랑이시라"는 제목을 다루었다. 만일 하나님이 사랑이 아니시라면 우리는 영생을 소유하지도 못했을 뿐 아니라, 그 하나님을 알지도 못했을 것이다. 그런데 "하나님이 사랑이시라"는 명제에는 함정이 도사리고 있는데, 그것은 우리가 그런 하나님의 사랑을 어떻게 알 수 있느냐는 것이다. 아무리 하나님이 사랑이시라고 해도 하나님이 그 사랑을 구체적으로 나타내지 않으신다면, 그 사랑은 관념에 지나지 않는다.

하나님은 인간에 대한 사랑을 이모저모로 나타내셨다. 그 사랑이 가장 먼저 나타낸 것은 창조를 통해서였다. 하나님은 사랑 때문에 인간을 창조하셨다. 그렇지 않다면 인간이 하나님의 형상을 따라

창조될 이유가 없었을 것이다. 그뿐 아니라, 인간에 대한 하나님의 사랑은 세상을 창조하신 일에서도 나타냈다. 그 이유는 너무나 분명하다! 만일 인간이 생존할 수 있는 공간과 환경이 주어지지 않았다면 인간에 대한 하나님의 사랑은 거짓에 지나지 않는다.

인간이 존재할 수 있는 환경을 하나님이 마련하신 것은 그분의 절대적인 뜻이자, 주권적인 뜻이었다. 다시 말해서, 어떤 존재도 인간에 대한 그런 하나님의 사랑을 가로막거나 방해할 자가 없었다. 예수님도 그런 하나님의 사랑을 이렇게 말씀하신 적이 있었다, "…하나님이 그 해를 악인과 선인에게 비추시며, 비를 의로운 자와 불의한 자에게 내려주심이라" (마 5:45). 그렇다! 하나님의 사랑은 모든 인간을 망라한 넓고도 넓은 것이었다.

2. 몸통

그러나 창조를 통한 하나님의 사랑이나 절대적인 뜻에 의한 하나님의 사랑은 절대로 죄인들로 하여금 거듭나서 생명을 갖게 하지 못한다. 그뿐 아니라, 그런 사랑 때문에 인간은 서로를 사랑하게 될 수 없다. 지난 장에서 본대로 사도 요한은 "우리가 서로 사랑하자"고 하면서, 그런 사랑이 가능한 이유는 하나님이 사랑이시기 때문이라고 하였다. 그리고 우리로 하여금 서로 사랑할 수 있도록 하나님은 사랑을 구체적으로 나타내셨다.

1) "보내심"

하나님이 사랑을 구체적으로 나타내신 사실을 표현하기 위하여 사도 요한이 첫 번째로 사용한 동사는 "보내심"이다. "보내심"이란 동사는 요한일서에서 3번 나오는데, 9절, 10절 및 14절에서 각각 한 번씩 나온다. 그런데 "보내심"은 누가 누구를 보냈단 말인가? 그리고 또 어디로 무엇을 위하여 어떻게 보냈단 말인가? 9절을 다시 인용하면 우선 누가 누구를 보냈는지 대답이 나온다, "하나님이 자기의 독생자를 세상에 보내심은⋯."

그렇다! 하나님은 당신의 하나밖에 없는 아들을 보내신 것이다. 하나님의 아들은 두말할 필요도 없이 예수 그리스도이시다. 사도 요한은 9절, 10절 및 14절에서 똑같이 하나님이 보내신 분은 다름 아닌 당신의 아들이시었다고 강조한다. 그렇다면 왜 이처럼 아들을 강조하는가? 그 이유를 몇 가지로 찾을 수 있는데, 첫째는 그 아들은 영원 전부터 하나님과 함께 계신 영원한 분이었다는 사실을 강조한다.

둘째는 그 아들이 동정녀에게서 태어남으로 그분의 생애가 시작되지 않았다는 사실을 강조한다. 사람은 이 세상에 태어남으로 생애가 시작된다. 다시 말해서, 전생前生이 없었다는 것이다. 그러나 하나님의 아들이신 예수 그리스도는 이 세상에 태어나심으로 그분의 생애가 시작되지 않았다. 그런 이유 때문에 아들이 태어났다고 하지 않고, 보내심을 받았다고 한 것이다. 다시 말해서, 영원 전부터 계시던 분이 이 세상에 "보내심"을 받고 오셨다는 것이다.

셋째는 하나님이 인간에게 주실 수 있는 최대의 선물이라는 사실을 강조하기 위하여 "아들을 보내셨다"고 반복적으로 묘사한 것이다. 위에서 언급한 것처럼, 하나님은 인간을 창조하셨고, 또 그 인간에게 필요한 햇빛과 비를 주신다. 이런 것도 하나님의 큰 사랑임에 틀림없다. 그러나 그런 선물과는 비교도 될 수 없는 큰 선물을 하나님이 인간에게 주셨는데, 그것이 바로 당신의 아들, 그것도 외아들이었다는 것이다.

여기에서 짚고 넘어갈 것이 있는데, 그것은 "보내심"이라는 동사는 그렇게 단순한 의미에서 보냄이 아니다. 그보다 훨씬 깊은 뜻을 함축하고 있는데, 그것은 사명과 권세를 주면서 보냈다는 것이다.[13] 하나님은 결코 심심풀이로 당신의 아들을 세상에 보내시지 않으셨다. 그분에게 엄청난 사명을 주시면서 세상에 보내셨는데, 그 사명은 두말할 필요도 없이 세상의 구원이었다. 다시 말해서, 세상에 존재하는 인간을 죄와 심판에서 구원하라는 사명이었다.

그처럼 중차대한 사명을 완수하려면 그 사명에 걸맞은 권세도 반드시 필요했다. 하나님은 당신의 아들에게 세상의 구원이라는 사명을 이루기 위하여 필요한 권세도 함께 주셨다. 예수 그리스도는 그 권세를 사용하셔서 병자들도 고치셨으며 또 죄인들의 죄도 용서하셨다. 그러나 그분에게 주어진 가장 큰 권세는 죄인들을 위하여 생명을 포기하는 권세와 그렇게 포기된 생명을 다시 찾을 수 있는 권세였다 (요 10:18).

---

13) "보내다"는 헬라어로 *아페스탈켄*(ἀπέσταλκέν)으로, 사명과 권위와 함께 파송되는 사실을 강조한다. W. E. Vine, Merrill F. Unger, William White, Jr., eds. *Vine's Expository Dictionary of New Testament Words* (New York: Thomas Nelson Publishers, 1985), 560.

2) "우리를 사랑하심"

하나님이 사랑을 구체적으로 나타내신 사실을 표현하기 위하여 사도 요한이 두 번째 사용한 동사는 "우리를 사랑하심"이다. 그의 말을 다시 인용해보자, "사랑은 여기 있으니, 우리가 하나님을 사랑한 것이 아니요 하나님이 우리를 사랑하사…." 그렇다! 우리는 하나님을 사랑할 수 없다. 그 이유는 "사랑"이라는 동사를 보면 쉽게 알 수 있다. 사도 요한이 여기에서 사용한 "사랑"은 *아가페* 사랑이다.

아가페 사랑은 사랑을 받을 수 있는 자격을 갖추지 못한 사람을 사랑하는 것이다. 보다 직설적으로 말해서 *아가페* 사랑은 하나님을 알지도 못하고, 또 하나님과 분리되어 있는 죄인들을 조건 없이 받아주고 또 사랑한다는 말이다. 만일 인간이 하나님을 사랑한다면, 그것은 두 가지를 전제한다. 첫째는 하나님이 부족하다는 사실을 전제하며, 둘째는 인간이 완전하다는 것을 전제한다. 그러나 이런 전제는 절대로 가능하지 않은 것이다.

그런 이유 때문에 사도 요한은 "우리가 하나님을 사랑한 것이 아니요, 하나님이 우리를 사랑하사"라고 힘주어서 말한다. 그렇다면 "우리를 사랑하사"에서 "우리"는 구체적으로 누구를 뜻하는가? "우리"의 일차적인 뜻은 이미 하나님의 사랑을 경험하여 거듭난 그리스도인들을 가리킨다. 그렇다! 하나님은 거듭난 그리스도인들을 사랑하셨다. 그런 사랑이 없다면, 그들이 어떻게 예수 그리스도 안에서 거듭날 수 있었겠는가?

"우리를 사랑하사"에서 "우리"의 이차적인 뜻은 교회를 가리킨다.

하나님은 창세전에 이미 교회를 예정하셨다. 바울 사도의 가르침을 들어보자, "곧 창세전에 그리스도 안에서 우리를 택하사 우리로 사랑 안에서 그 앞에 거룩하고 흠이 없게 하시려고. 그 기쁘신 뜻대로 우리를 예정하사 예수 그리스도로 말미암아 자기의 아들들이 되게 하셨으니" (엡 1:4-5). 이 말씀에서 "우리"는 두말할 필요도 없이 하나님이 택하시고 예정하신 교회를 뜻한다.

과연 하나님은 인간을 창조하시기 전부터 이미 교회를 사랑하셔서 예정하셨고, 그리고 그 예정대로 당신의 아들 예수 그리스도를 보내셨다. 그분의 희생적인 사랑으로 마침내 예정되었던 교회가 탄생되었던 것이다. 이런 교회를 염두에 두고 사도 요한은 이렇게 말한 바 있었다, "우리가 보고 들은 바를 너희에게도 전함은 너희로 우리와 사귐이 있게 하려 함이니 우리의 사귐은 아버지와 그의 아들 예수 그리스도와 더불어 누림이라" (요일 1:3).

그러나 "우리를 사랑하사"에서 "우리"의 삼차적인 뜻은 세상을 가리킨다. 하나님의 사랑은 높고, 깊고, 넓고, 길어서 거듭난 그리스도인들과 교회만을 사랑하지 않으셨다 (엡 3:19). 하나님은 세상에 태어난 모든 사람들--시간과 공간을 초월한 모든 사람들--을 사랑하신다. 그런 이유 때문에 사도 요한은 이렇게 선포한 적이 있다, "하나님이 세상을 이처럼 사랑하사 독생자를 주셨으니…" (요 3:16).

3) "우리를 살리심"

하나님이 사랑을 구체적으로 나타내신 사실을 표현하기 위하여 사도 요한이 세 번째 사용한 동사는 "우리를 살리심"이다. 그렇다!

하나님이 그의 외아들 예수 그리스도를 이 세상에 보내신 궁극적인 목적은 "우리를 살리시기" 위해서이다. 이 말을 뒤집어보면, 우리의 상태는 죽어있었다는 것이다. 우리가 죽었다는 말이 육체의 죽음을 뜻하지 않는 것은 너무나 분명하다. 어떻게 육체적으로 죽은 자를 살릴 수 있단 말인가?

우리는 영적으로 "허물과 죄로 죽어있던" 사람들이었다. 다시 말해서, 영적 생명이 없었다. 그처럼 영적으로 죽은 사람들은 하나님과 아무런 관계도 없으며, 더군다나 하나님과 교제도 할 수 없었다. 영적으로 죽은 우리는 세상의 풍조를 따르고, 육체의 욕심을 따라 살면서, 공중의 권세 잡은 자들에게 휘둘리며 사는 사람들이다 (엡 2:2-3). 마치 돛을 잃은 작은 배가 태평양 한 가운데서 향방 없이 떠도는 것과 같은 사람들이다.

그런 "우리"는 근본적으로 하나님을 부인하며, 만일 인정한다면 하나님을 미워하는 사람들이다. "우리"는 한 마디로 죄인이요, 하나님과 원수 된 자들이다. 바울 사도의 진단을 보자, "우리가 아직 *죄인* 되었을 때에 그리스도께서 우리를 위하여 죽으심으로 하나님께서 우리에 대한 자기의 사랑을 확증하셨느니라…. 곧 우리가 *원수* 되었을 때에 그의 아들의 죽으심으로 말미암아 하나님과 화목하게 되었은즉…" (롬 5:8, 10). 그렇다! "우리"는 죄인이었고, 그리고 하나님과 원수였던 사람들이다.

그럼에도 불구하고 하나님은 그런 우리를 영적으로 살리시려고 당신의 독생자인 예수 그리스도를 세상에 보내셨다. 그분은 마리아라는 처녀의 몸을 의탁하여 이 세상에 태어나셨다. 그것도 아주 가난한 가정에서, 그리고 초라한 마구간에서 태어나셨다. 그분은 많은 고난과 희생의 삶을 영위하시면서 각종의 불쌍한 사람들을 구체적으로 도우셨다. 그렇게 도우신 보상은 무엇이었는가? 그분이 받으신 "보상"은 십자가의 죽음이었다!

사도 요한의 선포를 다시 들어보자, "우리 죄를 속하기 위하여 화목 제물로 그 아들을 보내셨음이라" (요일 4:10). 이 말을 보다 쉽게 풀어보자, "우리가 지불해야 되는 죄의 값을 지불하기 위하여 그분은 십자가에서 몸이 찢기고, 피를 쏟으셨다. 그렇게 처참하게 죽게 하기 위하여 하나님을 그분을 이 세상에 보내셨던 것이다. 그런 죽음을 통하여 그분은 죄인들의 죄를 씻어주시고, 그리고 영적으로 살리셨다.

사도 요한은 예수 그리스도의 죽음을 "화목 제물"이라는 구약성경과 신약성경을 넘나드는 중요한 제물로 표현했다.[14] 이 제물이 함축하는 것은 크게 두 가지이다. 하나는 예수 그리스도가 죄인들의 죄 값으로 처절하게 죽으셨다는 것이다. 또 하나는 그런 죽음을 통하여 그분은 죄인들에 대한 하나님의 진노를 풀어드렸다는 것이다. 그 결과 "우리"는 영적으로 거듭나서 살아났으며, 동시에 하나님이 기쁘게 받으시는 하나님의 자녀가 되었다는 것이다.

3. 꼬리

하나님은 "우리가 서로 사랑하자"라고 말씀하셨다. 말씀만 하신

---

14) "화목 제물"에 대하여 상세히 알려면, 요한일서 2장의 "화목 제물"을 참고하라.

것이 아니라, "서로 사랑할 수" 있는 본보기도 보여주셨다. 그것은 당신의 아들을 "우리"를 위하여 이 세상에 보내신 것이다. 그리고 "우리를 살리시기" 위하여 그 아들을 십자가에서 죽게 하셨던 것이다. 그 결과 "우리"는 영적 생명을 얻게 되었을 뿐 아니라, 하나님과 그분의 사랑을 경험적으로 알게 되었다. 그러므로 "우리도 서로 사랑할 수" 있게 되었다.

그렇다! 하나님의 아들이신 예수 그리스도는 "세상의 구주"가 되시기 위하여 (요일 4:14) "세상 죄를 짊어지신 하나님의 어린양"이 되셨다 (요 1:29). 그분은 "우리를 살리시기" 위하여 당신의 하나밖에 없는 생명을 포기하셨다. 한 발 더 나아가서 우리의 모든 죄의 문제를 해결하기 위하여 십자가에서 피를 쏟으셨다. 이렇게 표현된 하나님의 사랑 때문에 "우리는 서로 사랑할 수" 있게 된 것이다.

7

"사랑"

"사랑하는 자들아, 하나님이 이같이 우리를 사랑하셨은즉
우리도 서로 사랑하는 것이 마땅하도다"

요한일서 4:11

1. 머리

앞장에서 사도 요한은 기독교에서 가장 중요한 가르침을 주었는데, 그것을 다시 요약해보자. "영적으로 죽은 상태에서 허우적거리며 살아가고 있는 죄인들을 위하여 하나님은 당신의 하나밖에 없는 아들을 보내셨다. 그 죄인들을 영적으로 살리시기 위하여 처참하게 십자가에서 피를 흘리며 죽으셨다. 사도 요한은 그 죽음을 화목 제물이라는 구약성경과 신약성경을 아우르는 중요한 제물로 묘사했다."

"그 죽음을 통하여 죄인들은 용서받았을 뿐 아니라, 동시에 영적으로 살아났던 것이다. 그들은 더 이상 세상의 풍조와 육신의 정욕과 악령에 이끌릴 필요가 없어졌다. 그뿐 아니라, 그들에게는 영생이라는 놀라운 소망도 주어졌다." 얼마나 놀라운 복음이며, 얼마나

놀라운 삶의 변화인가! 이것이야말로 사랑의 절정이 아니면 무엇이 겠는가? 바울 사도가 묘사한대로 "사랑의 높이"라고 말할 수 있을 것이다 (엡 3:19).

그러나 사랑에는 "높이"^{hight}만 있는 게 아니라, "깊이"^{depth}도 있다. 마치 예수님의 세 제자들이 변화산 꼭대기에서 예수님과 더불어 황홀한 경험을 한 것에 비교될 수 있을 것이다. 그들은 그곳에 초막을 짓고 머무르기를 원했다. 그러나 예수님은 산 밑에 있는 문제들을 해결하기 위하여 내려가지 않으시면 안 되었다. 산 밑에는 간질로 고생하는 아들을 둔 아비와 그 문제 때문에 어찌할 바를 알지 못하는 제자들이 있었다 (마 17:1-16).

2. 몸통

산 밑에 있는 제자들과 간질병자는 도움을 필요로 했다. 예수님은 세 제자를 인도하여 황홀의 장소를 떠나서 문제의 장소로 내려가셨다. 그분의 사랑의 손길을 기다리는 사람들을 위해서였다. 그렇다! 사도 요한도 앞의 장에서 하나님의 황홀한 사랑을 전했다 (요일 4:9-10). 그러나 동시에 그 사랑을 기다리는 사람들을 위하여 중요한 명령도 주었는데, 곧 "서로 사랑하라"는 것이다." 그의 명령을 다시 들어보자, "우리도 서로 사랑하는 것이 마땅하도다!"

1) "사랑"

　이 장의 본문에는 "사랑"이라는 단어가 세 번 나온다. 첫 번째는 사도 요한이 그처럼 사랑하는 그리스도인들을 부르면서 사용한 것이다, "사랑하는 자들아!" 이 호칭은 요한일서에서 여섯 번째이자 마지막으로 나온 것이다. 그리고 "하나님이 이같이 우리를 사랑하셨은즉"은 하나님의 사랑을 그린 것이며, 마지막으로 "우리도 서로 사랑하는 것이 마땅하도다"는 그리스도인들이 삶의 현장에서 구체적으로 사랑하는 행위를 그린 것이다.

　그런데 이 시점에서 사도 요한이 사용한 "사랑"이란 단어의 뜻을 알아보는 것도 유익할 것이다. 국어 성경에서는 일관되게 "사랑"이라는 단어로 번역되었지만, 실제로 원어인 헬라어에서 "사랑"은 한 단어가 아니라 각기 다른 뜻을 가진 여러 단어가 있다. 특히 "사랑"의 뜻으로 사용된 단어가 네 가지나 있는데, 그것들을 차례로 알아보자. 첫 번째 "사랑"은 에로스(ἔρως)이다. 이 단어는 남녀가 나누는 "사랑"을 뜻한다.

　두 번째의 "사랑"은 에로스보다 깊은 뜻을 가진 단어인데, 곧 스토르게(στοργή)이다. 에로스의 사랑이 마음에 드는 상대방을 소유하고자 하는 육체적인 사랑이라면, 스토르게의 사랑은 가족에 대한 사랑 내지 애정이다. 이런 사랑들은 조건을 수반하는 사랑이다. 다시 말해서, 마음에 들기 때문에 사랑하는 것이며, 가족이기 때문에 사랑과 애정을 갖는 것이다. 가족인데도 사랑하지 않는 사람을 성경에서는 "무정한" 사람이라고 한다 (롬 1:31, 딤후 3:3).

　세 번째의 "사랑"은 필레오(φιλεῶ)인데, 이 사랑은 우정을 토대로 나누는 애정을 가리킨다. 이 "사랑"에서 파생된 단어가 있는데, 곧 필로스(φίλος)이다. 필로스는 친구를 뜻하는데, 신약성경에서 종종 사용되는 단어이다.[15] 그렇다면 무엇을 근거로 친구가 되는가? 두 가지 근거를 제시할 수 있는데, 하나는 따사함이고 또 하나는 자격이다. 다시 말해서, 친구의 관계는 서로를 향해서 따뜻한 마음을 갖게 되며, 또한 친구로 삼을만한 자격을 갖추어야 한다.

네 번째이자 마지막으로 나오는 "사랑"은 사도 요한이 즐겨 사용한 *아가페*(ἀγάπη)이다.[16] *아가페*는 에로스와는 달리 마음에 들기 때문에 갖는 사랑이 아니며, 그렇다고 소유하고픈 욕구 때문에 갖는 사랑도 아니다. 필레오처럼 따사함이나 자격 때문에 갖는 사랑도 아니다. *아가페*는 자격이 없는 상대방에게 가장 좋은 것을 어떤 희생을 치루더라도 주고자하는 가장 고상한 사랑이다. 줄뿐 아니라, 그 대가로 받을 것도 기대하지 않는 사랑이다.[17]

사도 요한은 "사랑"을 말할 때 이 *아가페*를 사용한다. 하나님이 죄로 가득할 뿐 아니라, 영적으로 죽은 자격 없는 죄인들을 살리시기 위하여 그 아들을 희생시키셨기 때문이다. 이런 하나님의 사랑을 가장 잘 표현한 말씀이 요한일서 4장 9-10절이다: "…하나님이 자기의 독생자를 세상에 보내심은 그로 말미암아 우리를 살리려 하심이라. 사랑은 여기 있으니…하나님이 우리를 사랑하사 우리 죄를 속하기 위하여 화목 제물로 그 아들을 보내셨음이라."

---

15) "친구"의 뜻을 가진 필로스는 신약성경에서 29번이나 나온다.
16) 사도 요한은 요한일서에서 *아가페*를 53번이나 사용했다.
17) 구약성경의 "사랑"은 일반적인 사랑을 뜻하는 *아헤브*(אָהֵב) [명사형 *아하배*(אַהֲבָה)], 성적인 사랑을 뜻하는 *도드*(דּוֹד), 및 하나님과 사람의 사랑을 강조하는 *헤세드*(חֶסֶד)가 있다.

2) "하나님의 사랑"

사도 요한은 그리스도인들을 이렇게 불렀다, "사랑하는 자들아!" 그 이유는 간단하다! 그들이 이처럼 희생적이면서도 무조건적인 하나님의 사랑을 받았기 때문이다. 그는 그들을 그렇게 부른 직후 그들이 받은 하나님의 사랑을 이렇게 요약했다, "하나님이 이같이 우리를 사랑하셨은즉." 이 말씀에서 "이같이"라는 표현은 그 앞에 나오는 두 구절의 말씀을 가리킨다. 다시 말해서, 하나님이 독생자를 제물로 희생시키셨기에 우리가 영적으로 살아났다는 것이다.

성경 전체에서 "하나님은 사랑이시라"는 표현이 나오는 곳은 요한일서에서 뿐이다. 그것도 요한일서 4장에서만 두 번씩이나 나온다 (4:8, 16). 그런데 이 표현은 다분히 관념적이다. "하나님이 사랑이시라"는 사실을 어떻게 알 수 있는가? 행동이 따르지 않는 사랑은 어떤 의미에서 진정한 사랑이 아닐 수 있다. 자녀를 위하여 젖을 먹이며, 기저귀를 갈아주는 행동을 통하여 엄마의 사랑을 알 수 있는 것과 마찬가지이다.

하나님도 사랑이시기에 자연히 그 사랑을 행동으로 나타내셨다. 실제로 하나님의 모든 행위는 사랑에서 비롯된 것이다. 인간을 창조하신 것도 사랑 때문이었다. 하나님이 역사歷史를 다스리시는 것도 역시 사랑 때문이었다. 마지막 때 있을 하나님의 심판도 역시 사랑에서 일어난 행위이다. 이렇게 사랑의 행위는 이루 말할 수 없이 많으나, 그 가운데서 가장 중요한 사랑의 행위는 두말할 필요도 없이 당신의 외아들을 희생시키신 것이었다.

사도 요한의 외침을 다시 들어보자, "하나님이 세상을 이처럼 사랑하사 독생자를 주셨으니, 이는 그를 믿는 자마다 멸망하지 않고 영생을 얻게 하려 하심이라" (요 3:16). 이 하나님의 사랑은 결코 세상이 사랑을 받을 만 하기 때문에 주어진 것이 아니다. 하나님을 등지고, 하나님을 미워한 세상을 위하여, 그 세상이 멸망치 않기 위하여 조건 없이 주신 하나님의 사랑이었다. 오로지 세상의 향복享福을 위하여 주신 사랑의 표현이었다.

사도 요한은 하나님의 사랑을 반복해서 언급하기를 조금도 주저하지 않았다. 왜냐하면 그 사랑을 경험하지 않으면 안 되기 때문이었다. "하나님의 사랑이 우리에게 이렇게 나타난 바 되었으니, 하나님이 자기의 독생자를 세상에 보내심은 그로 말미암아 우리를 살리려 하심이라. 사랑은 여기 있으니, 우리가 하나님을 사랑한 것이 아니요 하나님이 우리를 사랑하사 우리 죄를 속하기 위하여 화목 제물로 그 아들을 보내셨음이라" (요일 4:9-10).

사도 요한은 이처럼 놀라운 사랑을 부어주신 하나님의 위대하심과 장엄하심을 묘사하고 싶은듯하다. 왜냐하면 요한일서 4장에만 "하나님"이란 칭호가 30번이나 사용되었기 때문이다. 요한일서 전체에서 "하나님"이 67번 나오는데, 그 가운데 "하나님의 사랑"을 반복적으로 묘사한 4장에서 그렇게 많이 나온다. 누구든지 하나님의 사랑에 압도되어 4장을 읽는다면, 이렇게 여러 번 나오는 "하나님" 속으로 빨려 들어가고 말 것이다.

3) "우리의 사랑"

그렇게 큰 하나님의 사랑을 경험한 "사랑하는 자들"이 할 일이 한 가지 있는데, 그것은 서로 사랑하는 것이었다. 이 장의 본문을 다시 새겨보자, "사랑하는 자들아, 하나님이 이같이 우리를 사랑하셨은 즉, 우리도 서로 사랑하는 것이 마땅하도다." 이 본문에서 "마땅하도다"라는 동사를 눈여겨보자. 이 동사는 하나님에게 빚을 지고 있기 때문에 그 빚을 반드시 갚아야 된다는 뜻을 가지고 있다.[18]

그렇다! 하나님은 당신의 독생자를 화목 제물로 희생시키시므로 우리를 다시 살리셨다. 그처럼 큰 사랑의 빚을 진 우리는 반드시 그 빚을 갚아야 한다. 그런데 놀라운 사실은 그 빚을 하나님에게 갚으라는 것이 아니라, 다른 사람에게 갚으라는 것이다. 어떻게 갚는가? 다른 사람을 사랑하는 것이 하나님이 우리에게 부어주신 사랑에 대한 빚을 갚는 것이라고 사도 요한은 너무나 분명히 말하고 있다.

사도 요한이나 바울 사도는 하나님의 희생적인 사랑을 받은 우리가 그 대가로 반드시 하나님을 사랑해야 된다는 명령을 한 적이 없다.[19] 물론 하나님의 사랑을 받은 그리스도인들은 하나님을 사랑한다. 그러나 하나님을 사랑한다는 표현은 너무나 추상적이다. 어떻게 하는 것이 하나님을 사랑하는 것인가? 사도 요한은 그처럼 추상적인 사랑을 하라고 명령하는 것이 아니라, 구체적으로 다른 사람을 사랑하라고 명령한다.

요한일서에서 "서로 사랑해야 된다"는 명령--직접적이든 간접적인이든--이 자그마치 16번 나온다.[20] 왜 사도 요한은 "서로 사

---

18) 이 동사는 헬라어로 오페일로(ὀφείλω)로서, 하나님에 대한 법적, 경제적, 도덕적 빚을 갚아야 된다는 것을 함축한다.
19) Smalley, *1, 2, 3 John*, 245.
20) 요한일서 2:10, 3:10, 11, 14, 16, 18, 23, 4:7, 11, 12, 16, 19, 20, 21, 5:1, 2.

4장 서로 사랑하자　471

랑해야 된다"는 명령을 이처럼 요한일서 전체에 깔고 있는가? 그 이유는 너무나 간단하다! 하나님의 사랑을 경험한 그리스도인들은 어떤 경우에서건 서로를 사랑해야 되기 때문이다. 마음에 드는 사람도 사랑하고, 마음에 들지 않는 사람도 사랑해야 한다. 사랑하지 않으면 하나님의 사랑을 경험하지 못한 표시이다.

"우리도 서로 사랑하는 것이 마땅하도다"에서 구체적으로 "서로"는 누구를 가리키는가? 첫째는 우리의 이웃이다. 이웃을 사랑하라는 명령은 일찍이 유대인들에게 주어졌으며, 이어서 그리스도인들에게도 전해졌다 (레 19:18, 막 12:31). 이웃 사랑이야말로 율법의 완성이다 (롬 13:10). 둘째는 다른 그리스도인들이다. 적대감에 둘러싸여 있는 그리스도인들이 서로를 사랑하며 돌보고 격려하지 않는다면, 누구로부터 사랑을 기대하겠는가?

우리가 서로 사랑해야 하는 셋째 대상은 가족이다. 가족은 하나님이 제정하신 최초의 기관이다 (창 2:24). 남편은 아내를 사랑해야 하며 (엡 5:25), 아내도 남편을 사랑해야 한다 (딛 2:4). 두말할 필요도 없이 부모는 자녀를 사랑하며 또 양육해야 한다. 그런 이유 때문에 바울 사도는 이렇게 명령했다, "그들로 [늙은 여자들로] 젊은 여자들을 교훈하되 그 남편과 자녀를 사랑하게 하며" (딛 2:4). 가족이 시발점으로 사랑의 대상이 확대된다.

3. 꼬리

그리스도인들을 위하여 희생 제물이 되신 예수 그리스도는 그들에게 이렇게 말씀하신 적이 있었다. "나는 너희에게 이르노니 너희 원수를 사랑하며 너희를 박해하는 자를 위하여 기도하라…너희가 너희를 사랑하는 자를 사랑하면 무슨 상이 있으리요. 세리도 이같이 아니하느냐? 또 너희가 너희 형제에게만 문안하면 남보다 더하는 것이 무엇이냐? 이방인들도 이같이 아니하느냐?" (마 5:44, 46-47).

예수님의 말씀대로 우리가 사랑해야 할 넷째 대상은 원수이다. 물론 이런 사랑은 인간적으로는 불가능하지만, 그분의 희생으로 거듭난 그리스도인들은 성령의 도움으로 가능하다. 만일 그들이 주님의 명령에 순종하기로 결단하기만 하면 말이다. 하나님이 원수 된 우리를 사랑하시면서, 우리에게 사랑의 빚을 갚으라고 명령하신다. 그 명령은 원수까지 사랑하며 기도하라는 것이다. 그렇게 순종할 때, 우리는 비로소 *아가페* 사랑을 실천하는 것이다.

8

A Holy Life A Love Life

온전한 사랑

"어느 때나 하나님을 본 사람이 없으되 만일 우리가 서로 사랑하면,
하나님이 우리 안에 거하시고
그의 사랑이 우리 안에 온전히 이루어지느니라"

요한일서 4:12

1. 머리

사도 요한은 거짓 선지자와 거짓 영을 분별하는 것이 참으로 중요
하다고 설파한 후, 요한일서 4장에서 가장 중요한 사랑에 대하여
설명하기 시작했다. 한 마디로 말해서, 그리스도인들은 서로 사랑
해야 한다는 것이다. 만일 사랑하지 않는다면 하나님을 알지 못한
다고 힘주어서 말했다. 그러면서 사도 요한은 서로 사랑해야 하는
이유를 밝혔는데, 그 이유는 자그마치 세 가지나 되었다.

그리스도인들이 서로 사랑해야하는 첫 번째 이유는 하나님의 속
성 때문이다. 하나님의 속성은 한두 가지가 아니지만, 요한일서 4
장에서 제시된 하나님의 속성은 "사랑"이다. 다시 말해서, 하나님
이 사랑이시기 때문에 하나님과 관계를 맺은 그리스도인들은 하나

님의 속성, 곧 사랑을 나타내야 한다. 요한의 말을 다시 인용해보자, "우리가 서로 사랑하자; 사랑은 하나님께 속한 것이니 사랑하는 자마다 하나님으로부터 나서 하나님을 알고" (요일 4:7).

그러니까 사랑의 기원이 하나님에게 있기에 그리스도인들이 서로 사랑해야 한다 (4:7-8). 그리스도인들이 서로 사랑해야 하는 두 번째 이유는 하나님의 사랑이 그 아들을 통하여 나타났기 때문이다 (4:9-10). 사랑이신 하나님은 그 사랑을 행동으로 보여주셨는데, 곧 그의 독생자를 화목 제물로 희생시키기까지 하시면서 그리스도인들을 사랑하셨다. 그리스도 예수를 통하여 하나님의 사랑을 경험한 그리스도인들은 마땅히 서로 사랑해야 한다.

2. 몸통

그리스도인들이 서로 사랑해야 하는 세 번째 이유는 그들이 사랑할 때 그 사랑이 온전해지기 때문이다. 그리고 이 세 번째 이유가 바로 이 장의 주제이기도 하다. 사도 요한이 제시한 주제를 다시 인용해보자, "만일 우리가 서로 사랑하면…그의 사랑이 우리 안에 온전히 이루어지느니라." 이상의 세 가지 이유를 이렇게 정리해보자: 성부 하나님에게서 시작된 사랑이 성자 하나님을 통해서 나타났고, 그리고 그 사랑은 그리스도인들을 통하여 온전하게 된다.

1) *보이지* 않는 하나님

하나님은 영이시기에 인간의 눈으로 볼 수 없다. 바울 사도도 그 사실을 이렇게 확인하였다, "오직 그에게만 죽지 아니함이 있고, 가까이 가지 못할 빛에 거하시고, *어떤 사람도 보지 못하였고 또 볼 수 없는 이시니*, 그에게 존귀와 영원한 권능을 돌릴지어다. 아멘!" (딤전 6:16). 하나님은 모세에게 그분을 볼 수도 없을 뿐 아니라, 보는 즉시 죽는다고 하셨다. "또 이르시되 네가 내 얼굴을 보지 못하리니 나를 보고 살 자가 없음이니라" (출 33:20).

그런데 그 당시 이단들은 하나님을 보기도 하고 또 그분의 음성을 들었기 때문에 하나님을 알게 되었다고 주장하였다.[21] 그들이 그렇게 주장한 까닭은 구약성경을 잘못 이해했기 때문이었다. 구약성경에는 하나님의 현현顯現이 심심치 않게 기록되어 있다. 하나님은 아브라함에게도 나타나셨고 (창 18:1), 모세에게도 임하셨다 (출 3:1-4). 그뿐 아니라, 하나님의 영광도 종종 나타났는데, 성막과 성전이 완성되었을 때도 그러했다 (출 40:34, 대하 7:1).

이스라엘 백성이 이런 하나님의 현현 앞에서 무릎을 꿇고 하나님을 찬양하며 예배를 드렸다. 그뿐 아니라, 구약성경에는 많은 사람들이 하나님의 음성을 들었다. 노아도 듣고 순종하여 방주를 지었으며 (창 6:22), 여호수아도 하나님의 말씀을 듣고 순종하여 요단강을 건넜으며 (수 3:7-8), 솔로몬도 듣고 순종하여 성전을 건축했다 (왕하 8:19 이하). 이처럼 유대인의 믿음에서 하나님의 말씀을 듣고

----

21) Smalley, *1, 2, 3 John*, 246.

순종하는 것은 너무나 중요했다.

사도 요한의 시대에 횡횡했던 이단들, 특히 영지주의자들은 이와 같은 구약성경을 의지하면서 하나님을 보고 들음으로 하나님을 알게 되었다고 주장하였다. 그러나 구약성경에서 하나님이 이스라엘 백성에게 직접 나타나셨거나 아니면 직접 말씀하신 것이 아니었다. 하나님의 천사가 하나님을 대신하여 나타났거나 말씀을 전했던 것이다. 그러나 그 천사는 자기의 말을 전한 것이 아니라 하나님의 말씀을 전했기에 "여호와가 이르시되…"라고 한 것뿐이었다.

위에서 언급한 것처럼, 어떤 사람도 하나님을 보지 못했다. 사도 요한이 다른 곳에서 한 말을 인용해보자, "본래 하나님을 본 사람이 없으되 아버지 품속에 있는 독생하신 하나님이 나타내셨느니라" (요 1:18). 그렇다! 어떤 사람도 하나님을 볼 수 없고 또 보지도 못했다! 그 하나님을 대신하여 "하나님의 영광의 광채시오, 그 본체의 형상이신" 예수 그리스도가 인간들에게 오신 것이다 (히 1:3).

그런 이유 때문에 그분은 하나님을 보여 달라는 빌립에게 이렇게 말씀하셨다, "내가 이렇게 오래 너희와 함께 있으되 네가 나를 알지 못하느냐? 나를 본 자는 아버지를 보았거늘 어찌하여 아버지를 보이라 하느냐?" (요 14:9). 그렇다! 하나님은 볼 수 없으되, 그분이 보내신 예수 그리스도를 받아들인 그리스도인들이라면 서로 사랑하게 된다. 그렇게 구체적으로 표현된 사랑이야말로 우리가 하나님을 안다는 확실한 증거이다.

2) 우리 안에 *거하시는* 하나님

이단들의 특징은 예나 지금이나 달라진 것이 없다. 그들은 하나님을 보았고, 또 그분의 음성을 직접 들었다고 주장한다. 그런 경험을 통하여 하나님을 안다는 것이다. 그러면서 그들은 다른 순진한 신앙인들을 그들이 경험한 신비한 경험으로 인도하려고 노력한다. 그러나 그들은 기독교의 꽃이요 열매라고 할 수 있는 윤리를 무시한다. 두말할 필요도 없이 기독교 윤리의 절정은 사랑이다. 사랑이 없는 그들은 하나님을 알지 못한다 (요일 4:8).

그런 자들은 하나님을 알지 못할 뿐 아니라, 하나님이 그들 안에 거하시지도 않는다. 아니, 거하실 수 없는 것이다. 그런데 이 시점에서 "거하다"는 동사를 살펴볼 필요가 있다. 이 동사는 요한일서에서 24번 나온다. 요한일서가 105절로 이루어진 사실을 감안할 때 "거하다"는 참으로 많이 나온다는 것을 알 수 있다. 대략 4-5구절에 한 번씩 나오는 이 동사는 적어도 요한일서에 의하면 매우 중요한 가르침을 준다.

"거하다"는 동사는 잠시 머물다가 떠나가는 여행객을 뜻하지 않고, 계속해서 상주常住하는 상태를 뜻한다.[22] 그런데 하나님이 그리스도인들 안에 "거하시다"는 것이다. 다시 말해서, 그리스도인들은 하나님에 대하여 관념적으로만 알지 않고, 그분을 마음 가운데 모시는 경험을 한다는 것이다. 그렇게 마음 안에 들어오신 분은 떠나

----

[22] 본문에서 사용된 상주하다의 뜻을 가진 "거하다"는 *메노*(μένω)이나, 아브라함처럼 외국에 잠깐 머무는 뜻을 가진 동사는 *파로이케오*(παροικέω)이다 (히 11:9).

시지 않고 계속해서 그들과 동행하신다는 것이다. 초월의 하나님이 내재內在의 하나님이 되신다는 것이다.

그럼 하나님은 언제 그리스도인들 안에 들어오시는가? 사도 요한은 그 시발점을 이렇게 가르친다. "누구든지 예수를 하나님의 아들이라 시인하면, 하나님이 그의 안에 거하시고 그도 하나님 안에 거하느니라" (요일 4:15). 이 가르침을 달리 표현하면, 그들이 복음을 듣고, 그 복음의 주인공이신 예수 그리스도를 시인하고 또 믿음으로 받아들이는 순간 하나님이 그들 안에 들어오신다는 것이다. 사도 요한은 이 복음을 "처음부터 들은 것"이라고 했다 (2:24).

그렇다면 천지를 창조하신 전능한 하나님이 작고 작은 그리스도인들의 마음에 직접 들어오신단 말인가? 사도 요한은 그런 하나님의 내주內住를 "기름 부음"이라고도 했다 (요일 2:27). 물론 "기름 부음"은 하나님에 의하여 부르심을 받은 사람들을 가리키는 구약성경의 표현이다. 마찬가지로, 죄인들이 복음의 부르심을 받고 적극적으로 반응할 때 "기름 부음," 곧 성령이 그들의 마음속에 들어오신다 (요일 4:13). 그분은 성령 하나님이시다.

그들의 마음에 성령 하나님이 내주하신다면, 그들은 어렵지 않게 하나님의 뜻을 행할 수 있을 것이다. 사도 요한을 다시 인용해보자, "이 세상도, 그 정욕도 지나가되 오직 하나님의 뜻을 행하는 자는 영원히 *거하느니라*" (요일 2:17). 그렇다면 "하나님의 뜻"은 구체적으로 무엇을 말하는가? 그것은 "형제의 궁핍함"을 돕는 행위이다 (요일 3:17). 이런 행위를 이 장의 본문에서 이렇게 말한다, "만일 우리가 서로 사랑하면 하나님이 우리 안에 거하시고… ."

3) *온전하게 된 사랑*

지금까지 사도 요한이 가르친 내용을 다시 음미해보면 다음과 같다. *과거* 어느 시점에서 하나님이 보내신 그 아들 예수 그리스도를 시인하고 믿을 때 성령 하나님이 그들 안에 들어오신다. 그리고 그분의 임재와 도움을 통하여 그리스도인들은 이웃과 원수까지도 사랑하게 된다. 이렇게 "서로 사랑하는" 것은 *현재*의 경험이다. 그들은 지금 다른 사람들을 사랑하면서 살아간다. 그런 삶은 하나님이 그들 안에 거하시는 산 증거이다.

그런데 더욱 놀라운 사실은 그 사랑에도 *미래*도 있다는 것이다. 오늘의 본문 가운데서 마지막 부분을 다시 인용해보자, "그의 사랑이 우리 안에 온전히 이루어지느니라." "온전히 이루어진 사랑"이란 하나님이 그리스도인들에게 사랑을 주시면서 기대하신 궁극적인 사랑이다. 다시 말해서, 하나님이 그들을 사랑하셔서 그분의 하나밖에 없는 독생자를 주셨듯이 그들도 그렇게 서로를 사랑할 때 그 사랑이 완전하게 된다는 것이다.

본래 하나님의 사랑은 영원 전부터 있었다. 왜냐하면 하나님 자신이 사랑이시기 때문이다. 사도 요한은 그런 영원한 사랑을 4장 8-9절에서 묘사한다. 그런 영원한 사랑이 예수 그리스도란 역사적인 구주를 통하여 죄인들에게 전달된 것인데, 4장 10-11절에서 묘사된 대로이다. 그런데 그렇게 시작되었고 또 전달된 사랑은 그리스도인들을 통하여 계속되어야 한다는 것이다. 그것이 바로 "온전한 사랑"이다 (12절).

물론 이처럼 "온전한 사랑"은 그리스도인들이 지향해야 할 궁극적인 목표이다. 그러나 그 목표는 과거에 경험된 사랑을 현재에도 계속해서 다른 사람들에게 드러낼 때만이 가능하다. 왜냐하면 현재의 연속이 바로 미래이기 때문이다. 그런데 이런 "온전한 사랑"은 결코 주님이 다시 오실 때 이루어질 경험이 아니다. 물론 그때에는 "온전한 사랑"만이 그리스도인들을 지배하고 또 실천할 것이다.

그러나 사도 요한은 "온전한 사랑"을 주님이 재림하실 때 이루어지는 사랑이라고 하지 않았다. 그의 말을 다시 인용해보자, "만일 우리가 서로 사랑하면…, 그의 사랑이 우리 안에 온전히 이루어지느니라." 그렇다! *지금* 우리 그리스도인들이 서로 사랑하면, 하나님의 사랑이 마침내 우리를 통해서도 드러날 것이다. 예수 그리스도가 부탁하신 말씀을 이루게 된다는 말이다, "그러므로 하늘에 계신 너희 아버지의 온전하심과 같이 너희도 온전하라" (마 5:48).

그리스도인들은 "온전한 사랑"을 최후의 목표로 삼아, 끊임없이 사랑해야 한다. 그러나 그렇게 사랑하지 못할 때가 얼마나 많은가? 실패할 때마다, 다시 예수 그리스도를 통하여 경험된 첫 사랑을 기억하자. 그리고 그들 안에 거하시는 사랑의 하나님 앞에 무릎을 꿇고, 그분의 도움을 간구하자. 그렇게 기도할 뿐 아니라, 실제로 그 사랑을 삶의 현장에서 실천하려고 애를 쓸 때, 그분은 우리로 하여금 "온전한 사랑"으로 나아가게 하실 것이다.

3. 꼬리

많은 그리스도인들은 구원의 확신을 가지고 있다. 뿐만 아니라 많은 성경공부와 훈련을 통하여 삼위의 하나님에 대하여 많이 알고 있다. 그리고 하나님의 말씀을 늘 읽고 암송도 한다. 교회의 출석과 봉사도 누구에게도 뒤지지 않는다. 그런데 그들이 "궁핍한 형제"를 구체적으로 돕지 않는다면, 그리고 서로를 조건 없는 사랑하지 않는다면, 초대교회에 횡횡하던 이단과 무엇이 다르단 말인가?

이 시점에서 바울 사도의 경고가 필요한 건 아닌지 모르겠다, "내가 사람의 방언과 천사의 말을 할지라도 사랑이 없으면 소리 나는 구리와 울리는 꽹과리가 되고, 내가 예언하는 능력이 있어 모든 비밀과 모든 지식을 알고 또 산을 옮길 만한 모든 믿음이 있을지라도 사랑이 없으면 내가 아무 것도 아니요, 내가 내게 있는 모든 것으로 구제하고 또 내 몸을 불사르게 내줄지라도 사랑이 없으면 내게 아무 유익이 없느니라" (고전 13:1-3).

성령

"그의 성령을 우리에게 주시므로
우리가 그 안에 거하고 그가 우리 안에 거하시는 줄을 아느니라"

요한일서 4:13

1. 머리

사도 요한은 요한일서에서 삼위의 하나님을 자주 언급하였다. 지난번에 살펴본 것처럼, "하나님"을 67회나 사용했는데, "아버지"까지 포함하면 자그마치 79회나 사용했다. 성자 하나님이신 예수 그리스도는 "아들"이 21회와 "예수"가 12회로 도합 33회나 사용했다. 반면, 성령 하나님은 상대적으로 사용 횟수가 적다. 실제로 "성령"은 5회만 사용되는데, 이 장의 본문에서 1회, 3장 24절에서 1회, 5장 6절에서 2회, 8절에서 1회가 각각 나온다.

사도 요한은 "성령"의 의미로 "기름 부음"을 3회 사용했으니 (2:20-2회, 2:27), 결국 도합 8회만 사용한 셈이다. 그렇다고 "성령"의 중요성을 인식하지 못했기 때문이 아니다. 그는 "성령"의 역할을 너무나 잘 안 사도이었다. 실제로 "성령"에 대하여 가장 자세하게 기록한 사도는 다름 아닌 사도 요한이었다. 그는 요한복음 14장으로부터 16장에 이르기까지 3장에서 앞으로 오실 "성령"에 대한 예수 그리스도의 예언을 빠짐없이 기록한 사도였다.

비록 요한일서에서 "성령"이 몇 번 나오지 않지만, 그래도 그 역할은 아주 중요하다. 왜냐하면 성령의 역사로 예수 그리스도를 그들의 구주로 믿게 되었으며, 또 같은 성령의 도움으로 거짓 선지자와 거짓 영을 분별하였다. 그뿐 아니라 동일한 성령의 도움으로 서로 사랑할 수 있게 된 것이다. 성령이 없는 죄인들은 영적인 일을 알 수 없으며, 또 자격 없는 사람들을 사랑할 수 있는 능력도 없다. 성령의 도우심으로만 믿음과 사랑을 갖게 되기 때문이다.

2. 몸통

그리스도인들은 이처럼 중요한 성령을 언제 선물로 받는가? 그들이 예수 그리스도의 대속적 죽음을 믿는 순간이다. 바울 사도는 그분이 위하여 죽은 사람들을 세 가지로 묘사하는데, 곧 "연약한 자," "죄인," 및 "원수"이다 (롬 5:6, 8, 10). 그들이 그분의 죽음을 믿는 순간 성령이 그들 안에 들어오신다. 바울 사도는 그분의 죽음과 연관시키면서 이렇게 묘사한다, "…우리에게 주신 성령으로 말미암아 하나님의 사랑이 우리 마음에 부은 바 됨이니" (롬 5:5).

1) 성령의 선물

바울 사도는 성령이 주어진 사실을 이렇게 묘사하기도 했다. "그 안에서 너희도 진리의 말씀 곧 너희의 구원의 복음을 듣고 그 안에서 또한 믿어, 약속의 성령으로 인치심을 받았으니" (엡 1:13). 이 말씀에 의하면 복음을 듣고 믿은 사람에게는 성령이 들어오신다. 여기에서 바울 사도는 성령이 들어오신다고 하지 않고 "성령의 인치심"으로 표현했는데, 그 이유는 성령이 들어오시는 순간부터 하나님의 소유가 되었다는 사실을 강조하기 위함이었다.

이 시점에서 분명히 알고 넘어가야 할 중요한 사실이 있다. 그것은 성령의 인침이 없는 사람은 절대로 그리스도인이 아니라는 사실이다. 비록 열심히 교회를 다녀도, 교회의 중요한 직분을 가져도, 봉사를 열심히 해도, 성령의 인침이 없는 사람은 진정한 의미에서 그리스도인이 아니다. 그런 사람은 인간적으로 교회에 속한 교인이기에 이 장의 본문에서처럼 하나님 안에 거하며, 또 하나님이 그들 안에 거하시는 사실을 경험할 수 없다.

바울 사도가 로마서에서 아무도 오해할 수 없을 정도로 정확하게 진단한 말씀을 인용해보자, "만일 너희 속에 하나님의 영이 거하시면 너희가 육신에 있지 아니하고 영에 있나니, 누구든지 그리스도의 영이 없으면 그리스도의 사람이 아니라" (롬 8:9). 그렇다! 하나님의 영을 그 마음속에 모시고 있지 않은 사람은 어떤 사람이라도 교인은 될 수 있어도, 그리스도인은 될 수 없다. 평신도는 물론 신학자나 목사나 장로도 마찬가지이다.

그런데 여기에서 아주 중요한 질문을 던질 수 있는데, 그것은 성령이 그 마음속에 내주하시는 사실을 어떻게 알 수 있는가 하는 것이다. 신앙이 깊은 부모님을 모시고 빠짐없이 예배에 출석했기 때문인가? 어느 날 환상을 보면서 넘어졌기 때문인가? 어느 날 방언이 터졌기 때문인가? 아니면 어느 날 눈물을 펑펑 쏟았기 때문인가? 이런 모든 경험들 때문에 많은 사람들은 그들 안에 성령이 내주하신다고 믿는다.

그런 경험들을 부정하지는 않지만, 그렇다고 그런 경험 때문에 반드시 그들 안에 성령이 내주하신다고 확언할 수는 없다. 그렇다면 성령의 내주를 어떻게 확신할 수 있는가? 가장 중요한 확신은 성령의 증언이다. 다시 바울 사도의 가르침을 의지해보자, "성령이 친히 우리의 영과 더불어 우리가 하나님의 자녀인 것을 증언하시나니"(롬8:16). 그렇다! 성령은 무엇보다도 그리스도인들이 "하나님의 자녀"가 되었다는 사실을 증언하신다.

그들은 어떻게 하나님의 자녀가 되었는가? 그들의 공로 때문이 아니라 완전히 하나님의 조건 없는 사랑 때문이었다. 하나님은 그들을 너무나 사랑하신 나머지 그의 독생자를 희생시키셨던 것이다. 그런 하나님의 사랑을 경험한 그리스도인들은 마땅히 그 하나님을 사랑해야 한다. 한 발 더 나아가서 그 하나님이 조건 없이 사랑하신 이웃도 사랑해야 한다. 그들이 이처럼 위로 하나님을 사랑하고, 또 아래로 이웃을 사랑한다는 것이 바로 성령의 증언이다.[23]

성령이 내주하고 있는 그리스도인들은 이처럼 사랑의 삶을 영위

----

23) 웨슬리도 "성령의 증언"이라는 설교에서 하나님에 대한 사랑과 이웃 사랑이 성령의 증언이라고 하였다. 이를 위하여 다음을 보라, "The Witness of the Spirit, I" in *Sermons 1, The Works of John Wesley* (Nashville, TN: Abingdon Press, 1984), 272–3.

한다. 그리고 이런 사랑의 삶은 사도 요한의 가르침이기도 하다. 그의 말을 다시 인용해보자, "…만일 우리가 서로 사랑하면 하나님이 우리 안에 거하시고 그의 사랑이 우리 안에 온전히 이루어지느니라"(요일 4:12). 이미 누누이 언급한 것처럼, 이런 이중적인 사랑――하나님 사랑과 이웃 사랑――은 성령의 임재와 도움이 없이는 절대로 불가능하다.

진정으로 거듭나서 성령의 인치심을 받은 그리스도인들은 서로 사랑하라는 계명을 너무나 잘 안다. 그러나 불행하게도 그런 사랑을 언제나 드러내면서 살지 못하는 것도 사실이다. 그 이유는 무엇인가? 그들 안에 남아있는 육신의 성품 때문이다. 이 못된 성품은 성령이 원하시는 사랑을 방해할 때가 종종 있다. 자연히 그들은 앎과 삶의 괴리 사이에서 갈등을 갖게 되는데, 이 갈등이야말로 그들 안에 성령이 계시다는 확실한 증거가 되기도 한다.

그러나 그리스도인들은 갈등 가운데서도 착실히 신앙적으로 성장한다. 그런 성장이야말로 성령이 그들 안에 내주하고 계시다는 또 다른 증거이다. 그들 안에 성령 하나님이 계시는데 어떻게 성장하지 않을 수 있겠는가? 그것은 절대로 불가능하다! 그 성령은 일찍이 천지창조에도 관여하셨고 (창 1:2). 인간 창조에도 관여하셨다 (창 2:7). 그뿐 아니라 예수님의 대속적 죽음에도 관여하셨다 (히 9:14). 거듭난 그리스도인들이 성장하는 것은 당연하지 않은가?

2) 거함의 목적

사도 요한은 이장의 본문과 비슷한 말씀을 이미 진술한 바 있는데, 그 말씀을 인용해보자; "그의 계명을 지키는 자는 주 안에 *거하고* 주는 그의 안에 *거하시나니*, 우리에게 주신 성령으로 말미암아 그가 우리 안에 거하시는 줄을 우리가 아느니라" (요일 3:24). 그렇다! 성령으로 인침을 받은 그리스도인들은 그들 안에 하나님이 거하시는 사실을 분명히 안다. 그뿐 아니라, 예수 그리스도가 주신 계명을 지킬 수 있는 능력도 주어진다.

이 말씀에서 눈여겨보아야 할 대목은 성령의 내주로 인하여 "거함"이 상호적이 되었다는 것이다. 다시 말해서, 성령의 도움으로 계명을 지키는 그리스도인들은 주님 안에 거하고, 그리고 주님은 그들 안에 거하신다는 것이다. 이처럼 상호적인 "거함"은 특히 요한일서 4장에서 반복해서 나온다 (요일 4:13, 14, 16). 우선 이 장의 본문을 다시 보자, "그의 성령을 우리에게 주시므로 우리가 그 안에 거하고 그가 우리 안에 *거하시*는 줄을 아느니라."

이 말씀에서 우리 안에 거하시는 분은 다름 아닌 하나님이시다. 그처럼 크고 높으신 분이 그처럼 낮고 천한 사람들 안에 거하신다는 것이다. 성령이 그들 안에 들어오시는 순간부터 그들은 하나님 안에 거하고, 그리고 하나님은 그들 안에 거하신다는 것이다. 이런 표현은 뗄래야 뗄 수 없는 밀접한 관계를 강조한다. 이런 관계는 하나님 아버지가 그의 아들 예수 그리스도와 누리시던 관계와 같은 것이다.

예수님이 제자들에게 직접 하신 말씀을 들어보자, "내가 아버지 안에 *거하고* 아버지는 내 안에 *계신* 것을 네가 믿지 아니하느냐?" (요 14:10a). 그렇다! 하나님은 예수님 안에 계시고, 예수님은 하나님 안에 계신다. 그것을 다르게 표현하면 두 분은 하나라는 뜻이다.

그분의 말씀 대로이다, "나와 아버지는 하나이니라!" (요 10:30). 그런데 놀랍게도 그리스도인들도 하나님 아버지와 그런 관계를 누리게 되었다는 것이다.

그러면 왜 하나님은 그리스도인들 가운데 거하시면서 그들과 그렇게 밀접한 관계를 유지하시는가? 그 이유가 몇 가지인데, 첫째는 밀접한 사귐을 위해서이다. 다시 사도 요한의 증언을 들어보자, "우리가 보고 들은 바를 너희에게도 전함은 너희로 우리와 사귐이 있게 하려 함이니 우리의 사귐은 아버지와 그의 아들 예수 그리스도와 더불어 누림이라" (요일 1:3). 성부 하나님과 성자 하나님과 더불어 누리는 사귐은 성령의 내주로 가능하게 되었다.

둘째 이유는 그리스도인들이 충만한 기쁨을 누리게 하기 위함이다. "우리가 이것을 씀은 우리의 기쁨이 충만하게 하려 함이라" (요일 1:4). 셋째 이유는 그리스도인들이 죄를 짓지 않고 거룩하게 살게 하기 위함이다. 사도 요한의 말을 들어보자, "그 안에 거하는 자마다 범죄하지 아니하나니 범죄하는 자마다 그를 보지도 못하였고 그를 알지도 못하였느니라" (요일 3:6). 죄를 짓지 않아야 하나님처럼 거룩하게 살 수 있는 것이다.

하나님이 그리스도인들 가운데 거하시는 넷째 이유는 그들이 하나님의 계명을 지키게 하기 위함이다. 두말할 필요도 없이 그분의 계명은 그들이 서로 사랑하는 것이다. 누누이 말했지만, 서로 사랑하지 않으면 하나님도 알지 못하는 것이다. 그리고 그리스도인들의 사랑이란 결코 추상적인 단어에 지나지 않는 것이 아니라, 삶의 현장에서 구체적으로 드러내는 것이다. 사도 요한은 세상의 재물로 "궁핍한 형제"를 돕지 않으면 사랑이 아니라고 하였다.

다섯째와 여섯째 이유를 보기 위하여 예수님이 하신 말씀을 들어보자; "내가 아버지 안에 거하고 아버지께서 내 안에 계심을 믿으라…. 내가 진실로 진실로 너희에게 이르노니 나를 믿는 자는 내가 하는 일을 그도 할 것이요 또한 그보다 큰 일도 하리니… 너희가 내 이름으로 무엇을 구하든지 내가 행하리니…" (요 14:11-13). 이 말씀에서 다섯째 이유는 "큰 일"을 하게 하기 위함이다. 그리고 여섯째 이유는 기도의 응답을 받기 위함이다.

일곱째 이유를 보기 위하여 다시 예수님의 말씀을 인용해보자, "보혜사 곧 아버지께서 내 이름으로 보내실 성령 그가 너희에게 모든 것을 가르치고, 내가 너희에게 말한 모든 것을 생각나게 하리라" (요 14:26). 그렇다! 성령이 내주하시므로 그리스도인들이 하나님 안에 거하고 그들이 하나님 안에 거하는 또 다른 중요한 이유는 그들이 하나님의 말씀을 깨닫게 하기 위함이다. 그 말씀에서 하나님의 뜻을 알고 순종할 수 있으므로 이 이유도 중요하다.

마지막 이유도 예수님의 말씀에서 찾아보자, "평안을 너희에게 끼치노니 곧 나의 평안을 너희에게 주노라. 내가 너희에게 주는 것은 세상이 주는 것과 같지 아니하니라. 너희는 마음에 근심하지도 말고 두려워하지도 말라" (요 14:27). 어두움과 불안으로 가득한 세상에 살고 있는 그리스도인들은 하나님과의 밀접한 관계와 사귐 때문에 마음 속 깊이에 평안을 누린다. 이 평안은 어떤 사람도 앗아갈 수 없는 주님의 평안이다!

3. 꼬리

하나님이 인간을 사랑하신 증거는 너무나 많다. 우선 사랑 때문에 인간을 창조하셨다. 그 인간이 하나님을 등지고 죽음을 향하여 달려가고 있을 때, 다시 하나님은 그들에 대하여 사랑을 나타내셨다. 그 사랑이 바로 당신의 아들 예수 그리스도를 십자가에서 희생시키시면서 인간을 죽음과 심판에서 건져내주셨다. 이보다 더 큰 사랑이 어디 있겠는가? 이 세상에서 그런 사랑을 찾는다는 것은 절대로 불가능하다. 얼마나 큰 사랑을 보여주셨는가?

하나님의 사랑은 그것으로 끝나지 않았다. 하나님은 그렇게 구원하신 인간의 마음속에 성령을 넣어주셨다. 그 성령으로 인하여 인간의 사고와 언행과 인생의 목적은 180도 바뀌었다. 자신만을 위한 삶이 위로는 하나님에 대한 사랑으로, 그리고 아래로는 다른 사람에 대한 사랑으로 바뀌었기 때문이다. 이렇게 큰 하나님의 사랑을 경험한 그리스도인들은 그 사랑에 감복하면서 서로 사랑하는 삶을 살아야 할 것이다.

10

A Holy Life A Love Life

"세상의 구주"

"아버지가 아들을 세상의 구주로 보내신 것을
우리가 보았고 또 증언하노니,
누구든지 예수를 하나님의 아들이라 시인하면,
하나님이 그의 안에 거하시고 그도 하나님 안에 거하느니라"

요한일서 4:14-15

1. 머리

마침내 사도 요한은 예수 그리스도를 "세상의 구주"로 소개한다. 그렇다고 사도 요한은 그분을 아무 근거도 없이 그렇게 소개한 것이 아니다. 먼저, 하나님을 아버지로 소개한다. 왜냐하면 구원의 시작은 아버지의 마음을 가지신 하나님으로부터 시작되기 때문이다. 하나님이 인간을 창조하셨을 뿐 아니라, 그 인간이 하나님을 등지고 멀리 가려고 발버둥 칠 때, 하나님은 그런 사람들을 위하여 당신의 하나밖에 없는 아들을 통하여 구원하시기를 원하셨다.

어떻게 아들을 통하여 그런 사람들을 구원하시겠다는 말인가? 우선, 하나님이 그 아들을 세상에 보내실 때, 다른 모든 인간과 똑같은 사람이 되게 하셨다. 다른 인간처럼 하나님의 아들이신 그분이 잉태와 출생의 과정을 통해 이 세상에 오시게 했다. 사도 요한은 그 사실을 이렇게 묘사했다, "하나님의 사랑이 우리에게 이렇게 나타난 바 되었으니, 하나님이 자기의 독생자를 세상에 보내심은 그로 말미암아 우리를 살리려 하심이라" (요일 4:9).

　그 다음, 사도 요한은 성육신하신 예수 그리스도가 희생 제물이 되어 십자가에서 죽으신 사실도 소개한다: "사랑은 여기 있으니 우리가 하나님을 사랑한 것이 아니요, 하나님이 우리를 사랑하사 우리 죄를 속하기 위하여 화목 제물로 그 아들을 보내셨음이라" (요일 4:10). 이렇게 예수 그리스도가 인간의 몸으로 오셔서 세상의 모든 죄를 뒤집어쓰시고 십자가에서 죽지 않으셨다면, 그분은 결코 "세상의 구주"가 될 수 없으셨다.

2. 몸통

　그러니까 "세상의 구주"란 칭호는 그분이 속죄의 사역을 다 이루셨다는 사실을 의미한다. 그분은 십자가 위에서 세상 사람들의 죄를 용서하시기 위하여 죽으셨다. 그리고 그들의 죄가 실제로 용서되었다는 사실을 만방에 선언하시기 위하여 부활하셨다. 그 후 그분은 승천하셔서 하나님 우편에 앉으셨다. 왜 앉으셨는가? 그분이 세상에 보내진 모든 임무를 영광 중에 완수하셨기 때문이고, 그 결과 "세상의 구주"가 되셨기 때문이다.

1) 사도들의 증언

그런데 요한일서를 받은 그리스도인들은 대부분 예수 그리스도를 직접 대면해서 보거나 그분의 가르침을 직접 듣지 못했다. 그럼에도 불구하고 그들은 그분을 "세상의 구주"시오, 그들의 "구주"시라는 사실을 믿었다. 그렇다면 그들의 믿음은 도대체 무엇을 근거로 생겼단 말인가? 이 장의 본문에 의하면 두 가지 사실을 근거로 생겼는데, 첫째는 객관적인 사도들의 증거이고, 둘째는 주관적이고도 경험적인 성령의 내주였다.

우선 사도들의 증거를 위하여 본문의 첫 부분을 다시 보자, "아버지가 아들을 세상의 구주로 보내신 것을 우리가 보았고 또 증언하노니…." 이 말씀에서 "우리가 보았고 증언하노니"를 주목해보자. "우리"의 일차적인 뜻은 이미 요한일서 1장에서 언급한 것처럼, 요한을 비롯한 사도들이다. 그들은 구주이신 예수 그리스도를 직접 보았다고 이렇게 증언한 바 있다, "우리가 들은 바요 눈으로 본 바요 자세히 보고 우리의 손으로 만진 바라" (요일 1:1).

사도 요한은 사도들의 경험을 한 마디로 "아버지가 아들을 세상의 구주로 보내신 것을 우리가 보았다"고 간증했다. 비록 그들이 하나님 아버지는 보지 못했으나――"어느 때나 하나님을 본 사람이 없으되…" (요일 4:12a), 그분이 보내신 아들은 보았다는 것이다. "보았다"는 표현은 지나가며 흘깃 보는 것이 아니라, 자세히 살펴보면서 연구하여 그 결과 완전히 그들의 것으로 삼았다는 뜻이다.

사도들은 3년이나 동고동락하면서 예수 그리스도의 모든 것을 보고, 느끼고, 결론을 내렸는데, 그분이 바로 "세상의 구주"라는 것이다. 그렇다면 그들은 구체적으로 무엇을 보았는가? 무엇보다도 그분의 인격을 보았다. 부족한 사람들을 품으시는 그분의 모습, 그러나 불의에 대해서는 타협하지 않으시는 확실한 자세, 그리고 마지막으로 죄인들을 위하여 목숨까지 내놓으시는 희생――이런 그분의 인격을 사도들은 보았던 것이다.

그뿐 아니다! 사도들은 예수 그리스도의 가르침에도 압도되었다. 그들뿐 아니라, 많은 사람들도 그분의 가르침에 놀라움을 금치 못했다. 그런데 놀랍게도 그분의 가르침은 언제나 거기에 걸맞은 행위가 따랐다. 병자들에 대한 그분의 사랑과 치료의 역사! 죄인들에 대한 그분의 긍휼과 용서! 맹인들에 대한 그분의 애정과 눈을 열어주신 따사한 손길! 죽은 자들에 대한 연민과 다시 살리신 능력! 이런 것들을 사도들은 보았다.

사도들은 그분의 인격과 가르침과 역사를 보았기에 다른 사람들에게 증언했다. 그들의 증거는 삼중적이었는데, 첫째는 말의 증거였고, 둘째는 행위의 증거였다. 그들도 그분처럼 많은 기적을 일으켰다. 그리고 마지막으로 그들은 예수 그리스도에 대하여 보고, 들은 것을 기록했다! 그들은 사복음서에 그분의 인격과 가르침과 기적들이 낱낱이 기록했다. 사도들의 이런 삼중적인 증언 때문에 그분을 보지 못했지만, 많은 사람들이 믿게 되었다.

2) "세상의 구주"

"세상의 구주"에서 "구주"는 구약성경에서 그의 백성을 적군으로부터 보호하여 주시는 하나님을 가리키는 칭호였다.[24] 선지자 이사야가 하나님을 이런 칭호로 부른 경우를 알아보자, "*구원자 이스라엘의 하나님이여, 진실로 주는 스스로 숨어 계시는 하나님이시니이다*" (사 45:15). 당장은 우상숭배자들과 이방인들이 번성하면서 이스라엘을 넘보는 것 같지만, "구원자 하나님"이 결국엔 그 백성을 구원하실 것이라는 확신을 이사야 선지자는 선포했던 것이다.

그런데 구약성경에서 육적 구원을 강조하던 "구주"가 신약성경에서는 영적으로 구원하시는 하나님으로 승화되었다. 바울 사도는 디모데에게 서신을 보내면서 이렇게 인사했다, "우리 *구주* 하나님과 우리의 소망이신 그리스도 예수의 명령을 따라 그리스도 예수의 사도 된 바울은 믿음 안에서 참 아들 된 디모데에게 편지하노니, 하나님 아버지와 그리스도 예수 우리 주께로부터 은혜와 긍휼과 평강이 네게 있을지어다" (딤전 1:1-2).[25]

바울 사도는 디도에게 편지를 보내면서 이렇게 말한 적이 있다, "우리 구주 하나님의 자비와 사람 사랑하심이 나타날 때에…" (딛 3:4). 그렇다! 구약성경과 신약성경은 모두 하나님을 "구주"로 소개하고 있다. 위에서 언급한 것처럼, "구주"의 강조점은 다르지만 말이다. 그렇다면 신약성경에서 사용된 "구주"의 영적 의미는 무엇인가? 그것은 두말할 필요도 없이 죄의 결과인 죽음과 심판에서 해방시켜주는 분을 뜻한다.

이런 해방은 하나님이 계획하셨지만, 그것을 실천에 옮기신 분은

----

24) "구주"는 헬라어로 소테르(σωτήρ)인데, "구세주" 또는 "구원자"로 번역되기도 한다.
25) 하나님을 "구주"로 불린 신약성경의 말씀은 8곳이다 (눅 1:47, 딤전 1:1, 2:3, 4:10, 딛 1:3, 2:10, 3:4, 유 1:25).

그분의 아들 예수 그리스도이시다. 그러므로 바울 사도는 하나님을 "구주"라고 불렀지만, 동시에 그분의 아들이신 예수 그리스도도 역시 "구주"라고 불렀다. 바울 사도가 그렇게 부른 곳을 인용해보자, "이제는 우리 구주 그리스도 예수의 나타나심으로 말미암아 나타났으니, 그는 사망을 폐하시고 복음으로써 생명과 썩지 아니할 것을 드러내신지라" (딤후 1:10).[26]

사도 요한도 역시 예수 그리스도를 "세상의 구주"라고 하였는데, 그 이유는 간단하다! 하나님을 대적하는 "세상," 죄와 어두움의 상징인 "세상," 그리고 사탄이 장난치는 "세상"에 속한 죄인들을 그 세상에서 해방시킨 분이시기 때문이다. 그렇게 해방된 그리스도인들은 더 이상 하나님을 대적하지 않고 오히려 하나님의 영광을 위하여 산다. 죄와 어두움 대신에 의와 빛에 살며, 사탄 대신에 주님의 지배를 받으며 산다.

사도 요한의 시대에 날뛰던 영지주의자들은 구원이 무지에서 해방되는 것이기에 영적 지식의 축적을 너무나 중요시했다. 지식을 통하여 구원을 받는다고 주장하는 그들에겐 한편 죄의식도 없고, 또 한편 사랑도 없다. 다시 말해서, 그런 자들은 거룩한 공동체를 일구지 못하고, 서로 조건 없이 사랑하는 공동체도 일구지 못한다. 그들 안에 성령이 내주하지 않으시니, 어떻게 성결한 삶을 영위할 수 있으며, 또 희생적인 사랑을 나눌 수 있겠는가?

----

26) 예수 그리스도를 "구주"라고 불린 신약성경의 말씀은 16곳이다 (눅 2:11, 요 4:42, 행 5:31, 13:23, 엡 5:23, 빌 3:20, 딤후 1:10, 딛 1:4, 2:13, 3:6, 벧후 1:1, 11, 2:20, 3:2,18, 요일 4:14).

3) 우리의 "시인"

이 장의 본문 가운데 마지막 부분을 다시 새김질해보자, "하나님이 그의 안에 거하시고 그도 하나님 안에 거하느니라." 이런 관계는 앞에서 이미 언급한대로 상호적인 것이다. 그리스도인이 하나님 안에 거하고, 하나님은 그 그리스도인 안에 거하신다. 이것은 절대로 분리될 수 없는 긴밀한 관계를 가리킨다. 그처럼 높고 위대하신 하나님이 그처럼 낮고 천한 인간 속에 상주하시다니, 기독교 이외에서는 결코 찾아볼 수 없는 관계이다.

그렇다면 그 그리스도인 안에 하나님이 거하시는 원인은 무엇인가? 그가 교회에서 열심히 봉사하고 헌금한 결과인가? 성경을 많이 읽고 기도도 많이 했기 때문인가? 그가 많은 구제활동에 참여했기 때문인가? 아니면, 그의 부모의 탁월한 신앙과 중보기도 때문인가? 물론 그런 모든 것들은 도움은 될 수 있을지 몰라도, 결단코 원인이라고 할 수 없다. 그렇다면 도대체 그가 무엇을 했기에 그런 엄청난 축복을 누린단 말인가?

사도 요한에 의하면, 그가 한 일은 단 한 가지뿐인데, 곧 "시인"했다는 것이다. 무엇을 시인했는지 알아보기 위하여 다시 본문의 앞부분을 새김질해보자, "아버지가 아들을 세상의 구주로 보내신 것을 우리가 보았고 또 증언하노니, 누구든지 예수를 하나님의 아들이라 *시인*하면…." 이 말씀에 의하면 "예수를 하나님의 아들이라 시인하면," 그 즉시 그는 하나님 안에 거하고 하나님은 그 안에 거하신다는 것이다.

결국 하나님 안으로 들어가는 핵심은 "시인"이다. 국어사전에 의

하면, "시인"是認은 "어떤 내용이나 사실을 그러하다고 인정하는 것"이다.[27] 사도 요한이 사용한 "시인"은 어떤 뜻을 지니고 있는가? "시인"은 헬라어로 두 단어가 합쳐서 된 것인데, 하나는 "같은, 동일한"의 뜻을 가진 호모(ὁμο)와 "말하다"의 뜻을 가진 로게오(λογέω)의 합성어이다. 그러니까 "시인"의 원뜻은 "같은 말을 하다"이다. 한 마디로 "같은 말을 해야" 하나님 안으로 들어간다.

그러면 무엇을 시인해야 한다는 말인가? 이 장의 본문에 의하면, "아버지가 아들을 세상의 구주로 보내신" 사실을 "시인"해야 한다. 그런데 위에서 살펴본 대로, "아버지가 아들을 세상의 구주로 보내신" 이유는 죄인들을 구원하시기 위해서이다. 그 아들이 십자가에서 희생되지 않으셨다면 어떤 사람도 죄와 심판의 구렁텅이에서 빠져나올 수 없기 때문이다. 그러므로 우리의 "시인"은 이 모든 것을 인정하고 하나님에게로 돌이킨다는 뜻도 포함된다.

그런데 "누구든지 예수를 하나님의 아들로 시인하면"에서 "누구든지"라는 표현을 눈여겨보자. "누구든지"는 시공을 초월해서 이 지구상에 사는 모든 사람을 포함한다. 종교적인 사람도 포함되고, 도덕적인 사람도 포함된다. 그뿐 아니라, 죄인들도 포함된다! 아무리 흉악한 죄를 범한 죄인이라도 이런 "시인"을 통하여 하나님 품으로 들어올 수 있다. 죽기 직전에 "시인"한 강도도 (눅 23:42), 간음 중에 잡힌 여인도 포함되었다 (요 8:11).

---

27) 국어사전편찬회 편, 『국어대사전』, 1007.

3. 꼬리

"시인"이라는 단어를 반복적으로 사용하면서 하나님 안으로 들어가는 현상을 기록한 바울 사도의 말을 직접 인용해보자, "네가 만일 네 입으로 예수를 주로 *시인*하며 또 하나님께서 그를 죽은 자 가운데서 살리신 것을 네 마음에 믿으면 구원을 받으리라. 사람이 마음으로 믿어 의에 이르고 입으로 *시인*하여 구원에 이르느니라" (롬 10:9-10). 이 말씀에 의하면, "시인"은 믿음을 동반해야 한다. 그리고 믿음은 회개를 동반해야 한다.

예수 그리스도가 하신 말씀을 들어보자, "예수께서 갈릴리에 오셔서 하나님의 복음을 전파하여 이르시되, '때가 찼고 하나님의 나라가 가까이 왔으니 회개하고 복음을 믿으라' 하시더라" (막 1:14-15). 그렇다! 진정한 의미에서 "시인"은 믿음도 포함되고, 그리고 회개도 포함되어야 한다. 만일 회개가 없다면 죄인이라는 사실을 거부하는 것이고, 믿음이 없다면 예수 그리스도의 대속적 죽음을 받아들이지 않는 것이다.

11

A Holy Life.A Love Life

사랑 안에 거하자

"하나님이 우리를 사랑하시는 사랑을 우리가 알고 믿었노니,
하나님은 사랑이시라!
사랑 안에 거하는 자는 하나님 안에 거하고
하나님도 그의 안에 거하시느니라.
이로써 사랑이 우리에게 온전히 이루어진 것은
우리로 심판 날에 담대함을 가지게 하려 함이니,
주께서 그러하심과 같이 우리도 이 세상에서 그러하니라"

요한일서 4:16-17

1. 머리

"하나님은 사랑이시라!"는 선포는 구약성경은 물론 신약성경 어디에서도 찾아 볼 수 없다. 오로지 요한일서에서, 그것도 4장에서만 두 번 나온다. 한 번은 이 장의 본문인 16절에서 나오고, 또 한 번은 8절에서 나온다. 성경에서 비록 두 번밖에 나오지 않지만, 그 선포가 함축하고 있는 것은 이루 말할 수 없이 중요하다. 왜냐하면 하나님과 인간관계에 연루된 하나님의 두 가지 도덕적 속성--거룩과 사랑--중 하나이기 때문이다.

그런데 이처럼 두 번씩 선포된 "하나님은 사랑이시라"가 그것이 사용된 문맥에 의하면 강조점이 서로 조금씩 다르다는 것을 알 수 있다. 8절에서의 "하나님은 사랑이시라"는 하나님의 사랑이 인간에

게 나타난 방법을 강조한다. 그 방법은 하나님이 당신의 독생자를 세상에 보내셨을 뿐 아니라 (9절), 그 독생자를 화목제물로 희생시키셨다는 것이다 (10절). 그런 희생적인 사랑을 통하여 영적으로 죽은 인간이 다시 살 수 있게 되었다.

그런가 하면, 16절에서 나오는 "하나님은 사랑이시라"는 선포는 영적으로 다시 살아난 그리스도인들에게 초점이 맞춰져있다. 화목제물이 되어 십자가에서 죽으셨다가 부활하신 하나님의 아들을 그들의 구주로 받아들인 그리스도인들은 하나님의 사랑을 그들의 삶에서 드러내야 한다는 것이다. 다시 말해서, 하나님이 사랑이신 것처럼 그들도 사랑이어야 한다. 그들은 이 세상에서 하나님의 사랑을 드러내어야 하는 하나님의 사신이 된다.

2. 몸통

사도 요한은 그리스도인들이란 하나님의 사랑을 주변의 사람들에게 보여주며, 구체적으로 실천해야 하는 사랑의 화신化身이라고 다음과 같이 강조한다, "주께서 그러하심과 같이 우리도 이 세상에서 그러하니라." 이 말씀에 의하면, 그리스도인들은 주님의 인격을 그대로 반영反影하는 사랑의 인격자라는 것이다. 세상 사람들은 주님의 사랑을 직접 보거나 느낄 수 없어도, 주님을 대리한 그리스도인들을 통하여 그 사랑을 보거나 느낄 수 있다는 것이다.

1) "앎과 믿음"

　그러면 그리스도인들은 어떻게 그런 하나님의 사랑을 드러낼 수 있는가? 이미 누누이 언급한대로, 그들이 하나님의 사랑을 경험했기 때문이다. 사도 요한은 그리스도인들의 그런 경험을 두 단어로 요약해서 묘사했는데, 곧 "앎과 믿음"이다. 그의 말을 다시 인용해 보자, "하나님이 우리를 사랑하시는 사랑을 우리가 알고 믿었노니…." 그렇다! 하나님의 사랑을 경험하고 또 드러내기 위해서는 '앎과 믿음"의 단계를 거쳐야한다.

　"앎과 믿음"은 동전의 양면과 같아서 서로 분리할 수 없다. 올바른 믿음을 갖기 위해서는 올바른 "앎"이 필요하다. 무엇에 대하여 알아야 하는가? 두말할 필요도 없이 하나님에 대하여 알아야 한다. 그리고 하나님이 보내신 독생자 예수 그리스도에 대해서도 알아야 한다. 만일 그분이 십자가에서 죽으셨다가 다시 사신 역사적인 사실을 알지 못한다면, 어떻게 그분을 시인하고 또 믿을 수 있겠는가? 그것은 불가능하다!

　그런데 "믿음"을 갖기 위하여 도대체 하나님과 그분의 독생자이신 예수 그리스도에 대하여 얼마나 알아야 하는가? 물론 많이 그리고 깊이 알면 알수록 그들의 경험은 확실할 것이다. 그러나 믿기 전에 많이 알기란 거의 불가능한데, 그 이유는 진리의 영이신 성령의 도움이 없이는 그 진리를 깊이 깨달을 수 없기 때문이다. 그러나 하나님 앞에서 자신이 죄인이라는 사실을 깨닫고 십자가에서 죽으신 그리스도에게로 나올 만큼 알면 된다.

　"앎과 믿음" 사이의 오묘하고도 신비한 관계는 거기에서 끝나지 않는다. 왜냐하면 "믿음"을 통하여 하나님을 인격적으로 알게 되었기 때문이다. 다시 말해서, 하나님과 관계를 맺게 되었다는 것이며, 그 관계는 부부의 관계처럼 갈수록 깊어져야 한다. 그런 이유 때문에 하나님과 그분의 독생자에 대하여 더욱 많이 그리고 깊이 알아가야 한다. 처음에는 "앎"이 "믿음"으로 인도했지만, 구원 받은 후에는 그 "믿음"이 더 깊은 "앎"으로 인도한다.

하나님의 사랑은 태평양 바다와 같아서, 넓고, 깊고, 높고, 길다. 처음 그 사랑을 알고 믿었을 때는 마치 그 바다에 몸을 담그는 것과 같다. 그렇게 몸을 담그므로 태평양을 안다고 할 수 있지만, 또 어떤 의미에선 모른다고도 할 수 있다. 그런 것처럼 하나님의 사랑은 넓고, 깊고, 높고, 길어서 그 사랑을 통하여 구원을 받았지만, 여전히 그 사랑을 안다고 할 수는 없을 것이다. 그런 까닭에 그 사랑을 더 많이 그리고 깊이 알아 가야할 것이다.

그렇게 하나님의 사랑을 더 알려고 할 때 성령의 도움이 따른다. 왜냐하면 성령은 구원 받은 그리스도인들 마음속에 자리하시면서, 그들을 보다 깊은 진리로 인도하시기 때문이다. 예수님이 하신 말씀을 들어보자, "보혜사 곧 아버지께서 내 이름으로 보내실 성령 그가 너희에게 모든 것을 가르치고 내가 너희에게 말한 모든 것을 생각나게 하리라" (요 14:26). 성령은 무엇보다도 진리 중의 진리이신 예수 그리스도를 알려주신다.

2) "사랑 안에 거함"

하나님의 사랑을 알고 믿은 그리스도인들의 모습을 사도 요한은 이렇게 묘사한다, "사랑 안에 거하는 자는 하나님 안에 거하고 하나님도 그의 안에 거하시느니라." 한 마디로 말해서 그들이 "사랑 안에 거한다"는 것이다. 그렇게 사랑 안에 거할 때 그들은 "하나님 안에 거하고 하나님도 그의 안에 거하신다"고 한다. 이런 상호적인 거함은 사도 요한이 지금까지 반복해서 사용한 표현이다 (요일 2:24, 3:24, 4:12, 13, 15).

그런데 사도 요한은 그리스도인들이 "하나님 안에 거하며, 하나님은 그들 안에 거하기" 위한 조건을 새롭게 제시한다. 그것은 조건이지만 동시에 그리스도인들의 변화된 모습이다. 그 조건은 그들이 "사랑 안에 거해야" 한다는 것이다. 다시 말해서, 어떤 때는 사랑하나 어떤 때는 사랑하지 않는 것이 아니라, 항상 사랑하는 상태에 있어야 된다는 것이다. 왜냐하면 "거하다"는 동사는 들락날락하는 행위가 아니라, 상존하는 상태를 가리키기 때문이다.

"사랑 안에 거하"는 그리스도인들은 사랑의 원리에 따라 삶을 영위하는 사람들이다. 이런 사랑의 원리는 불신자들이 갖는 삶의 원리와는 전혀 다르다. 불신자들은 궁극적으로 자신들의 유익과 행복을 추구하는 것이 삶의 목적이다. 물론 그들에게도 시시때때로 사랑이 없는 것은 아니지만, 그들의 사랑은 언제나 조건적이다. 그러나 그리스도인들은 근본적으로 조건 없는 사랑을 마음에 품고 또 행동으로 실천하는 사람들이다.

어떻게 그리스도인들은 그런 사랑의 원리에 따라 살아갈 수 있는가? 몇 가지 근본적인 원인을 찾을 수 있는데, 가장 중요한 원인은 사랑의 하나님 때문이다. 하나님은 왜 그리스도인들을 사랑하셨는가? 그들의 공적이나 신분이나 종교성 때문인가? 물론 아니다! 그들이 허물과 죄로 물든 못된 죄인이었기에 하나님은 그들을 사랑하셨다. 그 사랑은 경험한 그리스도인들은 하나님의 본을 따라 사랑에 거할 수 있게 되었다.

그 다음, 예수 그리스도의 희생 때문에 가능하다. 그분은 하나님의 사랑을 몸소 실행에 옮긴 분이었다. 그분은 "암탉이 그 새끼를 날개 아래에 모음 같이" 죄인들을 불러들이기 위하여 이 세상에 오셨고 (마 23:37), 그리고 그들을 위하여 십자가에서 희생되셨다. 마지막으로, 그리스도인들 안에 계신 성령 때문에 그들은 "사랑에 거할 수" 있다. 성령의 도움으로 그들은 인간의 한계를 넘어 초자연적인 사랑의 삶을 살 수 있게 되었다.

이처럼 삼위의 하나님이 역사하시기에 그리스도인들은 "사랑에 거할 수" 있게 된 것이다. 하나님이 당신의 아들을 통하여 죄인들을 구원하신 궁극적인 목적은 그들이 사랑의 삶을 살게 하기 위함이고, "사랑 안에 거하게" 하기 위함이다. 그런 사랑은 하나님을 대신하여 세상에 나타내는 하나님의 사랑이다. 그런 까닭에 사도 요한은 이렇게 말한다, "주께서 그러하심과 같이 우리도 이 세상에서 그러하니라."

3) "심판의 날"

사도 요한은 지금까지 참된 그리스도인들의 특징을 세 가지로 묘사했는데, 첫째는 성령을 받은 사람들이다 (요일 4:13). 둘째는 예수 그리스도를 하나님의 아들로 시인한 사람들이다 (4:15). 마지막으로 "사랑 안에 거하는" 사람들이다 (4:16). 그런데 사도 요한은 네 번째 특징을 묘사하는데, 그것은 앞날에 대한 소망이다. 세상은 종말을 향해 한 걸음씩 다가가고 있으며, 그 종말이 이를 때 모든 사람들은 하나님의 심판대 앞에 서게 된다.

먼저 불신자들에 대한 심판을 바울 사도의 묘사를 통하여 알아보자, "하나님을 모르는 자들과 우리 주 예수의 복음에 복종하지 않는 자들에게 형벌을 내리시리니, 이런 자들은 주의 얼굴과 그의 힘의 영광을 떠나 영원한 멸망의 형벌을 받으리로다"(살후 1:8-9). 얼마나 비참한 최후인가! 그들의 숙명을 바꾸려고 그리스도인들은 하나님의 무조건적인 사랑을 보여주면서, 하나님을 소개해야 한다. 이런 전도를 위해서도 "사랑 안에 거해야" 한다.

반면, 그리스도인들은 그처럼 무시무시한 심판의 날에도 담대하게 하나님을 뵈올 수 있는데, 그 이유는 이 세상에서 "사랑 안에 거하면서" 하나님의 사랑을 온전히 이루었기 때문이다. 하나님이 죄인들을 무조건 사랑하셔서 구원하신 궁극적인 목적은 그들이 서로 사랑하게 하기 위해서이다. 물론 그들이 죄도 용서받고, 삶의 목적도 변화되었다. 그러나 그런 모든 것은 오로지 한 가지 목적을 이루기 위함인데, 곧 "사랑 안에 거하게" 하는 것이다.

그리스도인들이 서로 사랑할 때 비로소 그들의 사랑은 온전히 이루어진다. 다시 말해서, 하나님이 그들을 사랑하시고 구원하신 궁극적인 목적을 이루셨다는 것이다. 그들은 하나님의 사랑을 실천한 결과 그처럼 두렵고 떨리는 심판의 날에도 떳떳하게 하나님에게 나아갈 수 있게 된 것이다. 그리고 하나님의 사랑을 구현한 그리스도인들 때문에 영광--그 날에 그가 강림하사 그의 성도들에게서 영광을 받으시고--을 받으실 것이다 (살후 1:10).

그리스도인들은 "알고 믿은" 사람들이며, 그리고 그 믿음의 결과 하나님의 사랑을 경험한 사람들이다. 그리고 그 사랑을 다시 다른 사람들에게 나누어줄 때 그들에게는 영광스러운 소망이 주어진다. 모든 사람들이 두려워하는 그 심판의 날에도 그들은 담대할 수 있게 되었다. 결국, 그리스도인들은 믿음과 사랑과 소망을 함께 누릴 수 있는 특권을 가진 사람들이다. 그러니까 믿음의 결과 사랑이 주어지고, 사랑의 결과 소망이 주어진다.

두말할 필요도 없이 믿음과 사랑과 소망 중에 사랑이 가장 중요하다. 왜냐하면 "하나님이 사랑이시기" 때문이다. 그 사랑 때문에 죄인들에게 믿음을 허락하셨고, 또 그 사랑 때문에 그리스도인들에게 심판의 날에도 담대할 수 있는 소망을 주셨기 때문이다. 그런 까닭에 그리스도인들은 "사랑 안에 거해야" 한다. 그리할 때만이 사도요한이 말한 대로, "주께서 그러하심과 같이 우리도 이 세상에서 그러하니라"고 간증할 수 있다.

3. 꼬리

바울 사도도 똑같은 말을 한 바 있다. 그의 말을 들어보자, "그런즉 믿음, 소망, 사랑, 이 세 가지는 항상 있을 것인데 그 중의 제일은 사랑이라" (고전 13:13). 그렇다! 사랑만이 심판의 날 저편에도 있을 것이다. 그때에는 믿음과 소망은 필요하지 않게 된다. 왜냐하면 믿음의 대상이신 예수 그리스도와 영원히 함께 거할 것이기 때문이며, 소망의 날이 그분의 재림과 더불어 성취되었기 때문이다.

그러나 "하나님은 사랑이시기에" 사랑은 영원하다. 하나님이 영원하신 것처럼 말이다. 그 사랑을 가장 잘 나타낸 것이 바로 십자가의 사건이다. 그리고 그 하나님은 십자가의 사건을 통하여 구원받은 그리스도인들에게 "사랑 안에 거하라"고 명령하신다. 그렇게 사랑할 때만이 그들은 하나님의 사랑을 이 세상에서 실천하며 나타내는 것이다. 하나님이 그들을 구원하신 궁극적인 목적을 이루신 것이다. 그리스도인들은 사랑의 대사이다!

두려움과 사랑

> "사랑 안에 두려움이 없고 온전한 사랑이 두려움을 내쫓나니,
> 두려움에는 형벌이 있음이라.
> 두려워하는 자는 사랑 안에서 온전히 이루지 못하였느니라"
>
> 요한일서 4:18

1. 머리

사도 요한이 요한일서를 기록한 목적은 그리스도인이 구원의 확신을 근거로 (요일 5:13), 한편 죄를 범하지 않는 거룩한 삶을 살 수 있도록 돕기 위한 것이나 (요일 2:1), 또 한편 충만한 기쁨을 누리는 삶을 살도록 도와주기 위해서이다 (요일 1:4). 이런 세 가지 목적을 구체적으로 실현할 수 있는 방법도 제시하였는데, 한두 가지만 다시 생각해보자. 무엇보다도 하나님 아버지가 그리스도인들을 하나님의 자녀로 삼아주셨다는 사실이다 (요일 3:1).

사도 요한은 이어서 하나님의 자녀가 된 그리스도인의 특권을 이렇게 언급한다, "사랑하는 자들아, 우리가 지금은 하나님의 자녀라! 장래에 어떻게 될지는 아직 나타나지 아니하였으나 그가 나타

나시면 우리가 그와 같을 줄을 아는 것은 그의 참모습 그대로 볼 것이기 때문이니, 주를 향하여 이 소망을 가진 자마다 그의 깨끗하심과 같이 자기를 깨끗하게 하느니라" (요일 3:2-3). 이 말씀에서 사도 요한은 그리스도인의 과거와 현재와 미래를 망라한다.

"하나님의 자녀"가 된 시점은 과거이다. 그런 과거가 없는 사람은 "하나님의 자녀"가 아니다. 또한, 그에게는 놀라운 미래가 있는데, 그것은 주님이 재림하실 때 그도 주님처럼 변화되리라는 약속이다. 그처럼 과거와 미래가 있는 그리스도인은 현재에 그리스도처럼 깨끗한 삶을 살아야 한다. 사도 요한은 깨끗하게 사는 구체적인 방법 두 가지를 제시했는데, 하나는 죄를 범하지 않는 것이고 (요일 3:4-10), 또 하나는 형제를 사랑하는 것이다 (3:11-18).

2. 몸통

사도 요한은 형제 사랑이라는 테마를 4장에서 확대한다. 그리스도인이 형제를 사랑해야 하는 이유는 무엇보다도 "하나님이 사랑이시기" 때문이다. 하나님은 그 사랑을 구체적으로 표현하셨는데, 곧 당신의 아들을 화목제물로 희생시키셨다. 마찬가지로 그리스도인도 서로를 위하여 조건 없는 사랑을 베풀어야 한다. 그리할 때 그리스도인은 현재에 기쁨의 삶을 누릴 수 있고, 또 심판의 날, 곧 주님이 다시 오는 날에도 기쁨으로 그분을 뵐 수 있다.

1) 마지막 날

그렇다! 그리스도인에게는 놀라운 소망이 있는데, 그것은 예수 그리스도의 재림이다. 그때에 그리스도인은 육체와 연루된 모든 한계와 연약과 죄성으로부터 해방된다. 그러나 그런 육체적인 구원은 과거에 예수 그리스도를 세상의 구주로 만나서 영적으로 다시 태어난 경험을 한 사람만이 누릴 수 있는 소망이다. 그뿐 아니라, 현재에도 서로 사랑하면서 삶으로 그 구원을 실천하고 있는 그리스도인이 누릴 수 있는 소망이다.

사도 요한은 이 짧은 서신에서 예수 그리스도의 재림과 심판에 대하여 세 번밖에 언급하지 않았지만, 그 의미는 너무나 중요하다. 제일 먼저 언급한 곳은 요한일서 2장 28절에서이다. "자녀들아! 이제 그의 안에 거하라; 이는 주께서 *나타내신 바* 되면 그가 강림하실 때에 우리로 담대함을 얻어 그 앞에서 부끄럽지 않게 하려 함이라." 이 말씀에 의하면, "주 안에 거해야" 담대하게 그리고 부끄럽지 않게 그분을 뵐 수 있는 것이다.

예수 그리스도의 재림에 대해 두 번째 언급한 곳은 위에서 이미 인용한 것처럼, 요한일서 3장 2절에서이다. 사도 요한은 이처럼 다시 오실 주님을 기다리면서 "깨끗하게 살아야"한다고 분명히 말했다. 그리고 세 번째 언급한 곳은 지난 장에서 본대로 요한일서 4장 17절에서이다, "이로써 사랑이 우리에게 온전히 이루어진 것은 우리로 *심판 날*에 담대함을 가지게 하려 함이니, 주께서 그러하심과 같이 우리도 이 세상에서 그러하니라."

이처럼 분명한 심판의 날이 있기에 그리스도인은 주님의 삶이 사랑인 것처럼 사랑의 삶을 살아야 한다. 그리할 때 담대하게 재림의 주님을 뵈올 수 있기 때문이다. 사도 요한은 주님의 재림을 이처럼 적극적으로 준비하면서 기다려야 한다고 했다. 그분이 분명히 재림 하시기에 그리스도인은 "주님 안에 거해야" 하며, "깨끗하게 살아 야" 하며, 그리고 "서로 사랑하면서" 살아야 한다. 그렇게 할 때만 이 그리스도인은 떳떳하게 그분을 만날 수 있다.

그런데 이 장의 본문에서는 그 분의 재림을 기다리는 그리스도인 에게 주는 경고도 있다. 그가 "주님 안에 거해야" 하며, "깨끗하게 살아야"하며, 또 "서로 사랑하면서" 살아야 하는 이유가 또 있는데, 그것은 형벌 때문이다. 그분의 재림은 적극적으로는 소망이지만, 소극적으로는 형벌이다. 그리스도인이라면 모든 죄를 용서받은 사 람인데 왜 형벌이 있을 수 있는가? "믿는 자는 영생을 얻었고 심판 에 이르지 아니한다"는 약속도 있는데 말이다 (요 5:24).

이 말씀에서 *심판*은 불신자가 받을 심판을 말한다. 불신자는 세 상의 구주를 거부한 결정에 대하여, 그리고 그의 불의한 삶에 대하 여 심판을 받는다. 그러나 그리스도인이 받을 형벌은 다르다! 예수 그리스도를 믿고 구원받은 그리스도인이 받을 형벌은 그들이 어떻 게 삶을 살았는지에 대한 책임추궁이다. 그들이 "주님 안에 거하지" 않으며, "깨끗하게 살지" 않으며, "서로 사랑하지" 않으면, 그에 대 한 책임을 톡톡히 물게 되는 것이 바로 형벌이다.

2) 불신자의 두려움

불신자와 그리스도인이 받을 형벌에 대하여 좀 더 알아보자. 마지막 날 불신자가 받을 형벌은 말과 글로 묘사할 수 없을 정도로 지극히 처절하고 심각하다. 사랑의 화신이신 예수 그리스도가 그들이 받을 형벌에 대하여 하신 말씀을 들어보자, "인자가 그 천사들을 보내리니 그들이 그 나라에서 모든 넘어지게 하는 것과 또 불법을 행하는 자들을 거두어 내어 풀무 불에 던져 넣으리니 거기서 울며 이를 갈게 되리라" (마 13:41-42).

이 말씀에 의하면, 모든 불신자들은 엄중한 심판을 받고 혹독한 지옥 불에 던져진다. 그들이 받을 고통이 얼마나 심한지 그들은 이를 갈면서 그 고통을 감수해야 한다. 그렇다! 그들은 그분의 말씀대로 저주를 받은 자들이다, "…저주를 받은 자들아 나를 떠나 마귀와 그 사자들을 위하여 예비된 영원한 불에 들어가라" (마 25:41). 이처럼 처절한 형벌이 불신자들을 기다리고 있기에 그들은 두려울 수밖에 없다.

그런데도 많은 불신자들은 아무 두려움도 없이 잘 사는 것 같은데, 그 이유는 무엇인가! 첫째 이유는 그들의 무지 때문이다. 그들은 하나님의 말씀인 성경에 대하여 아무 것도 알지 못하기에 무엇을 두려워해야하는지조차도 알지 못한다. "무식이 용감하다"는 말처럼 그들은 용감하게 죄를 범하면서 살아간다. 그뿐 아니라 그들은 하나님을 대적하면서, 그분이 허락하신 예수 그리스도의 사랑을 짓밟으면서 살아간다.

둘째 이유는 하나님의 말씀의 가르침에 대하여 잘못 이해하고 있기 때문이다. 그들은 "하나님은 사랑이시라"는 말씀을 인용하면서, 이렇게 강변한다; "사랑이신 하나님이 사람들을 지옥 불에 던지지 않으신다! 어떻게 사랑이신 하나님이 그처럼 참혹한 행위를 저지르실 수 있으신가?" 그러나 그들이 간과한 것이 있는데, 그것은 사랑의 하나님이 그들을 위하여 희생시키신 예수 그리스도를 거부한 것이다.

그분을 거절하는 사람들에게 예수 그리스도는 이렇게 말씀하신 적이 있었다, "나를 저버리고 내 말을 받지 아니하는 자를 심판할 이가 있으니, 곧 내가 한 그 말이 마지막 날에 그를 심판하리라" (요 12:48). 이 말씀을 증명이라도 하시듯, 예수 그리스도는 십자가에서 두려움에 떨면서 그분의 말씀을 받아들인 한 강도를 구원해주셨다. 그는 비록 육체적으로는 죽었지만, 그의 영혼은 하나님의 나라로 갔던 것이다 (눅 23:43).

그러니까 심판과 지옥은 불신자들로 하여금 두려움에 사로잡히게 한다. 그리고 그들이 두려움에서 떨면서 하나님 앞으로 나아오면 하나님은 그들을 예수 그리스도 앞으로 인도하여 주신다. 그리고 그들을 구원하실 뿐 아니라, 그들의 두려움도 없애주신다. 그러므로 어떤 의미에서, 두려움은 꼭 필요한 것이다. 두려움 때문에 죄로 가득한 그들의 삶을 돌아보고, 그리고 마지막 날의 심판과 지옥을 생각하며 "세상의 구주"에게로 나아올 수 있기 때문이다.

3) 그리스도인의 두려움

그런데 형벌에 대한 두려움은 불신자들에게만 있는 것이 아니다. 그리스도인들에게도 두려움이 있다. 왜냐하면 그들도 "주님 안에 거하지" 않으며, "깨끗하게 살지" 않으며, "서로 사랑하지" 않는다면, 그런 삶에 대한 추궁이 있을 것이기 때문이다. 바울 사도의 말을 빌려보자, "이는 우리가 다 반드시 그리스도의 심판대 앞에 나타나게 되어 각각 선악간에 그 몸으로 행한 것을 따라 받으려 함이라" (고후 5:10).

이 말씀에서 "우리"는 그리스도인들을 가리킨다. 그리고 그들은 한 사람도 예외 없이 모두 "반드시 그리스도의 심판대 앞에" 서게 된다. 그리고 그들이 "그 몸으로 행한 것을 따라" 심판을 받게 된다. 물론 그리스도인들이 받을 심판과 불신자들이 받을 심판과는 그 의미가 다르다. 불신자들은 심판을 받고 지옥으로 던져질 것이나, 그리스도인들은 그들이 그리스도인답게 생활했는지 그렇지 않은지에 대한 심판이다.

그리스도인들은 물론 지옥으로 던져지지 않는다. 그들은 "선악간"에 행한 대로 보상을 받는다. 믿음의 경주에서 이긴 사람들은 "썩지 않는 면류관"을 받으며, 순교자들은 "생명의 면류관"을, 장로들에게는 "영광의 면류관"을, 주님의 재림을 고대한 사람들에게는 "의의 면류관"을, 그리고 많은 영혼을 구원한 사람들에게는 "기쁨의 면류관"을 각각 받는다 (고전 9:25, 계 2:10, 벧전 5:2-4, 딤후 4:8, 살전 2:19-20).

그리스도인들이 주님의 재림을 대망하면서 "주님 안에 거하며," "깨끗하게 살며," "서로 사랑하면서" 살았다면, 그들은 담대하게 주님을 뵐 수 있다. 그러나 그렇게 살지 못했다면, 그들은 "불" 심판을 거쳐서 깨끗함을 받아야 한다. 그 후에 비로소 그들은 주님 곁으로 가게 된다. 다시 말해서, 이 세상에서 성화되지 못한 성품과 행위가 처리된 후에야 비로소 주님 곁으로 간다는 말이다.

바울 사도의 증언을 들어보자; "각 사람의 공적이 나타날 터인데 그 날이 공적을 밝히리니 이는 불로 나타내고, 그 불이 각 사람의 공적이 어떠한 것을 시험할 것임이라. 만일 누구든지 그 위에 세운 공적이 그대로 있으면 상을 받고, 누구든지 그 공적이 불타면 해를 받으리니 그러나 자신은 구원을 받되 불 가운데서 받은 것 같으리라" (고전 3:13-15). 그렇다! 모든 그리스도인들은 이런 "불"의 심판대를 통과하게 된다.

이런 "불" 심판이라는 형벌이 그리스도인들을 기다리고 있다는 사실 때문에 그들은 두려워하지 않을 수 없다. 그러나 사도 요한은 그런 심판에도 불구하고 담대하게 주님을 만나 뵐 수 있는 방법을 제시하는데, 그것이 바로 이 장의 본문이다. "사랑 안에 두려움이 없고 온전한 사랑이 두려움을 내쫓나니…." 두려움을 내쫓는 방법은 너무나 간단하다! "사랑 안에 거하면" 된다. "서로 사랑하므로" 그 사랑이 하나님 보시기에 온전하게 되면 된다.

3. 꼬리

이 장의 본문에는 "사랑"과 "두려움"이라는 명사가 각각 세 번씩 나온다. 그런데 "사랑"과 "두려움"은 동시에 사용될 수 없는 표현이다. 다시 말해서, "사랑"이 있으면 "두려움"이 없고, "두려움"이 있으면 "사랑"이 없다는 말이다. 비록 그리스도인들이 처음에는 "그리스도의 심판대"를 생각하며 "두려움"에 사로잡힐 수 있으나, "사랑"에 거하면서 그 "두려움"을 극복하게 된다. 왜냐하면 "온전한 사랑"이 "두려움"을 내쫓기 때문이다.

그리스도인들의 표지는 두말할 필요도 없이 사랑이다. 그 사랑은 두려움조차도 몰아낸다. 그렇다면 그리스도들에게 두려움이 꼭 필요한 것은 아닌가? 형벌에 대한 두려움이 없는데 성결을 추구할 수 있는가? 물론 두려움이 없는데도 온전한 사랑에 들어가는 그리스도인들도 있을 것이다. 그러나 대부분의 그리스도인들은 두려움이 원인이 되어 온전한 사랑을 경험하게 된다. 그러므로 사랑과 두려움은 서로 떼어놓을 수 없다.

하나님 사랑과 형제 사랑

> "우리가 사랑함은 그가 먼저 우리를 사랑하셨음이라.
> 누구든지 하나님을 사랑하노라 하고 그 형제를 미워하면
> 이는 거짓말하는 자니,
> 보는 바 그 형제를 사랑하지 아니하는 자는 보지 못하는 바
> 하나님을 사랑할 수 없느니라. 우리가 이 계명을 주께 받았나니
> 하나님을 사랑하는 자는 또한 그 형제를 사랑할지니라."
>
> 요한일서 4:19-21

1. 머리

요한일서에서 "거짓말하는 자"라는 표현이 네 번 나온다. 도대체 누가 거짓말을 했다는 말인가? 차례대로 알아보자. 제일 먼저 나오는 곳은 1장 6절이다, "만일 우리가 하나님과 사귐이 있다 하고 어둠에 행하면, *거짓말을 하고* 진리를 행하지 아니함이거니와." 이 거짓말쟁이들은 "하나님이 빛이시라"는 가르침을 도덕적으로 거부한 자들이다 (1:5). 어떻게 빛이신 하나님과 사귐이 있다 하면서 어두움 가운데 행할 수 있단 말인가?

두 번째로 거짓말을 한 자들은 2장 4절에서 묘사된다, "그를 아노라 하고 그의 계명을 지키지 아니하는 자는, *거짓말하는 자요* 진리가 그 속에 있지 아니하되." 이런 거짓말쟁이들은 종교적으로 하

나님을 거부한 자들이다. 하나님이 처음부터 당신의 사랑과 거룩을 나타내신 방법이 바로 계명이었다. 그분의 계명을 지키지 않는 것은 그분을 알지 못하는 것이요, 동시에 그분을 사랑하지 않는 것이다 (신 5:1, 요 14:21).

세 번째로 거짓말을 한 자들은 2장 22절에서 소개된다, "*거짓말하는 자가* 누구냐? 예수께서 그리스도이심을 부인하는 자가 아니냐? 아버지와 아들을 부인하는 그가 적그리스도니." 이 거짓말쟁이들은 교리적으로 하나님을 대적하는 작자들이다. 기독교 신앙의 핵심은 예수 그리스도인데, 그분이 구약성경에서 예언된 메시야라는 사실을 거부하면, 당연히 그분을 세상에 보내신 하나님 아버지도 거부한 꼴이다. 이들은 적그리스도이다.

2. 몸통

네 번째로 거짓말을 한 자들은 이 장의 본문 중 일부이다. 그 부분을 다시 인용해보자, "누구든지 하나님을 사랑하노라 하고 그 형제를 미워하면 이는 *거짓말하는 자*니, 보는 바 그 형제를 사랑하지 아니하는 자는 보지 못하는 바 하나님을 사랑할 수 없느니라" (4:20). 이 거짓말쟁이들은 신앙적으로 하나님의 가르침을 왜곡시키는 자들이다. 이런 자들은 한편 하나님을 사랑한다고 하면서, 하나님이 사랑하라고 하신 명령을 거부하는 자들이다.

1) 사랑의 시발점

　교회 안에는 이처럼 거짓말쟁이가 수두룩하지만, 그렇다고 그들이 교회의 주된 세력은 아니다. 그들은 소수에 지나지 않는다. 그렇다고 그들의 영향력이 작은 것은 결코 아니다. 그들은 올바른 신앙생활을 하는 그리스도인들에게 부정적인 영향을 끼칠 수 있다. 그런 이유 때문에 대다수의 그리스도인들이 올바르게 살아가는 모습을 살펴볼 필요가 있다. 그들의 모습을 보면서 거짓말쟁이들에게 미혹되지 않을 수 있기 때문이다.

　그렇다면 올바른 신앙생활은 도대체 무엇인가? 그것은 사랑의 시발점이다! 그 시발점을 확실히 알고 거기에서 한 발자국도 물러서지 않아야 한다. 그 사랑의 시발점을 보기 위하여 이장의 본문 가운데 19절을 다시 인용해보자, "우리가 사랑함은 그가 먼저 우리를 사랑하셨음이라." 그렇다! 사랑의 시발점은 하나님이시다. 그런 이유 때문에 사도 요한은 요한일서에서 "하나님은 사랑이시라"고 두 번씩이나 묘사한다 (4:8, 16).

　근본적으로 인간의 마음속에는 하나님에 대하여 두려움이 있다. 왜냐하면 타락한 그 마음에는 그 두려움을 쫓아낼 방법과 능력이 없기 때문이다. 그런데 예수 그리스도를 통하여 경험된 하나님의 사랑이 그 인간 마음속에 들어온 것이다. 자격 없는 인간을 조건 없이 사랑해주신 하나님에게 감사한 나머지 자연스럽게 위로 하나님도 사랑하게 되고, 또 아래로 형제자매들도 사랑하게 된다.

　다시 말해서, 인간이 경천애인, 곧 위로 하나님을 공경하고 아래로 서로 사랑하게 된 것은 절대로 인간의 능력이 아니라는 사실이다. 그 사랑은 하나님이 성령을 통하여 부어주신 하나님의 능력이다. 그런데 그 인간 안에 있는 사랑의 능력이야말로 그리스도인들의 특징이다. 그들은 위로부터 하나님의 사랑을 매일 받아서 누리며, 또 그렇게 누리게 된 하나님의 사랑을 다른 사람에게 나누어줄 수 있다.

사도 요한은 이런 하나님 사랑의 시발점을 이미 제법 구체적으로 설명한 바 있다. 그 설명이 너무나 중요한 사랑의 구현이기에 다시 인용해보자, "사랑은 여기 있으니 우리가 하나님을 사랑한 것이 아니요 하나님이 우리를 사랑하사, 우리 죄를 속하기 위하여 화목 제물로 그 아들을 보내셨음이라" (요일 4:10). 그렇다! 사랑의 시발점이 하나님이시기에, 그 하나님이 죄인을 위하여 아들을 희생시키셨던 것이다.

"우리가 사랑함은"에서 "우리"는 18절의 "두려워하는 자들"과는 다르다. "두려워하는 자들"은 온전한 사랑을 갖지 못하나, "우리"는 대조적으로 온전한 사랑을 경험한 그리스도인들이다. 그런데 여기에서 한 가지 유의할 것이 있는데, "우리가 사랑함"에서 사랑의 대상은 결코 모든 사람을 가리키지 않는다. 사도 요한이 누누이 강조한 것처럼, 사랑의 대상은 형제자매이며, 동시에 하나님이 붙여주신 사람들이다.[28]

2) 사랑의 척도

사도 요한은 이 서신에서 처음으로 하나님에 대한 사랑과 사람에

---

28) Yarbrough, *1–3 John*, 263.

대한 사랑을 확실하게 언급한다. 이런 이중적인 사랑을 보기 위하여 다시 본문의 일부를 인용하자, "누구든지 하나님을 사랑하노라 하고 그 형제를 미워하면 이는 거짓말하는 자니, 보는 바 그 형제를 사랑하지 아니하는 자는 보지 못하는 바 하나님을 사랑할 수 없느니라" (4:20). 이 말씀에서 분명히 제시하고 있는 것은 하나님을 사랑하면 반드시 형제도 사랑해야 한다는 것이다.

그렇다면 어떤 "형제"를 사랑하라는 말인가? 어떤 의미에서 모든 사람이 하나님의 형상대로 지음을 받았기 때문에 형제일 수 있다. 또한 모든 그리스도인도 같은 하나님을 아버지로 모시기에 형제이다. 이런 질문에 대답이라도 하듯, 사도 요한은 중요한 동사를 두 번씩이나 사용했는데, 그것은 "보다"이다. 이 동사는 힐끗 보고 지나는 것이 아니라, 반복적으로 보기 때문에 사랑하며 섬길 수 있는 기회가 충분하다는 뜻을 갖는 동사이다.[29]

그러니까 그리스도인들이 하나님을 사랑하는 것은 지극히 중요하다. 주님도 그렇게 말씀하신 바 있다, "첫째는 이것이니 이스라엘아, 들으라! 주 곧 우리 하나님은 유일한 주시라! 네 마음을 다하고 목숨을 다하고 뜻을 다하고 힘을 다하여 주 너의 하나님을 사랑하라 하신 것이요" (막 12:29-30). 사도 요한도 이런 주님의 뜻을 받들어 하나님을 사랑해야 한다고 분명히 언급한다. 그렇다면 어떻게 하는 것이 하나님을 사랑하는 것인가?

성경을 하루도 빠짐없이 읽고 기도를 열심히 해야 하는가? 물론

---

29) 이 동사의 원어는 호라오(ὁράω)인데, 이에 대한 설명을 위하여 다음을 보라. Stott, *The Letters of John*, 170.

그런 행위도 중요하다. 예배에도 충실하게 참여하고 전도도 열심히 해야 하는가? 물론 그런 행위도 중요하다. 그러나 사도 요한에 의하면, 그런 행위들보다 훨씬 중요한 것이 있는데, 그것은 형제를 사랑하는 것이다. 이미 여러 번 언급했지만, 하나님이 죄인을 구원하신 궁극적인 목적은 그리스도인들이 서로를 사랑하게 하기 위함이다.

눈에 보이지 않는 하나님을 사랑한다는 것은 잘못하면 허울 좋은 말의 잔치요, 행위의 나열일 수 있다. 한 발 더 나아가서, 다른 그리스도인들을 속이는 기만일 수 있다. 눈에 보이지 않는 하나님을 사랑하라는 명령을 구체적으로 실천할 수 있는 방법이 있는데, 그것은 눈에 보이는 형제를 구체적으로 사랑하는 것이다. 그 이유는 너무나 분명하다! 하나님을 사랑한다는 표현은 실제로 증명할 수 있는 영역이 아니기 때문이다.

그런 이유 때문에 사도 요한은 하나님을 사랑한다고 하면서 형제를 사랑하지 않는 자들은 거짓말쟁이라고 선언한다. 보다 직설적으로 말하면, 사기꾼이기에 마귀를 기쁘게 하는 작자들이라는 것이다 (요 8:44). 사랑은 그리스도인들의 표지이기 때문에 형제들을 향해 무관심할 수 없다는 것이다.[30] 무관심은 소극적인 표현이나, 그것을 적극적으로 표현하면 "미워한다"는 것이다.

그러니까 그리스도인들은 사랑하든지 아니면 미워하든지 둘 중 하나이다. 온전한 사랑으로 두려움을 쫓아낸 그리스도인들에게는 사랑과 미움 사이의 중립지대에 있을 수 없다. 그런 까닭에 사랑하

----
30) Smalley, *1, 2, 3 John*, 263.

지 않는 것은 무관심의 표현이고, 무관심은 미움의 표현이다. 그리고 미움이 깊어지면 살인 행위까지 갈 수 있다. 다시 사도 요한의 말을 인용해보자, "그 형제를 미워하는 자마다 살인하는 자니, 살인하는 자마다 영생이 그 속에 거하지 아니하는 것을 너희가 아는 바라" (요일 3:15).

3) 사랑의 계명

형제를 사랑하지 않는 것이 결국엔 미움과 살인까지 이를 수 있다는 사도 요한의 진단이 지나친 것은 아닐까? 과연 얼마나 많은 그리스도인들이 그의 엄중한 경고를 받아들일 수 있는가? 그런 명령은 어디까지나 요한이라는 사람의 개인적인 의견으로 치부하는 그리스도인들도 있을 것이다. 그렇게 결론을 내리면서 위로 하나님을 사랑하면 충분하다고 강변할 것이다. 그런 그리스도인들 중에는 하나님을 깊이 만나는 신비적인 체험을 간증하는 자들도 있다.

그렇게 강변하는 그리스도인들과 하나님을 지식과 환상을 통하여 깊이 체험했다고 하면서, 형제를 사랑하는 일에는 소홀히 하는 자들을 염두에 두었는지 사도 요한은 이렇게 결론을 내린다, "우리가 이 계명을 주께 받았나니, 하나님을 사랑하는 자는 또한 그 형제를 사랑할지니라" (요일 4:21). 그렇다! 하나님에 대한 사랑과 형제에 대한 사랑이야말로 구약성경과 신약성경에서 제시하는 위대한 명령이다 (신 6:4-5, 레 19:18, 막 12:29-31).

그런데 하나님 사랑과 형제 사랑이라는 이 위대한 계명은 다른 모든 계명과 율법과 선지자들의 근간이다.[31] 그렇지만 이미 위에서 언급한 것처럼, 하나님에 대한 사랑은 아무도 증명할 수 있는 척도가 없다. 하나님을 얼마나 사랑하느냐의 척도는 곧 형제를 얼마나 사랑하느냐에 달려 있다. 아무리 신앙적인 경험이 깊고 성경적인 지식이 해박하고, 교회에서 인정받는다손 치더라도, 눈에 보이는 형제를 사랑하지 않는다면 "울리는 꽹과리"일 뿐이다.

사도 요한은 이미 사랑이 계명이라고 발표한 바 있다, "그의 계명은 이것이니 곧 그 아들 예수 그리스도의 이름을 믿고, 그가 우리에게 주신 계명대로 서로 사랑할 것이니라" (요일 3:23). 그런데 다시 이 장에서 반복하는 이유는 무엇일까? 그 이유는 두 가지인데, 하나는 사랑의 근원을 밝힌다 ("이 계명을 주께 받았나니"). 또 다른 이유는 형제에 대한 사랑을 하나님에 대한 사랑의 표현으로 첨가하기 때문이다.

그렇다! "우리"가 형제를 사랑해야 하는 이유가 분명해졌다. 무엇보다도 하나님이 "우리"에게 베풀어주신 큰 사랑 때문이다. 누누이 표현되었지만, 하나님이 "우리"를 일구기 위하여 당신의 독생자를 희생시키신 본보기 때문이다. 십자가에서 나타난 하나님의 사랑을 바라볼 때, 어떻게 형제를 사랑하지 않겠는가? 또 다른 이유는 주님이 주신 계명 때문이다. 하나님을 사랑한다는 것은 그분의 계명을 지키는 것이며, 그 계명은 형제 사랑이다.

---

31) Stott, *The Letters of John*, 171.

3. 꼬리

　이웃 사랑이 율법의 완성이라고 갈파한 사도가 있다, "피차 사랑의 빚 외에는 아무에게든지 아무 빚도 지지 말라! 남을 사랑하는 자는 율법을 다 이루었느니라. 간음하지 말라, 살인하지 말라, 도둑질하지 말라, 탐내지 말라 한 것과 그 외에 다른 계명이 있을지라도 네 이웃을 네 자신과 같이 사랑하라 하신 그 말씀 가운데 다 들었느니라"(롬 13:8-10). 그렇다! 형제 사랑과 이웃 사랑이야말로 모든 율법과 계명의 완성이다.

　한 마디 부언하고 싶은 것이 있다. 사도 요한은 사랑에 관한한 하나님과 형제를 거의 동등한 위치에 설정한 사실이다. 하나님에 대한 사랑은 곧 형제에 대한 사랑이고, 형제에 대한 사랑은 곧 하나님에 대한 사랑이다. 하나님이 형제를 이처럼 귀하게 여기신 이유도 분명하다! 그분이 아들을 통하여 죄인들을 구원하셨기 때문이다. 그리고 그들의 신분을 변화시키셔서 그들도 하나님의 자녀가 되게 하셨기 때문이다 (히 2:11-13).

5장

영생의 확신을
갖자

1

A Holy Life. A Love Life

"하나님께로부터 난 자"

"예수께서 그리스도이심을 믿는 자마다 하나님께로부터 난 자니,
또한 낳으신 이를 사랑하는 자마다 그에게서 난 자를 사랑하느니라"

요한일서 5:1

1. 머리

사도 요한이 요한일서에서 그리스도인들의 특징을 반복적으로 묘
사한다. 그가 반복해서 사용한 특징은 세 가지인데, 2장에서 분명
하게 드러난다. 그 세 가지 특징은 믿음(2:18-27)과 순종(2:3-6),
그리고 사랑(2:7-11)이다. 여기에서 "믿음"이란 단어는 나오지 않
지만, 믿음의 뜻을 가진 "시인"이 나온다, "아들을 부인하는 자에게
는 또한 아버지가 없으되, 아들을 시인하는 자에게는 아버지도 있느
니라"(2:23).

그런데 3장에서는 순종(3:1-10)과 사랑(3:11-18)만을 다루기에
믿음은 나오지 않는다. 그러나 믿음이 없으면 일어나지 않을 행위
들이 포함되고 있다. 예를 들면, "지금은 하나님의 자녀라"에서 믿

음으로 하나님의 자녀가 된 사실을 함축한다 (3:2). 또한 "그 안에 거하는 자마다"라는 표현도 역시 믿음으로 "그 안에" 들어가게 된 사실을 함축한다 (3:6). 그리고 "무엇이든지 구하는 바를 그에게서 받나니"에서도 믿음 없는 기도가 가능하겠는가? (3:22).

묘하게도 4장에서는 믿음(4:1-6)과 사랑(4:7-12)은 나오나, 순종은 나오지 않는다. 그러나 "순종"을 요구하는 말씀이 포함되어 있는 것도 사실이다, "우리가 이 계명을 주께 받았나니 하나님을 사랑하는 자는 또한 그 형제를 사랑할지니라" (4:21). 하나님이 주신 계명을 이행해야 하는가? 두말할 필요도 없이 "순종"을 통하여 이행해야 한다. 그러므로, 비록 2장에서만 믿음과 순종과 사랑을 명시했지만, 3~4장에도 들어있다고 할 수 있다.

2. 몸통

요한일서의 마지막 장인 5장에서는 어떤가? 사도 요한은 2장에서 사용한 세 단어, 곧 믿음과 순종과 사랑을 다시 구체적으로 사용한다. 우선 믿음은 3번 나오는데, 1절, 4절 및 5절에서 찾을 수 있다. 그리고 순종을 요구하는 계명은 2절과 3절에서 찾을 수 있으며, 사랑은 1절, 2절 및 3절에서 찾을 수 있다. 그러니까 요한일서는 1장 1-10절과 5장 6-21절을 제외하고는 그리스도인들의 특징 세 가지를 집중적으로 제시하고 있다고 할 수 있다.

1) "믿는 자"

　요한일서에서 "믿음"이라는 명사와 "믿다"라는 동사가 모두 10번 나온다. 그런데 그 중 5장에서만 7번이나 나온다.[1] 우선, "믿음"이 나오는 이 장의 본문 중 일부를 다시 인용해보자, "예수께서 그리스도이심을 믿는 자마다 하나님께로부터 난 자니…." 여기에서 "믿는 자"가 나오는데, 언제 믿었는지 알아볼 필요가 있다. "믿음"이 없이는 어떤 사람도 거듭날 수 없다는 절대적인 진리를 그리스도인들은 다 안다 (요 1:12).

　그런데 여기에서 "믿음"은 "하나님께로부터 난" 후에 있는 믿음을 가리킨다. 그 이유는 간단하다! 헬라어 성경에 의하면, "하나님께로부터 난 자"는 과거에서 시작해서 현재까지를 아우르는 현재 완료형인데 반하여, "믿음"은 현재형이기 때문이다. 얼른 보기에 이치가 맞지 않아 보일 수 있다. 그렇다! 믿음을 통해서 거듭난다! 그러나 거듭난 후에도 그리스도인들은 계속해서 믿음을 구사해야 한다. 실제로 믿음이 없이 어떻게 신앙생활을 할 수 있는가?

　이런 이중적인 것처럼 보이는 믿음을 다시 설명해보자. 거듭나게 하는 "믿음"은 과거의 현상이나, 생활을 유지시키는 "믿음"은 현재의 현상이다. 그런 이유 때문에 그리스도인들은 믿음을 갈수록 깊게 가져야 한다. 그들의 믿음이 성장하려면 두 가지가 필요한데, 하나는 말씀의 경험이고 또 하나는 생활의 경험이다. 다시 말해서, 말씀의 약속을 생활에서 실제로 경험할 때 그들의 믿음은 성장한다.

----

1) 3:23, 4:1, 16, 5:1, 4, 5, 10(3회), 13. 이 중에서 명사형은 5:4절에서만 나온다.

사도 요한은 믿음의 대상을 너무나 간단히 묘사한다. "예수께서 그리스도이심을 믿는 자마다…!" 도대체 그리스도가 어떤 분이시기에 그분을 믿기만 하면 거듭난다는 것인가? 이렇게 간단히 묘사한 이유가 있는데, 그것은 이미 요한일서에서 그리스도가 어떤 분이신지 아무도 오해할 수 없도록 구체적으로 소개하였기 때문이다. 그것도 한 번만 소개한 것이 아니라, 다섯 번씩이나 하였다.

첫째, 그리스도는 "우리"와 사귐을 나누는 분이시다――"우리의 사귐은 아버지와 그의 아들 예수 *그리스도*와 더불어 누림이라" (1:3). 둘째, 그리스도는 아버지 앞에서 그리스도인들을 위하여 중보하는 분이시다――"만일 누가 죄를 범하여도 아버지 앞에서 우리에게 대언자가 있으니 곧 의로우신 예수 *그리스도*시라" (2:1). 셋째, 적그리스도로부터 부인을 당하는 분이시다――"거짓말하는 자가 누구냐 예수께서 *그리스도*이심을 부인하는 자가 아니냐?" (2:22).

넷째, 그리스도는 믿음의 대상이시다――"그의 계명은 이것이니 곧 그 아들 예수 *그리스도*의 이름을 믿고…" (3:23). 다섯째, 그리스도가 육체로 이 세상에 오신 사실을 믿어야 한다――"예수 *그리스도*께서 육체로 오신 것을 시인하는 영마다 하나님께 속한 것이요" (4:2). 이렇게 그리스도를 자세히 소개한 바 있었기 때문에, 사도 요한은 간단히 결론을 내린다. "예수께서 *그리스도*이심을 *믿는 자*마다 하나님께로부터 난 자니…."

2) "하나님께로부터 난 자"

"하나님께로부터 난 자"는 믿음, 곧 성장하는 믿음을 가지고 있다. 그런데 그 믿음은 "예수께서 그리스도"이시라는 것이다. 다시 말해서, 그분이 구약성경 곳곳에서 예언된 대로, *기름부음을 받은 자*라는 것이다. 물론 과거의 어느 시점에서 예수 그리스도의 죽음과 부활을 믿어서 거듭나는 것도 중요하다. 그러나 그 못지않게 중요한 것은 현재에도 그분에 대한 믿음을 갖고 있어야 한다. 그렇지 않다면 "하나님께로부터 난 자"이심을 어떻게 증명하겠는가?

그런데 본문에서 사도 요한이 세 번씩이나 사용한 "낳다"는 기독교에서 가장 중요한 핵심 진리이다. 그만큼 중요하기 때문에 그렇게 반복해서 언급한 것이다. 본문을 다시 인용해보자, "예수께서 그리스도이심을 믿는 자마다 하나님께로부터 *난* 자니, 또한 *낳으신* 이를 사랑하는 자마다 그에게서 *난* 자를 사랑하느니라." 이 말씀에서 사용된 "낳다"라는 동사는 일찍이 예수님이 사용하셨고, 또 사도 요한도 기록했다.

예수님은 니고데모에게 이렇게 말씀하셨다, "사람이 물과 성령으로 *나지* 아니하면 하나님의 나라에 들어갈 수 없느니라" (요 3:5b). 예수님이 사용하신 "낳다"와 이 장의 본문에서 사용된 "낳다"는 같은 단어이다.[2] 그러니까 "물과 성령으로 난" 사람은 다른 말로 표현하면 "하나님께로부터 난 자"이다. 그런데 예수님이 표현하신 "물과 성령으로"는 거듭나는 매개를 강조하나,[3] 사도 요한이 표현한 "하나님께로부터 난 자"는 관계를 강조한다.

왜 "하나님께로부터 난 자"가 관계를 강조하는가? 그 이유는 간

----

2) 헬라어에서 이 단어는 *게나오*(γεννάω)이다.
3) "거듭남"의 매개에 대하여 상세히 알려면, 다음을 참고할 수 있다: 홍성철, 『성령으로 난 사람』, 152 이하.

단하다! 하나님은 그리스도인들을 낳은 아버지이시고, 그들은 하나님 아버지로부터 태어난 자녀들이기 때문이다. 사실, 사도 요한은 이미 "낳다"는 동사를 세 번씩이나 사용하였다. 거듭난 자는 소극적으로는 "죄"를 버리고 (3:9), 적극적으로는 "의"를 행하며 (2:29) "사랑"한다는 것이다 (4:7). 왜냐하면 그렇게 거듭나는 순간 그들에게 "신성한 성품"이 주어지기 때문이다 (벧전 1:4).

그러나 5장에 들어와서 다시 한 번 "낳다"라는 동사를 강조하는 이유는 위에서 언급한 세 가지 특성 외에 새로운 특성을 제시하기 위함이다. 물론 새로운 특성은 아버지와 자녀와의 관계이다. 그러면 왜 5장에 들어서자 관계를 강조하는가? 그 이유는 4장에서 강조된 사랑의 관계가 어떻게 이루어졌는지를 설명하기 위함이다. 그러니까 5장 1절부터 4절까지의 말씀은 4장의 마지막 부분, 곧 4장 19절부터 21절까지에 대한 설명이라고 해도 괜찮을 것이다.

하나님의 사랑 때문에 죄인들이 그리스도인들로 바뀌었다 (4:19). 그렇다면 그들은 그들을 만나서 용서해주시고 변화시켜주신 하나님을 사랑할 수밖에 없을 것이다. 왜냐하면 사랑은 사랑을 낳기 때문이다. 그런데 사도 요한은 하나님을 사랑하면 의례히 다른 그리스도인들도 사랑해야 한다고 강조한다 (4:20). 심지어는 하나님 사랑은 곧 형제 사랑이라고까지 한다. 그것은 주님의 명령이다 (4:21). 도대체 어떻게 하나님의 사랑이 주어졌기에 가능한가?

3) "사랑하는 자"

그 질문에 대한 대답이 바로 이 장의 본문이다. 다시 본문을 음미해보자, "예수께서 그리스도이심을 믿는 자마다 하나님께로부터 난 자니, 또한 낳으신 이를 사랑하는 자마다 그에게서 난 자를 사랑하느니라." 그런 사랑이 가능한 것은 그리스인들이 거듭났기 때문이다. 어떻게 거듭났기에 그런 이중적인 사랑을 실현할 수 있는가? 위에서 언급했지만, 그들은 "물과 성령"으로 거듭났다. 그들은 한편 물로 깨끗해졌고, 또 한편 성령의 능력을 받았다.

그뿐 아니라, 그들은 하나님의 말씀으로 거듭났다. 베드로 사도의 증언을 들어보자, "너희가 *거듭난* 것은 썩어질 씨로 된 것이 아니요, 썩지 아니할 씨로 된 것이니 살아 있고 항상 있는 하나님의 말씀으로 되었느니라" (벧전 1:23). 말씀은 천지를 창조하는 능력이다. 그렇지 않다면 하나님이 "이르시되"를 10번이나 반복하면서 하늘과 땅, 그리고 거기에 있는 모든 만물을 어떻게 창조하셨겠는가?

그뿐 아니라, 하나님은 그 동일한 말씀으로 이 세상을 폐하시고, 새 하늘과 새 땅을 다시 창조하실 것이다 (벧후 3:7, 13). 그러니까 죄인들을 재창조하시어 거듭나게 하신 하나님의 말씀 때문에 그리스도인들은 현재의 삶에서 그런 능력을 나타낼 수 있게 된다. 그리고 사도 요한이 누누이 설명한대로, 그리스도인들에게 주어진 가장 큰 능력은 사랑이다. 그들은 성령과 말씀의 능력으로 사랑하면서 살아갈 수 있게 된다.

그러면 하나님으로부터 사랑을 받은 그리스도인들은 구체적으로 누구를 사랑해야 하는가? 이미 4장 21절--"우리가 이 계명을 주께 받았나니 하나님을 사랑하는 자는 또한 그 형제를 사랑할지니라"--의 말씀에서 사도 요한이 분명히 명령한 것처럼, 그리스도인들은 위로 하나님을 사랑하고 그리고 아래로는 형제를 사랑해야 한다. 그렇게 하기 때문에 그들은 "사랑하는 자"라고 불리는 것이다.

위에서 언급한 것처럼, 사랑은 관계에서 나온다. 이 장의 본문에 의하면, 하나님으로부터 난 자는 당연히 그를 낳아주신 하나님 아버지를 사랑한다. 이런 사랑은 부모와 자녀의 관계를 연상시키고도 남는다. 자녀들은 그들을 낳아준 부모를 사랑한다. 특히 그들을 잉태하고, 해산의 고통을 이겨내고 그들을 낳아준 어머니를 사랑한다. 마찬가지로, 그리스도인들은 그들을 영적으로 낳아준 하나님 아버지를 사랑한다.

가족관계는 부모와 자녀만의 관계로 끝나지 않고, 자녀들 사이의 관계로 확대된다. 자녀들은 같은 부모를 모신 형제자매들이다. 그들이 그들을 낳아준 하나님 아버지를 사랑한다면, 필연적으로 자녀들도 서로 사랑해야 한다. 그들은 같은 아버지가 낳아주셨고, 같은 성령과 말씀으로 태어났고, 같은 인생의 목적을 가졌고, 같은 인생의 종착역을 가졌기에 서로 사랑해야 한다. 천국에서는 한 순간의 짬도 없이 영원히 함께 지낼 형제자매이다.

3. 꼬리

이 장의 본문은 그리스도인을 세 가지로 표현하는데, 곧 "믿는 자," "하나님께로부터 난 자," 및 "사랑하는 자"이다. 이 세 가지 표현은 정삼각형으로도 그릴 수 있을 것이다. "하나님께로부터 난 자"는 신앙의 시발점을 뜻하기에 삼각형 밑 부분이 될 것이다. 그리고 신앙생활을 하면서 한편으로는 끊임없이 "믿음"을 구사하여 그리스도와의 관계를 깊게 해야 하며, 또 한편으로는 사랑으로 점철된 삶을 살아야 한다. 이 둘은 삼각형의 측면이 될 것이다.

사랑의 관계도 역시 정삼각형으로 그릴 수 있을 것이다. 하나님의 사랑 때문에 거듭난 그리스도인들은 그분의 자녀이다. 삼각형 꼭지 지점은 하나님이고, 그리고 삼각형 양쪽 꼭지 지점은 형제자매들이다. 하나님의 사랑을 받은 그들은 위로 하나님도 사랑해야 하고, 옆으로 서로를 사랑해야 한다. 그런 사랑이 가능한 것은 그들이 거듭났기 때문이다. 그리고 하나님이 그들을 거듭나게 하신 가장 큰 목적은 서로 사랑하라는 것이다.

2

A Holy Life A Love Life

무겁지 않은 계명

"우리가 하나님을 사랑하고 그의 계명들을 지킬 때에
이로써 우리가 하나님의 자녀를 사랑하는 줄을 아느니라.
하나님을 사랑하는 것은 이것이니 우리가 그의 계명들을 지키는 것이라.
그의 계명들은 무거운 것이 아니로다"

요한일서 5:2-3

1. 머리

사도 요한은 지금까지 하나님의 자녀를 사랑하는 것이 곧 하나님을
사랑하는 증거라고 설명했다. 요한일서 4장 7절의 말씀을 다시 새겨
보자, "사랑하는 자들아, 우리가 서로 사랑하자; 사랑은 하나님께 속
한 것이니 사랑하는 자마다 하나님으로부터 나서 하나님을 알고." 이
말씀에서 [서로] "사랑하는 자마다" 진정으로 하나님에게서 영적으로
태어났을 뿐 아니라, 하나님과의 관계가 맺어졌다는 것이다.

요한일서 4장 20절에서는 보다 구체적으로 하나님의 자녀를 사
랑하는 것이 곧 하나님을 사랑하는 것이라고 사도 요한은 언급했
다, "누구든지 하나님을 사랑하노라 하고 그 형제를 미워하면 이는
거짓말하는 자니, 보는 바 그 형제를 사랑하지 아니하는 자는 보지

못하는 바 하나님을 사랑할 수 없느니라." 이미 설명한 바 있지만, 보이지 않는 하나님을 사랑한다는 것은 추상적이며 잣대가 없기 때문이다.

그런데, 사도 요한은 지금까지 한 말을 뒤집기나 하는 것처럼, 하나님을 사랑하지 않으면 그 자녀를 사랑할 수 없다고 한다. 이 장의 본문 일부를 다시 보자, "우리가 하나님을 사랑하고…이로써 우리가 하나님의 자녀를 사랑하는 줄을 아느니라." 그리고 이런 주장은 바로 앞 구절에서도 한 바 있었다, "…또한 낳으신 이[하나님]를 사랑하는 자마다 그에게서 난 자[자녀]를 사랑하느니라" (요일 5:1).

2. 몸통

이런 사도 요한의 가르침은 얼른 보기에 서로 다른 것 같지만, 조금만 자세히 들여다보면 같은 내용이라는 사실을 알 수 있다. 지난 장에서 본대로, 이런 것은 정삼각형으로 설명하면 쉽게 이해가 될 것이다. 정삼각형은 시발점이 어느 측면이든 상관없이 길이가 다 같다. 하나님의 사랑을 위에서 시작해도 정삼각형이고, 형제의 사랑을 위에서 시작해도 정삼각형이다. 그러므로 강조점은 조금 다르지만, 사도 요한은 같은 표현을 하고 있는 것이다.

1) "이로써"

사도 요한은 이 짧은 서신에서 "이로써"라는 표현을 8번이나 사용한다.[4] 그런데 "이로써 우리가 안다"는 표현은 5번 사용된다 (2:3, 5, 3:19, 4:6, 5:2). 먼저, 2장 3절의 말씀을 보자, "우리가 그의 계명을 지키면 *이로써* 우리가 그를 *아는* 줄로 알 것이요." 이 구절에서 *이로써*는 앞의 내용을 반복한 것으로, "우리가 그의 계명을 지키면"의 뜻이다. 다시 말해서, "우리가 그의 계명을 지키면," 우리가 그분을 확실히 안다는 것이다.

그 다음, 2장 5절을 보자, "누구든지 그의 말씀을 지키는 자는 하나님의 사랑이 참으로 그 속에서 온전하게 되었나니, *이로써* 우리가 그의 안에 있는 줄을 *아노라.*" 구조상으로는 똑같지만, 내용은 다르다. 3절에서는 "계명"을 강조하나, 5절에서는 "말씀"을 강조한다. 그러나 5절에서도 *이로써*는 똑같이 앞의 내용을 반복한 것이다. 다시 말해서, "말씀"을 지킬 때, 우리가 그분 안에 있는 사실을 분명히 안다는 것이다.

세 번째, 3장 19절을 보자, "*이로써* 우리가 진리에 속한 줄을 알고 또 우리 마음을 주 앞에서 굳세게 하리니." 이번에는 "우리가 진리에 속한 줄을 안다"는 것이다. 그런데 이 구절에서는 *이로써*가 무엇을 뜻하는지 제시하지 않기에 앞의 구절을 보아야 한다. "자녀들아, 우리가 말과 혀로만 사랑하지 말고 행함과 진실함으로 하자" (3:18). 우리 그리스도인들이 "행함과 진실함"으로 궁핍한 형제를 도울 때라는 뜻이다.

네 번째, 4장 6절을 보자, "우리는 하나님께 속하였으니 하나님

----

4) '이로써'는 헬라어로 엔 투토(ἐν τούτῳ)인데, 그 표현이 나오는 곳은 다음과 같다: 요한일서 2:3, 5, 3:16, 19, 4:2, 6, 17, 5:2.

을 아는 자는 우리의 말을 듣고 하나님께 속하지 아니한 자는 우리의 말을 듣지 아니하나니, 진리의 영과 미혹의 영을 *이로써 아느니라*." 이 말씀에서 우리는 사도들을 가리킨다. 그런데 사도들의 가르침을 받는 사람들이 있는가 하면 거부하는 자들도 있다. 이런 반응에 따라서 그들이 진리의 영에 속하였는지 아니면 미혹의 영에 속하였는지 우리가 알 수 있다는 뜻이다.

마지막으로 다섯 번째 나오는 이 장의 본문을 다시 보자, "우리가 하나님을 사랑하고 그의 계명들을 지킬 때에, *이로써* 우리가 하나님의 자녀를 사랑하는 줄을 *아느니라*." 이 말씀에서 *이로써*는 두 가지를 가리키는데, 하나는 하나님을 사랑하는 것이고 또 하나는 그분의 계명들을 지키는 것이다. 이 두 가지를 행할 때 우리가 분명히 *아는* 것은 "우리가 하나님의 자녀를 사랑하고 있다"는 사실이다.

이처럼 다섯 번 사용된 "이로써"와 "안다"를 종합하면, 다음의 사실을 추출할 수 있다. 그리스도인들은 하나님의 뜻에 따라 살아야 된다는 사실이다. 두 번씩이나 나온 "계명"과 "말씀"을 지키고, 사도들의 가르침을 받고, 행함과 진실함으로 형제를 돕는 모든 행위는 하나님의 뜻대로 산다는 것이다. 이처럼 하나님의 뜻대로 살면, 그리스도인들은 하나님과 올바른 관계를 맺고, "진리"와 "그분"을 깊이 알아간다고 할 수 있다.

2) 사랑과 계명

사도 요한은 이 장의 본문에서 하나님에 대한 사랑은 계명을 지키는 것이라고 반복해서 언급한다. 그의 말을 다시 인용해보자, "우리가 하나님을 *사랑*하고 그의 *계명*들을 지킬 때" (2a); "하나님을 *사랑*하는 것은 이것이니, 우리가 그의 *계명*들을 지키는 것이라" (3a). 이 서신에서 사도 요한은 계명에 대하여 누누이 언급했지만, 그 계명을 하나님에 대한 사랑과 직접 연결시킨 곳은 이 장의 본문에서뿐이다.

물론 4장 21절에서 사랑과 계명의 관계를 간접적으로 언급한 것을 이 장의 본문에서 확대한 것이다. "우리가 이 계명을 주께 받았나니 하나님을 사랑하는 자는 또한 그 형제를 사랑할지니라." 그렇다면 하나님 사랑과 계명을 연결시킨 것이 사도 요한에게서 처음 나온 것인가? 물론 아니다! 그가 그처럼 흠모하고 따랐던 예수 그리스도로부터 물려받은 귀한 영적 자산이었다. 실제로 사도 요한은 그분의 말씀을 손수 기록하기도 한 사람이다.

예수 그리스도가 처음으로 사랑과 계명을 연결시키신 내용을 보자, "너희가 나를 *사랑*하면 나의 *계명*을 지키리라" (요 14:15). 그런데 주님은 더 나아가서 당신 대신에 하나님에 대한 사랑과 계명을 연결시키셨다. 그 말씀도 인용해보자, "나의 *계명*을 지키는 자라야 나를 *사랑*하는 자니 나를 사랑하는 자는 내 아버지께 사랑을 받을 것이요, 나도 그를 사랑하여 그에게 나를 나타내리라" (요 14:21).

예수 그리스도가 이렇게 *사랑*과 *계명*의 관계를 말씀하셨는데, 그것은 구약성경의 흐름이기도 하다. 먼저 모세의 가르침을 들어보자, "그런즉 네 하나님 여호와를 사랑하여 그가 주신 책무와 법도와 규례와 명령을 항상 지키라" (신 11:1). 두말할 필요도 없이 이 말씀에서 "책무와 법도와 규례와 명령"은 하나님의 계명을 뜻한다. 그러므로 이 말씀을 이렇게 표현할 수도 있을 것이다, "그런즉 네 하나님 여호와를 *사랑하여* 그가 주신 *계명들*을 항상 지키라.”

사도 요한이 이 장의 본문에서 사용한 계명은 원어에 의하면 단수형인 계명이 아니라, 복수형인 계명들이다. 모세도 똑같이 복수형을 사용했다; “내가 오늘 너희에게 명하는 내 *명령[들]*을 너희가 만일 청종하고 너희의 하나님 여호와를 *사랑*하여 마음을 다하고 뜻을 다하여 섬기면” (신 11:13),[5] 하나님이 가장 알맞게 비를 내려주셔서 이스라엘 백성이 늘 풍년을 누리며 배부르게 해주시겠다고 약속하셨다 (신 11:14-15).

이런 모세의 가르침을 전수받은 여호수아도 같은 것을 가르쳤다. 그의 가르침을 직접 들어보자, “오직 여호와의 종 모세가 너희에게 명령한 명령과 율법을 반드시 행하여 너희의 하나님 여호와를 사랑하고 그의 모든 길로 행하며 그의 계명을 지켜 그에게 친근히 하고 너희의 마음을 다하며 성품을 다하여 그를 섬길지니라” (수 22:5). 사도 요한도 예수 그리스도의 가르침을 본받아 하나님을 사랑하면 그분의 계명들도 지켜야 한다고 명시한다.

3) “무겁지 않은 계명”

하나님을 사랑한다면 그리스도인들은 반드시 서로를 사랑해야할 뿐 아니라 계명들을 지켜야 한다. 그런데 문제는 계명들을 지키기가 결코 쉽지 않다는 것이다. 예수님도 율법과 계명을 지키게 하려는 바리새인들과 서기관들을 이렇게 묘사하신 적이 있었다, “무거운 짐

---

5) 모세가 사용한 “명령”은 원어에서 “계명”과 같으며, 또한 복수형이다.

을 묶어 사람의 어깨에 지우되…" (마 23:4a). 이렇게 어깨에 짊어진 무거운 짐과 같은 계명들이 무겁지 않다고 사도 요한은 말한다.

계명들이 무겁지 않다고 똑같이 말한 모세의 말을 들어보자, "내가 오늘 네게 명령한 이 명령은 네게 어려운 것도 아니요 먼 것도 아니라" (신 30:11). 어떻게 모세는 계명들이 어렵지 않다고 선포할 수 있었는가? 그 이유를 본인 스스로 제시했는데, 그 이유를 들어보자, "오직 그 말씀이 네게 매우 가까워서 네 입에 있으며 네 마음에 있은즉, 네가 이를 행할 수 있느니라" (신 30:14). 모세가 제시한 이유에는 중요한 진리가 내포되어 있다.

율법이나 계명들을 외적으로 지키려면, 그것들은 말할 수 없이 무거워진다. 그리고 말할 수 없이 어렵게 보일 것이다. 그것들을 다 지킨다는 것은 말할 수 없이 멀리 있는 것으로, 마치 인간의 힘으로 하늘에 오르려고 하거나 바다를 건너려고 노력하는 것과 같다 (신 30:12-13). 그러나 그 계명들이 마음속에 있다면, 다시 말해서, 내적 변화를 통하여 지킨다면 오히려 쉽게 이루어질 수 있다는 것이다.

모세를 통하여 그처럼 놀라운 약속을 하신 하나님은 예레미야를 통하여 새로운 약속을 주셨는데, 곧 "내가 나의 법을 그들의 속에 두며 그들의 마음에 기록하시겠다"는 것이었다 (렘 31:33). 어떻게 법을 인간의 마음에 기록하시겠다는 것인가? 그것은 성령을 통해서였다. 다시 하나님의 말씀을 들어보자, "또 내 영을 너희 속에 두어 너희로 내 율례를 행하게 하리니 너희가 내 규례를 지켜 행할지라" (겔 36:27).

이런 약속대로 하나님은 예수 그리스도를 통하여 성령을 부어주셔서 죄인들이 거듭나고 그들 속에 거하신다. 사도 요한은 성령의 내주하시는 그리스도인들을 직접적이든 간접적이든 다음과 같이 여러 가지로 묘사한다--성령으로 일구어진 사귐 (요일 1:3), 죄를 용서받은 사람들 (2:12), 기름부음을 받은 그리스도인들 (2:20, 27), 하나님의 자녀 (3:1), 우리 안에 거하시는 주님 (3:24, 4:13), 독생자를 통하여 살리심 (4:9), 영생의 소유 (5:13).

그렇다! 그리스도인들 안에 거하시는 성령의 역사로 말미암아 그들은 한편 하나님을 사랑하고, 또 한편 하나님의 계명들을 지킬 수 있다. 그 성령의 도움을 받을 때 계명들은 무거운 것이 아니다! 그들이 하나님을 진정으로 사랑한다면, 다시 말해서, 하나님과 깊이 동행하는 삶을 산다면, 하나님의 계명--위로 하나님 사랑과 아래로 형제 사랑--을 구체적으로 실천할 수 있다. 그러므로 하나님의 계명들은 무거운 것이 아니다.[6]

3. 꼬리

이 장의 본문에는 "사랑"이라는 단어와 "계명"이라는 단어가 각각 세 번씩 나온다. 그만큼 사랑과 계명은 서로 분리될 수 없는 중차대한 것이다. 마치 실과 바늘과 같이 서로에게 보완이 된다. 그런데 이 시점에서 사도 요한이 이처럼 하나님 사랑과 계명을 강조한 특별한 이유라도 있는가? 물론 있다! 그 당시 횡횡하는 거짓 선지자들과 이단들 때문이다. 그들은 모두 하나님을 사랑한다고 주장했으나,

----
6) 계명과 계명들의 뜻을 알아보기 위하여 요한일서 3장의 "계명"을 보라.

계명은 무시하였기 때문이다.

위로 하나님을 사랑한다는 것은 신앙의 시발점이다. 그러나 잘못하면 말만으로 끝날 수 있다. 기독교 신앙의 꽃이라고 할 수 있는 사랑이 따르지 않는 신앙은 뼈 없는 살과 같다. 그런 까닭에 사도 요한은 사랑하라는 계명을 반복적으로 제시하는 것이다. 오늘 날도 마찬가지이다! 얼마나 많은 이단들과 거짓 선지자들이 기독교 윤리를 무시하고 하나님 사랑을 강조하는가? 얼마나 많은 "교인들"도 계명을 소홀히 하는가?

"이기는 승리"

"무릇 하나님께로부터 난 자마다 세상을 이기느니라.
세상을 이기는 승리는 이것이니 우리의 믿음이니라.
예수께서 하나님의 아들이심을 믿는 자가 아니면
세상을 이기는 자가 누구냐?"

요한일서 5:3-4

1. 머리

지난 장에서 사도 요한은 계명들이 무겁지 않다고 말한 바 있다. 그리고 그 계명들이 무겁지 않은 이유도 제시하였다. 그 이유는 그리스도인들의 마음속에 내주하시는 성령 때문이다. 성령은 그들로 하여금 계명들, 특히 사랑의 계명을 지킬 수 있는 마음도 주시고 또 그 마음을 삶의 현장에서 실천할 수 있는 능력도 주신다. 그런 능력을 확인한 바울 사도의 말도 있다, "내게 능력 주시는 자 안에서 내가 모든 것을 할 수 있느니라" (빌 4:13).

사도 요한도 계명들이 무겁지 않은 이유를 밝히고 있는데, 그 이유가 바로 이 장의 본문이다. 국어 성경에는 없지만, 헬라어 성경에는 "왜냐하면"이 들어있다. 다시 말해서 이 장의 본문은 "왜냐하면"

으로 시작된다는 말이다.[7] 이 접속사를 넣어서 본문을 보면 다음과 같이 쉽게 번역할 수 있다, "왜냐하면 모든 하나님께로부터 난 자마다 세상을 이기기 때문이니라." 그리스도인들은 세상을 이기기에 계명들이 어렵지 않다는 것이다.

"세상을 이기다"는 표현은 그리스도인들은 하나같이 세상에 살면서 치열한 싸움 끝에 승리를 누린다는 것을 함축한다. 물론, 여기에서 사도 요한이 말한 "세상"은 지구라는 땅을 가리키지 않으며, 그렇다고 세상에 거주하는 사람들을 가리키지도 않는다. "세상"은 하나님과 성령을 대적하는 악의 세력을 가리킨다. 그 악의 세력은 한편 하나님을 대적하지만, 또 한편 그리스도인들을 집요하게 넘어뜨려서 그들로 하여금 하나님께 영광을 돌리지 못하게 한다.

2. 몸통

세상이 그리스도인들을 공격하는 방법도 다양하지만, 특히 다음의 세 가지 영역에서이다. 첫째는 육체적인 공격인데, 그들을 핍박하거나 옥에 가두거나 심지어는 죽이기까지 한다. 둘째는 지적인 공격인데, 그리스도인들을 잘못된 가르침으로 미혹한다. 특히 이단들의 가르침에 귀를 기울이고 또 받아들이게 한다. 셋째는 도덕적인 공격인데, 그리스도인들로 하여금 성적으로 타락하거나 돈에 눈이 멀게 한다.

----

7) 헬라어 본문은 "왜냐하면"의 뜻을 가진 호티(ὅτι)로 시작된다.

1) "이기는 자"

　이 장의 본문에서 "세상"과 "이기다"가 각각 세 번씩 나온다. 이미 위에서 언급했지만, 이 세상은 하나님의 사람들, 곧 그리스도인들을 대적한다. 그냥 건드리는 대적이 아니라, 그들이 넘어질 때까지 집요하게 대적한다. 이 세상을 지배하는 악의 세력은 전능하신 하나님을 직접 대적할 수 없기에 하나님의 자녀들을 대적한다. 그 결과 하나님의 자녀들이 넘어지면, 당연히 하나님의 영광이 가려지기 때문이다.

　그러나 세상의 대적에 둘러싸인 그리스도인들도 그렇게 호락호락하지는 않다. 그들은 적극적으로 세상의 대적을 대항하고 그리고 이긴다는 것이다. 사도 요한은 그리스도인들이 당연히 쟁취할 승리를 표현하면서, "이기다"는 동사를 세 번씩이나 기록한다. 세상의 대적이 막강한 것 못지않게 그리스도인들도 막강하다는 사실을 표현하기 위함이다. 아니 그 대적을 이기고도 남는다는 확신에 찬 표현을 하기 위함이다.

　그렇다면 그리스도인들은 어떻게 그처럼 집요한 세상의 대적을 이길 수 있는가? 사도 요한은 몇 가지 방법을 제시했는데, 첫째는 그들이 "하나님께로부터 난 자들"이기 때문이다. "하나님께로부터 난 자들"이란 표현은 이미 1절에서 설명한 것처럼 거듭난 사람들이다. 거듭났기에 그들은 외적으로 세상을 보는 눈이 달라졌다. 더 이상 세상이 그들의 인생을 지배하지 못한다. 내적으로는 그들 안에 내주하시는 성령의 도움이 있기에 이길 수 있다.

　둘째는 그리스도인들에게 하나님의 말씀이 있기에 세상을 이길 수 있는 것이다. 사도 요한이 한 말을 다시 인용해보자, "…청년들아, 내가 너희에게 쓴 것은 너희가 강하고 하나님의 말씀이 너희 안에 거하시며 너희가 흉악한 자를 *이기었음이라*" (요일 2:14). 그렇다! 청년들과 같이 하나님의 말씀을 마음속에 지니고 사는 그리스도인들은 흉악한 자, 곧 세상을 어두움과 죄악으로 몰아가는 사탄을 이길 수 있다.

그리스도인들이 세상을 이길 수 있는 셋째 방법은 그들 안에 계신 이가 세상을 지배하는 악의 세력보다 크시기 때문이다. 다시 사도 요한의 말을 인용해보자, "자녀들아, 너희는 하나님께 속하였고 또 그들을 *이기었나니*, 이는 너희 안에 계신 이가 세상에 있는 자보다 크심이라" (요일 4:4). 이미 이 말씀을 강해하면서 설명한대로, "너희 안에 계신 이"는 성부 하나님이나 성령 하나님을 가리킬 수 있다. 그런 절대자 때문에 그들은 세상을 이길 수 있다.

그런데 "너희 안에 계신 이"는 성자 하나님이신 예수 그리스도를 가리킬 수도 있다. 그분은 이렇게 선언하신 적이 있다, "…세상에서는 너희가 환난을 당하나, 담대하라! 내가 세상을 *이기었노라*" (요 16:33b). 예수 그리스도는 이런 승리를 선언할 수 있으셨는데, 그 이유는 그분만이 세상이 휘두를 수 있는 최후의 수단인 죽음을 이기셨기 때문이다. 그분이 십자가에서 죽으실 때는 세상에게 패배하시는 것 같았지만, 부활을 통하여 세상을 이기셨던 것이다.

2) "믿음"

사도 요한은 그리스도인들이 하나님으로부터 태어났기 때문에 세상을 이긴다는 말에 이어서, 그들이 세상을 이길 수 있는 또 다른 매개를 소개한다. 그 매개는 다른 것이 아닌 믿음이다. 본문을 다시 인용해보자, "세상을 이기는 승리는 이것이니, 우리의 *믿음*이니라." 그렇다! "믿음"이란 단어는 요한일서에서 다른 단어들, 곧 사랑이나 계명처럼 많이 나오지는 않지만, 그래도 그 뜻은 어느 단어 못지않게 중요하다.

사도 요한이 이 단어를 10회밖에 사용하지 않은 것은 그가 결코 믿음의 중요성을 가볍게 여겨서가 아니라,[8] 다른 것들을 강조하기 위해서였다. 만일 사도 요한이 "믿음"을 가볍게 여겼다면, 그의 복음서에서 그 단어를 100번이나 사용했을 이유가 없었을 것이다. 요한복음에서 강조한 것처럼, "믿음"이 없다면 어떻게 하나님을 알 수 있으며, 어떻게 예수 그리스도를 만날 수 있으며, 어떻게 성령의 내주를 경험할 수 있겠는가?

그리스도인들에게 "믿음"이 주어지기 전에는 어떤 사람들이었는가? 그들은 태어나면서부터 죄인이었다. 그들은 하나님을 경험적으로 알지 못했다. 그들은 예수 그리스도도 알지 못했다. 알았다면 기껏해야 지적으로 알았을 것이다. 그분이 사대성인 중 하나라는 등, 그분이 기독교를 창시한 분이라는 등, 그분이 훌륭한 선생이요 박애자이지만, 그래도 여느 사람들과 다를 바 없는 인간이었다는 등….

그뿐 아니다! 그들도 세상이 제시하는 많은 유혹과 손짓에 현혹되어 끌려 다니던 사람들이었다. 그들은 세상에 속한 사람들이었고, 따라서 세상의 원리에 순응하면서 살았다. 자연히 그들은 세상

---

8) "믿음" 내지 "믿다"는 다음에서 찾을 수 있다: 요한일서 3:23, 4:1, 16, 5:1, 4, 5, 10 (3회), 13.

의 일부였고, 악의 세력이 이끄는 대로 향방 없이 살아가던 사람들이었다. 세상이 주는 쾌락과 향락에 이끄는 대로 살던 사람이었다. 참 인생의 의미와 목적도 없이 살아가면서 어두움과 죽음의 그림자를 벗어나지 못하던 사람들이었다.

그러던 중 하나님의 은혜로 거듭나게 되었다. 두말할 필요도 없이 "믿음"이 매개가 되었다. 그들이 그처럼 믿음을 구사하자, 하나님으로부터 태어나게 되었다. 그때부터 하나님은 그들을 낳아준 아버지가 되셨고, 그들은 하나님 아버지의 자녀가 되었다. 그들은 해방을 경험하였던 것이다! 무엇으로부터 해방인가? 세상으로부터 해방이다! 어두움과 죄와 죽음으로부터 해방되었다. 그들은 더 이상 세상을 지배하는 악의 세력에 끌려 다니지 않게 된 것이다.

그리스도인들이 이처럼 믿음을 구사하여 자유를 경험하자, 세상이 바뀌었는가? 물론 아니다! 세상은 그대로이다. 그런데 바뀐 것이 있는데, 그것은 바로 그리스도인들 자신이다. 그들은 세상을 달리 보게 되었다. 그리고 이 세상이 악의 원리에 의하여 지배를 받고 있다는 사실도 알게 되었다. 그들의 세계관이 바뀐 것이다. 세상의 유혹과 쾌락은 더 이상 그들을 지배하지 못하게 되었다. 얼마나 놀라운 변화인가! 이런 변화를 일으킨 것은 바로 "믿음"이었다.

3) "믿는 자"

사도 요한은 하나님의 자녀로 태어난 자는 세상을 이긴다고 한다. 그뿐 아니라, 믿음 때문에 세상을 이긴다고 한다. 그런데 그리스도인들이 세상을 이기는 매개를 두 가지로 제시하고 끝나지 않고 세 번째 매개를 제시한다. 사도 요한의 말을 다시 들어보자, "예수께서 하나님의 아들이심을 믿는 자가 아니면 세상을 이기는 자가 누구냐?" 이 제시에 따르면, "믿는 자"에게 없어서는 안 될 것이 있는데, 그것은 믿음의 대상이다.

믿음의 대상은 예수 그리스도이시다! 그분만이 인간을 하나님 앞으로 인도하시는 중매자이시기 때문이다. 그분이 선언하신 대로이다, "내가 곧 길이요 진리요 생명이니 나로 말미암지 않고는 아버지께로 올 자가 없느니라" (요 14:6). 그렇다! 어떤 다른 이름을 통해서도 하나님에게 갈 수 없다고 베드로 사도도 증언했다, "다른 이로써는 구원을 받을 수 없나니 천하 사람 중에 구원을 받을 만한 다른 이름을 우리에게 주신 일이 없음이라" (행 4:12).

바울 사도도 베드로의 증언에 다음과 같이 동참했다, "하나님은 모든 사람이 구원을 받으며 진리를 아는 데에 이르기를 원하시느니라. 하나님은 한 분이시요 또 하나님과 사람 사이에 중보자도 한 분이시니, 곧 사람이신 그리스도 예수라" (딤전 2:4-5). 이런 증거들을 볼 때 예수 그리스도를 통하지 않고는 하나님에게로 갈 수 없다. 그런 이유로 그분은 "믿는 자"가 가져야 되는 믿음의 대상이다.

그런데 사도 요한은 그분이 "하나님의 아들"이라는 사실을 믿어야 세상을 이길 수 있다고 한다. 사도 요한은 이미 5장 1절에서 그분을 "그리스도"라고 소개한 바 있다. 한발 더 나아가서 본문에서는 그분이 "하나님의 아들이시라"고 소개하면서, 세상을 "이기는 자"는 예수님을 그렇게 믿어야 한다는 것이다. 다시 말해서, 예수님이 "하나님의 아들이시라"는 사실을 믿지 않으면 세상을 이길 수 없다는 말이다.

왜 "하나님의 아들"인가? 먼저, 그 이름이 함축하는 의미 때문이다. "하나님의 아들"은 영원 전부터 계신 분이시다 (요일 1:1). 바로 그 아들이야말로 "세상의 구주"로 아버지가 보내신 분이시다 (4:14). "하나님의 아들"이란 칭호는 하나님과 아들이 동등하시다는 사실을 의미한다 (요 15;18). 그렇지 않으셨다면 예수님은 당신이 아버지와 하나라고 말씀하지 않으셨을 것이다, "나와 아버지는 하나이니라" (요 10:30).

왜 "하나님의 아들"인가? 그 다음, 그 이름이 함축하는 사역 때문이다. 하나님 아버지는 그 아들을 "세상의 구주"로 보내셨다. 세상을 구원하시기 위하여 그 아들은 화목제물로 죽으셨다가 다시 살아나셨고, 그 결과 죄인들이 영적으로 죽었다가 다시 살리심을 받았다 (4:9). 그분은 이렇게 영적으로 살아난 자들에게 부활의 능력을 주셨다. 그 능력으로 그들은 세상을 "이기는 자들"이 된 것이다.

3. 꼬리

그렇다! 예수 그리스도가 하나님의 아들이심을 "믿는 자들"은 승리를 누리는 자들이다. 본래 능력은 하나님에게 있는 것이었는데, 그분은 당신의 아들이신 예수 그리스도에게 그 능력을 부어주셨다. 그리고 그분은 그 능력을 그리스도인들에게 주셨다. 그렇지 않다면 그분은 이렇게 말씀하지 않으셨을 것이다, "나를 믿는 자는 내가 하는 일을 그도 할 것이요, 또한 그보다 큰 일도 하리니, 이는 내가 아버지께로 감이라" (요 14:12).

예수 그리스도가 하나님의 아들이심을 "믿는 자들"은 세상을 이기는 자들이다. 그런 확신과 경험을 증언한 바울 사도의 말로 끝을 맺자, "누가 우리를 그리스도의 사랑에서 끊으리요? 환난이나 곤고나 박해나 기근이나 적신이나 위험이나 칼이랴? 기록된 바 우리가 종일 주를 위하여 죽임을 당하게 되며 도살 당할 양 같이 여김을 받았나이다 함과 같으니라. 그러나 이 모든 일에 우리를 사랑하시는 이로 말미암아 우리가 넉넉히 *이기느니라*" (롬 8:35-37).

"물과 피"

"이는 물과 피로 임하신 이시니 곧 예수 그리스도시라;
물로만 아니요 물과 피로 임하셨고
증언하는 이는 성령이시니 성령은 진리니라.
증언하는 이가 셋이니, 성령과 물과 피라; 또한 이 셋은 합하여 하나이니라."

요한일서 5:6-8

1. 머리

앞장에서 사도 요한은 예수 그리스도가 하나님의 아들이심을 믿어야 하나님으로부터 태어난 것이라고 말했다. 그렇게 하나님으로부터 태어난 그리스도인들은 위로 하나님을 사랑하고, 아래로는 형제들을 사랑하게 된다. 그뿐 아니라, 그들은 하나님의 계명들을 지키게 되고, 또 험난한 세상을 이길 수 있다고 하였다. 그 모든 역사를 가능하게 한 것은 믿음이고, 믿음의 대상은 하나님의 아들이신 예수 그리스도라는 것이다.

그렇다면 하나님의 아들이신 예수 그리스도는 어떻게 그리스도인들로 하여금 그렇게 엄청난 역사를 이루게 하실 수 있는가? 그분은 도대체 어떤 분이시며, 또 어떤 사역을 하셨기에 그리스도인들이 그처럼 사랑하고, 계명을 지키고, 그리고 세상을 이기게 하셨는가? 사도 요한은 이런 질문들에 대한 해답으로, 이 장의 본문에서 그분을 소개하는데, 그것도 아주 특이한 방법으로 소개한다. "이는 물과 피로 임하신 이시니 곧 예수 그리스도시라."

실제로 사도 요한의 대답은 이 장의 본문에 국한되지 않고 (6-8절), 12절까지 이어진다. 그러나 편의상 이 단락을 세 부분으로 나누어서 접근하려고 하는데, 첫째 부분은 6-8절이고, 둘째 부분은 9-10절이며, 셋째 부분은 11-12절이다. 첫째 부분인 이 장의 본문은 예수 그리스도가 세상에 오셔서 구속 사역을 다 이루신 사실을 함축적으로 제시한다. 둘째 부분은 하나님이 친히 그 아들에 대하여 증언하신다는 내용이다.

2. 몸통

셋째 부분에서 하나님이 증언하신 그 아들에 대한 인간의 자세가 너무나 중요하다고 사도 요한은 역설한다. 인간이 하나님의 아들이신, 그리고 하나님이 친히 증언하신 예수 그리스도를 받아들여야 한다는 것이다. 그렇게 받아들이는 것을 믿음이라고 5장 1절과 5절은 명시한다. 그런가하면 둘째 부분에서는 믿음이라는 단어 대신에 "받는" 행위로 표현한다. 또한 셋째 부분에서는 믿음 대신 "갖는다," "소유하다"로 표현한다.[9]

----

9) 국어성경은 "있다"와 "없다"로 표현하지만, 원어에는 "소유하다," "갖는다"의 뜻을 가진 *에코*(ἔχω)이다.

1) "물과 피"

사도 요한은 믿음의 대상인 하나님의 아들을 이렇게 묘사한다, "이는 물과 피로 임하신 이시니 곧 예수 그리스도시라." 이 묘사에서 먼저 "임하신"이라는 동사를 살펴보자. 이 동사는 쉽게 말해서 "왔다"는 말이다.[10] 누가 오셨단 말인가? 물론 예수 그리스도이시다. 그분은 위에서 *오신* 분이며--"위로부터 오시는 이"이시며 (요 3:31), 빛으로 *오셔서* 모든 사람에게 빛을 주셨다--"참 빛 곧 세상에 *와서* 각 사람에게 비추는 빛이 있었나니" (요 1:9).

다른 말로 하면, 예수 그리스도는 하나님과 함께 계시다가 죄인을 하나님의 빛으로 인도하시기 위하여 *오셨다*. 그런데 사도 요한은 "물과 피"로 오셨다고 증언했다. 왜 빛이나 생명으로 오셨다고 하지 않고 "물과 피"로 *오셨다*고 묘사했는가? 그 이유는 두 가지인데, 하나는 그분의 신분을 소개하기 위함이고, 또 하나는 그분의 사역을 소개하기 위함이었다. 그렇다면 어떻게 "물과 피"가 예수 그리스도의 신분을 소개하는가?

"물"은 그분이 공생애를 시작하기 위하여 받으신 세례를 가리킨다.[11] 세례는 죄의 용서와 밀접한 관계가 있다. 두말할 필요도 없이 그분에게는 아무 죄도 없었다. 그런데 그분이 세례를 받으신 것은 다른 모든 죄인들과 같은 신분을 자처하시기 위해서였다. "그는 죄를 범하지 아니하시고 그 입에 거짓도 없으시며" 흠이 없으셨다 (벧

----

10) 헬라어는 "오다"의 뜻인 *에르코마이*(ἔρχομαι)의 완료형 분사이다.
11) "물과 피"를 성찬식으로 해석하는 사람도 있고, 십자가에서 창으로 찔려서 쏟으신 "물과 피"로 해석하는 사람도 있다 (19:34). 그러나 그런 해석들은 너무 자의적(恣意的)이다.

전 2:22, 사 53:9). 그렇다! 예수 그리스도는 하나님과 동등하신 분이셨으나, 낮아져서 죄인의 자리에 들어가셨다.

그렇게 죄인의 자리에 들어가셨을 뿐 아니라, 세상의 모든 죄를 친히 짊어지시고 십자가에서 피를 흘리며 죽으셨다. 사도 요한은 그런 죽음을 간략하지만 호소력 있게 표현했는데, 그것이 바로 "피"였다. 그러니까 "물과 피"라는 묘사는 예수 그리스도가 죄인들을 구원하시기 위하여 죄인처럼 십자가에서 피를 흘리며 죽으신 "세상의 구주"를 소개하기 위한 표현이었다 (요일 4:14). 얼마나 간결하며 또 얼마나 심오한가!

그렇다면, 왜 "물과 피"가 예수 그리스도의 사역을 뜻하는가? 그것도 "물과 피"가 하는 일을 염두에 두면 쉽게 풀릴 것이다. "물"은 더러워진 사람을 깨끗이 씻어주는 역할을 한다. 죄인들이 "세상의 구주"이신 예수 그리스도에 의하여 용서받기 전에는 얼마나 더럽고 추악했는가? 진흙구덩이에 넘어져서 온 몸이 더러워진 아이가 물로 깨끗하게 되듯, 그분을 받아들일 때 얼마나 깨끗해지는가? "양털처럼 그리고 눈처럼" 깨끗해진다 (사 1:18).

죄인들을 그렇게 깨끗한 사람으로 변화시키기 위하여 예수 그리스도는 무엇을 하셨나? 그분은 그들의 죄 값으로 십자가에서 온몸이 찢기며, 찔리고, 채찍에 맞으면서 피를 흘리셨다. 그분의 온 몸은 피로 물들었고, 그리고 피로 덮였다. 그 피는 죄인들이 범한 모든 죄에 대한 형벌이었다. 그 결과 죄인들의 모든 죄가 용서되었던 것이다. 바울 사도도 그 사실을 다음과 같이 선언했다, "그의 피로 말미암아 속량 곧 죄 사함을 받았느니라" (엡 1:7).

2) 세례의 뜻

"물과 피"는 한편 예수 그리스도를 "세상의 구주"로 소개했지만, 또 한편 그분의 사역을 함축한 놀라운 표현이었다. 그렇지 않았다면 그분이 이 세상에 오신 시점을 "물"로 하지 않고, 말구유로 해야 마땅했을 것이다. 왜냐하면 그분은 구약성경의 많은 예언처럼 동정녀를 통하여 태어나셔서 말구유라는 천박하고도 천박한 곳에 누이셨기 때문이다. 그렇게 그분은 이 세상에서 삶을 시작하셨다. 그러나 그런 탄생은 신분을 알려주나 사역은 함축하지 못한다.

그렇다! "물과 피"는 예수 그리스도가 이 세상에서 놀라운 구속사역을 시작하고 끝낸 처음과 마지막을 뜻한다. 그런데 "피"는 구속사역을 끝낸 마지막이지만, "물"을 그 사역의 시작이라고 보는 것은 지나치지 않으냐는 의문을 가질 수 있다. 그런데 "물"이 세례를 가리킨다고 위에서 언급한 바 있는데, "세례"의 의미를 조금만 깊이 알면 그런 질문은 깨끗이 해결될 것이다. 세례 요한으로부터 요단강에서 예수 그리스도가 받으신 세례를 마음에 그려보자.

세례 요한은 그곳에 모인 수많은 죄인들에게 한 사람씩 세례를 베풀었다. 그리고 예수 그리스도도 죄인들의 대열에서 똑같은 방법으로 세례를 받으셨는데, 곧 온몸이 물속에 잠겼다가 다시 물위로 올라왔다. 왜 세례 요한은 이렇게 침례의 방식으로 모든 죄인은 물론 예수 그리스도에게 세례를 베풀었는가? 물론 세례 요한이 속한 공동체의 관습이기도 하지만, 그런 관습을 갖게 된 보다 성경적인 동기는 이스라엘의 역사에 있다.

이스라엘 백성이 출애굽 하여 홍해를 건너게 되었다. 그들은 물속을 지나서 홍해 건너편 수르 광야에 이르렀다 (출 15:22). 그런데 이스라엘 백성은 홍해에 들어갔다가 다시 건너편으로 나왔다. 이런 엄청난 사건을 바울 사도는 이렇게 해석하였다, "우리 조상들이 다 구름 아래에 있고 바다 가운데로 지나며 모세에게 속하여 다 구름과 바다에서 세례를 받고" (고전 10:1b-2). 이스라엘 백성이 홍해를 건넌 경험은 영적으로 세례였다.

그런데 바울 사도는 다른 곳에서 세례는 죽음과 장사와 부활로 풀었다. 물속에 들어가는 것은 죽음을, 물속에 잠긴 것은 장사로, 그리고 물에서 나오는 것은 부활로 각각 풀었다. 그의 말을 직접 들어보자, "그러므로 우리가 그의 *죽으심*과 합하여 세례를 받음으로 그와 함께 *장사*되었나니 이는 아버지의 영광으로 말미암아 그리스도를 죽은 자 가운데서 *살리심*과 같이 우리로 또한 새 생명 가운데서 행하게 하려 함이라" (롬 6:4).

이제 왜 예수님이 공생애를 시작하시기 전에 세례를 받으신 이유를 알 수 있다. 그분의 공생애의 목적은 궁극적으로는 죽음과 부활이었다. 그런데 공생애를 시작하시면서 죽음과 부활을 상징하는 세례를 받으신 것은 계획된 대로 죽음과 부활을 향하여 나아가시겠다는 표현이었다. 다시 말해서, 그분의 공생애는 처음부터 세례를 통하여 죽음과 부활의 삶을 선포하신 셈이었다. 결국, 영적으로 말하면, "물과 피"는 똑같이 죽음과 부활을 가리킨다고 할 수 있다!

3) 성령의 증거

이 장의 본문 중 7절은 이렇게 기록된다, "증언하는 이가 셋이니." 그런데 어떤 성경은 "하늘에 있는 기록을 증언하는 이가 셋인데, 아버지와 말씀과 성령이며, 이 셋은 하나이니라"로 번역되었고, 8절은 "땅에서는"이라는 표현이 첨가되어 있다.[12] 이 번역본에 의하면, 하늘과 땅에서 예수 그리스도에 대하여 각각 셋씩 증언한다. 특히 하늘에서의 삼자 증언은 삼위일체를 가르친다고 주장하는 학자들도 없잖아 있다.

도대체 예수 그리스도를 어떻게 증언한다는 것인가? 그분이 "물과 피"로 오신 역사적인 사실을 증언한다고 본문은 분명히 말한다. 그러면 누가 증언한다는 것인가? 본문이 밝히는 대로 성령이 증언하신다. 우선, 성령은 예수 그리스도가 "물"로 세례를 받으실 때 비둘기 같이 그분 위에 오심으로 증언하셨다. 그렇게 성령이 예수 그리스도 위에 머무신 것을 보고 바로 그분이 하나님의 아들이라는 사실을 세례 요한도 증언하였다 (요 1:32-34).

그 다음, 성령은 예수 그리스도가 십자가에서 피를 흘리며 죽으실 때도 함께 하시면서 증언하셨다. 히브리서 저자의 기록을 보자, "하물며 영원하신 성령으로 말미암아 흠 없는 자기를 하나님께 드린 그리스도의 피가 어찌 너희 양심을 죽은 행실에서 깨끗하게 하고 살아 계신 하나님을 섬기게 하지 못하겠느냐?" (히 9:14). 이 말씀에 의하면, 성령은 예수 그리스도의 "피"에 대해서도 증언하셨다.

마지막으로, 성령은 "물과 피"로 거듭난 그리스도인들의 마음속에서도 증언하신다. 왜냐하면 그들이 거듭나는 순간 성령이 그들의

---

12) 이 번역은 흠정역(King James Version)이며, 영어는 이렇다, "For there are three that bear record in heaven, the Father, the Word, and the Holy Ghost: and these three are one. And there are three that bear witness in earth."

마음속에 들어가시기 때문이다. 사도 요한의 증거를 다시 인용해보자, "그의 성령을 우리에게 주시므로 우리가 그 안에 거하고 그가 우리 안에 거하시는 줄을 아느니라" (요일 4:13). 그러니까 그리스도인들의 마음속에 내주하시는 성령은 그들을 위한 "물과 피"에 대하여 증언하신다는 것이다.

그런데 6절에서는 성령이 증언하신다고 표현하는데, 8절은 이렇게 말한다, "성령과 물과 피라; 또한 이 셋은 합하여 하나이니라." 이 말씀에서 "하나이니라"는 표현은 "성령"과 "물"과 "피"가 같은 것을 증언한다는 뜻이다. 그런데 이 셋을 구태여 구분하면, "성령"의 증언이 있는가하면, "물과 피"의 증언이 있다는 것이다. "물과 피"의 증언과 "성령"의 증거는 똑같이 예수 그리스도가 하나님의 아들이시라는 사실을 증언한다.

"물과 피"는 예수 그리스도가 십자가에서 죽으신 사실을 외적으로 그리고 객관적으로 증언한다. 반면, "성령"은 그리스도인들 마음속에서 내적으로 그리고 주관적으로 증언하신다. 이처럼 역사적이고도 경험적인 그리스도를 증언하기 위하여 한편 "물과 피"의 증거와 또 한편 성령의 증거가 있기에, 두세 증인을 요구한 율법을 충족시킨다. "…한 증인으로만 정할 것이 아니요 두 증인의 입으로나 또는 세 증인의 입으로 그 사건을 확정할 것이며" (신 19:15).

3. 꼬리

"증언"은 말할 수 없이 중요한데, 이 단어의 헬라어는 "증언"과

"증거"의 뜻도 있지만, "순교"의 뜻도 있기 때문이다.[13] "증언"의 대가는 순교로 이어질 수 있을 만큼 심각하다. 그런데 "진리이신 성령"은 "진리이신 예수 그리스도"가 하나님의 아들이라고 증언하고 있는 것이다. "성령"만 증언하는 것이 아니라, "물과 피"도 증언하고 있는 것이다. 두말할 필요도 없이 한편 성령의 증거와 또 한편 "물과 피"의 증거는 생명을 걸만큼 확실하다는 것이다.

놀랍게도 사도 요한은 명사형인 "증거"와 동사형인 "증언"을 요한일서 5장 6절에서 12절 사이에 10번이나 반복해서 사용하고 있다. 요한일서 전체에서 12번 나오는데 두 곳을 제외하고는 (1:3, 4:14) 모두 이 부분에서 나온다. 누가 증언하든--성령, 물과 피, 사람, 하나님--상관없이 그 증거의 내용은 예수 그리스도가 하나님의 아들이시라는 사실이다. 이처럼 엄청난 증거를 받아들인 사람은 하나님이 약속하신 영생을 소유한 것이다.

---

13) "증거"와 "순교"의 뜻을 갖는 헬라어는 *마르투리아*(μαρτυρία)이고 "증언하다," "순교하다"의 뜻을 갖는 동사는 *마르튜레오*(μαρτυρέω)이다.

"증거"

"만일 우리가 사람들의 증언[거]을 받을진대 하나님의 증거는 더욱 크도다.
하나님의 증거는 이것이니, 그의 아들에 대하여 증언하신 것이니라.
하나님의 아들을 믿는 자는 자기 안에 증거가 있고,
하나님을 믿지 아니하는 자는 하나님을 거짓말하는 자로 만드나니,
이는 하나님께서 그 아들에 대하여 증언하신 증거를 믿지 아니하였음이라"

요한일서 5:9-10

1. 머리

지난 장에서 얼핏 언급한 대로, 증거 내지 증언이라는 단어가 요한일서 5장 6-12절에서 10번이나 나오는데, "증거"는 원어의 명사형을 번역한 것이나 "증언"은 동사형을 번역한 것이다. 그런데 묘하게도 6절에서 12절 사이에서 명사형인 "증거"가 다섯 번 나오는가 하면, 동사형인 "증언"도 다섯 번 나온다. 어쩌면 사도 요한은 "증거"의 내용도 중요하지만, "증언"하는 행위도 똑같이 중요하다는 사실을 강조하려고 했는지도 모른다.

이 두 단어의 차이점을 구분하기 위하여 5장 9절의 말씀을 다시 인용해보자, "만일 우리가 사람들의 증언을 받을진대, 하나님의 증거는 더욱 크도다; 하나님의 증거는 이것이니 그의 아들에 대하여

증언하신 것이니라." 이 말씀 가운데 우선 "사람들의 증언"을 보자. 문맥상으로 여기에서는 "증언" 대신 "증거"로 해야 옳다. 왜냐하면 "사람들의 증언"은 증언하는 행위를 가리키지 않고 내용을 가리키기 때문이다. 원어에서도 명사형으로 사용되었다.[14]

그 다음에 나오는 "하나님의 증거"에서 "증거"는 명사형으로 증언의 내용을 뜻한다. 여기까지의 내용을 보면 이렇게 번역되어야 한다, "만일 우리가 사람들의 *증거*를 받을진대, 하나님의 *증거*는 더욱 크도다." 그 다음의 표현을 보면 이 두 단어의 차이가 잘 드러날 것이다, "하나님의 *증거*는 그의 아들에 대하여 증언하신 것이니라." 하나님은 증거의 내용을 구체적으로 증언하신 행위를 통하여 인간에게 전하신 것이다.

2. 몸통

저자는 10절에서도 "증거"와 "증언"을 확실히 구분해서 사용한다. 이것을 보기 위하여 다시 인용해보자, "하나님의 아들을 믿는 자는 자기 안에 *증거*가 있고 하나님을 믿지 아니하는 자는 하나님을 거짓말하는 자로 만드나니, 이는 하나님께서 그 아들에 대하여 증언하신 *증거*를 믿지 아니하였음이라." 이 말씀에서 "증언하신"은 두말할 필요도 없이 동사이며, 그렇게 증언되는 내용은 "증거"로 묘사된다. 그러니까 "증거"는 네 번, "증언"은 여섯 번 나온다.

----

14) 헬라어에서 동사형인 *마르튜레오*(μαρτυρέω)가 아니라 명사형인 *마르튜리아*(μαρτυρία)를 사용한다.

1) "사람들의 증거"

이 장의 본문은 이렇게 시작한다, "만일 우리가 사람들의 증언 [거]을 받을진대." 본래 "증거"는 법정 용어이다. 법정에서 증인들 의 "증거"는 판결을 결정하는 결정적인 요인이 될 수 있다. 그 "증 거"는 재판을 받는 사람을 반대하는 것일 수도 있고, 또 그 사람을 지지하는 것일 수도 있다. 그 증인의 "증거"에 따라서 재판을 받는 사람은 자유의 몸이 될 수도 있고, 형벌을 받을 수도 있다. 그러니 비록 그것이 "사람의 증거"라도 얼마나 중요한가?

구약성경에서도 "사람들의 증거"는 대단히 중요했다. 만일 어떤 사람이 미움 때문에 다른 사람을 죽이면, 그 살인자는 판결을 통하 여 죽어야 했다. 그런데 그 살인자를 죽이기 위해서는 두세 증인의 증거가 있어야만 했다. "사람의 모든 악에 관하여 또한 모든 죄에 관하여는 한 증인으로만 정할 것이 아니요 두 증인의 입으로나 또는 세 증인의 입으로 그 사건을 확정할 것이며" (신 19:11-15). 증인들 의 증거는 살인자의 운명을 결정할 만큼 절대적이었다.

옛날이나 지금이나 "사람들의 증거"는 말할 수 없이 중요하다. 왜 냐하면 "증거"에 따라 사람의 운명이 결정되기 때문이다. 이처럼 "사람들의 증거"가 엄중한데, "하나님의 증거"는 더할 나위도 없이 중요하다. "사람들의 증거"에 따라서 어떤 죄인은 죽을 수도 있고, 아니면 살 수도 있다. 하물며 "하나님의 증거"는 두말할 필요도 없 이 엄중한데, 그분의 "증거"에 따라 죄인은 죽을 수도 있고, 아니면 살 수도 있기 때문이다.

사도 요한의 말, 곧 "만일 우리가 사람들의 증언[거]을 받을진대"

에서 "사람들의 증거"에는 세례 요한도 들어있는지 모른다. 교회가 탄생하기 전에 많은 유대인들은 세례 요한의 증거를 하나님으로부터 온 증거로 받아들였다. 그의 메시지는 간단명료했다, "회개하라 천국이 가까이 왔느니라!" (마 3:2). 이처럼 메시지는 단순했지만 유대인들은 그 사람의 증거를 하나님에게서 온 것으로 받아들이고 많은 사람들이 적극적으로 반응했다 (마 3:7).

이렇게 적극적으로 반응해서 세례를 받은 유대인들은 하나님의 음성이나 아무런 기적도 보지 못했다. 그러나 그 "사람의 증거"를 받아들였던 것이다. 유대인들은 세례 요한의 증거만을 받아들였던가? 물론 아니다! 그들은 나라를 잃고 비참하게 살아가던 중 에스라를 만나게 되었다. 그는 율법을 가르치면서 한편 잘못된 유대인들을 징계했으나, 동시에 그들을 가르쳤다. 유대인들은 에스라의 그런 모든 가르침을 받아들였다 (스 10:5).

왜 받아들였는가? 그 이유는 간단하다! 비록 에스라는 사람이 징계하고 가르쳤으나, 그의 증거가 위로부터 온 것이라고 믿었기 때문이다. 그들 중 많은 사람들은 아내로 맞았던 이방 여인을 내보내기까지 했다 (스 10:19). 그렇다! 이렇게 많은 사람들이 "사람들의 증거"를 받아들였다. 사람들의 증거가 이렇게 엄중할 뿐 아니라 즉각적인 반응을 일으켰다면, "하나님의 증거"는 더할 나위없는 것이다. 당연히 적극적인 반응을 보여야 한다.

2) "하나님의 증거"

사도 요한은 "하나님의 증거"에 대하여 이렇게 말한다, "만일 우리가 사람들의 증언[거]을 받을진대 하나님의 증거는 더욱 크도다!" "하나님의 증거"가 무엇보다 "더욱 크다"는 말인가? 두말할 필요도 없이 "사람들의 증거"보다 크다. "사람들의 증거"는 개인의 의견이 포함될 수 있을 뿐 아니라, 상대방에 따라 감정이 포함된 증거일 수도 있다. 그러나 "하나님의 증거"는 어떤 개인적인 것도 내포되지 않은 공정한 것이다.

그러므로 "하나님의 증거"는 "사람들의 증거보다" 더욱 클 수밖에 없다. 하나님의 마음은 변화무쌍한 인간의 마음보다 훨씬 크다고 사도 요한은 이미 설명한 적이 있다. 그의 말을 다시 들어보자, "…하나님은 우리 마음보다 크시고 모든 것을 아시기 때문이라" (요일 4:20b). 이처럼 모든 것을 아시는 하나님이 큰마음을 바탕으로 증언하신 "하나님의 증거"는 "사람들의 증거"보다 클 수밖에 없다.

그렇다면 하나님은 무엇을 증언하시는가? 이 질문에 대한 대답을 얻기 위하여 다시 사도 요한의 표현을 빌려보자, "하나님의 증거는 이것이니, 그의 아들에 대하여 증언하신 것이니라" (5:9b). 그렇다! "하나님의 증거"는 그 아들, 예수 그리스도에 대한 것이다. 일찍이 예수 그리스도가 세례를 받으실 때 하나님은 이렇게 증언하신 바 있었다, "…이는 내 사랑하는 아들이요, 내 기뻐하는 자라!" (마3:17). 얼마나 분명한 증거였던가!

한 번은 예수님이 세 명의 제자들을 데리고 변화산으로 오르신 적이 있었다. 그때 햇빛처럼 밝게 변화되는 예수님의 모습을 보고 제자들이 기절초풍의 상태에 빠져있을 때 하나님은 이렇게 증언하셨다, "…이는 내 사랑하는 아들이요 내 기뻐하는 자니, 너희는 그의 말을 들으라!" (마17:5b). 그뿐 아니었다! 하나님은 예수님의 죽음과 부활에도 관여하시면서 그분의 부활을 증언하셨다 (히 13:20).

이처럼 당신의 아들에 대한 "하나님의 증거"를 너무나도 잘 아시는 예수 그리스도는 그 증거에 대하여 이렇게 말씀한 적이 있으셨다, "또한 나를 보내신 아버지께서 친히 나를 위하여 증언하셨느니라" (요 5:37a). 그러니까 예수님은 그 아버지 하나님이 중요한 때마다 찾아오셔서 증언하신 것을 너무나 생생하게 기억하셨던 것이다. 어떻게 세례를 받으실 때 하신 하나님의 증거와 변화산에서 들은 하나님의 증거를 잊으실 수 있었겠는가?

지난 장에서 본대로, 하나님의 아들에 대하여 "물과 피"가 증언했다. "물과 피"는 예수 그리스도가 세례를 받으시고 또 십자가에서 죽으신 것을 묘사한 것이었다. 그런데 그 예수 그리스도가 하나님의 아들이라고 하나님이 친히 증언하셨던 것이다. 그렇다면 하나님의 증거는 공개적이며, 역사적이고도 외적인 증거였다. 이처럼 객관적인 증거를 받아들이든지 거부하든지는 사람의 몫이다.

3) "자기 안의 증거"

이러한 사람의 몫에 대하여 사도 요한은 이렇게 묘사한다, "하나님의 아들을 믿는 자는 자기 안에 증거가 있고, 하나님을 믿지 아니하는 자는 하나님을 거짓말하는 자로 만드나니." 이 말씀에 의하면, 그처럼 엄청난 하나님의 증거에 대한 사람의 반응은 적극적인 것과 소극적인 것으로 나뉜다. 먼저, 적극적인 반응을 보자: "믿는 자는 자기 안에 증거가 있고." 그렇다! 하나님의 객관적인 증거를 믿으면, 믿은 자 "안에 증거"가 있다!

그렇다면 "자기 안의 증거"는 무엇을 가리키는가? 지난 장에서 본 대로, 그 증거는 성령의 증거이다. 하나님이 당신의 아들에 대하여 하신 증언을 받아들이고 그 아들을 믿는 사람의 마음속에 성령이 들어가신다. 사도 요한의 말을 다시 인용해보자, "우리에게 주신 성령으로 말미암아 그가 우리 안에 거하시는 줄을 우리가 아느니라" (요일 3:24b). 사도 요한의 묘사대로, "우리" 안에 기름부음이 주어진 것이다 (요일 2:20, 27).

"자기 안의 증거"는 다른 말로 표현하면 "성령의 증거"이다. 그러니까 객관적인 "하나님의 증거"를 주관적이고도 경험적인 내적 증거인 "성령의 증거"로 삼기 위하여 "믿음"을 구사해야 한다. 분명히 말해두지만, "믿음"은 "하나님의 증거"와 "성령의 증거"를 연결시키는 가교^{bridge}와 같다. "사람들의 증거"도 받아들이고 믿는 판국에 그보다 훨씬 큰 "하나님의 증거"를 받아들이지도 않고 또 믿지 않는다는 것은 있을 수 없다.

그런데도 "하나님의 증거"를 거부하는 작자들이 있다니 참으로 한심한 노릇이다. 그들은 하나님이 아들에 대하여 하신 말씀을 거부했으며, 따라서 하나님을 거짓말쟁이로 바꾼 셈이다. 그렇지 않다면 어떻게 "하나님의 증거"를 믿지 않을 수 있단 말인가? 혹자는 "자기 안에 증거"가 있어야 "하나님의 증거"를 믿을 수 있다고 강변한다. 얼른 보기에 그럴듯하나, 그것은 건전한 신앙이 아니다. 하나님이 죄인들을 위하여 그 아들을 죽게 하셨기 때문에 그들이 믿고 구원받을 수 있지, 구원받았기 때문에 믿게 된 것이 아니다.

그렇다면 어떻게 "하나님의 증거"를 거부할 수 있단 말인가? 몇 가지 이유를 생각해볼 수 있는데, 첫째는 요한일서 4장에 나오는 거짓 영 때문이다 (4:1-2). 거짓 영은 사람들로 하여금 믿지 못하게 하려고 발버둥을 치고 있다. 바울 사도의 설명을 들어보자, "그 중에 이 세상의 신이 믿지 아니하는 자들의 마음을 혼미하게 하여 그리스도의 영광의 복음의 광채가 비치지 못하게 함이니" (고후 4:4).

요한복음에 의하면 "하나님의 증거"를 거부하는 이유를 더 찾을 수 있는데, 다음과 같은 죄인들의 마음상태 때문이다: 무지 (4:22), 분리 (6:66), 경멸 (7:3-4), 위선 (8:48), 적대감 (11:57), 탐욕 (12:6), 어두움 (12:36-37), 회의 (20:25).[15] 어떤 마음의 상태에서 그들이 "하나님의 증거"를 믿지 않든지 결과는 똑같다. 그들은 "자기 안에 증거"도 없으며, 변화된 삶의 기쁨도 알지 못할 뿐 아니라, 그들의 결단에 대하여 책임을 질 날이 있을 것이다.

3. 꼬리

이 장의 10절에서 세 동사를 찾아보기 위하여 다시 인용해보자, "하나님을 믿지 아니하는 자는 하나님을 거짓말하는 자로 만드나니, 이는 하나님께서 그 아들에 대하여 증언하신 증거를 믿지 아니하였음이라." 첫째 동사는 "*믿지* 아니하는"이고, 둘째 동사는 "하나님을 거짓말하는 자로 *만드나니*"이며, 셋째 동사는 "그 아들에 대하여 *증언하신*"이다. 하나님이 하신 증언을 *믿지* 않는 자들은 하나님을 거짓말쟁이로 *만드는* 것이다.

----

15) 이를 위하여 다음을 보라. Yarbrough, *1-3 John*, 288.

이런 자들은 "하나님의 증거"를 거부한 결과가 얼마나 무섭고 심각하다는 사실을 깨우칠 필요가 있다. 깨우치지 못할 경우 그들은 하나님의 공의로운 심판을 받고, 지옥으로 던져져서 영원히 고통을 받게 될 것이다. 그리스도인들은 하나님의 객관적인 증거와 성령의 주관적인 증거를 그들에게 전해주어야 한다. 한편 하나님이 당신의 아들을 통하여 보여주신 사랑을 전해야 하고, 또 한편 그들의 변화된 삶을 간증해야 한다.

6
A Holy Life. A Love Life

"생명"

"또 증거는 이것이니,
하나님이 우리에게 영생을 주신 것과
이 생명이 그의 아들 안에 있는 그것이니라.
아들이 있는 자에게는 생명이 있고,
하나님의 아들이 없는 자에게는 생명이 없느니라."

요한일서 5:11-12

1. 머리

도대체 예수 그리스도는 어떤 분이시기에 그리스도인들이 믿지
않으면 안 될 분이신가? 그리고 그분을 믿으면 왜 그리스도인들은
"하나님께로부터 난 자들"이 될 뿐 아니라, 서로를 사랑하라는 계명
을 지킬 수 있는가? 도대체 어떻게 그리스도인들은 아무 때나 그리
고 어느 곳에서라도 그들을 공격해오는 세상을 이길 수 있단 말인
가? 사도 요한은 이런 질문들과 함께 대답을 하는데, 그 내용이 요
한일서 5장 1-12절에 들어있다.

처음 다섯 절, 곧 요한일서 5장 1-5절은 질문에 해당된다. 그 뒤
에 나오는 6절부터 12절은 대답에 해당된다. 이미 언급한 대로, 대
답에 해당되는 5장 6-12절은 세 부분으로 나눌 수 있다. 첫째 부

분인 6-8절에서 사도 요한은 예수 그리스도의 정체성과 사역을 비유를 통하여 설명한다. 그 설명에 따르면, 그분은 "물과 피"로 오신 분이다. 그리고 그렇게 오신 분이 바로 하나님의 아들이라는 사실을 증언하신 분이 바로 성령이시다.

그런데 예수 그리스도를 증언하신 분은 성령만이 아니라, 하나님도 증언하신다. 성령의 증거도 중요하지만, 하나님의 증거는 더욱 중요하다. 그 이유는 하나님의 증거가 역사적이며 객관적이기 때문이다. 이런 외적 증거를 바탕으로 사람들이 예수 그리스도를 하나님의 아들로 받아들일 때 비로소 성령이 내주하신다. 그러니까 성령의 증거는 내적이며 경험적이다. 이처럼 엄청난 증거, 곧 외적 증거와 내적 증거를 연결해주는 것이 믿음이다.

2. 몸통

둘째 부분인 9-10절에 의하면, 이처럼 엄청난 증거에 대하여 모든 인간은 반응을 보여야 한다. 그들은 적극적으로 반응할 수도 있고, 소극적으로도 반응할 수 있다. 그 이유는 그들이 자유의지를 가진 인격자들이기 때문이다. 만일 적극적으로 반응하면 그들 안에 성령이 들어가셔서 경험적인 증거를 맛보기 시작한다. 반면, 소극적으로 반응하면 그들은 하나님을 거짓말쟁이로 만들 뿐 아니라, 하나님을 대적하는 거짓 영에 의하여 지배를 받는다.

1) 사도 요한의 용어들

이 장의 본문인 11-12절은 그 증거 때문에 일어나는 결과를 제시하는데, 그 결과를 보기 위하여 11절을 다시 인용해보자, "또 증거는 이것이니 하나님이 우리에게 영생을 주신 것과 이 생명이 그의 아들 안에 있는 그것이니라." 이런 묘사는 사도 요한의 깊은 사랑의 마음을 잘 표현하고 있다. 그 이유는 믿지 않는 사람들이 하나님을 거짓말로 만들거나 말거나, 하나님은 그분의 증거를 받아들인 그리스도인들에게 영생을 주신다고 강조하기 때문이다.

그런데 사도 요한이 이처럼 질문과 대답을 기록하고 있는 5장 1-12절의 흐름을 보면서 주목하지 않으면 안 될 것이 있다. 그것은 사도 요한의 독특한 개성과 기법이 생생하게 드러나고 있기 때문이다. 물론 하나님의 말씀은 모두 성령의 감동으로 기록되었다, "먼저 알 것은 성경의 모든 예언은 사사로이 풀 것이 아니니, 예언은 언제든지 사람의 뜻으로 낸 것이 아니요 오직 성령의 감동하심을 받은 사람들이 하나님께 받아 말한 것임이라"(벧후 1:20-21).

그러나 하나님은 성경을 기록한 저자들의 개성, 사고방식 및 용어들도 사용하셨다.[16] 중요한 것은 하나님의 말씀이 구체적인 환경과 개성과 역사 안에서 기록되었지만, 그런 개인적인 용어들을 통해서 하나님의 뜻이 전달되었다는 사실이다. 두말할 것도 없이 하나님의 뜻은 죄인들을 구원하시는 것이다. 그리고 구원의 방법

---

16) George Eldon Ladd, *The New Testament and Criticism* (Grand Rapids, MI: William B. Eerdmans Publishing Co., 1967), 37.

은 당신의 아들 예수 그리스도를 십자가에서 죽게 하셨다가 다시 살리신 놀라운 역사였다. 그 역사를 받아들이는 사람은 누구든 구원을 받는다.

그렇다면 요한일서 5장 1-12에서 드러난 사도 요한의 독특한 용어들은 무엇인가? 그가 선택한 세 단어에서 찾을 수 있는데, 곧 아들과 믿음과 증거이다. 물론 다른 성경의 저자들도 이런 단어들을 사용하지 않은 것은 아니다. 그러나 사도 요한처럼 특별한 뜻을 내포시키면서 사용한 저자들은 별로 없다. 먼저, 하나님의 아들을 살펴보자. 공관복음의 저자들도 예수 그리스도를 "하나님의 아들"로 소개하였다.

그들이 소개한 "하나님의 아들"은 몇 번 나오지도 않지만,[17] 그 의미는 사도 요한이 사용한 "하나님의 아들"과는 다르다. 그들은 대부분 예수 그리스도가 하나님으로부터 보내심을 받은 하나님의 아들이라는 뜻으로 사용했다. 그러나 사도 요한이 예수 그리스도를 "하나님의 아들"이라고 명시할 적마다 그분이 하나님과 동등한 분이라는 뜻으로 사용했다 (요 5:18, 10:30). 5장 6-12절에서 그런 "아들"을 일곱 번씩이나 사용했다는 것은 사도 요한의 기법이다.

그다음 "믿음"에 대하여 알아보자. 이미 언급한 적이 있지만, 사도 요한은 그의 복음서에서 "믿음"을 자그마치 100번이나 사용한 만큼 "믿음"의 중요성을 알았다. 그러나 그렇게 많이 사용한 성경의 저자는 없다. 5장 1-13절에서도 사도 요한은 "믿음"을 일곱 번씩

---

17) 예수 그리스도를 진정한 뜻에서 "하나님의 아들"이라고 부른 곳은 다음과 같다: 마태복음에서 3번 (14:33, 16:16, 27:54), 마가복음에서 2번 (1:1, 15:39), 누가복음에서 1번 (1:35).

이나 사용한다. 이미 언급한 대로, 요한일서에서 열 번 나오는 "믿음"이 이 부분에서 일곱 번이나 사용된 것은 사도 요한의 독특한 기법이 아니라고 부인할 사람은 없을 것이다.

어쩌면 사도 요한은 화목제물로 십자가에서 죽으셨다가 부활하심으로 "세상의 구주"가 되신 하나님의 아들이 중요한 만큼, 그 아들을 믿음으로 받아들이는 것도 그만큼 중요하다는 것을 강조하기 위하여 각각 일곱 번씩 사용했는지도 모른다. 그리고 모든 그리스도인들이 아는 것처럼, 일곱이란 숫자는 완전을 가리키는 수이다. 그러니까 하나님과 동등하신 아들도 완전한 분이시고, 그 아들을 받아들이면 그 믿음도 완전하다는 것을 강조했는지도 모른다.

마지막으로, "증거"에 대하여 알아보자. 이미 언급한 대로, "증거"는 명사형이고 "증언하다"는 동사형이다. 사도 요한은 이 단어를 요한일서에서 열두 번이나 사용하는데, 그중 10번을 이 부분, 곧 6-12절에서 사용한다. 그런데 이 단어만큼 사도 요한의 개성과 기법을 잘 나타내는 것도 많지 않다. 공관복음, 곧 마태, 마가 및 누가복음에서 세 번밖에 사용되지 않은 "증언"이 요한복음에서는 45회나 사용되었기 때문이다.[18]

사도 요한이 "순교"의 뜻을 가진 이 단어를 좋아하는 이유를 쉽게 찾을 수 있을 것이다. 그가 요한일서를 기록할 때는 다른 사도들은 모두 이 세상을 떠났다. 그들 모두가 온갖 고문과 고통을 당하면서 순교한 것을 누구보다도 사도 요한은 아픈 마음으로 보았거나 들었

----

18) 마태복음 24:14, 마가복음 16:20, 누가복음 16:28.

을 것이다. 그들 뿐 아니라, 그들 중에는 그를 통하여 믿은 사람들을 포함하여 수많은 그리스도인들이 순교의 죽음을 피하지 못한 것도 목격하였을 것이다.

사도 요한은 의도적으로 이 단어를 사용하면서, 그 단어의 의미심장한 뜻을 전달하고 싶었을 것이다. 그렇다! 예수 그리스도가 하나님의 아들이신데도 화목제물이 되어 죽으셨다. 그렇게 엄청난 희생과 사랑을 주신 그분을 믿지 않으면, 하나님의 증거를 거부하는 것이다. 그러나 그 증거를 받아들인 사람들에게는 엄청난 보상이 따르는데, 곧 영생을 얻는다는 것이다. 하나님의 아들에 대한 증거를 통해 믿음이라는 다리를 건너 영생을 누리게 된다.

2) "생명"

사도 요한이 사용한 "생명"을 알아보기 위하여 12절을 다시 인용하자, "아들이 있는 자에게는 생명이 있고 하나님의 아들이 없는 자에게는 생명이 없느니라." 이 구절에서 "생명"이란 단어가 두 번 나온다. 11절에 나오는 "생명"을 포함하면 세 번 나오며, 그것과 같은 뜻을 내포한 "영생"까지 합치면 이 두 구절에서 "생명"이 네 번씩이나 나온다. 실제로 "영생"은 두 단어, 곧 "영원한"과 "생명"이 결합된 단어이다.

그런데 여기에서 다시 특이한 사실을 지적하지 않을 수 없는 것이 있는데, "생명"과 "영생"은 사도 요한이 다른 사도들보다 즐겨 사용한 용어들이라는 것이다. 공관복음의 저자들은 "영생"과 "생명"이란 용어를 별로 사용하지 않았다. 마태와 마가와 누가는 "영생"이라는 단어를 모두 합하여 12회 사용했고,[19] 또 "생명"은 "5회밖에 사용하지 않았다.[20] 그런데 그들이 사용한 "영생"은 같은 이야기에서 반복적으로 나오기에 실제로는 몇 번 되지 않는다.

그렇다면 사도 요한은 이 단어들을 얼마나 사용했는가? 요한복음에서 "영생"이 19회, 그리고 "생명"이 19회나 사용되었다. 그러니까 사도 요한은 요한복음에서 "생명"이라는 단어를 무려 38회나 사용했다는 말이다. 요한일서에서는 얼마나 사용했는가? "영생"은 4회, "생명"은 9회씩 사용했다. 결국, 이 짧은 요한일서에서도 "생명"이란 단어를 13회나 사용했다는 말이다. 사도 요한이 즐겨 사용한 독특한 용어임에 틀림없다.

왜 사도 요한은 "생명"을 이처럼 많이 사용했는가? 그 용어가 그만큼 중요하다고 믿었기 때문이다. 다른 사도들은 "생명"을 다른 용어로 표현하였는데, 예를 들면, "구원," "칭의," "구속," "양자," "화목," "새로운 피조물," "성령의 인침," "성령의 보증" 등이다. 그들과는 달리 사도 요한은 그리스도인들이 경험한 구원을 "생명"으로 표현했다. 그 이유는 그들이 예수 그리스도 앞으로 나아오기 전에 "생명"이 없었다는 것을 강조하기 위해서였다.

본래 하나님은 흙으로 사람을 창조하신 후, 그 사람에게 생기를 불어넣어주심으로 "생명"을 주셨다 (창 2:7). 하나님이 그렇게 주신 생명은 영원한 생명이었지만, 한 가지 조건이 있었다. 그 조건은 "선악을 알게 나무의 열매"를 먹지 말라는 것이었는데, 먹으면 그

----

19) "영생"은 마태복음에서 5, 마가복음에서 4, 누가복음에서 3회 나온다.
20) "생명"은 마태복음에서 2, 마가복음에서 1, 누가복음에서 2회 나온다.

생명을 잃는다는 것이다. 그것을 하나님은 이렇게 표현하셨다, "네가 먹는 날에는 반드시 죽으리라!" (창 2:17). 이 경고에서 "죽음"은 달리 표현하면 "생명"을 잃는다는 것이다.

모든 그리스도인들이 너무나 잘 알 듯, 이런 엄중한 경고를 무시하고 첫 인간은 그 열매를 먹고 죽었고, 따라서 생명을 잃었다. 그 이후 모든 인간은 하나님의 생명, 곧 영원한 생명이 없이 태어나서, 허망한 인생을 살면서 죽음과 심판을 향해 나아간다. 그러나 하나님은 그런 인간에게 긍휼을 베푸셔서 당신의 아들을 화목제물로 희생시키셨을 뿐 아니라, 죽음에서 다시 살아나게 하심으로 모든 인간이 다시 "생명"을 얻을 수 있는 길을 마련하셨다.

그렇다! 하나님은 그 "생명"을 인간에게 주기를 원하신다. 그런 하나님의 마음을 사도 요한은 이 장의 본문에서 이렇게 표현한다, "하나님이 우리에게 영생을 *주신 것과*" (11절). 이 말씀에서 "주셨다"는 표현을 눈여겨보자. "영생," 곧 영원한 생명은 하나님이 주셔야 받을 수 있다! 이 "생명"은 인간이 어떤 방법으로도 얻을 수 있는 것이 아니다. 이 "생명"은 하나님이 공짜로 주시는 은혜의 선물이다.

결국 이 "생명"은 하나님의 아들 안에 있는데, 그 이유는 그분이 죄인을 위하여 대속의 죽음을 맛보셨고, 그 후 다시 살아나셨기 때문이다. 11절 후반부의 말씀을 다시 보자, "이 생명이 그의 아들 안에 있는 그것이니라." 그러니까 인간의 영원한 운명은 하나님의 아들이신 예수 그리스도를 어떻게 대하느냐에 달려있다. 인간은 "생명"과 "죽음"의 기로에 놓여있는데, 그것을 결정할 가름은 하나님의 아들이다.

다시 사도 요한의 말을 인용해보자, "아들이 있는 자에게는 생명이 있고, 하나님의 아들이 없는 자에게는 생명이 없느니라"(12절). 인간에게 할 것이 있다면 그 아들을 믿음으로 받아들이는 것이다. 왜냐하면 하나님이 그 아들에 대하여 증언하셨기 때문이고, 성령은 그 아들의 사역을 "물과 피"로 증언하셨기 때문이다. 이처럼 엄청난 성부 하나님과 성령 하나님의 증언하신 하나님의 아들을 믿음으로 받아들이면 생명이 주어진다.

3. 꼬리

이 장에서 사도 요한이 즐겨 사용한 귀한 용어들을 통하여 하나님 이 일구신 구원의 역사를 살펴보았다. 아들에 대한 하나님의 증거 를 믿음으로 받아들이는 사람은 어떤 사람이든 영원한 "생명"을 선 물로 받는다. 그러나 하나님과 성령이 증언하신 하나님의 아들을 받아들이지 않고 거부하는 사람은 이 세상에서 진정한 의미에서 기 쁨도 누리지 못한다. 그뿐 아니라, 그에게 확실히 닥칠 심판과 멸망 이 있을 뿐이다.

이처럼 명확한 하나님의 뜻을 아는 그리스도인들은 하나님의 아 들을 주변의 죄인들에게 증언해야 한다. 비록 그 증거 때문에 손가 락질을 받고 왕따를 당한다손 치더라도 증언해야 한다. 그들의 증 거를 받아들이고 하나님의 아들을 믿음으로 받아들이는 사람에게 "생명"이 주어지는 기쁨을 맛보아야 할 것이다. 그리스도인들이 이 렇게 생명을 걸고 증언하지 않는다면, 어떻게 죄인들이 하나님의 아들을 믿고 "생명"을 얻을 수 있겠는가?

"영생"

"내가 하나님의 아들의 이름을 믿는 너희에게 이것을 쓰는 것은
너희로 하여금 너희에게 영생이 있음을 알게 하려 함이라"

요한일서 5:13

1. 머리

이 말씀은 사도 요한이 요한일서를 기록한 세 가지 목적 중 하나
이다. 첫 번째로 제시한 목적은 그리스도인들이 위로 하나님과 그
리고 아래로 형제들과 사귐을 나누면서 기쁨을 누리라는 것이다 (요
일 1:3-4). 두 번째 목적은 예수 그리스도를 통하여 하나님을 알게
된 그리스도인들은 죄를 지면서 살면 안 된다는 것이다 (요일 2:1).
"하나님이 빛"이신데, 어찌 하나님과 사귐이 있다고 하면서 어두움
가운데 살겠는가?

셋째 목적은 이 장의 본문인데, 그리스도인들에게 "영생"이 있다
는 확신을 주기 위함이다. 비록 셋째 목적이 요한일서 마지막 부분
에 나오긴 하지만, "영생"에 대한 확신이 가장 근본적이며 중요하

다. 그 이유는 너무나 분명하다! "영생"의 확신이 없는 사람이 어떻게 기쁨을 누릴 수 있으며, 또 어떻게 빛 가운데서 살 수 있는가? 그것은 절대로 불가능하다! 그런데 이 세 가지 목적을 정삼각형으로 묘사할 수 있다.

"기쁨"이 꼭대기에 있든 아니면 왼쪽 측면에 있든 상관없이 정삼각형이다. 죄를 짓지 않고 거룩하게 사는 것도 역시 마찬가지이다. 그런 삶이 정삼각형 꼭대기에 있든 측면에 있든 정삼각형은 변하지 않는다. 물론 "영생"이 세 가지 목적 중 가장 근본이지만, 그것도 마찬가지이다. 정삼각형 꼭대기에 있는지 측면에 있든지 정삼각형이다. 그러므로 이 세 가지 목적 가운데 어떤 것을 먼저 기록하고 또 어떤 것을 나중에 기록하느냐는 문제가 되지 않는다.

2. 몸통

지난 장에서 본대로, 하나님은 사도 요한의 독특한 기법과 용어들을 사용하셔서 당신의 뜻을 그리스도인들에게 전달하셨다. 이 장의 본문에서도 사도 요한이 즐겨 사용하는 용어들이 반복해서 나오는데, 그것들을 보면 다음과 같다: 첫째는 "하나님의 아들"이고, 둘째는 "믿음"이고, 셋째는 "영생"이며, 그리고 넷째는 "안다"이다. "안다"는 이미 앞에서 다룬 바 있지만,[21] 그래도 보충해서 좀 더 자세히 알아보자.

----
21) 이 설명을 보려면 요한일서 3장의 "올바른 앎"을 참고하라.

1) "안다"

이 동사는 영어로는 *know*이며, 국어로는 "안다"이다. 누구나 다 아는 단어를 새삼스럽게 열거한 이유가 있다. 그 이유는 원어인 헬라어에서는 "안다"가 한 단어가 아니고 두 단어이며, 강조하는 뜻도 다르다. 그러나 그렇게 다른 뜻을 가진 두 단어를 달리 표현할 수 없기에 영어와 국어에서는 두 단어를 똑같이 *know*와 "안다"로 번역했던 것이다. 그 중 한 단어는 지금까지 요한일서에서 종종 나왔던 *기노스코*(γινώσκω)이다.

여러 번 설명한대로, 이 동사의 뜻은 관계를 맺어서 알게 된 상태를 묘사하는 동사이다. 그것도 평범한 관계가 아닌 깊은 관계를 말한다. 얼마나 그 관계가 깊고도 친밀한지 뗄래야 뗄 수 없는 관계를 뜻한다. 사도 요한이 이 동사를 사용한 실례를 들어보자, "누구든지 그의 말씀을 지키는 자는 하나님의 사랑이 참으로 그 속에서 온전하게 되었나니, 이로써 우리가 그의 안에 있는 줄을 *아노라*" (요일 2:5).

이 말씀을 쉽게 풀어보면 다음과 같다: "하나님의 말씀을 지키는 그리스도인들은 그분의 사랑을 실현한 것이며, 따라서 그들은 하나님 안에 있다는 것을 안다." 다시 말해서, 그리스도인들이 하나님 안에 있다는 사실을 경험적으로 *안다*는 것이다. 이처럼 하나님과 맺은 그리스도인들의 깊고도 친밀한 관계를 인간적으로 설명하는 것은 거의 불가능하다. 그러나 억지로라도 설명하려면 부부관계를 들 수 있을 것이다.

마리아와 요셉이 정혼한 후 예수님을 낳기까지 동침하지 않았던 사건은 잘 알려진 사실이다. 그것을 묘사한 말씀을 인용하면서 설명해보자, "아들을 낳기까지 동침하지 아니하더니 낳으매 이름을 예수라 하니라" (마 1:25). 그런데 놀랍게도 여기에 나온 "동침하다"는 원어로는 *기노스코*, 곧 "안다"이다. 그러니까 "동침하다"는 의역意譯이지, 원문에 충실한 번역은 아니다. 좌우간 마음뿐 아니라 육체까지도 하나가 될 만큼 가까운 사이를 뜻한다.

*기노스코*가 함축하는 또 다른 뜻이 있는데, 그것은 서로를 아무리 잘 알아도 다 모른다는 것이다. 비록 부부관계가 육체를 나눌 만큼 가까워도 서로에 대하여 다 안다는 것은 불가능하다. 일생을 함께 살아가면서, 그리고 많은 요철(凹凸)을 겪으면서 서로를 더 알아가야 한다. 그리스도인들이 갖는 하나님과의 관계도 마찬가지이다. 비록 그들이 예수 그리스도의 희생과 부활을 앎으로 하나님 안으로 들어갔지만, 그래도 알아가야 할 것이 너무나 많다.

그런데 사도 요한은 요한일서에서 "안다"의 뜻을 가진 다른 동사도 사용했는데, 그 동사는 헬라어로 *오이다*(οἶδα)이다. 이 동사는 관계를 맺어서 아는 게 아니라, 눈으로 보아서 "안다"는 것이다. 그런 이유 때문에 어떤 때는 "확신하다"의 뜻일 수도 있다. 다시 사도 요한의 말을 인용하면서 설명해보자, "내가 너희에게 쓰는 것은 너희가 진리를 알*지* 못하기 때문이 아니라 알*기* 때문이요, 또 모든 거짓은 진리에서 나지 않기 때문이라" (요일 2:21).

"진리를 안다"는 것은 결코 관계를 맺어서 *아는* 것일 수 없다. 그 이유는 너무나 분명하지 않은가? 어떻게 그리스도인들이 비인격인 "진리"와 관계를 맺을 수 있는가? "진리"는 눈과 귀로 보고 듣고, "나"의 것으로 받아들이는 것이다. 예를 들면, 돼지가 다섯 마리인데, 다리는 몇 개인가라는 질문을 받고, 4x5=20이라고 대답한다. 이 정답은 관계를 맺어서 아는 것이 아니라, 지금까지 익힌 구구법을 이용해서 산출해낸 확실한 대답이다.

사도 요한은 "안다"라는 동사를 요한일서에서 39회나 사용했다. 그 가운데서 *기노스코*는 24회, 그리고 *오이다*는 15회씩 각각 사용했다.[22] 그런데 더 세밀히 관찰하면, 이 두 동사는 서로 밀접한 관계를 맺고 있다. 왜냐하면 *오이다*의 단계를 거쳐서 *기노스코*의 관계로 들어가기 때문이다. 다시 말해서, 보고 들으면서 예수 그리스도가 하나님의 아들이시라는 사실을 알고 나서야 (*오이다*), 그분을 구주로 받아들여 관계를 맺기 때문이다 (*기노스코*).

그러면 사도 요한은 무엇 때문에 이처럼 "안다"라는 동사를 많이 사용했는가? 그 자신의 경험 때문이었을 것이다. 그가 처음 예수님을 따르기 시작할 때는 그분에 대하여 많은 것을 알지 못했다. 그러나 그분의 가르침과 사역을 지켜보면서, 그리고 그분의 죽음과 부활을 목격하면서, 그분이야말로 진정으로 하나님의 아들이시라는 사실을 알았다. 그 앎(*오이다*)은 그로 하여금 그분과 깊은 관계를 맺는 앎(*기노스코*)으로 인도하였던 것이다.

2) "영생"

그러면 그리스도인들은 무엇을 알게 되었다는 것인가? 그것을 알

---

22) *기노스코*—요한일서 2:3 (2회), 4, 5, 13, 14 (2회), 18, 3:1 (2회), 6, 16, 19, 20, 24, 4:2, 6 (2회), 7, 8, 13, 16, 5:2, 20. *오이다*—2:11, 20, 21 (2회), 29, 3:2, 5, 14, 15, 5:13, 15 (2회), 18, 19, 20.

아보기 위하여 이 장의 본문을 다시 인용해보자, "내가 하나님의 아들의 이름을 믿는 너희에게 이것을 쓰는 것은, 너희로 하여금 너희에게 영생이 있음을 알게 하려 함이라." 그리스도인들에게 "영생"이 있다는 사실을 확신시키는 것이다. 물론 이 말씀 자체가 말해주듯, 그리스도인들은 비인격인 영생과 관계를 맺을 수 없다. 그런 까닭에 "안다"는 *오이다*를 사용한다.

이 말씀에서 사도 요한은 그리스도인들에게 영생의 확신을 다시 확인시켜주고 있는 것이다. 그렇지 않다면 이렇게 기록할 이유가 없을 것이다, "내가 하나님의 아들의 이름을 믿는 너희에게 쓰는 것은…." 그들은 이미 하나님의 아들을 믿은 그리스도인들이다. 사도 요한은 하나님의 아들을 믿은 사람들이야말로 영생이 주어졌다고 이미 언급한 바 있다 (5:11), 왜냐하면 하나님이 그 아들에 대하여 증언하셨기 때문이다 (5:9).

"하나님의 아들"이라는 표현도 사도 요한이 즐겨 사용하는 것이라고 이미 언급하였다. 이 짧은 요한일서에서 사도 요한은 하나님의 "아들"을 자그마치 21회나 언급한다. 그 중에서도 5장에서만 9회나 언급한다. 5장은 21절로 이루어진 간단한 장인데, 그곳에서 그렇게 많이 사용한 것은 "하나님의 아들"을 부각시키기 위해서이다. 한 마디로 말해서, 그 아들 안에만 "영생"이 있고, 그 아들을 통해서만 "영생"을 얻을 수 있다는 것이다.

그러면 "영생"의 뜻은 무엇인가? 이미 언급한 대로, "영생"은 두 단어, 곧 "영원한"과 "생명"이 결합하여 만들어진 합성어이다. 본래 "영원한 생명"은 하나님에게만 있는 것이다. 그런 이유 때문에 사도 요한은 "태초부터 있는 생명의 말씀에 관하여는"이라고 요한일서를 시작한다 (1:1). 그런데 하나님에게 있는 영원한 생명이 예수 그리스도를 통하여 인간에게 전달되었다. 사도 요한은 그 사실을 간단 명료하게 이렇게 묘사한다:

"…이 영원한 생명을 우리가 보았고 증언하여 너희에게 전하노니, 이는 아버지와 함께 계시다가 우리에게 나타내신 바 된 이시니라" (1:2). 다시 말해서, 그 영원한 생명이 하나님의 아들이신 예수 그리스도를 통하여 "우리"에게 전해졌고, 그리고 "우리"를 통하여 다시 "너희"에게 전해진 것이다. 물론 "우리"나 "너희"를 막론하고 그 "영생"을 얻기 위해서는 "믿음"으로 하나님의 아들을 받아들여야 한다.

하나님의 생명이 그리스도인들에게 주어졌다는 사실은 인간이 상상할 수 없을 정도로 큰 복이다. 무엇보다도 하나님과 더불어 영원히 살 수 있는 복을 누리게 된 것이다. 그뿐 아니라, 인간의 마지막 장벽인 죽음조차도 초월하게 된 것이다. 죽음이 미래의 장벽이라면, 현재의 장벽, 곧 미움과 패배와 좌절의 장벽은 어떤가? 두말할 필요도 없이 그런 장벽도 무너진 것이다.[23] "영생"을 소유한 자들만이 누리는 평안을 어떻게 설명할 것인가?

그리스도인들 안에 있는 하나님의 생명은 힘차게 성장할 수 있는데, 그것이 바로 생명이기 때문이다. 그렇게 성장의 과정을 겪어서 마침내 그리스도를 만나는 영광을 갖게 될 것이다. 바울 사도의 가르침대로이다, "또 미리 정하신 그들을 또한 부르시고, 부르신 그들을 또한 의롭다 하시고, 의롭다 하신 그들을 또한 영화롭게 하셨

---

23) Barclay, *The Letters of John and Jude*, 113–114.

느니라"(롬 8:30). 그렇다! 영원한 생명을 받은 그리스도인들은 그 영광의 날을 향하여 끊임없이 달려가는 사람들이다.

사도 요한이 이미 하나님의 아들을 믿고, 위로 하나님을 사랑하며 아래로 형제를 사랑하는 그리스도인들에게 왜 복음의 핵심, 곧 믿은 자들에게 영생이 있다는 사실을 다시 언급하는가? 실제로 이와 비슷한 확신을 얼마나 여러 번 반복해서 언급했는가? (1:3, 2:12-14, 3:1, 16, 4:9-10, 15, 5:1, 10, 12). 그 이유는 너무나 분명하다! 그리스도인들은 복음의 핵심을 한시라도 놓치거나 소홀히 해서는 안 된다는 사실을 일깨우기 위해서이다.

이와 같은 복음의 핵심은 요한일서에서만 강조된 것이 아니다. 신약성경 전체는 한 마디로 하나님의 아들이신 예수 그리스도를 세상의 구주로 소개한다. 좀 더 진솔하게 말하면, 신약성경은 예수 그리스도를 그렇게 소개하기 위하여 기록되었고, 그리고 인간에게 주어졌다. 그런데도 불구하고 예나 지금이나 많은 그리스도인들이 복음의 본질을 떠나서 주변적인 가르침에 얼마나 많이 몰두하고 있는가? 사도 요한의 가르침에 모두 귀를 기울이자.

3. 꼬리

사도 요한은 요한복음을 기록한 이유를 분명히 제시한 바 있다, "오직 이것을 기록함은 너희로 예수께서 하나님의 아들 그리스도이심을 믿게 하려 함이요, 또 너희로 믿고 그 이름을 힘입어 생명을 얻게 하려 함이니라"(요 20:31). 그렇다! 예수 그리스도를 하나님의 아들로 소개하고, 또 그렇게 소개된 분을 믿음으로 받아들이게 하기 위하여 요한복음을 기록한 것이다. 그렇게 받아들인 사람은 "생명"이 주어지기 때문이다.

사도 요한이 요한일서를 기록한 목적도 같은 맥락에서이다, "내가 하나님의 아들의 이름을 믿는 너희에게 이것을 쓰는 것은, 너희로 하여금 너희에게 영생이 있음을 알게 하려 함이라." 예수 그리스도를 그렇게 사랑한 사도 요한에게는 그분을 소개하는 것이 곧 복음이다. 복음을 소홀히 하는 신학은 신학을 학문과 철학으로 전락시키는 잘못을 범한다. 복음을 소홀이 하는 교회는 직분과 조직으로 복음을 대체하는 인간의 조직체로 전락시키는 셈이다.

사도 요한이 이렇게 복음의 핵심인 하나님의 아들 안에 있는 "영생"을 소개하고, 또 한시라도 놓지 말아야 한다는 충고는 결코 사도 요한에게서 나온 것이 아니다. 그것은 "영생"을 주기 위하여 하나밖에 없는 아들을 화목제물로 희생시키신 하나님의 마음이다. 그러니 모든 그리스도인들은 복음을 듣고, 사수하고, 그리고 그 복음을 전해야 한다. 그리할 때 그 복음의 주인이 다시 오실 때 그들은 기쁨으로 그분을 만나게 될 것이다.

담대한 기도

"그를 향하여 우리가 가진 바 담대함이 이것이니,
그의 뜻대로 무엇을 구하면 들으심이라.
우리가 무엇이든지 구하는 바를 들으시는 줄을 안즉,
우리가 그에게 구한 그것을 얻은 줄을 또한 아느니라"

요한일서 5:14-15

1. 머리

그리스도인들이 신앙생활에서 가장 큰 걸림돌은 다름 아닌 자신이다. 자신이 하나님의 뜻을 가로막고, 자신이 하나님보다 앞서 가기를 원한다. 어떤 때는 하나님의 뜻을 확실히 아는 데도 불구하고 그 뜻을 따르지 않고 뒤로 쳐지기도 한다. 이런 문제를 해결할 수 있는 가장 좋은 방법이 바로 기도이다. 왜냐하면 기도를 통하여 그리스도인들은 한편 자신을 직시할 수 있을 뿐 아니라, 또 한편 하나님을 보다 올바르게 볼 수 있기 때문이다.

구약성경에서 하나님에 의하여 가장 귀하게 사용된 모세의 예를 들어보자. 한 번은 광야에서 이스라엘 백성이 만나 외에는 아무런 고기도 주지 못하는 모세를 원망할 때, 모세는 그 짐을 홀로 감당하기가 너무 어려워서 이렇게 기도하였다, "…구하옵나니 내게 은혜를 베푸사 즉시 나를 죽여 내가 고난당함을 내가 보지 않게 하옵소서"(민 11:15). 한 마디로 자신을 죽여 달라는 기도였다. 물론 하나님은 모세의 기도를 들어주지 않으셨다.

그런데 모세의 기도가 거부되자, 모세는 몇 가지 중요한 것을 깨닫게 되었다. 첫째는 하나님이 그에게 짐을 나누어질 여러 동역자를 붙여주신다는 것이었다 (민 11:17). 둘째는 하나님의 사랑과 능력을 보다 깊이 체험하게 되었다. 하나님이 그 백성이 요구한대로 메추라기 고기로 배를 채워주시는 역사를 목격하였다 (민 11:32). 셋째는 자신이 얼마나 믿음이 없는 가를 깊이 깨닫고 하나님을 더욱 의지하게 되었다 (민 11:21-22).

2. 몸통

그렇다! 기도를 깊이 경험하지 못한 그리스도인들은 하나님과 예수 그리스도와 성령에 대하여 깊이 알지 못하는 사람들이다. 사도 요한은 이 서신을 통하여 기도의 중요성은 물론 기도를 담대하게 해야 하는 이유와 결과를 제시한다. 그 이유는 간단하다! 그들도 기도를 깊이 경험하라는 것이다. 그 결과 성부 하나님은 물론 성자 하나님과 성령 하나님을 더욱 깊이 알고, 신앙생활의 핵심인 기도의 사람들이 되기를 원하는 마음을 표시한 것이다.

1) "담대함"

사도 요한은 이 서신에서 "담대함"이란 단어를 네 번 사용하는데, 이 장의 본문에서 사용된 "담대함"은 네 번째이자 마지막이다. 이 단어의 중요성을 알아보기 위하여 다시 한 번 하나씩 인용해보자. 첫 번째로 나오는 곳은 2장 28절이다, "자녀들아 이제 그의 안에 거하라; 이는 주께서 나타내신 바 되면, 그가 강림하실 때에 우리로 *담대함*을 얻어 그 앞에서 부끄럽지 않게 하려 함이라." 이 말씀에서 "담대함"은 주님이 재림하실 때 갖는 "담대함"이다.

두 번째 나오는 곳은 3장 21-22절이다, "사랑하는 자들아, 만일 우리 마음이 우리를 책망할 것이 없으면 하나님 앞에서 *담대함*을 얻고 무엇이든지 구하는 바를 그에게서 받나니, 이는 우리가 그의 계명을 지키고 그 앞에서 기뻐하시는 것을 행함이라." 이 말씀에서 "담대함"은 그리스도인들이 하나님 앞으로 나아가서 기도할 때 갖는 자세를 말한다. 그렇게 담대할 수 있는 것은 그들이 하나님의 계명을 지키기 때문이다.

세 번째로 "담대함"이 나오는 곳은 4장 17절이다, "이로써 사랑이 우리에게 온전히 이루어진 것은 우리로 심판 날에 *담대함*을 가지게 하려 함이니, 주께서 그러하심과 같이 우리도 이 세상에서 그러하니라." 모든 그리스도인들은 예수 그리스도가 주 중의 주요 왕 중의 왕으로 다시 오실 때, 그분을 직접 만나게 될 것이다. 물론 그 만남은 기쁨의 만남이지만, 동시에 두려움의 만남이다. 그리스도인답게 살지 못한 것들이 드러나서 심판을 받기 때문이다.

마지막으로 나오는 곳은 이 장의 본문인데 다시 인용해보자, "그를 향하여 우리가 가진 바 *담대함*이 이것이니, 그의 뜻대로 무엇을 구하면 들으심이라." 이 말씀이 가르치는 대로, 그리스도인들은 하나님을 향하여 *담대하게* 나아가서 *담대하게* 기도할 수 있다. 그렇게 담대하게 기도할 수 있는 가장 중요한 이유는 그들이 "하나님의 뜻대로" 기도하기 때문이며, 또 그렇게 기도할 때 하나님이 적극적으로 응답해주신다는 확신이 있기 때문이다.

"담대함"의 원뜻은 "아무런 제한도 받지 않고 마음먹은 대로 말할 수 있는" 상태를 가리킨다.[24] 그런데, 주님이 다시 오실 때 제대로 신앙생활을 영위하지 못한 그리스도인들은 두려움에 사로잡힐 것이다. 왜냐하면 그들의 삶에 대하여 직접 고해야 하기 때문이다. "우리가 다 하나님의 심판대 앞에 서리라…우리 각 사람이 자기 일을 하나님께 직고하리라" (롬 14:10, 12). 그러나 "주님 안에 거하며," 또 "서로 사랑하라는 계명"을 지킨 사람들은 그들의 삶에 대하여 자유롭게 그리고 당당하게 아뢸 수 있을 것이다.

사도 요한은 "담대함"을 기도와 연관시켜서 사용하기도 한다. 어떻게 그리스도인들이 담대하게 기도할 수 있는가? 그 이유는 "하나님의 뜻대로 무엇을 구하면 들으심이라"는 약속 때문이다. 그들은 기도를 통하여 하나님의 뜻을 찾았고 그리고 그 뜻을 찾았기에, 아무런 제한도 받지 않고 자유롭게 그들의 기도제목을 "담대하게" 아뢸 수 있게 된 것이다. 하나님 앞으로 "담대함"을 가지고 나아갈 수 있는 특권을 사랑의 사도는 알려주고 있는 것이다.

----

24) 헬라어로는 *파래시아*(παρρησία)인데, "자유롭게 말하다"의 뜻을 가지고 있다. 이 내용을 자세히 알려면 다음을 참고하라: Smalley, *1, 2, 3 John*, 130.

2) 담대한 이유

그리스도인들이 현재의 기도생활에서는 물론이고, 미래에 주님 다시 오실 때도 "담대함"을 유지할 수 있는 이유를 알아보자. 무엇보다도 중요한 이유는 그들이 하나님과 맺은 특별한 관계 때문이다. 그 관계는 두말할 필요도 없이 부자간의 관계이다. 그처럼 높고, 넓고, 깊은 하나님이 그들의 아버지가 되셨고, 또 그들은 그분의 자녀가 되었다. 자녀가 된 그들은 하나님 아버지를 "아빠 아버지"라고 부를 수 있게 되었다 (롬 8:15, 갈 4:6).

두말할 필요도 없이 하나님을 아버지로 부르게 된 것은 그분의 독생자 예수 그리스도를 "하나님의 아들로 시인했기" 때문이다 (요일 2:23). "하나님의 아들로 시인했다"는 것은 그 아들이 하나님의 뜻대로 사시다가, 하나님의 뜻대로 십자가에서 죽으셨다는 사실을 믿음으로 고백했다는 것을 뜻한다. 그런 고백을 통하여 하나님과 부자의 관계를 맺은 그리스도인들은 그 하나님 아버지 앞으로 담대히 나아갈 수 있게 되었다.

그리스도인들이 "담대함"을 유지할 수 있는 두 번째 이유는 그들에게 영생이 있다는 확신 때문이다. 지난 장에서 본 대로, 예수 그리스도를 하나님의 아들로 믿은 그리스도인들에게 영생이 있다는 확신을 주기 위하여 사도 요한은 "안다"라는 동사를 사용했다. "안다"(오이다)는 눈으로 보고 귀로 들어서 확실히 알게 되었을 때 쓰이는 동사이다. 그런데 사도 요한은 이 장의 본문에서도 똑같은 동사를 사용하면서 기도가 반드시 응답된다고 한다.

본문의 일부를 다시 인용해보자, "우리가 무엇이든지 구하는 바를 들으시는 줄을 안즉…." 그렇다! "하나님의 아들의 이름을 믿으면" 영생이 주어진다는 사실을 확실히 아는 것처럼 (요일 5:13), 기도의 응답도 확실히 안다는 것이다. 기도도 역시 "하나님의 아들의 이름을 믿으면" 응답받는다는 확신이다. 그러니까 "하나님의 아들의 이름을 믿으면" 두 가지 확신이 주어지는데, 하나는 영생에 대한 확신이고 또 하나는 기도 응답에 대한 확신이다.

기도 응답에 대하여 확신을 주는 단어가 또 있는데, 그것은 "들으심"이다. 바로 위에서 인용한 말씀에서 하나님이 "들으시다"는 동사를 주목해보자. 사도 요한은 이 짧은 서신에서 "듣다"라는 동사를 13회나 사용한다.[25] 그리스도인들이 예수 그리스도에 대하여 들어서 믿음을 갖게 되고, 또 들음으로 그분과의 관계를 유지한다, "처음부터 들은 것이 너희 안에 거하면, 너희가 아들과 아버지 안에 거하리라" (요일 2:24).

그리스도인들에게 "들음"이 이처럼 귀중하기에 말씀에 귀를 기울이는 것처럼, 그들의 아버지 하나님도 그들의 기도에 귀를 기울이신다. 그들이 당신의 뜻에 따라 기도할 때 아버지는 너무나 기뻐하시면서 그들의 기도를 응답해주신다. 실제로 하나님 아버지는 당신의 자녀들이 무엇이든지 믿고 구하기를 원하시며 기다리신다. 그리고 그들의 기도를 들으시면, 그 기도제목이 무엇이든지 응답해주신다. 그런 이유 때문에 그리스도인들은 부지런히 기도해야 한다.

----

25) 국어성경에는 14번 나오는데, 2:7에 나오는 "너희가 들은 바 말씀이거니와"의 "들은"은 원어에 의하면 "듣다"인 *아쿠오*(ἀκούω)가 아니라, "갖다"인 *에코*(ἔχω)이다. 그러므로 원어성경에서는 "듣다"가 13회 나온다.

3) 담대한 기도

담대한 기도를 할 수 있는 원동력은 "하나님의 뜻대로" 구하기 때문이다. 그렇다면 먼저 기도로 하나님의 뜻을 찾아야 한다. 하나님의 뜻을 찾기란 그리 쉽지만 않지만, 그래도 찾아야 한다.[26] 그리고 찾으면 그 뜻대로 담대하게 구할 수 있게 된다. 그런데 많은 경우 "하나님의 뜻"은 그리스도인들의 뜻과 다를 수 있다. 그들의 이기적인 동기나 하나님의 영광과 상반되는 목적을 위하여 기도할 수 있는데, 물론 그런 기도를 하나님은 응답하지 않으신다.

"하나님의 뜻대로" 올리는 기도는 그리스도인들이 하나님에게 온전히 굴복한 상태에서 기도하는 것을 뜻한다. 주님이 가르치신 대로 기도해야 한다, "나라가 임하시오며, 뜻이 하늘에서 이루어진 것 같이 땅에서도 이루어지이다" (마 6:10). 이 기도에 의하면, 무엇보다도 하나님 나라의 확장에 연루된 것들을 위하여 기도해야 한다. 그뿐 아니라, 그리스도인들은 그들의 뜻을 접고 하나님의 뜻을 이루기 위하여 기도해야 한다.

사도 요한이 제시한 대로이다, "사랑하는 자들아, 만일 우리 마음이 우리를 책망할 것이 없으면 하나님 앞에서 담대함을 얻고 무엇이든지 구하는 바를 그에게서 받나니, 이는 우리가 그의 계명을 지키고 그 앞에서 기뻐하시는 것을 행함이라" (요일 3:21-22). 이 말씀에 의하면, 기도 응답을 위한 세 가지 조건이 있다. 첫째는 스스로 책망할 것이 없어야 한다. 둘째는 그분의 계명을 지켜야 한다.

----

26) 하나님의 뜻을 찾기 어려운 이유를 알려면, 다음을 참고할 수 있다; 홍성철, 『우리에게 일용할 양식을 주소서: 주기도문 강해 설교』 (서울: 도서출판 세복, 1998), 82 이하.

셋째는 그분이 "기뻐하시는 것을 행해야" 한다.

이 말씀대로 세 가지를 행하는 그리스도인들은 "담대함을 얻고 무엇이든지 구하는 바를 그에게서 받는다." 사도 요한은 다른 곳에서 담대하게 기도하여 응답을 받을 수 있는 다른 방법도 제시한다, "너희가 내 안에 거하고 내 말이 너희 안에 거하면, 무엇이든지 원하는 대로 구하라; 그리하면 이루리라" (요 15:7). 그리스도인들이 그리스도 안에 거할 뿐 아니라, 그분의 말씀 안에 거해야 한다. 다시 말해서, 말씀에 의하여 생각과 기도가 지배되어야 한다.

그리스도인들이 이렇게 "하나님의 뜻대로" 기도하고 또 순종하면서 기도하면, 하나님은 모든 기도를 들어주시는가? 사도 요한은 한 가지 조건을 더 제시하는데, 그것은 예수 그리스도의 이름으로 기도해야 된다는 것이다. 그분이 직접 하신 말씀을 인용해보자, "너희가 *내 이름으로* 무엇을 구하든지 내가 행하리니, 이는 아버지로 하여금 아들로 말미암아 영광을 받으시게 하려 함이라" (요 14:13; 14:14, 15:16, 16:23, 24, 26도 보라).

왜 예수 그리스도는 반드시 당신의 이름으로 기도해야 응답을 받는다고 반복적으로 말씀하셨는가? 무엇보다도 하나님과 그리스도인들 사이의 중보자가 예수 그리스도이시기 때문이다 (딤전 2:5). 그분의 중보를 의지해서 기도할 때 그리스도인들은 담대히 기도할 수 있다. 뿐만 아니라, 그 이름으로 기도해야 한다는 것은 그리스도인들이 그분의 가르침과 목적에 부합하는 기도를 올려야 응답받는다는 것도 포함되어있다.[27]

----

27) Yarbrough, *1–3 John*, 300.

3. 꼬리

그리스도인들에게 주어진 특권은 한두 가지가 아니다. 그 중에서 가장 두드러진 특권은 "담대함"이다. 무엇이든지 구하는 것을 받는다는 하나님의 약속 때문에 담대하게 기도할 수 있다. 만일 그리스도인들이 "하나님의 뜻대로" 구한다면 말이다. 그들이 계명도 지키고 하나님의 영광을 위하여 기도하면 말이다. 그들이 그리스도 안에 거하고 말씀이 그들 안에 거하면, 하나님으로부터 응답 받을 수 있는 특권 때문에 "담대함"을 가질 수 있다.

그런데 이처럼 놀라운 약속에도 불구하고, 담대한 기도가 응답 받지 못할 때가 있다. 그 이유는 무엇인가? 첫째는 아직 응답 받을 때가 이르지 못했기 때문이다. 바울 사도가 유대인의 구원을 위하여 그렇게 열심히 기도했건만 (롬 10:1), 응답 받지 못한 이유이다. 둘째는 하나님이 보다 깊고 보다 놀라운 응답으로 채워주시기 위해서이다. 셋째는 기도하는 그리스도인들이 보다 깊이 자기를 포기하고, 그래서 보다 깊이 하나님을 알게 하기 위해서이다.

형제를 위한 기도

> "누구든지 형제가 사망에 이르지 아니하는 죄 범하는 것을 보거든 구하라,
> 그리하면 사망에 이르지 아니하는 범죄자들을 위하여
> 그에게 생명을 주시리라.
> 사망에 이르는 죄가 있으니 이에 관하여 나는 구하라 하지 않노라.
> 모든 불의가 죄로되 사망에 이르지 아니하는 죄도 있도다"
>
> 요한일서 5:16-17

1. 머리

누구든지 하나님의 아들 예수 그리스도의 이름을 믿은 순간부터 영생을 누리기 시작한다 (요일 5:13). 그 영생은 원래 하나님의 생명인데, 그분의 아들을 통하여 그리스도인들에게 주어진다. 그러니까 그리스도인들은 영생이 주어지는 순간부터 하나님과 특별한 관계를 맺는데, 그 관계는 끊을래야 끊을 수 없는 부자관계이다. 그뿐 아니라, 예수 그리스도를 통하여 하나님의 자녀가 된 다른 그리스도인들과도 관계를 맺게 되는데, 곧 형제의 관계이다.

그런 이유 때문에 그리스도인들은 이중적인 관계를 누리는데, 곧 위로는 하나님과의 관계이고 아래로는 다른 그리스도인들과의 관계이다. 이런 이중적인 관계는 그들의 기도생활에서도 드러나야 한

다. 지난 장에서 본 대로, 그리스도인들은 하나님에게 그들의 기도 제목을 놓고 기도해야만 한다 (요일 5:14-15). 하나님의 뜻대로 기도할 때, 하나님이 그들의 기도를 응답해주신다는 확신을 가지고 기도한다.

그러나 그리스도인들의 기도는 그들 자신만을 위하여 기도한다면, 하나님과의 관계는 유지될지 몰라도 다른 형제들과의 관계는 멀어질 수 있다. 보다 적극적으로 표현한다면, 그들은 다른 형제들의 필요를 위해서 기도해야 된다. 그 필요는 물질적인 것일 수도 있고 (요일 3:17-18), 영적인 것일 수도 있다 (요일 5:16-17). 그리스도인들은 위로 하나님을 사랑해야 될 뿐 아니라, 아래로 형제들을 사랑해야 한다. 그 사랑의 다른 표현이 바로 중보기도이다.

2. 몸통

그렇다! 형제들을 위한 중보기도는 사랑의 표현이다. 특히 형제들이 영적으로 어려운 상태에 있는 것을 알면서도 중보기도를 하지 않는다면, 어찌 그들을 사랑한다고 할 수 있겠는가? 그것도 한두 번 기도하고 끝나는 것이 아니라, 그들이 영적 어려움에서 풀려날 때까지 끈질기게 기도해야 한다. 특히 그 형제들이 영적으로 죽음과 생명의 갈림길에 있다면, 중보기도도 그만큼 끈질기게 그리고 진지하게 이루어져야 한다.

1) "사망에 이르지 아니하는 죄"

요한일서에는 어떤 그리스도인들도 이해하지 못할 만큼 분명히 제시된 심각한 죄들 세 가지가 있다. 가장 심각한 죄는 예수 그리스도가 하나님의 아들이심을 거부한 것으로 믿음에 관한 것이다 (요일 2:22). 그 다음으로 심각한 것은 하나님의 뜻을 거스리는 세상을 사랑하는 죄이다 (요일 2:15). 마지막으로 심각한 것은 형제를 사랑하지 않고 미워하는 죄이다 (요일 4:20). 하나님의 자녀들이 이런 죄에 빠질 때 빛을 떠나 어두움으로 들어간다.

그렇다면 예수 그리스도를 그들의 구주로 받아들인 그리스도인들은 그런 죄들에 전혀 빠지지 않는가? 물론 그렇지 않다! 그들도 종종 그런 죄악에 빠진다. 만일 그렇지 않다면, 요한일서의 가르침은 스스로 모순일 수밖에 없다. 왜냐하면 사도 요한은 이렇게 말하고 있기 때문이다, "만일 우리가 죄가 없다고 말하면, 스스로 속이고 또 진리가 우리 속에 있지 아니할 것이요" (요일 1:8). 사도 요한은 이런 사실을 다음의 구절에서 보다 강하게 말한다.

"만일 우리가 범죄하지 아니하였다 하면, 하나님을 거짓말하는 이로 만드는 것이니 또한 그의 말씀이 우리 속에 있지 아니하니라" (요일 1:10). 그리스도인들에게 여전히 죄가 있기에 "죄가 없다"거나 아니면 "범죄하지 않았다"고 공언할 수 없다. 그들이 이렇게 범죄하기에 사도 요한은 해결책으로 그들 편에서 "자백해야" 한다고 하면서 (요일 1:9), 주님 편에서는 대언의 사역을 제시한다 (요일 2:1).

실제로 성령의 내주로 인하여 그리스도인들은 죄에 대하여 민감한 반응을 보이기 시작한다. 거듭나기 전에는 그들이 범하는 죄에 대하여 민감하지도 않을 뿐 아니라, 많은 경우 오히려 정당화했다. 그런데 그들 안에 들어오신 성령은 그들이 구체적으로 범한 죄를 날카롭게 지적하신다. 그뿐 아니라, 그들이 생각이나 느낌으로 짓는 죄조차도 지적하시면서 책망하신다. 그러므로 진정한 그리스도인들은 죄에 대하여 무척 예민하다.

비록 그들에게 남아있는 죄성 때문에 위에 열거한 세 가지 죄--믿음에 관한 죄, 순종에 관한 죄, 사랑에 관한 죄--를 범할 때마다, 그들의 마음은 괴롭고 아프게 된다. 왜냐하면 성령이 슬퍼하시기 때문이다 (엡 4:30). 두말할 필요도 없이 거듭난 그리스도인들은 그런 죄들을 범하기를 원하지 않는다. 그럼에도 불구하고 반복적으로 그런 죄들에 빠지는 자신을 미워하면서 슬픈 마음을 갖는다. 어떤 때는 그들이 진정으로 거듭났는지 의심하기도 한다.

그들은 그런 죄들을 범할 때마다 그들의 죄를 주님에게 자백하면서 용서를 구한다. 비록 잠시나마 기쁨을 잃었지만, 그래도 자백하는 순간 다시 그 기쁨을 되찾는다. 그렇다! 그리스도인들이 그들이 지은 죄에 대하여 슬퍼하고, 괴로워하면서, 회개하는 한, 그들의 죄는 절대로 "사망에 이르는 죄"가 아니다. 그들의 죄는 "사망에 이르지 아니하는 죄"이다. 왜냐하면 그들은 주님과의 사귐을 회복할 뿐 아니라, 다른 형제와의 사귐도 회복하기 때문이다.

2) 중보기도의 필요성

어떤 그리스도인이 이처럼 죄와 씨름하면서 넘어졌다가 일어나기를 반복하고 있을 때, 그에게 놀라운 도움이 온다. 그 도움은 같은 신앙공동체에 속한 다른 그리스도인들의 중보기도이다.[28] 이처럼 사랑이 가득한 중보기도를 보기 위하여 이 장의 본문 중 일부를 다시 인용해보자, "누구든지 형제가 사망에 이르지 아니하는 죄 범하는 것을 보거든 구하라, 그리하면 사망에 이르지 아니하는 범죄자들을 위하여 그에게 생명을 주시리라."

이 말씀에서 "구하라"는 동사는 중보기도이다.[29] 그렇게 죄의 문제로 갈등하는 형제를 위하여 누가 중보기도하란 말인가? "누구든지 형제가 사망에 이르지 아니하는 죄 범하는 것을 보거든 구하라"에서 두 단어를 유심히 보자. 첫째 단어는 "누구든지"이고 둘째 단어는 "보거든"이다. 먼저 "보거든"이란 동사를 알아보자.

"보다"라는 이 동사는 "알게 되다," "인식하게 되다"의 뜻을 갖는다.[30] 그러니까 함께 신앙생활을 하는 형제가 어떤 죄의 문제로 고민하며 갈등하고 있는 것을 알게 되었다는 것이다. 그런 사실을 알지 못하다가 알게 되었다는 것이다. 그러면 그 그리스도인은 "누구든지" 그 형제를 위하여 중보기도를 시작해야 한다. 이 말씀에서 "누구든지"는 어떤 특정한 그리스도인을 가리키지 않는다. 형제의 문제를 본 사람이 기도해야 한다는 것이다.

십중팔구 죄의 문제로 갈등하는 형제는 그의 문제를 공개하지 못했을 것이다. 그러나 사랑의 관심을 가지고 있는 그리스도인에게 그 죄의 문제가 포착된 것이다. 그 형제가 갈등하고 있는 죄의 문제를 알게 된 그리스도인은 "누구든지" 은밀하게 기도하면서 공개하

----

28) 요한일서 5:16에 나오는 기도는 이 서신에서 유일한 중보기도이다.
29) 이 동사는 "요구하다, 빌다, 간청하다"의 뜻인 *아니테오*(αἰτέω)이다.
30) 헬라어로는 *호라오*(ὁράω)이다.

지 않아야 한다. 왜냐하면 당사자가 공개하지 않았기 때문이다. "누구든지"는 그 형제와 아주 가까운 사이가 아닐 수도 있다. 그러나 그 형제의 문제를 알게 된 이상 중보기도를 해야 한다.

이처럼 서로의 아픔을 감지하고, 감지한즉 기도하는 그리스도인들로 일구어진 신앙 공동체는 깊은 차원의 사귐이 있는 공동체이다. 서로에 대한 관심과 사랑과 기도가 있다니, 얼마나 놀라운 사귐의 공동체인가! 사도 요한은 지금까지 요한일서에서 사귐을 강조했고, 또 서로 사랑해야 된다는 사실을 강조했다. 그리고 그 공동체를 향하여 "사망에 이르지 아니하는 형제"를 위하여 "누구든지" 중보기도를 하라는 부탁을 하고 있다.

그렇다면 진정한 중보기도는 어떤 기도를 뜻하는가? 그리스도인이 "보게 된" 그 형제의 문제가 해결될 때까지 끈질기게 하는 기도를 뜻한다. 그렇게 그 형제의 갈등과 아픔을 위하여 중보기도하면서 서서히 그도 그 형제의 갈등과 아픔을 느끼기 시작할 정도가 되면, 그 그리스도인은 진정한 의미에서 중보기도의 깊은 경지에 몰입하고 있는 것이다. 그렇게 할 때, 하나님은 그 형제가 잃었던 생명, 곧 기쁨과 사귐을 회복시켜주신다.

3) "사망에 이르는 죄"

반면, "사망에 이르는 죄"도 있다. 사도 요한은 "사망에 이르는 죄"를 짓는 범죄자를 위하여 기도할 필요가 없다고 첨가해서 언급한다. 그의 말을 다시 들어보자, "사망에 이르는 죄가 있으니 이에 관하여 나는 구하라 하지 않노라." 이 말씀은 그리스도인들이 "사망에 이르는 죄"에 대하여 기도하지 않아도 되나, 그렇다고 기도하는 것을 금한 것은 아니다. 왜냐하면 그 형제가 "사망에 이르는 죄"를 짓고 있는지 모를 수 있기 때문이다.

그러면 "사망에 이르는 죄"란 도대체 무엇인가? 그리스도인들에 따라 "사망에 이르는 죄"를 여러 가지로 제시한 것도 사실이나,[31] 요한일서에 국한해서 접근하는 것이 가장 타당할 것이다. 원어인 헬라어에 의하면, "사망에 이르는 죄"는 "죽음을 향하여 나아가는 죄," "끝이 죽음인 죄," "계속 그 속에 남아있으면 반드시 죽음에 이르는 죄" 등의 뜻을 갖는다.[32] 그러니까 그 뜻은 죄를 짓는 순간에 죽는다가 아니라, 궁극적으로 죄에 이른다는 뜻이다.

위에서 이미 언급한 대로, 요한일서에서 사도 요한은 세 가지 죄를 지적한다. 첫째는 예수 그리스도가 하나님의 아들이심을 부인하는 신앙적인 죄이며, 둘째는 세상을 사랑하는 불순종의 죄이며, 셋째는 형제를 사랑하지 않는 사랑에 관한 죄이다. 어떤 형제가 이런 죄 중 하나를 범했다고 하자. 그는 즉시 영적인 갈등에 빠지게 되며, 주님만이 주시는 기쁨과 진정한 의미에서 사귐을 갖지 못하게 된다.

그 형제는 그 죄를 자백하여 다시 사귐을 회복하지만, 또 다시 같은 죄를 짓는다. 이런 up and down을 계속하다 보면, 점차적으로 죄에 대하여 무디어지기 시작한다. 무디어질 뿐 아니라, 그 죄에 대하여 변명하며 자신을 정당화하기 시작한다. 그는 그 죄를 반복적

---

31) 터튜리안(Tertullian)은 살인, 간음, 신성모독 및 우상이라고 했고, 아퀴나스(Aquinas)는 교만, 탐욕, 정욕, 질투, 폭식, 분노, 나태라고 했다.
32) Barclay, *The Letters of John and Jude*, 120.

으로 그리고 끊임없이 짓는다. 그는 그 죄를 참으로 은밀하게 범한 나머지 다른 그리스도인들이 알아차리고 중보기도를 하지 못한다.

처음에는 그 형제가 자신도 모르게, 아니면 원하지 않는데도 어쩔 수 없이 죄를 지었다. 그러나 그렇게 반복되다 이제는 오히려 의도적으로 그 죄를 범하기 시작한다. 그는 진정으로 빛과 생명의 삶에서 어두움과 죽음의 삶으로 옮겨간 것이다. 그리고는 다시는 돌이킬 수 없는 데까지 가고 말았다. 하나님이 제정해 놓으신 최후의 선線을 넘어간 것이다. 그는 의 대신 죄를 선택하므로 죽음의 길에 접어든 것이다.[33]

물론 하나님이 내리신 그 선이 어디인지 사람은 정확히 구분할 수 없을지 모른다. 그러나 중요한 것은 의도와 반복이다. 비록 그가 "물과 성령으로 거듭난 형제"라 할지라도, 외적으로 들려오는 하나님의 말씀을 무시하고 내적으로 울리는 성령의 소리를 무시했다고 하자. 그리고 계속해서 의도적으로 그리고 자진해서 위에서 열거한 세 가지 죄 중 하나라도 범하면, 그는 하나님의 선을 넘은 것이다. 그는 "사망에 이르는 죄"를 범하고 있는 것이다.

3. 꼬리

그러나 "사망에 이르지 아니하는 죄"를 깨달은 그리스도인들이 죄를 가볍게 여기고 죄를 범할 수 있기에, 사도 요한은 경고한다. "모

---

33) Marshall, *The Epistles of John*, 248.

든 불의가 죄로되, 사망에 이르지 아니하는 죄도 있도다" (5:17). 비록 용서를 받고 기쁨과 사귐을 회복할 수 있지만, 그래도 "모든 불의는 죄"이다. 이것은 하나님의 선포이다! 그리스도인들은 어떤 경우에도 죄를 미워하며 멀리해야 한다. 잘못하면 죄의 덫에 걸릴 수 있기 때문이다.

이 장의 본문에서 중요한 가르침을 받을 수 있는데, 그것은 형제를 위하여 기도해야 된다는 사실이다. 그리고 그 기도를 믿음으로 해야 한다. 하나님은 그리스도인들이 하나님의 뜻대로 기도하면 반드시 들어주신다는 확신을 가지고 기도해야 한다.[34] 그런데 "사망에 이르지 아니하는 죄"를 범한 형제를 회복시키는 것은 하나님의 뜻이다. 그런 까닭에 그리스도인들은 죄와 싸우며 갈등하는 형제를 위하여 중보기도를 쉬지 말아야 한다.

----
34) Harvey j. S. Blaney, *1, 2, 3 John*, *Beacon Bible Commentary* 제10권 (MO, Kansas City, Beacon Hill Press of Kansas City, 1967), 403.

10

A Holy Life, A Love Life

"우리가 아노라!"

"하나님께로부터 난 자는 다 범죄하지 아니하는 줄을 우리가 아노라;
하나님께로부터 나신 자가 그를 지키시매
악한 자가 그를 만지지도 못하느니라"

요한일서 5:18

1. 머리

사도 요한은 "우리가 안다"는 표현을 요한일서 5장에서만 여섯 번씩이나 한다.[35] 그 이유는 그리스도인들이 중요한 진리에 대하여 분명히 알아서 흔들릴 수 없는 확신을 갖게 하기 위해서이다. 그러면 지금까지 어떤 진리에 대하여 그처럼 굳건한 확신을 가지라고 했는가? 우선, 가장 중요한 진리인 영생에 대하여 확신을 가져야 된다고 하였다 (5:13). 신앙생활의 모든 것이 영생의 확신에서부터 시작되기 때문이다.

---

35) 국어성경에서는 "우리가 안다"로 번역되지 않았지만, 원어에는 "우리가 안다"인 *오이다멘*(οἴδαμεν)이다 (5:15—2회, 18, 19, 20절). 그러나 13절에서는 "너희가 안다"이다.

그 다음, 기도에 대한 확신을 가져야 된다는 것이다. 기도는 그리스도인들이 하나님과 인격적인 관계를 맺었기에 가능하다. 하나님이 그들의 기도를 응답해주시는 사랑의 아버지이시고, 그들은 기도를 응답해주시는 아버지의 자녀라는 것을 확인시켜준다. 그뿐 아니라, 하나님의 뜻대로 기도하기 위하여 그들 자신의 뜻과 방법이 깨어져서 하나님의 뜻과 방법만을 따르겠다는 신앙핵심의 표현이기도 하다.

마지막으로, 그리스도인들은 필연적으로 신앙공동체에 속해 있기에 서로를 위한 중보기도에 대한 확신을 가져야 한다. 중보기도는 서로에 대한 관심과 사랑의 표현이기도 하지만, 무엇보다도 형제 가운데서 죄에 빠진 그리스도인들을 위하여 하는 기도를 말한다. 그런 중보기도를 통하여 은혜로부터 떨어진 형제라도 다시 회복할 수 있기 때문이다. 그런 중보기도를 하나님 아버지가 들어주신다는 확신을 사도 요한은 심어주고 있다.

2. 몸통

사도 요한은 거기에서 멈추지 않고 한 발 더 나아간다. 그리스도인들이 죄에 빠질 필요가 없다는 확신이다. 비록 그들이 끊임없이 유혹에 시달린다손 치더라도, 그 유혹을 거부할 수 있다. 그렇게 유혹을 극복할 때 죄도 극복할 수 있다는 확신이다. 그런 확신을 주기 위하여 이렇게 말한다, "하나님께로부터 난 자는 다 범죄하지 아니하는 줄을 우리가 아노라; 하나님께로부터 나신 자가 그를 지키시매 악한 자가 그를 만지지도 못하느니라."

1) "범죄"

이 장의 본문은 세 가지를 그리스도인들에게 알려주고 있는데, 첫 번째는 "하나님께로부터 난 자는 범죄하지 않는다"는 사실이다. 두 번째는 "하나님께로부터 나신 자가 그를 지켜주신다"는 것이다. 세 번째는 "악한 자가 그를 만지지도 못한다"는 것이다. 이상의 세 가지 말씀에서 열쇠가 되는 단어를 하나씩 나열하면 이런 단어들이다: "범죄," "지킴" 및 "만짐." 그러면, 왜 이 단어들이 본문의 말씀을 대표하는지 알아보자.

첫째, "범죄"라는 단어를 중심으로 이루어진 말씀을 다시 보자, "하나님께로부터 난 자는 범죄하지 않는다." 이 말씀에서 "범죄하다"는 구체적으로 죄를 범하는 행동을 가리킨다. 그리스도인들은 죄의 굴레에서 벗어나서 의의 삶으로 옮겨간 사람들이다. 그러므로 그리스도인들은 의를 행하면서 사는 사람들이지, 죄를 지으면서 사는 사람들이 아니다. 사도 요한도 이렇게 말한 적이 있다, "…의를 행하는 자마다 그에게서 난 줄을 알리라" (요일 2:29).

어떻게 그리스도인들은 죄를 범하지 않고 의를 행하며 살 수 있는가? 사도 요한에 의하면, 그 이유는 너무나 간단하고 분명하다. 그들이 "하나님께로부터 난 자"이기 때문이다. 다시 말해서, 하나님은 그들을 낳아주신 영적 아버지가 되시고, 그들은 전능하신 하나님의 영적 자녀들이 된 것이다. 바로 그 이유 때문에 그리스도인들은 범죄하지 않는다고 분명히 말한다, "하나님께로부터 난 자는 다 범죄하지 아니하는 줄을 우리가 아노라."

사도 요한은 "하나님께로부터 난 자"의 변화된 행위를 다음과 같이 명시했다: "죄를 짓지 않으며" (3:9), "의를 행하며" (2:29), 위로는 하나님을 그리고 아래로는 형제를 사랑하며 (5:1), "세상을 이기며" (5:4), "범죄하지 않는다" (5:18).[36] 그렇다면 사도 요한이 말한 대로, 그리스도인들은 정말 "범죄하지 않는가?" 물론 그들도 시시때때로 죄를 짓는다. 그런 이유 때문에 사도 요한은 "범죄할 수 없다"고 말하지 않고, "범죄하지 않는다"고 말한다.

사도 요한은 다른 곳에서 그리스도인들도 죄를 짓는다고 분명히 말했다 (1:8, 10). 그뿐 아니라, 형제가 "사망에 이르지 아니하는 죄"를 범하면 중보기도를 통하여 그 형제를 회복시키라고 강력히 충고한 바 있다 (5:16). 분명히 그리스도인 형제도 죄를 범할 수 있다! 그렇다면, "하나님께로부터 난 자는 다 범죄하지 아니하는 줄을 우리가 아노라"는 말씀은 서로 배치되지 않는가? 물론 그렇게 보이지만 그 뜻을 조금만 생각해보면 그렇지 않다.

그리스도인들도 죄를 범한다! 그러나 그들은 즉시 괴로워하면서 회개한다. 그러면 그들은 다시 하나님과의 사귐을 누린다. 그러나 그리스도인들은 의도적으로 죄를 범한 후 그 죄를 즐기면서 살지 않는다. 왜냐하면 그들은 "하나님께로부터 난 자"이기에 성령이 그들의 마음속에 내주하시기 때문이다. 항상 죄의 영역가운데서 살고 있는 불신자들과는 다르다! 그리스도인들은 범죄라는 행위에 빠질

---

36) 사도 요한은 "하나님께로부터 난 자"라는 표현을 요한일서에서 7회 사용했다 (2:29, 3:9—2회, 5:1—2회, 5:4, 18).

수는 있지만, 죄의 영역에 살고 있지는 않다.

2) "지킴"

"하나님께로부터 난 자가 범죄하지 않는" 또 다른 이유가 있는데, 그 이유를 보기 위하여 이 장의 본문의 일부를 다시 인용해보자, "하나님께로부터 나신 자가 그를 지키시매….." 이 말씀에서 "하나님께로부터 나신 자"는 하나님의 아들이신 예수 그리스도를 가리킨다. 그리스도인들은 그분이 화목제물로 십자가에서 죽으시므로 죄에서 벗어나 의의 길로 들어섰다. 그분은 그들의 구주가 되신 것이다.

그런데 그리스도인들을 위하여 십자가에서 죽으신 그들의 구주는 그들을 죄와 심판에서 구원하셨을 뿐 아니라, 그들이 범죄하지 않도록 지켜주신다는 것이다. 요한일서에 따르면, "지키다"는 동사는 그리스도인들이 사용할 뿐 아니라 예수 그리스도도 사용하시는 단어이다. 그리스도인들이 계명을 *지키므로* 그분을 알며 (2:3), 사랑이 온전케 되며 (2:5), 기도가 응답되며 (3:22), 주안에 있는 줄 알며 (3:24), 하나님을 사랑한다 (5:3).[37]

그러니까 그리스도인들은 반드시 계명을 *지켜야한다*. 마찬가지로, 그들의 구주이신 예수 그리스도는 그들이 범죄하지 않도록 *지켜주신다*. 그냥 *지켜주시는* 것이 아니라 반드시 *지켜주신다*. 사도 요한은 "지키다"는 동사를 그리스도인들에게 적용하여 6회나 사용하는데, 마지막 7회째는 예수 그리스도에게 적용시켜서 사용한다.

----

37) 반대로, "그를 아노라하고 그의 계명을 지키지 않으면 거짓말쟁이"이다 (2:4).

비록 그분에게는 한 번만 사용되지만, 그 무게는 그리스도인들에게 사용된 여섯 번 보다 강한 의미를 갖는다.

그리스도인들이 반드시 계명을 *지켜야하나*, 지키지 못할 때도 있다. 그러나 예수 그리스도가 "그를 지키시매"에서 "지키다"는 반드시 지킨다는 뜻이다. 그들을 위하여 생명을 내놓으신 분이 그들을 지키지 않으신다는 것은 있을 수 없다. 그분은 생명을 주시기 위하여 오셨고 (1:2), 죄에서 깨끗하게 하시며 (1:7), 아버지 앞에서 중보기도하시며 (2:2), 그들에게 앎을 주셨고 (2:20), 마귀의 일을 멸하시며 (3:8), 사랑을 보여주셨다 (3:16).

예수님은 이 세상을 떠나기 직전 이렇게 기도하신 적이 있다, "…나는 아버지께로 가옵나니, 거룩하신 아버지여 내게 주신 아버지의 이름으로 그들을 *보전하사* 우리와 같이 그들도 하나가 되게 하옵소서! 내가 그들과 함께 있을 때에 내게 주신 아버지의 이름으로 그들을 *보전하고 지키었나이다*…내가 비옵는 것은 그들을 세상에서 데려가시기를 위함이 아니요, 다만 악에 빠지지 않게 *보전하시기*를 위함이니이다" (요 17:11-12, 15).

예수님의 이 기도에서 "보전하사," "보전하고 지키었나이다," "보전하시기"는 모두 "지키다"와 같은 동사이다. [38] 그러니까 예수님은 살아생전에 그리스도인들을 지키고 보전하셨다. 그뿐 아니라, 그분이 이 세상을 떠나 하나님 곁으로 귀환하신 후에도 그들을 지켜달라고 하나님 아버지에게 부탁하셨다. 그렇다! 예수님이 지키셨고, 그리고 하나님이 지켜주기에 그리스도인들은 범죄하지 않을 수

---

38) 요한일서에서 "지키다"와 요한복음에서 "보존하다"는 원어로는 똑같이 *테레오*(τηρέω)이다.

있다!

3) "만짐"

"하나님께로부터 난 자가 범죄하지 않는" 세 번째 이유가 있는데, 그 이유를 보기 위하여 이 장의 본문의 일부를 다시 인용해보자, "악한 자가 그를 만지지도 못하느니라." 이 말씀에서 "만지다"라는 동사를 눈여겨보자. 이 동사는 "손을 대다"의 뜻을 가지고 있다. 시편의 말씀을 통해서 보자, "이르시기를 나의 기름 부은 자를 손대지 말며, 나의 선지자들을 해하지 말라 하셨도다" (시 105:15).

"만지다"의 뜻을 보다 확실히 알아보기 위하여 사도 요한이 다른 곳에서 사용한 말씀을 인용해보자, "예수께서 이르시되 나를 붙들지 말라 내가 아직 아버지께로 올라가지 아니하였노라" (요 20:17). 이 말씀의 내용은 마리아가 예수님이 묻힌 무덤에 가서 울면서 주님을 찾을 때 부활하신 주님이 마리아에게 하신 말씀이다. 특히 이 말씀에서 "붙들다"라는 동사를 주목해보자. 헬라어에서 "붙들다"는 요한일서에서 사용된 "만지다"와 같은 단어이다. [39]

예수 그리스도가 아직 하나님 아버지에게로 승천하지 않으셨기에, 마리아에게 "붙잡지" 말라는 뜻이다. 이런 뜻을 염두에 두면 이 장의 본문을 보다 쉽게 이해할 수 있을 것이다. "악한 자가 그를 만지지도 못하느니라"는 한 마디로 악한 자가 "하나님께로부터 난 자," 곧 그리스도인을 "붙잡아서" 그의 소유로 만들지 못한다는 뜻

----

39) 헬라어는 *합토마이*(ἅπτομαι)이다.

이다. 그 이유는 너무나 분명하다! 그리스도인들은 하나님과 예수 그리스도의 손에 "붙잡힌" 사람들이기 때문이다.

예수님이 하신 말씀을 인용해보자, "…그들을 내 손에서 빼앗을 자가 없느니라. 그들을 주신 내 아버지는 만물보다 크시매 아무도 아버지 손에서 빼앗을 수 없느니라"(요 10:28-29). 그리스도인들은 얼마나 큰 손에 붙잡혀 있는가? 악한 자가 그들에게 손을 대어 그들을 다시 그에게로 돌아가게 할 수 없다. 물론 악한 자는 그들을 다시 그의 소유로 만들려고 유혹도 하고 시험에 들게도 하지만, 그래도 주님의 손에서 그들을 빼앗을 수는 없다.

악한 자는 두말할 필요도 없이 마귀이며 사탄이다. 한 때는 그리스도인들도 그 사탄의 소유가 되어 그가 이끄는 대로 어두움에서 생각하고, 행동했던 불신자들이었다. 그들은 죄를 친구삼아 살아가던 사람들이었다. 그러나 하나님은 그들을 불쌍히 여기셔서 그들을 죄로부터 해방시키셨다. 물론 사탄이 그들을 쉽게 내주거나 포기하지 않았지만, 하나님의 다함없는 사랑이 그들을 사탄의 손아귀에서 탈출시키셨다.

그들을 빼앗긴 사탄은 그냥 포기하지 않고 그들을 다시 "붙잡으려고" 미친 듯이 날뛰지만, 하나님 아버지가 그들을 지키신다. 왜냐하면 하나님은 그들을 보석처럼 귀하게 여기시면서 눈동자처럼 보호하시기 때문이다. 비록 그리스도인들이 가끔 사탄의 속삭임에 귀를 기울이기도 하지만, 그때마다 그들의 이름을 부르시면서 위험을 알려주시는 주님 때문에 "악한 자가 그를 만지지도 못한다!"

3. 꼬리

사도 요한은 그리스도인들이 거룩하기를 원한다. 물론 거룩하기 위해서는 적극적으로 하나님의 계명을 지켜야 하나, 소극적으로는 죄를 짓지 말아야 한다. 바로 그 죄를 위하여 하나님은 그의 독생자를 화목제물로 희생시키기까지 하셨다. 그러므로 하나님은 죄를 미워하신다. 그뿐 아니라, 사도 요한도 같은 마음으로 죄를 미워한다. 그렇지 않다면 이 짧은 서신에서 "죄"를 20회, 그리고 "범죄"를 7회나 사용하면서 죄를 짓지 말라고 할 이유가 없다.

사도 요한이 그만큼 미워한 죄를 그리스도인들도 똑같이 미워해야 한다. 죄를 미워하지 않고 죄의 상태에 거한다면, 그들은 그리스도인다운 삶을 살 수 없다. 그들 때문에 주변의 불신자들이 그리스도 예수 앞으로 나아오지 못하게 된다. 그뿐 아니라, 그들 매문에 하나님의 이름이 "이방인 중에서 모독을 받는다" (롬 2:24). 하나님이 사도 요한을 통하여 주신 명령이자 약속을 기억하자, "하나님께로부터 난 자는 다 범죄하지 아니하노라!"

11

A Holy Life, A Love Life

날카로운 대조

"또 아는 것은 우리는 하나님께 속하고,
온 세상은 악한 자 안에 처한 것이라"

요한일서 5:19

1. 머리

사도 요한은 이 서신, 곧 요한일서를 마무리하기 직전에 "우리가 안다"는 표현을 연거푸 세 번이나 사용한다. 요한일서는 5장 21절로 끝난다. 그러니까 사도 요한은 그 마지막 절 앞에 나오는 18절, 19절, 20절에서 "우리가 안다"라는 표현을 각각 한 번씩 사용한다. 왜 "우리가 안다"를 이처럼 반복적으로 사용하면서 요한일서를 마무리하는가? 그것은 마치 유언처럼 그 서신을 읽는 그리스도인들에게 깊은 가르침을 남겨주기 위해서이다.

그렇다면 그리스도인들이 꼭 알아야 할 것들은 도대체 무엇인가? 첫 번째로 알아야 할 것은 18절에 나오는데, 그 말씀을 다시 인용해보자, "하나님께로부터 난 자는 다 범죄하지 아니하는 줄을 우리가 *아노라*; 하나님께로부터 나신 자가 그를 지키시매 악한 자가 그를 만지지도 못하느니라." 이 말씀에 따르면, 영적으로 거듭난 그리스도인들은 죄를 짓지 않는다는 것이다. 그 이유는 그들의 구주가 그들을 지키시기 때문이다.

편의상, 세 번째로 그리스도인들이 알아야 할 것을 두 번째 것보다 먼저 찾아보자. 그것은 20절에서 찾아볼 수 있는데, 그 말씀을 인용해보자, "또 *아*는 것은 하나님의 아들이 이르러 우리에게 지각을 주사 우리로 참된 자를 알게 하신 것과 또한 우리가 참된 자 곧 그의 아들 예수 그리스도 안에 있는 것이니 그는 참 하나님이시요 영생이시라." 이 말씀에 의하면, 그리스도인들은 예수 그리스도를 통하여 하나님을 올바르게 알게 되었다는 것이다.

2. 몸통

두 번째로 그리스도인들이 알아야 할 것은 그 다음에 나오는 19절에서 찾을 수 있는데, 이 장의 본문이기도 하다, "또 *아*는 것은 우리는 하나님께 속하고, 온 세상은 악한 자 안에 처한 것이라." 이 말씀에 의하면, 이 세상에 사는 모든 사람들은 하나님에게 속해 있든지 아니면 악한 자에게 속해 있다. 그래서 그들이 어디에 속해 있는지 반드시 알아야 한다. 왜냐하면 그들의 소속에 따라 그들의 사고와 언행이 결정되기 때문이다.

1) 소속의 대조

이 장의 본문에 의하면 두 종류의 사람들이 있는데, 하나는 "우리"이고 또 하나는 "세상"이다. 그리고 "우리"는 하나님께 속해 있고, "세상"은 악한 자에게 속해 있다. 그러면 "우리"는 누구이며, "세상"은 누구를 가리키는지 알아보아야 할 것이다. 우선, "우리"가 누구인지 알아보는 것이 순서일 것이다. "우리"의 근본적인 뜻은 사도 요한을 비롯한 12사도들이었다. 그러나 그들의 증거를 통하여 많은 사람들이 "우리" 안에 들어오게 되었다.[40]

결국, "우리"는 우주적 교회를 구성하고 있는 모든 그리스도인들을 가리킨다. 그들은 그리스도의 몸인 유기체를 이루고 있는 지체들이다. 그들이 유기체의 일부가 되기 위해서는 두 가지를 거쳐야 하는데, 하나는 예수 그리스도를 그들의 구주로 받아들여야 한다. 또 하나는 그들의 신앙고백이 같아야 한다. 그들이 죄인이었으나, 예수 그리스도의 희생으로 죄를 용서받고 하나님의 자녀가 되었다는 고백이 있어야 한다.[41]

그와 같은 신앙고백을 통하여 그리스도인들은 하나님에게 속한 사람들이 되었다. 비록 그들도 한 때는 "세상"에 속해 있었지만, 예수 그리스도를 통하여 그리고 성령의 내주를 통하여 하나님의 백성이 된 사람들이다. 사도 요한은 "우리"가 하나님에게 속한, 그래서 "세상"에 속한 사람들과는 다르다는 사실을 알아야 한다고 분명히

---

40) "우리"가 이루어진 과정을 보려면, 1장의 "우리"와 "너희"를 참고하라.
41) "우리"가 우주적 교회를 이룬 방법을 보기 위하여 1장의 "우리"를 참고하라.

말한다. 그렇게 소속감이 분명할 때 "우리"는 하나님의 자녀다운 삶을 영위할 수 있기 때문이다.

반면, "우리"와 대조되는 사람들이 있는데, 바로 "세상"이다. 그리고 "세상," 곧 세상 사람들은 악한 자에게 속해 있다. 여기에서 사도 요한이 사용한 "세상"은 땅을 가리키는 것이 아니라, 이 세상에 사는 모든 사람들을 가리킨다. 그리고 악한 자는 사탄이며, 마귀이다. 사탄은 이 세상에 있는 사람들로 하여금 하나님을 옳게 바라보지 못하도록 그들을 잘못된 길로 유도한다. 그 결과 그들은 "참된 자요 영생"이신 하나님을 보지 못한다 (5:20).

그런 사탄의 역사를 바울 사도는 이렇게 묘사한다, "그 중에 이 세상의 신이 믿지 아니하는 자들의 마음을 혼미하게 하여 그리스도의 영광의 복음의 광채가 비치지 못하게 함이니, 그리스도는 하나님의 형상이니라" (고후 4:4). "믿지 아니하는 자들의 마음을 혼미하게" 한다는 것은 그들이 잘못된 인생의 목적을 가지고, 잘못된 방법에 심취하게 하는 것이다. 그 방법이 물질이든, 교육이든, 종교이든 상관없이 사탄은 이용한다.

왜 악한 자는 세상에 있는 사람들이 하나님을 알지 못하도록 그처럼 미쳐 날뛰는가? 그 이유는 간단하다! 악한 자, 곧 사탄은 그의 세력을 잃기 원하지 않는다. 그의 지배 밑에 있는 "세상" 사람들이 하나님에게로 나아가면, 그만큼 그의 지배와 세력이 약화되기 때문이다. 사탄은 온갖 수단방법을 가리지 않고 "세상"에 사는 사람들이 그에게 속하여 이 세상에서 어두움과 불의를 펼쳐나가기를 원한다.

2) 세계관의 대조

"우리"는 하나님에게 속한 그리스도인들이다. 그리고 "세상"은 악한 자에게 속해 있다. 이 두 그룹의 세계관이 서로 다르다는 것은 쉽게 이해할 수 있다. 하나님에게 속한 그리스도인들은 두말할 필요도 없이 하나님의 영광을 위하여 산다. 그들은 무엇을 생각하든, 그리고 무엇을 말하든 하나님을 기쁘시게 하기 위해 한다. 그들의 행동도 역시 마찬가지이다! 궁극적으로 하나님의 영광을 위한 것이 그들의 세계관이다.

바울 사도도 같은 내용을 이렇게 언급한다, "그런즉 너희가 먹든지 마시든지 무엇을 하든지 다 하나님의 영광을 위하여 하라" (고전 10:31). 이처럼 다른 세계관 때문에 그리스도인들은 "세상" 사람들과 다르다. 그리고 그처럼 다른 세계관을 확실히 가지고 있을 때, 그들은 비로소 "세상"의 "소금과 빛"이 될 수 있다 (마 5:13-14). 그러나 그들이 "세상"에 영향을 끼치기 위한답시고 세상과 타협하면, 그들의 영향력은 신기루처럼 사라져버린다.

그렇다! 기독교의 역사가 증명하듯, 그리스도인들이 이처럼 분명한 세계관을 가지고 불신자들과 다름을 유지할 때, 그들은 "세상"을 향하여 엄청난 영향을 끼쳤다. 그리고 불신자들의 세계관이 잘못되었다는 사실을 지적할 뿐 아니라, 그들을 "참된 자이신 하나님과 영생"으로 인도하였다 (요일 5:20). 그 결과 그들도 그리스도인들처럼 하나님의 영광을 위하여 변화된 삶을 영위하였다. 얼마나 놀라운 결실인가!

반면, "세상"의 세계관은 물론 다르다. 그 이유는 간단하다! 그들이 악한 자에게 속해 있기 때문이다. 많은 "세상" 사람들은 하나님에 대하여 무관심하다. 좀 더 적극적인 사람들은 하나님을 반대하며, 심지어는 광적으로 증오한다. 그들이 하나님에 대하여 무관심하든 증오하든 상관없이 그들의 세계관에는 하나님이 없다. 그들중에는 교육에서 세계관을 찾거나, 아니면 경제에서 또는 종교에서 세계관을 찾는다.

그러나 그들이 알지 못하는 중요한 사실이 하나 있는데, 그것은 그들이 악한 자에게 속해 있다는 사실이다. 그들의 언어와 사고가 악한 자, 곧 사탄의 영향 밑에 있다는 사실이다. 실제로 온 세상이 그의 지배를 받고 있다. 사탄이 한 말을 들어보자, "…천하만국을 보이며 이르되, 이 모든 권위와 그 영광을 내가 네게 주리라. 이것은 내게 넘겨 준 것이므로 내가 원하는 자에게 주노라" (눅 4:5-6).

얼마나 날카로운 대조인가? "우리"와 "세상"의 세계관은 하늘과 땅이 다른 것처럼 다르다. 하나님을 중심으로 일구어진 세계관과 하나님 없이 일구어진 세계관은 극과 극처럼 서로 부딪칠 수 밖에 없다. 요한일서에 의하면, 하나님을 중심으로 이루어진 세계관은 거룩과 사랑의 삶으로 인도한다. 그러나, 하나님 없이 이루어진 세계관은 어두움과 미움으로 유도한다.

3) 결말의 대조

"우리"가 하나님을 진정으로 알게 된 순간에 소속이 결정이 된다. 그러니까 소속의 문제는 과거에 시작되어 현재와 미래에 이르기까지 지속된다. 그러나 세계관의 문제는 현재에 국한된다. 하나님을 중심으로 한 삶이냐 아니면 하나님 없는 삶이냐는 현재의 세계관 문제이다. 그런데 현재의 세계관은 미래의 영원한 운명을 결정한다. 왜냐하면 모든 사람은 언젠가 삶의 결산을 해야 하기 때문이다.

그렇다! 하나님에게 속한 "우리"나, 하나님을 알지 못하며 악한 자에게 속한 "세상"도 모든 것을 결산하는 결말이 있다. 그리고 이 결말처럼 날카로운 대조는 어디에서도 찾아볼 수 없을 것이다. "우리"는 하나님이 좌정하신 천국으로 옮겨갈 것이다. 거기에서 샬롬을 누리면서 성부 하나님과 성자 하나님과 성령 하나님과 중단 없는 사귐을 누리게 될 것이다. 그뿐 아니라, 사도 요한을 비롯한 모든 사도들과도 사귐을 맛보게 될 것이다.

반면, 그들의 생활에서 하나님을 배제한 "세상"은 지옥으로 던져질 것이다. 그곳에서 그들은 그들의 모든 행위와 예수 그리스도를 거부한 결정에 대하여 책임을 지고 엄청난 심판을 받을 것이다. 사도 요한은 이렇게 선언한다, "그러나 두려워하는 자들과 믿지 아니하는 자들과 흉악한 자들과 살인자들과 음행하는 자들과 점술가들과 우상 숭배자들과 거짓말하는 모든 자들은 불과 유황으로 타는 못에 던져지리니, 이것이 둘째 사망이라" (계 21:8).

"우리"는 사탄의 종말을 너무나 잘 안다. 그는 이 세상 끝 날에 불이 훨훨 타는 지옥에 던져진다. 그런데 그는 혼자 그곳으로 던져지기를 원하지 않는다. 그런 이유 때문에 그는 될 수 있는 대로 많은 사람들을 끌고 가기를 원한다. 예수님이 하신 말씀을 들어보자, "…마귀와 그 사자들을 위하여 예비 된 영원한 불에 들어가라" (마 25:41). 악한 자는 그의 졸개들과 더불어 영원한 불, 곧 지옥에 가는데, 그에게 속한 사람들도 데리고 갈 것이다.

사탄의 지배를 받아서 물질적인 세계관에 빠져서 호의호식好衣好食하면서 하나님이 주신 말씀의 경고와 약속을 무시한 부자의 결말을 보라! 그는 음부에 던져져서 불꽃 가운데서 괴로워하며 하루하루를 보내고 있었다. 세상에서 매일 잔치하면서 하나님을 무시하고, 또 하나님의 백성을 멸시한 그 부자의 결말은 너무나도 비참하다. 그의 울부짖음은 악한 자에게 속한 "세상"에게 던지는 경고이다, "…내가 이 불꽃 가운데서 괴로워하나이다" (눅 16:24).

그 부자의 문간에서 생활하던 거지 나사로의 결말은 어떠한가? 그는 아브라함의 품에서 향복을 누리고 있었다. 비록 세상에서는 모진 고통과 아픔을 겪었지만, 그의 결말은 행복 그 자체였다. 그 이유는 그의 세계관 때문이었다. 그의 세계관은 그의 이름인 나사로에서 알 수 있다. "나사로"는 "하나님이 나의 도우심"이라는 뜻이다. 그러니까 나사로는 하나님의 도우심만을 바라며 살았기에 보상을 받은 것이다 (눅 16:22).

3. 꼬리

사도 요한은 이 짧은 요한일서에서 "세상"이란 단어를 자그마치 23회나 사용한다. 그런데 3회를 제외하고는 그 "세상"은 하나님을 대적하며, 사탄의 손아귀에 있으며, 그리스도인들을 꼬드기는 세상의 원리를 가리키면서 사용된다. 3회는 예수 그리스도가 위하여 희생하신 사랑의 대상으로 쓰인다 (요일 2:2, 4:9, 14). 결국, 사도 요한은 하나님을 대적하며 그리스도인들의 영력을 앗아가는 세상을 있는 그대로 적나라하게 묘사한다.

"우리"는 악한 자에게 속한 "세상" 사람들과 달라야 한다. 하나님에게 속해 있기 때문이다. "우리"가 "세상"과 다를 때 비로소 "우리"는 세상에 영향을 끼칠 수 있다. 세상과 별로 다르지 않은 현재의 그리스도인들은 각성하고 회개해야 한다. 그리할 때 "우리"는 세상에서 악한 자의 영향 아래서 신음하는 불쌍한 영혼들을 하나님 앞으로 인도할 수 있다. 그렇게 해서 "우리"가 확대되면, 그만큼 세상을 향하여 선한 영향을 끼칠 수 있다!

"우리에게 지각을 주사"

"또 아는 것은 하나님의 아들이 이르러 우리에게 지각을 주사
우리로 참된 자를 알게 하신 것과
또한 우리가 참된 자 곧 그의 아들 예수 그리스도 안에 있는 것이니,
그는 참 하나님이시요 영생이시라"

요한일서 5:20

1. 머리

사도 요한은 앞의 장에서 이렇게 말했다, "또 아는 것은 우리는 하나님께 속하고, 온 세상은 악한 자 안에 처한 것이며" (5:19). 그렇다! 이 세상에 존재하는 모든 사람은 둘 중 하나에 속해 있는데, 하나는 하나님에게 속한 사람이고, 또 하나는 악한 자에게 속한 사람이다. 그런데 본래는 모든 사람이 악한 자에게 속해 있었는데, 예수 그리스도가 세상의 구주이신 것을 믿은 사람들은 하나님에게 속하게 되었다.

다른 말로 하면, 사탄의 세계에 속해 있다가 하나님의 세계로 옮겨진 것이다. 사도 요한은 이처럼 하나님의 세계에 속한 사람들을 "우리"라고 일컬었다. 사도 요한은 이 서신에서 처음부터 마지막까

지 "우리"를 염두에 두고 기록한 것 같다. 그렇지 않다면 "우리"라는 대명사를 그렇게 많이 사용하지 않았을 것이다. 105절로 이루어진 요한일서에서 "우리"가 100번 나온다.

그렇지만 이 "우리"에 들어오지 못한 사람들이 세상에는 너무나 많다. 그들은 여전히 악한 자의 휘둘림에 따라서 살아가는 사람들이다. 그뿐 아니라, 그들은 여전히 어두움과 죄 가운데서 살아가는 사람들이다. 그들은 왜 세상이 그처럼 발전한 과학과 의학에도 불구하고 그들의 지식과 노력으로 해결할 수 없는 문제로 가득한지 알지 못한다. 그들은 그들의 결말과 세상의 종말에 대해서도 전혀 알지 못한다.

2. 몸통

그러나 "우리"는 왜 세상이 혼돈과 어두움 가운데에 있는 지를 너무나 분명히 안다. 그 이유를 사도 요한은 이 장의 본문에서 분명히 밝힌다. 본문을 다시 보면서 그 이유를 차례로 알아보자, "또 아는 것은 하나님의 아들이 이르러 우리에게 지각을 주사 우리로 참된 자를 알게 하신 것과 또한 우리가 참된 자 곧 그의 아들 예수 그리스도 안에 있는 것이니…" 이 본문은 그 이유를 제시할 뿐 아니라, "우리"가 누리는 특권을 세 가지로 제시한다.

1) "하나님의 아들이 이르러"

"우리"가 사탄의 왕국에서 하나님의 왕국으로 옮겨진 매개는 두말할 필요도 없이 하나님의 아들이신 예수 그리스도가 이 세상에 오셨기 때문이다. 그분은 인간 속으로 들어오시기 위하여 인간의 몸을 취하셨다. 그리고 인간들의 갖가지 희로애락喜怒哀樂을 다 경험하셨다. 또한 인간들의 모든 문제는 하나님을 떠났기에 생긴 것도 아셨다. 하나님의 아들이신 예수 그리스도는 인간들을 하나님에게로 다시 이끌어서 그 관계를 회복시키기 원하셨다.

그런 고상하고도 위대한 목적을 성취하시기 위하여 예수 그리스도는 인간들이 하나님을 떠남으로 생긴 모든 죄의 문제를 해결하시지 않으시면 안 된다는 사실도 아셨다. 그래서 그분은 모든 인간들의 죄를 떠맡으셨다. 그분은 인간의 원죄와 고범죄를 그의 몸으로 짊어지시고 십자가에서 무서운 심판을 스스로 받으셨다. 그 결과 그분은 온 몸이 피투성이가 된 채로 죽음을 맞이하셨다. 삼십대 초반의 젊은 나이에 그처럼 아픈 죽음을 맛보셨던 것이다.

역사의 현장에서 일어난 이처럼 엄청난 죽음의 사건은 악한 자에게 속한 세상 사람들로부터 반응을 일으켰다. 대부분의 사람들은 그분의 죽음을 비웃음의 대상으로 삼았다. 그들에게 주어진 가장 중요한 기회를 너무나 가볍게 날려 보낸 것이다. 그 결과 그들은 여전히 어두움과 죄악 속에서 허우적거리는 삶을 유지하고 있다. 더군다나 그들이 악한 자에 의하여 조정당하는 것도 알지 못하면서 말이다.

그러나 세상 사람들 중에 일부는 예수 그리스도의 역사적인 죽음의 소식을 듣고 깊은 생각에 잠겼다. 그리고 서서히 그 죽음의 의미를 깨달아가기 시작했다. 그들은 하나님 앞에서 죄인이며, 그리고 그들의 죄 때문에 하나님의 심판을 피할 수 없다는 사실을 알게 되었다. 그들은 십자가에서 죽으신 예수 그리스도 앞으로 나아와서 그들의 죄를 용서받았던 것이다. 그들은 사탄의 나라에서 하나님의 나라로 옮겨진 "우리"가 되었다.

"하나님의 아들이 이르러"는 거기에서 끝나지 않았다. 하나님의 아들이신 예수 그리스도는 죽음에 묶여 있을 수 없으셨다. 그분은 죽은 지 삼일 만에 다시 살아나셨다. 살아나신 몸을 제자들에게 여러 번 보이신 후 그분은 그분이 오신 하늘나라로 다시 귀환하셨다. 이런 영광스러운 승천의 광경을 지켜본 제자들이 많이 있었다. 그렇다면 예수님과 "우리"의 관계는 그것으로 끝났단 말인가? 물론 아니다!

그렇게 승천하신 예수 그리스도는 제자들을 고아처럼 내버려두지 않으셨다. 그분은 하나님 아버지로부터 성령을 받아서 제자들에게 보내주셨다. 성령은 제자들의 마음속으로 들어오셔서 그들에게 "지각"을 주셨다! 그러니까 "하나님의 아들이 이르러"는 이 세상에 오셔서 십자가에서 죽으신 것만을 뜻하지 않는다. 그것은 성령을 통하여 제자들에게 "지각을 주셨다"는 놀라운 사실까지 포함된다.

2) "지각을 주사"

그렇다면 하나님의 아들이신 예수 그리스도는 누구에게 "지각understanding을 주셨는가?" 일차적으로는 제자들에게 주셨지만, 확대하면 "우리"에게도 주셨다. 그러면 왜 성령을 통하여 지각을 주셨는가? 그 이유를 알아보기 위하여 구약성경으로 가보자. 모세의 율법을 지킬 수 있는 사람은 없었다. 성령의 내주와 도움이 없었기 때문이다. 그런 까닭에 하나님은 사람들의 마음속에 법을 주시겠다고 약속하셨다.

그 약속을 보자, "그러나 그 날 후에 내가 이스라엘 집과 맺을 언약은 이러하니, 곧 내가 나의 법을 그들의 속에 두며 그들의 마음에 기록하여, 나는 그들의 하나님이 되고 그들은 내 백성이 될 것이라" (렘 31:33). 히브리서 저자는 이 말씀을 인용하였다, "…내가 이스라엘 집과 맺을 언약은 이것이니 내 법을 그들의 *생각*에 두고 그들의 마음에 이것을 기록하리라. 나는 그들에게 하나님이 되고 그들은 내게 백성이 되리라" (8:10).

이 인용에서 특히 "생각"이라는 단어에 주목하자. 이 단어는 요한 일서 5장 20절에 나오는 "지각"과 같은 단어이다.[42] 그러니까 하나님은 일찍이 성령을 "우리"의 마음속에 부어주셔서 "생각" 내지 "지각"을 주셨다는 것이다. 결국, 하나님의 아들이신 예수 그리스도는 죄인들을 위하여 십자가에서 죽으신 엄청난 죽음을 맛보시고 "우리"를 일구셨지만, 중요한 사실은 "우리" 안에 성령을 주셨다는 것이다.

"우리"가 이 세상에서 죄를 짓지 않고 살 수 있는 것도 바로 이 성령의 임재 때문이다 (5:18). "우리"가 악한 자에게 속하지 않고 하나님에게 속한 사실을 확인시켜주는 것도 바로 이 성령의 내주 때문이다 (5:19). 그리고 이 성령의 내주 때문에 "우리"는 "지각"을 얻게 되었던 것이다 (5:20). 그러니까 이 성령의 내주 때문에 "우리"는 위에서 열거한 세 가지에 대하여 확신하게 되었으며, 따라서 "우리가 알

----

42) 헬라어로 이 단어는 *디아노이아*(διάνοια)

다"로 세 번이나 사도 요한은 묘사하였다.

이 "지각"의 선물 때문에 "우리"는 왜 세상이 어두움과 혼돈으로 가득한지를 알게 된다. 그리고 이 세상에는 육적이고 물리적인 싸움만 있는 것이 아니라, 영적 싸움도 있는 것을 안다. "우리"는 영적 싸움에서 최전선에 있는 군인들이다. 하나님에게 속한 "우리"는 악한 자에게 속한 "세상"과 영적 싸움을 하고 있는 것이다. 그러나 "세상"에 속해서 악한 자로부터 조정을 받는 불신자들은 이처럼 고귀한 영적 싸움을 알 수 없다.

"지각"을 통하여 "우리"가 아는 것이 또 있다! 그것은 참된 자를 아는 것이다: "우리에게 지각을 주사 우리로 참된 자를 알게 하신 것!" 이 말씀에서 "참된 자"는 두말할 필요도 없이 하나님을 가리킨다. 얼마나 놀라운 축복인가? 거짓 신과 거짓 진리가 들끓는 이 세상에서 "참된 자"이신 하나님을 올바르게 알게 되다니! 그리고 여기에서 "참된 자를 아는 것"에서 "안다"는 하나님을 아버지로 모신 부자관계를 맺어서 "안다"는 동사이다.

3) "그의 아들 예수 그리스도"

성령의 내주를 통하여 "우리"에게 주어진 "지각" 때문에 아는 것이 또 있는데, 그것은 "우리"가 참된 자 안에 있다는 사실이다. 위에서 언급한 것처럼, "참된 자"는 하나님이시다. 그러니까 "우리"는 하나님 안에 거하는 것이다. 그처럼 강력하면서도 따뜻한 하나님의 품 안에 있다는 놀라운 사실을 "우리"는 확실히 안다. 그뿐 아니라, "우리"는 그분의 "아들 예수 그리스도 안"에 거한다는 것도 안다.

실제로 "우리"는 예수 그리스도를 통하여 하나님, 곧 참된 자를 안다. 그런 까닭에 "우리"가 그분을 구주로 받아들일 때 "우리"는 그분 안에, 그리고 그분은 "우리"안에 거하신다 (요 14:20). 그런데 그분은 하나님과 하나라고 말씀하신 바 있었다 (요 10:30). 그러니까 예수 그리스도 안에 있는 "우리"는 당연히 하나님 안에도 있는 것이다. 이처럼 놀라운 진리를 깨닫게 해주시는 것도 역시 성령의 선물인 "지각" 때문이다.

그 "지각"을 통하여 깨닫는 것이 또 있는데, 그것은 예수 그리스도가 "참 하나님이시요 영생이시라"는 사실이다. 이것만큼 놀랍고도 깊은 깨달음은 달리 없을지도 모른다. 사도 요한이 이 서신을 마치면서 그동안 간접적으로만 표현했던 사실을 드디어 선포하는 것이다. "그는 참 하나님이시요 영생이시라!" 그분이 영생이시라는 사실은 그분을 소유하면 영생을 소유한다는 말씀에서도 이미 표현되었다 (요일 5:13).

그런데 하나님의 아들 예수 그리스도가 "참 하나님이시라"는 선포는 "우리"로 하여금 새로운 차원의 깨달음을 준다. 그렇지 않다면 예수님은 이렇게 말씀하지 않으셨을 것이다, "… 나를 본 자는 아버지를 보았거늘…" (요 14:9). 바울 사도는 하나님을 우리 "구주 예수 그리스도"라고 다음과 같이 말한 바 있다, "복스러운 소망과 우리의 크신 하나님 구주 예수 그리스도의 영광이 나타나심을 기다리게 하셨으니" (딛 2:13).

사도 요한은 하나님의 아들 예수 그리스도를 하나님으로 소개하고 싶었다. 요한복음에서는 그가 직접 선포하지 않고 도마의 입술을 빌어서 그렇게 선포한 사실을 우리는 안다. 도마의 고백을 직접 들어보자, "도마가 대답하여 이르되, 나의 주님이시오, 나의 하나님이시니이다!" (요 20:28). 그러나 사도 요한은 요한일서를 마쳐가면서 그동안 가슴에 품고 있던 사실을 드디어 선포했다, "그는 참 하나님이시라!"

바울 사도도 예수 그리스도가 메시야이신 사실을 거부하는 이스라엘 백성에 대하여 이렇게 기록하였다, "그들은 이스라엘 사람이라…조상들도 그들의 것이요 육신으로 하면 그리스도가 그들에게서 나셨으니, 그는 만물 위에 계셔서 세세에 찬양을 받으실 하나님이시니라! 아멘!" (롬 9:4-5). 바울 사도도 요한처럼 마음속 깊이에 담아두었던 사실을 마침내 선포했다. 무지몽매한 이스라엘도 그리스도가 바로 하나님이시라는 사실을 알기를 바라면서 말이다.

3. 꼬리

사도 요한은 "하나님의 아들이 이르러 우리에게 지각을 주사"라고 표현했다. "지각"을 선물로 주셨다는 것이다. 두말할 필요도 없이 은혜로 주신 "지각"이다. 그런데 사도 요한은 이처럼 "주시다"는 동사를 요한일서에서 7회나 사용한다:[43] 아버지가 "우리"에게 사랑을 *주시며* (3:1), 예수님은 계명을 *주시고* (3:23), 아들은 성령과 지각을 *주시며* (3:24, 5:20), 하나님은 성령과 영생과 생명을 *주신다* (4:13, 5:11, 16).

----
43) "주다," "베풀다"는 헬라어로 *디도미*(δίδωμι)이다.

하나님은 "우리"에게 참으로 많은 선물을 안겨주신다. 사도 요한은 이 서신에서 이런 하나님의 마음을 "주다"라고 반복적으로 표현했다. 그 중에서 이 장의 본문은 "우리"에게 "지각"을 주셨다는 것이다. 그 "지각" 때문에 "우리"가 알게 된 것이 너무나 많다. 이 세상이 악한 자에게 속해 있다는 것도 알게 되었고, 하나님과 그의 아들 예수 그리스도도 알게 되었다. "우리"가 그분 안에 있다는 것도 알게 되었다. 얼마나 놀라운 앎인가!

"우상에게서 멀리하라"

"자녀들아, 너희 자신을 지켜 우상에게서 멀리하라"

요한일서 5:21

1. 머리

사도 요한은 세 가지 확신을 언급한 후, 그리스도인들에게 "우상에게서 멀리하라"고 경고한다. 그 세 가지 확신은 요한일서 5장 18절, 19절 및 20절에서 찾을 수 있다. 그러니까 "우상에게서 멀리하라"는 경고는 그 앞에 나오는 세 구절과 밀접하게 연결되어 있다는 것을 쉽게 알 수 있다. 18절에서 사도 요한은 그리스도인들만이 죄를 짓지 않는 확신을 알려준다. 그 이유는 그들이 하나님에게서 태어났기 때문이고, 그들의 구주가 지켜주시기 때문이다.

그 다음에 나오는 확신은 그리스도인들은 하나님에게 속해 있으나, 불신자들은 악한 자에게 속해 있다는 사실이다. 이런 소속의 차이 때문에 그들의 세계관이 아주 다르게 된다는 확신이다. 세계관의 다름은 현재의 삶을 지배할 뿐 아니라, 미래의 운명도 결정한다. 왜냐하면 악한 자에게 속한 사람들은 이 세상 끝에 악한 자와 운명을 같이 하기 때문이다. 반면, 하나님에게 속한 그리스도인들은 하나님의 나라에서 영원히 함께 할 것이다.

그런데 그 다음 절, 곧 20절에 나오는 확신은 "우상에게서 멀리 하라"와 보다 더 밀접하게 연관되어 있다. 왜냐하면 그리스도인들은 참된 자이신 하나님을 인격적으로 그리고 경험적으로 만났을 뿐 아니라, 그분을 깊이 알게 되었기 때문이다. 물론 그리스도인들로 하여금 그런 하나님을 알게 중매하신 분은 그분의 아들이신 예수 그리스도이시다. 그런데 더욱 놀라운 사도 요한의 선포는 그 그리스도가 바로 하나님이시라는 것이다.

2. 몸통

만일 예수 그리스도가 하나님이시라면, 그리고 그분이 영생이시라면, 그분을 구주로 받아들였을 뿐 아니라 그분 안에 거하는 그리스도인들이라면, 그들은 결단코 예수 그리스도 이외의 어떤 우상도 섬길 수 없다. 결국, 우상의 문제는 예수 그리스도를 어떻게 받아들이는지가 열쇠이다. 그분이 선지자 중 하나라고 가르치는 무슬림도 우상이다. 그분의 이름뿐만 아니라 마리아의 이름으로도 기도할 수 있다는 가톨릭도 우상이다.

1) "자녀들아"

사도 요한은 이 짧은 서신에서 "자녀들아"라는 호칭을 7회 사용한다. 물론 이런 애칭愛稱은 그가 그리스도인들을 사랑하기에 그들을 그렇게 부른 것이다. 그리고 더욱 놀라운 것은 그리스도인들을 그렇게 부를 적마다, 그들을 향한 사도 요한의 사랑이 가득 찬 권면과 충고가 들어있다. 제일 먼저 그렇게 부르면서 권면한 것은 만일 그들이 죄를 범하면 해결책이신 예수 그리스도를 의지하라는 것이다. 그분만이 의로운 대언자이시기 때문이다 (2:1).

두 번째 "자녀들아"라고 부르면서 알려준 기쁜 소식은 그들의 죄가 예수 그리스도의 이름으로 인하여 용서되었다는 것이다 (2:12). 죄 용서의 확신을 가질 때 기쁨도 누릴 수 있기 때문이다. 세 번째로 그리스도인들을 그렇게 부르면서 권면한 것은 주 안에 거하라는 것이다. 왜 주안에 거해야 하는가? 그 이유는 어느 날 주님이 재림하실 터인데, 그때 그들이 주님 앞에서 "담대함을 얻어 그 앞에서 부끄럽지 않게 하기" 위함 때문이다 (2:28).

사도 요한이 "자녀들아"라고 부르면서 권면한 위의 세 가지 내용을 한데 묶어서 보는 것도 흥미롭다. "죄 사함"은 그리스도인들이 과거 어느 날 믿음으로 얻은 선물이다 (2:12). 그런가 하면 그리스도인들이 죄를 짓지 말아야 하나 죄를 지을 경우 의로우신 중보자를 통하여 다시 용서 받을 수 있다는 사실은 현재의 삶을 가리킨다 (2:1). 그런데 주님이 재림하실 때 떳떳하게 그분을 만날 준비를 하는 것은 미래를 위한 것이다 (2:29).

네 번째로 사도 요한이 그리스도인들을 "자녀들아"라고 부르면서 경고한 것은 미혹을 당하지 말라는 것이다 (3:7). 미혹의 영이 너무나 많은 세상에서 정신을 차리면서 미혹되지 말라는 경고이다. 그런데 미혹하는 사람들은 의의 행위가 없다는 것이다. 다섯 번째로 "자녀들아"라고 부르면서는 명령을 준다. "말고 혀로만 사랑하지 말고 행함과 진실함으로 사랑하라"는 명령을 준다. 이 두 가지는 행위와 연관된 권면이다.

여섯 번째로 사도 요한이 "자녀들아"라고 부르면서 확신을 준 것은 그들이 하나님에게 속해 있다는 사실이다. 미혹의 영과 거짓 선지자들이 날뛰지만, 그들은 저들과 대항하여도 승리를 누릴 수 있다는 것이다. 그 이유는 그들 안에 계신 하나님이 세상에 있는 저들보다 크시기 때문이다 (4:4). 그리스도인들만큼 이런 확신을 필요로 하는 사람들이 어디 있겠는가? 왜냐하면 그들은 항상 영적 싸움터에서 맨 앞에 선 보병과 같은 사람들이기 때문이다.

일곱 번째이자 마지막으로 사도 요한이 "자녀들아"라고 부른 곳은 바로 이 장의 본문에서이다. 이번에도 매우 중요한 것을 알려주겠다는 것이다. 요한일서에 의하면, 그리스도인들은 세 가지 덕목을 중요시해야 한다. 그 덕목은 믿음과 사랑과 순종이다. 믿음은 예수 그리스도를 받아들이는 것이고, 사랑은 그리스도인들 상호간에 나누는 것이며, 순종은 하나님에 대한 헌신이다. 이런 덕목에서 벗어나면 십중팔구 우상과 연루될 수 있다는 경고이다.

2) 우상

그렇다면 도대체 우상은 무엇을 가리키는가? 한 마디로 말해서,

우상은 참된 자이신 하나님보다 더 중요하게 여기는 것이다. 영원하신 하나님은 각종의 우상이 이끄는 대로 끌려 다니던 죄인들을 위하여 예수 그리스도를 주셨다. 그분은 눈으로 볼 수 없는 하나님을 죄인들에게 알려주신 계시였다. 그 계시를 통하여 많은 사람들이 참되신 하나님을 알게 되었다. 그때부터 그들은 하나님의 사랑 안에 거하며, 하나님과 동행하는 말할 수 없는 특권을 누렸다.

그렇게 하나님의 영광을 위하여 살던 중 하나님보다 더 중요한 것이 그들의 마음속에 기어들어오기 시작했다. 하나님보다 더 중요한 것은 물질일 수도 있으며, 명예일 수도 있으며, 권력일 수도 있다. 물질을 탐하는 자들은 점차적으로 순종에서 멀어지기 시작한다. 하나님은 "하나님과 재물을 겸하여 섬길 수 없다"고 하셨지만 (마 6:24), 그들은 아랑곳하지 않고 물질을 추구하기 위하여 수단방법을 가리지 않는다. 물질을 우상으로 삼은 것이다!

명예를 추구하기 시작하면서 *믿음도 헌신짝처럼 버린* 그리스도인들은 얼마나 많은가? 어떤 그리스도인들은 남의 글을 베껴서 자랑스럽게 세상에 내놓는다. 어떤 그리스도인들은 보다 큰 교회 건물을 위하여 교인들로부터 방법을 가리지 않고 헌금을 짜낸다. 그런 행태가 과연 믿음의 행위란 말인가? 많은 그리스도인들이 금쪽같은 벌이를 아끼고 아껴서 헌금하건만, 어떤 지도자들은 그 헌금으로 자신들의 명예를 위하여 물 쓰듯 한다.

어떤 그리스도인들은 권력 추구에 혈안이 되어 *서로 사랑하라*는 주님의 명령을 짓밟아버린다. 각종의 지도자의 직분을 차지하려고 그들을 지지하지 않는 형제자매들을 주저하지 않고 원수처럼 대한다. 도대체 서로 사랑하라는 주님의 말씀은 능력이 없단 말인가? 아니면 주님의 말씀이 아니란 말인가? 권력의 추구만큼 서로 사랑하라는 주님의 명령을 어기게 하는 것은 이 세상에 별로 많지 않을 것이다.

하나님이 주신 십계명 중 제일 먼저 나오는 계명이 바로 "나 외에 다른 신들을 두지 말고, 우상을 만들지 말라"고 하신 이유를 알만하다 (출 20:3-4). 우상을 섬기면 개인의 신앙도 허물어지고, 다른 그리스도인들과의 관계도 깨어지기 때문이다. 그 결과는 그들 주변에 있는 그처럼 많은 불신자들로 하여금 그리스도인들을 조롱하게 만든다. 도대체 누가 그들을 "참되신 하나님이시오 영생이신" 예수 그리스도를 소개할 수 있단 말인가?

일찍이 하나님은 모세를 통하여 "다른 신들을 두지 말며 우상을 만들지 말라"고 누누이 경고하셨다. 신명기에서 그런 경고를 자그마치 15회나 하셨다.[44] 그 경고들을 무시하면 그들에게 닥칠 심판의 엄중함을 일일이 제시하시면서 말이다. 그럼에도 불구하고 이스라엘 백성은 결국 다른 신들을 섬겼고, 그리고 하나님의 경고대로 그들은 나라를 잃는 비극을 경험했다. 그들은 하나님 안에서 누리던 번영과 행복을 잃고 이방인의 종이 되었다.

산전수전 다 겪은 모세가 이 세상의 삶을 마감하기 직전에 이스라엘 백성에게 준 가장 심각한 경고는 한 마디로 말해서 "우상을 섬기지 말라"는 것이었다. 사도 요한도 마찬가지이다. 그는 로마의 우상, 에베소의 우상, 영지주의의 우상을 다 눈여겨보았다. 그뿐 아니라, 그리스도인들 중에서도 세상의 유혹에 빠져서 물질, 명예,

---

44) 다음에서 그 경고를 찾을 수 있다: 신명기 4:25 이하, 6:14-15, 7:4, 8:19, 11:16-17, 28, 12:30, 13:8 이하, 16:21-22, 17:3-6, 20:18, 27:15, 28:14, 29:18-21, 30:17-18, 31:16.

권력에 집착하는 모습도 지켜보았다. 얼마 안 있으면 이 세상을 떠날 그가 마지막으로 한 경고는 "우상에게서 멀리하라"였다.

3) "지키라"

사도 요한은 "우상에게서 멀리하라"고 경고하지만 그것만으로 끝맺지 않았다. 그는 이렇게도 권면했다, "너희 자신을 지키라!" 이 권면에서 "지키다"는 동사를 눈여겨보자. "지키다"는 동사가 다른 곳에서 사용된 것을 보면 그 뜻을 보다 쉽게 알 수 있다. 먼저, 누가복음 2장 8절을 보자, "그 지역에 목자들이 밤에 밖에서 자기 양 떼를 *지키더니*." 목자들이 양들을 "지키는" 자세는 어떤가? 한 마리라도 잃지 않겠다는 각오로 눈을 부릅뜨고 지켰다.

또 다른 곳은 사도행전 12장 4-5절의 말씀이다, "베드로도…잡으매 옥에 가두어 군인 넷씩인 네 패에게 맡겨 *지키고* 유월절 후에 백성 앞에 끌어내고자 하더라." 이 말씀에서 파수꾼들은 헤롯 왕의 명령에 따라 베드로를 "지키고" 있었다. 만에 하나 베드로가 탈옥이라도 한다면, 그 파수꾼들은 생명을 잃게 되기 때문이다 (행 12:19). 그들은 문자 그대로 생명을 걸고 잠시도 졸지 않으면서 베드로를 지켰다. [45]

목자들이 양떼를 지키듯, 그리고 파수꾼들이 죄수를 지키듯, 그리스도인들은 자신을 *지켜야* 한다. 한 순간이라도 한 눈을 팔거나

----

45) 헬라어에서 눅 2:8과 행 12:4에 나오는 "지키다"는 본문의 "지키다"와 같은 동사로, 풀라소(φυλάσσω)이다.

잠이 들면 어떤 동물이나 도둑이 양을 잡아갈 수 있고 또 죄수가 탈옥할 수 있는 것처럼, 그들은 눈을 부릅뜨고 자신을 지켜야 한다. 그렇게 지키지 않으면 어느 순간 물질에 그의 마음을 빼앗길 수 있다. 바울 사도의 경고를 늘 염두에 두면서 자신을 지켜야 한다, "…탐심은 우상 숭배니라"(골 3:5).

그리스도인들은 십자가에서 죽기 전날 밤 겟세마네 동산에서 제자들에게 주신 경고에 귀를 기울여야 한다, "시험에 들지 않게 깨어 기도하라! 마음에는 원이로되 육신이 약하도다"(마 26:41). 그렇다! 그리스도인들도 연약한 육신 때문에 명예와 권력이라는 시험에 빠질 수 있다. 한 번 빠지기 시작하면 밑이 없는 수렁에 빠진 것처럼 나오기 어렵다. 오히려 갈수록 깊이 빠져들어갈 뿐이다. 이미 그들의 마음에는 우상이 자리를 잡은 것이다.

에스겔 선지자가 외친대로, 그들의 마음에 우상을 갖기 시작한 것이다, "그 우상을 마음에 들이며…"(겔 14:4). 그리스도인들이 스스로를 우상으로부터 지키기 위하여 주님과 동행하며 성령의 지시를 받는 삶을 살아야 한다. 그렇게 하기 위하여 그들은 하나님의 말씀에 귀를 기울이며, 마음 판에 새기어 묵상해야 한다. 그리고 그 말씀을 순종하면서, 위로는 주님에 대한 믿음을 붙잡고 아래로는 형제를 사랑해야 한다.

3. 꼬리

왜 사도 요한은 "우상에게서 멀리하라"는 말씀으로 이처럼 놀라운 서신을 끝맺는가? 그 이유는 너무나 분명하다! 너무나 많은 그리스도인들이 각종의 우상에 이끌리기 때문이다. 실제로 기독교 역사가 증언하듯, 참으로 많은 그리스도인들이 여러 가지의 우상에 이끌리어서 혹은 이단에 빠지기도 하고, 혹은 잘못된 길로 접어들었다. 그들의 현세는 물론 내세에도 절대적인 영향을 미치는 불행한 삶을 살았다.

　현재의 한국 교회에도 각종의 우상을 품고 섬기는 그리스도인들이 여기저기에서 꿈틀대고 있다. 그들은 하나님의 영광을 가리는 자들이요, 전도를 막는 기생충과 같은 사람들이요, 교회를 비난의 대상으로 전락시키는 사람들이다. 그러나 "자신을 지켜서 우상에서 멀리하는" 그리스도인들도 적잖게 있다. 그런 그리스도인들 때문에 그래도 교회가 명맥을 유지하고 있다고 해도 지나친 말은 아닐 것이다. "너희 자신을 지켜 우상에게서 멀리하라!"